# 実践としての・科学としての
# 社会福祉

## 現代比較社会福祉論

訓覇法子・田澤あけみ 著
Kurube Noriko　Tazawa Akemi

法律文化社

# はじめに

●日本の社会福祉の特徴とは

　現代の社会福祉は，実践としても，また科学としても国家の要請によって誕生させられ，組織化されてきた。したがって，文化的な違いがあるか否かは別として，基本的には資本主義体制の発展や変容によって，それぞれの国の社会福祉も変容させられてきた歴史的産物である。近年の日本の社会福祉を取り巻く社会状況をみれば，1990年代以降の経済不況や産業構造の変化によってもたらされた失業や非正規労働の増大，雇用困難による生活保護受給者の急増，貧困の深刻化，高齢者人口の急増による扶養問題や介護問題に加えて，少子化，女性就労の増大による家族形態の変容，子育て問題，児童虐待，いじめによる子どもの自殺など，多様な社会問題が一度に，連鎖的に浮上した観がある。

　相対的貧困率を下げられないこと1つをとっても，これらの社会問題に国家が素早く対応できず，根源的な解決を図れないことは誰の目にも明らかである。家族や企業による問題解決能力をこれ以上期待することは難しい。国内で見渡す限りでは，これらの現象・事象の様相は具体的であり，少なくとも何らかの把握や原因の分析は可能のような気がする。しかし，国外すなわち国際的視野からみると，日本の社会福祉はどのような変容を遂げているのだろうか。そもそも，日本の社会福祉の特徴とはいったい何なのか。他の先進国と似通う点もあれば，異なる点もある。経済のグローバル化が進み，ボーダレス社会といわれる今日，日本の社会福祉を語るにも国際的視野が必要とされる。しかし，国際比較にあたって，何を比較の基軸に据えればよいのであろう。

　正直いって，考えれば考えるほどわけがわからなくなるのが日本の社会福祉である。しかし，私だけが混乱するわけではないようである。実践としての社会福祉は，古くから社会科学の重要な知識対象をなしてきた。1970年代，経済発展に伴って，すべての国が福祉国家に発展するであろうという収斂説は，その後の福祉国家あるいは福祉レジームの多様化によって否定され，拡散説に置き換えられてきた。すなわち，多様な福祉レジームがそれぞれの国の経済的・

政治的・社会的条件によって構築され，発展させられてきたことが多くの研究者によって指摘されてきた。しかし，日本の福祉レジームはどの類型に分類すべきなのかという問いに対して，一義的な答えを見出すことはいまだに難しい。

エスピン-アンデルセンは『福祉資本主義の3つの世界』(Esping-Andersen, 1990) において福祉レジーム類型化を試みたが，日本のレジームは社会民主主義，保守主義，自由主義レジームのいずれにも分類できない，かといって南ヨーロッパ諸国の家族主義に包括することもできないとし，いわゆる雑種レジームと名づけた。また，文化的あるいは地理的要因から，儒教的福祉レジーム (Jones, 1993) や，東アジア福祉モデル (Goodman & White, 1998)，ビスマルク型 (Pitruzzello, 1999) などとも呼ばれてきた。

これらの一連の試みのなかで指摘される日本の福祉モデルの特徴は，低い公的負担，家族，地域，医療・福祉法人に依存するケア・サービス供給，社会の生産性向上（生産的労働力の維持管理）を図るための，経済的投資としての社会政策（教育や医療政策）である (Campbell, 2002；Goodman & White, 1998)。すなわち，公的責任による医療や教育などの社会政策は，生産性向上を目的として現役労働力人口に集中され，非労働力人口に対する生活安全保障やケア・サービスの供給は，家族や地域社会などの民間部門に任されてきた。経済発展重視の福祉モデルは，1970年代末までは否定的にみられてきたが，その後の日本の急速な経済発展によって，世界からは肯定的なモデルとして受け止められてきた。しかし，1990年代以降の経済不況によって生み出された貧困などの深刻な社会問題に対して，日本の福祉モデルは機能不全に陥ってしまったことが誰の目にも明白となった。

日本の福祉レジームを特殊化しようとする試みに対して，日本の福祉システムの発展を例外的あるいは特殊なものとしてみるべきではなく，諸外国からの多様な影響を受けてきた産物としてみるべきだという主張（収斂説）も聞かれる。日本の伝統的な雇用政策は，他の福祉レジームとは異なる独自の性格を内包するとしても，その他の社会政策，少なくとも医療政策や年金政策に関しては欧米先進国の社会政策との類似性が明白であり，その類似性を拡散説では説明できないことが指摘される。収斂説といっても，①経済的発展に伴って類似的な福祉レジームが形成される（福祉国家収斂説原型），②政策策定にあたって

国の官僚が世界の情報を収集し，グローバルな脚本を考慮し，従う，③資本の海外流動が増大すると，海外の事業投資者を落胆させないために先進国は福祉システムを標準化せざるをえない，という3つの変形がある（Kasza, 2006）。

1970年代すでに，日本の厚生省（現在，厚生労働省）は先進大国に優秀な若手官僚を出向させ，先進的な福祉レジームや福祉モデルの情報収集によって，日本の政策策定の脚本を書いてきたことは事実である。2000年に導入された介護保険制度などは，その典型である。高齢者ケアに関しては，ドイツのみならず，デンマークやスウェーデンなどの経験が導入されている。3番目の脚本によっても，日本の他の福祉レジームに対する接近が指摘されてきた。経済のグローバル化が日本，ドイツ，アメリカの福祉システム（雇用政策に関する費用削減）に与えた影響を分析した研究によっても，近年の日本の政治にも他の国との類似性（収斂傾向）がみられることが指摘される（Seeleib-Kaiser, 2002）。

● 日本の社会福祉の特殊性

次に，国内的視野からだけではみえにくい日本の社会福祉の特殊性を見極める必要がある。その1つは，公的責任の強い福祉レジームとは対照的に，民間に大きく依存してきた日本の社会福祉行政における希薄な専門性である（Goodman, 2011）。伝統的に，日本の雇用および人事制度は，専門的知識や能力よりも一般教養，職場での教育訓練や職場異動による万能能力の育成を重視してきた。社会福祉分野においても，専門性に対する要求は希薄であった。社会福祉士や精神保健福祉士などの資格教育が導入されたが，労働市場の基本的要求は大きく変わっておらず，社会福祉現場における専門性が大幅に拡大されたわけではない。社会福祉専門教育を提供する大学は数知れなく増加したが，教育水準が低いために国および地方自治体の公務員試験の合格率が低いことは周知の事実である。このことがもたらす深刻な問題は，社会福祉政策の策定や行政機関の中核に社会福祉の専門職者を送り込むことができず，反面，重要な役職につく人たちには専門教育が欠落することである。すなわち，実践と科学の乖離であり，他の先進国にはありえない現象だといわざるをえない。この奇妙な現象は，歴史的過ち，政治的便宜主義，財政的抑制，あるいは文化的傾向によるものなのかどうか，説明不可能だと外国の研究者たちからは指摘されてい

る（Campbell, 2002; Goodman, 2011）。

　筆者は日本とスウェーデンの両方で社会福祉の基礎（学部）教育を受け，スウェーデンでは研究者養成教育を受け博士号（Ph. D.）を修得した。両国の実践としての社会福祉も大きく異なるが，科学としての教育も当然のことながら異なる点が多かった。最も異なる点は，社会福祉に必要不可欠な社会科学の基礎知識（特にマクロレベル）が日本の教育では希薄なことであった。日本に不足するのは，社会問題の分析に必要な理論力や研究調査力を養う教育である。資格制度の導入によって，私たちが学んだ時代と比較するとより技術的で画一的な知識が重視されるようになり，科学的思考の軽視が著しい。この傾向は基礎教育だけではなく，研究者養成教育においてもいえることである。大学院は雨後の筍のごとく増えたが，理論と研究・調査方法論の不十分さに加えて，先行研究のレビューも国内に限られるように，国際的視野の欠落が明らかである。さらに，スウェーデンでは博士の学位を修得した人の多くが国の政策策定や政策評価に関わっているが，日本ではいったい何人いるだろうか。

　希薄な公的責任がもたらした日本の社会福祉のさらなる問題は，欧米諸国の社会政策の出発点をなす市民権と社会権が日本の制度において重視されてこなかったことである（Goodman, 2011）。子どもの権利条約の批准をめぐって1990年代の日本の多くの関係者から聞かれたのが，子どもに権利を与えたことによって，西欧諸国の家族が衰退し，少年非行を増大させたという批判であった。また，日本は国連の障害者権利条約にも署名はしたが，批准はまだしていない。これほど貧困が深刻化したにもかかわらず，救済手段は主に生活保護という残余主義的施策に依存し続けるのであれば，貧困からの脱出は望めない。社会的排除を増大させ，相対的に希薄な社会権の形骸化が急速に進むに違いない。

● 日本福祉レジームの解体

　日本の社会福祉は特殊な福祉レジームなのか，否かという結論を出す前にやらなければならない重要なことは，日本福祉レジームを解体し，構成要素の相互関係を可能な限り厳密かつ体系的に記述することである。日本の社会福祉事業の本質を問う社会福祉事業論争は1950年代に始まっているが，基本的に日本国内の経済的・社会的・政治的条件の枠組みの中だけで行われてきた。いか

なる制度も一晩にして構築されたものではなく，過去の政治結果を基盤として存立するという過去依存説（past dependence）的観点に立てば，試みには重要な価値がある。たとえ理想的な福祉レジーム・モデルを見つけたとしても，既存の福祉レジームのあり方と両立できなければ現実化はありえないからである。しかし，経済のグローバル化が進み，日本社会の変容も世界の変容と大きく連動する今日，国内的視野だけで日本の社会福祉の本質を論じることは自己完結に陥る危険性がある。日本の社会福祉は，国内の経済的・政治的・社会的条件だけによって構築されてきたわけではないことは，先述した老齢年金や介護保険，高齢者ケア・システムなどをとってみても明白すぎるほど明白である。ゆえに，日本の社会福祉の特徴をより明確にするには，日本と他の国との類似性と差異を考察する国際比較の手法が必要となる。さらに，日本の社会福祉の専門性を議論するには，実践としての，また科学としての社会福祉の相互依存関係を紐解かなければならない。

●**本書の視座と目的**

　この本の出発点は，①社会福祉を歴史的産物として捉え，②実践としての，また科学としての社会福祉の相互依存関係を考察し，③国際比較による日本の社会福祉の特質への接近を試みることである。日本の社会福祉の本質を考察するには，これら3つの観点が必要である。しかし，この本は日本の福祉レジームあるいは福祉モデルそのものを理論的に分析することを直接の目的とするものではない。本書の目的は，日本の社会福祉の本質（縦糸）を明らかにするための基礎作業として，国際的な視野（横糸）から接近を試みることである。国際的な視野の基軸に据えるのが，先行研究による福祉レジームの類型議論と，それに依存する実践としての社会福祉（ソーシャルワーク）の類型議論である。しかし，国際比較そのものや外国の制度の紹介が目的ではない。国際比較を基軸として日本の社会福祉の特徴を考察するための初歩的な試みである。

　日本で行われる大半の国際比較は，研究者が日本で生活を営み，日本を研究活動の根拠地とするために，当然のことながら日本国内から，日本で構築された理論や経験を基軸にして世界を展望することになる。筆者の一人訓覇法子は，日本の社会で生きてこなかったという点では日本人として，日本の社会科学研

究者としては失格だといわざるをえないが，長年日本の外から，西洋社会で構築されてきたパラダイムや科学知識を基軸にして日本を展望してきた。もう一人の筆者田澤あけみもイギリスでの研究経験をもち，外に関心をもち続けてきたが，日本の社会福祉事情にも詳しい研究者である。そういう意味では，本書のユニークさは外からの展望視座にある。理想的な論考は，国内外の展望視座を融合した分析視座を駆使することによって可能となるが，残念ながら本書はそのための第一歩としての試みに留まる。

　本書は，大きくⅠ部の「実践としての・科学としての社会福祉」，Ⅱ部の「世界の社会福祉」，Ⅲ部の「日本の社会福祉」によって構成される。Ⅰ部とⅡ部は訓覇が，Ⅲ部は田澤がすべての執筆責任を負う。基本構造として，世界的展望から国内の日本の社会福祉を考察できるように考慮した。しかし，読者の関心によってそれぞれの部を選択して自由に読むこともできるようにした。最新の先行研究，しかも実証研究結果に基づいた論考を心がけたが，完全に把握しているわけではないことも十二分に自覚し，認識している。

　本書には「おわりに」がない。なぜなら、今後も世界と日本の社会福祉は変容し続けるからである。本書の目的は、今という時点で達成するのではなく、人類の歴史が続く限り継続するからである。

　この本が対象とする主な読者は，社会福祉学を学ぶ学生であり，社会福祉を研究する同僚であり，現場で働く社会福祉専門従事者であるが，一般の人たちにも日本の社会を理解するための書として読んでほしいと切に願う。

　社会福祉を学ぶということは，単に社会福祉に関する知識を増やすことではない。知識を得るということは，より良い人生を生きるために，より良い社会に変革するために，得た知識を最大限に活用することである。第2の学びの場となったストックホルム大学で，私は2つのことを徹底してたたきこまれた。1つは，「社会科学は，より良い社会に変革するための学問である」。もう1つは，「研究は最も疎外された人たちのために捧げるべきである」。この2つは，それ以降研究者としての私の視座に据えられてきた。

　社会福祉を学ぶということは，とりもなおさず私たち一人ひとりがどのように生き，どのような価値観をもった社会を構築するのかということを，自ら問うことである。そこから変革の一歩が始まる。日本の未来は私たち自身の手に

かかっている。

　最後に，唯一と言ってよいかどうかわからないが，本は他人の思考に入ってゆくことのできる他に類をみない重要な手段である。ゆえに本作りは一人ではできない。思考を発展させるためには，対話の相手が必要となるからである。その対話の相手になって下さったのが研究者に劣らない本質を見抜く目をもつ法律文化社社長で，優秀な編集者である田靡純子さんである。独りよがりにならず，基軸を最後まで貫くことができたのは田靡さんの批判と見守りがあってのことであった。聡明な田靡さんなしには，この本は誕生しなかった。深く感謝する。

　　2014年 睦月

ストックホルム　訓覇 法子<br>（著者を代表して）

# 目　次

はじめに

## 第Ⅰ部　実践としての・科学としての社会福祉

### 序章　実践としての・科学としての社会福祉を学ぶ意義 …… 3
実践としての社会福祉　　科学としての社会福祉　　社会福祉を学ぶ意義　　社会問題の定義と理論　　国際的視野の必要性　　科学としての危機　　実践と科学の相互作用

### 1章　実践としての社会福祉 …… 10

**1　多義的な福祉・社会福祉の概念定義** …… 10
福祉の定義　　日本で使用される社会福祉の定義　　公的制度としての社会福祉

**2　実践としての社会福祉とソーシャルワーク** …… 15
一定の定義基準　　開拓者や思想的潮流　　社会事業が実施された時代や状況　　ソーシャルワークの方法と技術　　ソーシャルワークが担う社会的機能の二重性

**3　社会福祉と社会政策・福祉モデル** …… 27
ソーシャルワークの専門性を重視した国際比較　　社会政策モデル・福祉モデルによる国際比較　　福祉レジームに基づいたソーシャルワーク・モデル

### 2章　科学としての社会福祉 …… 43
――社会福祉学が学際的科学である理由

**1　実践から出発するソーシャルワーク研究** …… 43
実践に基礎をおく社会福祉学　　科学としてのソーシャルワークの発展を促した背景：科学の階層化・細分化

 **2 ソーシャルワークの知識対象・方法・理論**………47
  ソーシャルワークのパラダイム 科学としてのソーシャルワークに関する2つの見方 ソーシャルワークの知識対象 ソーシャルワークの調査・研究方法 知識対象と理論の関係 ソーシャルワーク研究のジレンマ

 **3 社会問題と社会科学**………55
  社会問題に対する社会科学の関わり方 社会問題の定義をめぐる問題 社会問題に対する多様な見方

 **4 アメリカと北欧の社会問題研究の異なる伝統**………65
  アメリカの理論的観点 北欧の理論的観点 異なる理論的観点を生み出した背景 必要とされる異なる伝統の融合

 **5 実践と理論の関係からみた知識を生成する多様な方法**………72
  理論的あるいは経験的知識・経験知 科学知識と実践の関係 科学における価値判断の自由と倫理的視座

 **6 国際的視野からみたソーシャルワークの研究分野と主題**………79
  難しい知識対象・科学としての定義 主な研究領域と主題 ソーシャルワーク研究の意義

 **7 社会調査と社会福祉調査の意義と主な方法**………86
  社会調査の歴史的背景と意義・目的 社会調査の対象 社会調査の種類 社会調査の主なデータ収集法 社会福祉調査の主な方法

 **8 実践をより科学的にするための試み／可能性と限界性**………94
  科学的証拠に基づく実践（EBP）運動の背景 EBP導入のための科学的根拠の検索・レビューと確定方法 ソーシャルワークの実践をより科学的にするために

**第Ⅰ部　引用・参考文献**………101

---

### 第Ⅱ部
# 世界の社会福祉

**序章　国際比較の視点と目的**……………107

## 1章　所得保障 ……………………………………………… 109

1　貧困削減・予防のための所得保障………110
2　社 会 保 険………113
　　社会保険制度化の異なる発展　　理想型社会保険モデル
3　公的扶助・最低(限)所得保障………118
　　救貧事業による貧困者救済　　公的扶助制度の台頭と展開
4　公的扶助レジームと貧困削減効果………125
　　公的扶助レジーム　　公的扶助と社会保険の相関関係　　公的扶助による貧困削減・緩和効果
5　ヨーロッパの貧困との戦い………136

## 2章　家族政策・児童福祉 ……………………………………… 139

1　家族政策の定義と多様な政策視座………140
2　早期の家族・児童福祉政策と貧困対策との相関性………143
3　女性就労の増大と脱家族化が与えた影響………144
　　女性就労の増大　　女性就労率と出生率の肯定的相関関係　　脱家族化のパラドックス
4　子どもの貧困と安寧・ウェルビーイング………152
5　児 童 保 護………156
　　児童保護2つの系譜　　子どもの最善を重視するモデルの登場
6　子どもの発達条件の均等化を図る就学前事業の重要性………162

## 3章　障害者福祉 ……………………………………………… 166

1　障害に対する見方と障害者政策の相関性………168
　　産業化による有能力・無能力選別と施設隔離政策　　ベヴァリッジ報告とマーシャルの社会権　　脱施設化とノーマライゼーション　　自立生活運動
2　個人・医学モデルから社会モデルへの転換………176
　　個人・医学モデル　　社会モデル　　医学モデルと社会モデルの統合的試み　　障害モデルの二元化による問題点
3　障害関連給付から雇用保障へ………181
　　障害関連給付と労働能力との相関関係　　障害者雇用の新たな

　　　　　試み　　障害者の社会構造的依存
　　4　欧州共同体の障害者政策促進戦略………186
　　　　　2000～10年戦略とその結果　　新たな2010～20年戦略「障壁のないヨーロッパ」構築

## 4章　高齢者福祉 …………………………………………………………… 191

　　1　老齢年金制度と高齢者の経済的条件………193
　　　　　2つの系譜：ビスマルク型とベヴァリッジ型　　年金制度と高齢者の貧困・所得の不平等との相関関係
　　2　公的年金改革議論と高齢者の所得階層の二極化………199
　　　　　多様な年金改革の試み　　年金制度の市場化と所得の不平等　　ライフスタイルの変容による所得階層の二極化
　　3　高齢者ケア・サービス………204
　　　　　ケア・サービス供給国際モデル　　高齢者ケア・サービスの財政運営と組織化　　ケア・サービス供給とニーズ査定
　　4　高齢者ケアへの家族参加………214

第Ⅱ部　引用・参考文献………294

# 第Ⅲ部
# 日本の社会福祉

## 1章　所 得 保 障 ………………………………………………………… 227

　　1　社会保障政策と所得保障政策………227
　　　　　所得保障制度とは　　家族制度との「相克」からの脱皮
　　2　貧困政策と社会福祉政策の特色………231
　　　　　公的扶助の歴史と特質　　第二次世界大戦後の所得保障政策とその周辺
　　3　生活保護制度の現状………236
　　4　貧困の捉え方………239
　　　　　捉え方をめぐる諸課題　　貧困の定義　　貧困の度合い　　日本の相対的貧困率

## 2章　児童福祉 …… 244

1. 戦前にみる児童福祉政策の系譜と特色……… 244
2. 児童福祉法と現代児童福祉政策……… 246
   日本国憲法と児童福祉法　児童福祉と「家庭」　少子化「対策」と児童福祉改革
3. 現代における児童の権利侵害—特に児童虐待防止—をめぐる動向……… 253
4. これからの児童福祉——制度の連続性と連携に向けて……… 255
   人生「前半」の社会保障と「児童期の延長」「若者支援」　児童福祉政策と地域指向　専門職の連携

## 3章　障害者福祉 …… 260

1. 障害者福祉の歴史……… 260
   家族・親族扶養の伝統　戦争と障害者
2. 身体障害者福祉法，知的障害者福祉法と障害者福祉制度の成立……… 263
   日本国憲法と身体障害者福祉制度—「更生」と「保護」の間　障害者福祉制度の拡大と障害者の権利
3. 日本における障害者運動とノーマライゼーション……… 266
   親の会と当事者運動　日本のノーマライゼーションと障害者の権利　障害者・障害理解と法
4. 「市場型福祉」と障害者福祉のあり方……… 271
   「基礎構造改革」後の障害者自立政策　「施設福祉」から「就労支援」へ　障害者福祉の新潮流　新たな障害者福祉問題—更生保護と障害者の犯罪・累犯問題

## 4章　高齢者福祉 …… 278

1. 高齢者福祉を取り巻く状況……… 278
   暮らし・ライフコースの変化・流動化　日本的「家族主義」からの離陸—高齢者と年金
2. 老人福祉制度から高齢者保健福祉制度へ……… 283
   高齢者福祉の歴史　「社会福祉基礎構造改革」と「老人福祉」か

ら「高齢者保健福祉」へ
　**3**　社会福祉制度と医療保健制度の再編——介護保険と介護問題·········288
　　　介護保険法制定の背景とその概要　介護の社会化をめぐって

## 5章　日本の社会福祉と方向性 ················································ 293
　　　「社会福祉基礎構造改革」その後の検証　社会福祉の専門職・
　　　専門教育　社会福祉サービスの特質とコラボレーション
　　　グローバル社会における国際社会福祉への役割

第Ⅲ部　引用・参考文献·········299

　索　引

# 第Ⅰ部
## 実践としての・科学としての社会福祉

実践としての・科学としての社会福祉／序章

# 実践としての・科学としての社会福祉を学ぶ意義

　私たちの日常生活において，福祉あるいは社会福祉という用語が使われない日は1日としてない。今や，社会福祉は現代社会にとって必要不可欠な現象である。しかも，日常生活に必要な多様なサービス（実践）として，重要な政治課題（政策・制度）として，教育や研究領域（科学）として，社会の隅々で語られている現象である。にもかかわらず，一番やっかいなことは，いったい社会福祉とは何なのかという問いに対して，これだという明確な1つの答えを見出だすのが難しいことである。その原因は，実践としての，また科学としての社会福祉という現象の多様性と複雑さにある。

　欧米諸国と異なり，日本の社会福祉という概念は，政策や制度として，また実践として多義的・多次元的に使用されてきた（2章参照）。近年，社会福祉士資格制度の導入とともに，ソーシャルワーク（social work）という用語が頻繁に使用されるようになったが，概念の定義は必ずしも明確ではない。多くの場合，専門的な社会福祉援助技術をさして使用される。国際的な視点に立っても，ソーシャルワークの概念は多義的であるが，社会政策（social policy）や社会福祉行政（social administration, social service）とは区別し，社会福祉専門職の方法・手段・技術を総称する用語として使用されるとともに，1つの科学領域を定義する概念として使用される。したがって，日本で呼ばれる社会福祉大学・学部・学科は，西欧では，科学の発展の仕方によって例外はあるものの，社会福祉専門職養成教育機関は普通スクール（単科大学でなければ，デパートメント）・オブ・ソーシャルワーク（school of social work）と呼ばれる。なぜ，社会福祉の概念が多義的に使用されるのかを考察しない限り，日本における概念使用をめぐる

問題に接近することは難しい。本書では，すべてを包括する政策・制度概念としては社会福祉を，国際比較を可能にするために，専門職の方法・手段・技術をさす場合はソーシャルワークという用語を原則的に使用する。

## ■1 実践としての社会福祉

　実践としての社会福祉は，救貧事業や社会事業というように呼び方や組織化は違えども，長い歴史をもつ。しかも，日本だけではなく，世界中に根を下ろした現象であり，それぞれの国の文化によって多様に発展してきた。従来日本では，ソーシャルワークというとアメリカが反射的に頭に浮かぶように，アメリカからソーシャルワークの伝統を主に取り入れてきたが，ヨーロッパの歴史を紐解けば，アメリカに匹敵するヨーロッパの異なった伝統があることを認識しなければならない。さらに，ヨーロッパとアメリカの融合による発展もみられる。今や世界はボーダレス社会と呼ばれ，政治・経済が各国の境界線を越えた存在になりつつあるが，ソーシャルワークも国際的な現象であることに間違いはない。実践としての日本のソーシャルワークの特徴を考察するには，アメリカの発展のみを重視するだけでは不十分であることを認識する必要がある。世界は，アメリカだけではないとともに，他国の伝統の影響を受けずにソーシャルワークをまったく独自で発展させた国は存在しないといっても過言ではない。

　従来，扶養，養育，介護などの生活機能は基本的に家族によって営まれてきたし，今もそうである。しかし，社会の発展とともに，核家族化によって世帯構造が変化し，少子高齢化が進み，女性の労働市場進出や社会進出が進んだ現在，家族形成や家族を取り巻く社会的条件も変わり，養育や介護などの福祉の生産・供給を家族資源のみに依存することは難しくなってきた。女性の労働市場進出が増大したものの，社会におけるジェンダー秩序はそれほど大きく変わっておらず，男女間の不平等は依然として大きい。労働市場に進出したとはいえ，女性の進出先は，女性による無報酬労働が報酬化された養育や介護・看護などの社会福祉・医療現場が主であり，賃金などの労働条件も劣悪である。育児有給休暇や保育サービスの保障も不十分であり，労働生活と家族生活の両立は容易ではない。社会の変化に伴って，生活の安全を保障する公的な制度，社会政策や社会保障制度がどの先進国でも発展させられてきたが，その内容は

過去および現在の経済的，社会的，文化的条件によって大きく異なる。

「人はユニークな存在であるが，自らの力で生活を営めなくなったときほど弱い存在はない。ゆえに，生活の安全を国家の最も重要な政治課題とする」という結論を下したのは，世界大恐慌（1929年）の1年前のスウェーデンであった。当時，スウェーデンも大量の失業者と労使の不穏な関係にさらされていたことから，すべての人が対等な価値をもち，安心して暮らせる「国民の家」づくりを，今後スウェーデンがめざすべき社会建設ビジョンとして選んだ。すべての先進国が福祉国家になるであろうといわれたのが，1970年代の福祉国家収斂説である。しかし，収斂ではなく多様な発展をもたらし，拡散説が主流となった。今や経済のグローバル化やボーダレス社会化の影響を受けて，拡散および収斂の両方の傾向が指摘される。福祉国家が本格的に発展させられた1960～70年代に，福祉国家建設の一端を担う使命を与えられたソーシャルワークは最も拡張させられた。ゆえに，ソーシャルワークはその国の社会（福祉）政策の構造や寛容性に大きく依存する。ソーシャルワークの国際類型が，社会政策モデルあるいは福祉レジームに依存する最大の理由である。実践としてのソーシャルワークの多様性を説明する1つの要因もここにある。

## 2 科学としての社会福祉

教育や研究の対象として，社会福祉が1つの科学として登場したのはそれほど古い昔ではない。科学としての社会福祉の誕生を可能にしたのは，まさしく実践としての社会福祉の発展である。ゆえに，科学としての社会福祉は，実践としての社会福祉に大きく依存する。また，国家は伝統的な大学に社会が必要とする知識生成のためのマス教育を要求し，社会に必要な知識生成のための応用科学や学際的科学が誕生した。すなわち，古典科学の細分化や科学間の領域の拡大を意味し，それによって社会福祉学も学際的科学の仲間入りを果たすことができた。社会福祉は，国家の要請によって誕生した科学の1つである。したがって，未熟な科学であり，各国の社会福祉に対する考え方や実践が異なるように，科学としての知識対象や発展の度合いも国によって異なる。実践に依存し，他の科学領域を必要とする学際的科学としての社会福祉学の特徴や本質とは何か。どのような科学が追及されているのか。実践と科学はどのような関

係を特徴とするのか。実践と科学の関係が混沌としている理由は何なのか。

　科学としての足場が形成され，次第に発展してくると，実践としての社会福祉は，実践の質を高め，実践を科学的根拠のあるものにするために，科学としての社会福祉に実践の拠り所を求めるようになってきた。社会福祉を議論するには，実践としての，また科学としての社会福祉の両方の考察なしには不可能である。しかも，両者の相互依存関係を分析しない限りは，理解を深めることは難しい。さらに，ソーシャルワークの科学としての自律性や使命は，先述した社会政策あるいは福祉レジームに大きく依存するために，可視的な考察視座が必要となる。

### ❸社会福祉を学ぶ意義

　社会福祉を学ぶということは，私たちが暮らしを営む社会全体を学び，社会の変化によって生じる多次元で多様な社会問題や，日々の暮らしに生起する生活諸問題を学び，社会と個人の相互作用や人間関係を学ぶことである。すなわち，現代社会と人間が生み出す複雑な変遷過程（ダイナミックス）をすべての次元で理解することを意味する。このような多次元・多領域に及ぶ社会福祉の実践を理解するには，1つの科学領域だけでは事足りず，社会学，政治学，経済学，法学，歴史学，教育学，心理学，医学，保健学，看護学などの多様な科学領域における知識を必要とする。社会福祉学が学際的科学として位置づけられ，総合科学的な性格をもつ理由はここにある。

　文化とは，広辞苑によれば，「人間が自然に手を加えて形成してきた物心両面の成果。衣食住をはじめ技術・学問・芸術・道徳・宗教・政治などの生活形成の様式と内容を含む」とある（1998, p.2390）。この定義に基づけば，社会福祉は政治文化だけではなく，生活形成そのものを象徴し，現代社会の全次元（マクロ，メゾ，ミクロ）を包括する文化として存立する。社会福祉を学ぶことのすばらしさや意義は，個人か社会かという二択ではなく，社会で生活を営む人間を，人間によって形成された社会の両方を，同時に総合的に理解する可能性を得られることにある。そういう意味では，人間が創り上げてきた文化を総合的かつ広範囲にわたって学ぶことができる。私たちは，私たちの生活に最も身近なこれらの文化的遺産から，いったい何を学ぶべきなのか。

昨日があって今日があり，今日があって明日が存在しうる。今日の社会福祉を学ぶことは，人間が築いてきた社会福祉の実践と科学の歴史を学ぶことでもある。また，現代社会と人間が直面する現在の問題の諸様相を学ぶことであり，それによって得る知見ははかり知れないほど深い。過去依存説的な観点に立てば，現在の社会福祉制度は過去からの伝統と，新たな社会の可能性との融合によって発展してきたといえる。伝統と新たな可能性が整合できなければ，どんなに理想的なモデルであっても既存の制度を無視して取り入れることは難しい。

## 4 社会問題の定義と理論

　社会問題に関する定義や理論が，社会学を中心にどのように発展してきたかを学ぶとき，みえてくるのが北欧諸国とアメリカの対照的な考え方である。その違いは，どのような社会を形成するのかという，社会全体の価値観の違いとそれに立脚する政治的実践力の違いであることを教えてくれる。社会福祉が何であるかを知るためには，単に用語の意味を知るだけではなく，1つの社会現象として，歴史的産物として，その実態を把握することがまず何よりも必要である。今日，社会福祉と呼ばれるものの歴史的な生成と発展過程を，必然化せしめた社会状況との関係・文脈において把握することが重要であると，今から50年前に『アメリカ社会福祉発達史』を書いた一番ケ瀬康子（1963）が述べている。

　社会問題を解決するための重要な手段である社会政策や社会福祉の発展の仕方も，その内容も国によって大きく異なる。すなわち，実践としての社会福祉の発展内容は，時代によって，政治文化によって大きく異なる。制度は1つとして，自然発生的につくられたものはない。すべての制度に，それなりの理由がある。それぞれの政治文化が社会をどのように捉え，社会の問題をどのように解決しようとしてきたのか。類似性と差異は，どのようにして生み出されたのか。これらを理解するには，国内的視野だけではなく，国際的視野が必要となる。実践が多様であるということは，科学としてのあり方も多様であることを意味する。日本の社会福祉の歴史は独自の試みだけによって発展させられたものではなく，理念や方法において，アメリカやイギリスなどの海外諸国からの影響を受けて発展させられてきた。諸外国の社会福祉を学ぶことによって，日本の社会福祉の構造や役割，さらに特殊性や限界性を洞察することができる。

## 5 国際的視野の必要性

　国際的視野が必要とされるもう1つの理由は，先進国が体験してきた脱工業化と経済のグローバル化（グローバリゼーション）が，少子高齢化，世帯構造の変化，福祉国家の成熟化とともに，福祉国家へ新たな挑戦を迫るからである（Esping-Andersen, 2002；Seeleib-Kaiser, 2008；Schustereder, 2010）。また，グローバル化の進行によって境界線のないボーダレス社会となり，国を基盤とした人々のアイデンティティ形成があたりまえではなくなったことが指摘される（Lorenz, 2006）。すなわち，集団のアイデンティティに対する不確かさは相反する発展傾向をもたらした（Giddens, 1991）。一方では，階級，文化，国間の壁が消滅し始め，グローバルな関係と影響の共有を可能にした。グローバル社会は，ファッションや音楽などの文化だけでなく，維持可能な社会という環境指向も共有する。また，富と貧困の対比は社会的なグローバル均衡を歪める存在として人々の認識を深めた。しかし一方では，人々の生活スタイルが個別化し，宗教，国，民族グループ，サブカルチャーなどがアイデンティティ形成の拠り所として求められてきた結果，アイデンティティの分断化・重層化が進んだといえる。

　グローバル化の進行によって，社会福祉専門職のアイデンティティや自律性も問い直されることとなった。それまで，社会福祉専門職は国民国家プロジェクトの一端を担い，専門職としての独自のアイデンティティを発展させる必要は希薄であった。実践としての社会福祉のアイデンティティの混乱と危機は，当然科学としての社会福祉にも混乱と危機をもたらした。実践としての，また科学としての社会福祉は，どのような問題や危機に直面しているのであろうか。いつの時代にも，どの社会においても，人間の生存や社会の維持・発展を脅かす最も深刻な問題は貧困である。1980年代以降，日本の貧困はアメリカと並んで先進国の上位を占め，経済大国から貧困大国へと変容し，貧困を原因とする多様な社会問題の発生が危惧されてきた。貧困を削減・緩和することができない理由は何なのか。実践としての社会福祉が機能しないのはなぜか。限界性はどこにあるのか。

## 6 科学としての危機

　科学としての危機を考えるとき，まず問われなければならないのは，社会福

祉専門職者や研究者養成にあたる大学教育の水準と質である。社会福祉士や精神保健福祉士などの資格制度の導入によって，大学教育は専門職に必要な専門教育から資格試験受験教育に大きく変容した。社会科学の基礎知識の習得よりも，社会や人間を理解するために必要な古典を読むよりも，国家が選択した専門知識の暗記作業を中心とする資格試験の準備に教育の焦点が大きく移動させられた。学部教育の技術化は，従来から古典科学性の弱かった社会福祉分野の研究者養成教育に，さらなる科学性の希薄化と細分化・技術化をもたらした。科学として成立するための，基本的条件を満たした教育がなされているのか。それは可能なのか。可能であれば，いったい何が要求されるのか。

　さらに指摘されるのが，日本の社会福祉政策や行政における専門性の欠落である。伝統的に，日本の雇用および人事制度は，専門知識や能力よりも一般教養，職場での教育訓練や職場移動による万能能力の育成を重視してきた。社会福祉分野においても，専門性に対する要求は希薄であった。社会福祉専門教育を提供する大学や学部・学科は急増したが，教育水準が低いために国や地方自治体の公務員試験の合格率はきわめて低い。社会福祉政策の策定にあたる中央行政機関や福祉行政機関からの専門知識の締め出しが生み出した結果は，実践における知識の欠如であり，実践と科学の乖離である。他の先進国にはありえない現象である。

### ７実践と科学の相互作用

　実践と科学の相互作用が両者の発展にとって不可欠であるならば，あらためて考察しなければならないのは，実践としての，科学としての日本の社会福祉の実態と動向であり，実践と科学の本質的な関係である。すべての国が，日本と同様な資格制度を導入しているわけではない。比較の目的が，他を知ることによって，己を知ることであるならば，まず実践としての社会福祉を国際的観点から比較し，類似性と差異がどこにあるのかを，そしてその理由は何なのかを理解する。次に，実践に依存する科学としての社会福祉の特徴を整理し，直面する諸問題を考える必要がある。これらの作業によって，日本の社会福祉の特徴と問題点を議論するための出発点を構築することができる。本書では，最初の試みとして社会福祉の国際比較による類似性と差異の考察を目的とする。

実践としての・科学としての社会福祉／1章

# 実践としての社会福祉

## 1　多義的な福祉・社会福祉の概念定義

　福祉あるいは社会福祉という用語は,「相互扶助」,「弱者救済」,「生活支援」,「介護」,時には「幸福」,「幸せを追及する権利」,「自己実現」,「人間らしい生活」,「人権」など,きわめて多義的に使用されている。すなわち,明確な概念定義がなされることがないままに日々使用されている。しかし,社会福祉を1つの科学領域として考え,複数の国の社会福祉の国際比較を行うときには,何をもって社会福祉というのか,という明確な共通概念の定義が必要となる。概念とは,「事物の本質をとらえる思考の形式。事物の本質的な特徴とそれらの連関が概念の内容」(広辞苑, 1998, p.444)を意味するが,概念の定義なしには科学や学問を論じることは不可能である。定義が重要なのは,ある概念の内容やことばの意味を,他の概念やことばと区別できるように限定するためである。
　理論とは,「個々の事実や認識を統一的に説明することのできる普遍性をもつ体系的知識」(広辞苑, 1998, p.2815)を意味するが,その理論を構成するのが諸概念である。では,福祉や社会福祉はどのように定義されているのであろうか。

### ■1 福祉の定義

　福祉(welfare)とは,「幸せ」や「豊かさ」を意味することばとして使用され,幸福あるいは健康な状態や満足のいく状態,安寧を意味するウェルビーイング(well-being)と同義的に使われることが多い。もう少し整理をするならば,福祉とは人間の内的状態と人間を取り巻く外的条件の2つの意味に大きく分ける

ことができる。内的状態とは,「幸せ」や「充足感」など人々の心の状態をさし,満足した状態で生きているというウェルビーイングを意味する。外的条件とは,生存条件や生活条件,すなわち衣食住,教育,労働などの基本的な生活ニーズをさす。個人の満足感とはあくまでも主観的なものであるが,内外の2つの条件は相互に関連し,外的条件が満たされればされるほど,内的状態が満たされるのが普通であろう。外的条件は,内的状態を達成するための重要な前提をなす。

　スウェーデンでは国民の福祉・生活水準の向上を分析するために,必要な福祉構成要素を設定し,1975年以降,毎年これらの要素の変化を測定してきた。ここでは,福祉は「個人が自ら生活条件を制御し,左右することのできる金銭,財産,知識,精神的・身体的健康,社会的関係,安全などの資源に関する自由裁量権」として定義されている (Johansson, 1970, p.25)。また,イギリスの社会政策学者リチャード・ティトマス (Richard Titmuss, 1907-73) の概念に基づき (Titmuss, 1979),国民が政治参加を通して影響を及ぼすことのできる個人の生活水準の総合的表現として使用される。この福祉定義は,市民権の1つである国民に対して国家が約束する社会の文化水準に沿った生活を営む権利「社会権」(social right ⇒ 社会の文化水準に沿った生活を営む権利) (Marshall, 1950/92) に基づく。生活水準や福祉の測定に必要な構成要素をすべてそろえることは容易ではないが,抽象的な概念「福祉」を測定できるように,操作化・具体化したのが以下の10項目の福祉構成要素である (SCB, 2011)。これらをみると,構成要素が生活全体に及ぶことが明らかである。

①健康
②労働と労働条件
③知識習得と教育を受ける可能性
④経済的資源
⑤政治的資源・市民活動
⑥社会的資源(生育条件,家族関係,社会的交流)
⑦食生活・住宅
⑧余暇・文化
⑨安心と安全

⑩コミュニケーションへのアクセス

ノーベル経済学賞を受賞したインドの経済学者アマルティア・セン（Amartya Sen, 1933- ）は，それぞれの国の福祉を測定・検証するには，国内総生産（GNP）だけではなく，複数次元の指標が必要だと主張したが（Sen, 1987），現実に測定が可能となるのは一部の次元や分野に限られる。スウェーデンの福祉構成要素は，政治によって制御や実現が可能な分野に限定されるために，人生の質の測定や，資源を活かせる場や機会，希望する人生を実現するための自由や能力などの測定が不十分であることがしばしば指摘されてきた。その意味では，スウェーデンの福祉構成要素は「良い人生」（well-being）の質を測定するというよりも，むしろ良い人生の実現に必要な広範な領域における資源（物質的な生活条件）の享受の可能性を分析することに重点がおかれている（訓覇，2002）。センも，福祉を測定するための第一次的な基軸は疑いもなく現実の生活条件にあることを指摘している。

## ❷日本で使用される社会福祉の定義

日本で使用される社会福祉の概念定義を，既存の辞書や事典で調べると，共通していえることは定義が広範囲にわたり，多義的なことである。

● 現代福祉学レキシコン（1993年，雄山閣出版）

高澤（p.126）は，「個人・家族・地域において生ずる生活上の困難と障害を社会的責任において解決ないし，緩和することとを目標とする政策的・地域的・個人的な諸活動の総称」と定義する。

● 福祉社会事典（1999年，弘文堂）

庄司（pp.426-428）は，目的概念と実体概念に分け，1つは「社会成員の幸福な状態そのもの」を意味するものとして定義を試みる。もう1つは，「社会成員の幸福な状態をもたらす手段・方法を意味し，さまざまな生活問題を解決・緩和・予防することを目的とする制度・政策・実践などの総称」と定義する。社会保障の捉え方によっても見解が異なるとし，最広義に捉える社会福祉は，社会保障，保健衛生，労働教育，住宅などの生活関連の公共施策の総称だとする。日本では，社会保障を社会福祉の上位概として包括的に捉えるのが一般的

だとする。

● 社会福祉辞典（2002年，大月書店）

　真田（p.236）は，「生活関連の公共施策を総称する広義のものと，自立を困難にされている人々への施策とする狭義のものとに理解が分かれてきた」とし，「実体概念ではなく目的概念として理解するものもあった」とする。それとは別に，「社会福祉は社会現実を構成しているものであるために，社会の構造や動態から理解しなくてはならないとして，対象を社会的対応からとらえるものもあった」と指摘する。「社会福祉の対象が社会問題としての生活問題であれば，社会的責任が発生して，公的責任を軸にした社会的対応でなくてはならない」とするが，同時に「社会福祉の対象がこれとは別に規定できれば，公的責任が後退して市場メカニズムに任された生活関連施策も社会福祉に含まれる」とする。

　これらの定義例から共通していえることは，日本で使用される社会福祉という概念は，制度・政策であり，実践としての社会福祉すなわち社会福祉援助技術でもあり，すべての次元（マクロ，メゾ，ミクロ）を包括することである。

### ❸公的制度としての社会福祉

　公的制度としての日本の社会福祉は，生活困窮者に対する国民最低生活の保障を目的とする社会保障制度の3本柱——所得保障，医療保障，社会福祉——の1本をなす。社会保障（social security）の定義も必ずしも一義的ではないが，通常社会保険と公的扶助の2つの制度によって成り立つ。日本の社会保障の定義は，ILOの基準定義とは異なり，日本国憲法第25〜28条に規定される社会権に基づき，日本社会保障制度審議会（1950年）によって次のように規定される。

> 「社会保障制度とは，疾病，負傷，分娩，廃疾，死亡，老齢，失業，多子その他の困窮の原因に対し，保険的方法又は直接公の負担において経済保障の途を講じ，生活困窮に陥った者に対しては，国家扶助によって最低限度の生活を保障するとともに，公衆衛生及び社会福祉の向上を図り，もってすべての国民が文化的社会の成員たるに値する生活を営むことができるようにすること」

近年，社会保障構造改革が進められてきたが，元来社会福祉は社会保障の下位概念をなし，社会保障制度審議会は社会的弱者に対する援護育成として定義する。その具体的な保障内容は，社会福祉六法（生活保護法，児童福祉法，母子及び寡婦福祉法，老人福祉法，身体障害者福祉法，知的障害者福祉法）に規定される。

> 「国家扶助の適用を受けている者，身体障害者，児童，その他の援護育成を要するものが自立してその能力を発揮できるよう，必要な生活指導，厚生指導その他の援護育成を行うこと」

今日では，社会福祉八法改正などにみられるように，社会福祉関係の法律はこの他にも存在するが，六法は社会福祉関係法の中で中核的な存在として位置づけられる。厚生労働省は，日本の社会保障制度の体系は諸外国よりも広い内容をもち，国民皆保険制度，企業による雇用保障，子育て・介護における家族責任の重視，小規模で高齢世代中心の社会保障支出を，その特徴としてあげている（厚生労働省，2012, p.35）。

日本と異なり，欧米諸国では社会政策，所得保障を中心とした社会保障，ソーシャルワークに区別をした概念が使用される。しかし，社会政策の定義は，社会政策を国民の生活の根幹に関わる改良的な政策（生活条件の安定と改善）として肯定的に捉えるか，あるいは資本主義体制維持の安全弁（労働力保全）として否定的に捉えるかによって異なり，必ずしも一義的ではない。たとえばスウェーデンでは，社会政策は次のように定義される（Elmér et al, 2000, p.11）。

> 「国民の妥当な生活条件を保障し，社会問題を解決あるいは予防するために，国が直接あるいは地方自治体や他の機関によって行う公共政策」

同時によく使用されるのが，歴史的変化への対応が可能であり，社会政策の目的か否かという議論に依存することなく使用できる，機能に重点をおいた実用的な定義である（Nygren, 1990, p.31；訓覇，2002, p.27）。

●疾病，失業，高齢，出産，徴兵などにより就労を不可能にする場合の所得

喪失に対して経済的安全を保障すること
- 国民グループ間の所得ならびに生活条件を均等化すること
- 良質のケア・サービスを多様な形態で提供すること
- 労働力再生産の前提を確保すること，すなわち，必要な出生率の維持，健全な成育環境と良い教育の保障
- 経済発展に貢献し，社会経済の安定を図ること
- 賃金労働と資本との対立を緩和し，正規の社会制御の手段として機能する

　日本では社会保障概念が一般的に使用され，社会政策という概念は労働政策と同一視される独特の歴史的背景によって，欧米諸国のように頻繁には使用されてこなかった。しかし，近年国際比較研究などにおいて社会政策概念を使用する研究者も増えており，たとえば武川（庄司ほか編，1999, p.421）は厳密に規定することなく，下記のような幅広い定義を試みる。

　「国や地方自治体による公共政策のうち，経済的な領域に関するものが経済政策であり，社会的な領域に属するものが社会政策である。何が経済的であり何が社会的であるかを示すことは難しいが，経済の安定や成長をめざした政策を経済政策と呼び，市民生活の安定や向上をめざした公共政策を社会政策と呼ぶことができる」

## 2　実践としての社会福祉とソーシャルワーク

　ソーシャルワークは，古くは社会事業，専門的社会事業，社会福祉援助技術などと日本語に訳されてきたが，近年，社会福祉実践における専門的な方法・手段・技術の総称として使用されるようになり，実践としての社会福祉の中核概念をなす。

　社会福祉が制度として確立・発達するにつれて，その制度体系のもとで発展してきた諸実践が1つの専門職として体系化され，その方法・手段・技術を総称してソーシャルワークと呼ばれるようになった。しかし，ソーシャルワークとは何かという問いに対して，20例を超える異なった定義があるように，一義的な定義の共通基盤を見出すことは難しい（Bergmark, 1998）。その最大の理由は，定義を試みるにあたって重視される理論的観点や定義基準が異なるため

である。ソーシャルワークの歴史的背景や発展過程に関する議論をみると，複数の観点から整理する必要がある。いつ頃から，どのような形態の社会事業をソーシャルワークと呼ぶようになったのかという問いに答えることは容易ではないが，いくつかの試みを取り上げる。

## ◼1 一定の定義基準

　まず1つの試みは，一定の基準（特別な援助関係，専門教育，専門知識や技術，事業組織，人間観など）から，ソーシャルワークを定義しようとする試みである。この方法の問題点は，定義のための一義的な規準を見つけること自体が難しいことである。たとえば，ソーシャルワークを人々の多様な問題を解決するための芸術（art），科学，専門職業として多次元的に捉える定義もあれば，専門知識，実践方法や姿勢・態度から捉える狭義の定義もある。それは，ソーシャルワークが異なる政治文化や歴史的過程において多様な発展の仕方をしてきたからに他ならない。ヨーロッパのソーシャルワーク教育の伝統を遡ると，キリスト教，博愛主義，フェミニズム，社会主義という4つの思想的潮流によって発展させられてきたことが明らかである（Lorenz, 1996/2003）。

　現在の時点で，世界中に最も普及している定義は，1928年パリでの国際社会事業会議によって創立された「国際ソーシャルワーカー連盟」（IFSW = International Federation of Social Workers）と，「国際社会事業学校連盟」（IASSW = International Association of Schools of Social Work）によって，2000年に採択された記述であろう。現存する多様なソーシャルワークの特性を包括するには，漠然とした概念定義にならざるをえない。

> 「ソーシャルワーク専門職は，人間の福利（ウェルビーイング）の増進を目指して，社会の変革を進め，人間関係における問題解決を図り，人々のエンパワーメントと解放を促していく。ソーシャルワークは，人間の行動と社会システムに関する理論を利用して，人々がその環境と相互に影響しあう接点に介入する。人権と社会正義の原理は，ソーシャルワークの拠り所とする基盤である」（http://www.jacsw.or.jp/01_csw/08_shiryo/teigi.html）

　国際的な文献に登場するソーシャルワークの分類の仕方も，対象領域，対象

グループ，実践目的や実践方法などによって異なる。たとえば，社会サービス，医療サービス，更生事業，企業福利厚生，学校・就学前学校などの事業領域，児童・青少年，高齢者，障害者，アルコール・薬物過剰摂取者，虐待を受けた児童・女性・高齢者，ホームレス，問題家族などの対象グループや，治療，ケア，サービス，社会教育学的事業，予防的事業，急進的ソーシャルワークなどの実践目的や実践方法によって試みが異なる。

### 2 開拓者や思想的潮流

次の試みは，ソーシャルワークの開拓者や思想的潮流から考察し，定義を試みようとするものである。日本と同様にどこの国の教科書をみても，ソーシャルワークの母あるいは開拓者として取り上げられている人物が，アメリカのメアリー・リッチモンド (Mary Richmond, 1861-1928) とジェーン・アダムス (Jane Adams, 1860-1935) である。この2人はソーシャルワークの発展に影響を与えただけではなく，ソーシャルワークの専門性を異なる2つの方向に発展させた。リッチモンドは，早期に両親を失い，貧困環境のもとに育ち，大学教育を受ける機会を得ることがなかった。しかし，専門教育を受けたソーシャルワーカーによる貧困救済事業を重視し，社会問題の科学的な診断「社会診断」(Social diagnosis, 1917年) を発表し，体系的で科学的な調査の重要性をケースワークの前提として説いた。ただ，個人に焦点をおき，問題に対する根源的な介入の不在を特徴とする (Lorenz, 1996/2003)。

リッチモンドとは対照的に，アダムスは恵まれた家庭環境で育ち，大学教育を受ける機会に恵まれた。貧困問題は，援助者と被援助者が相互に学び合う関係を通して取り組まれるべきだとし，ソーシャルワーカーが貧困地域に居住し，貧困者と日常生活を共有することを重視した。ロンドンのセツルメント・ハウス（隣保館）トインビーホール (1884年) をモデルにして，アダムスはシカゴにハル・ハウス (1889年) を創設した。

しかし，アメリカのこの2人だけがソーシャルワークの開拓者だと断言してよいのか，という疑問が浮上してくる。ヨーロッパにはヨーロッパの伝統がある。近代的ソーシャルワークの原型とされるのが，1800年代のヨーロッパの博愛主義者たちによる救済慈善事業である。ロンドンの慈善組織協会"COS"

(Charity Organization Society) は，貧困者を対象とした体系的・個別的なソーシャルワークをケースワークとして発展させた。入念な調査によって，貧困原因が自己責任によるものではないことを指摘したが，その背景にあるのが，救貧法による救済すべき「価値ある貧困者」と，自己責任による「価値なき貧困者」という選別であった (Pettersson, 2011 ; Rauhut, 2002)。思想的潮流は異なるが，19世紀後半のイギリスで社会主義的な運動を展開した「フェビアン協会」(Fabian Society) も，大都市の貧困救済に取り組んでいる。また，COSとフェビアン協会の歴史的な妥協によって，1912年ロンドン・スクール・オブ・エコノミックスでソーシャルワーカー養成教育が始められたことも忘れてはならない歴史的事実である (Lorenz, 1996/2003)。

　リッチモンドやアダムスの思想と類似する思想は古くからあった。たとえば，大不況下の労働者の貧困と階級間の矛盾を緩和し，上からの社会平和主義的政策（飴と鞭の政策とも呼ばれる）として，世界最初の社会保険を成立させたドイツ帝国の宰相ビスマルク (Otto von Bismarc, 1815-98) も資本主義体制の維持を図り，国民の福祉に対する国家の責任を重視する対策をとった。したがって，限られた人々の事業や思想をもってソーシャルワークの普遍的な発展を説明することは，歴史の複雑性や社会の物質的条件，政治の果たす役割などを軽視することになる。

　さらに認識すべきことは，ヨーロッパの社会事業に影響を与えたのは，アメリカのパイオニアたちだけではないことである。1800年代末のCOSで活躍したオクタヴィア・ヒル (Octavia Hill, 1838-1912) は，友人訪問や家庭訪問という方法を発展させ，慈善事業と救貧事業の連携を図り，北欧諸国のソーシャルワークの発展に大きな影響を与えた。ドイツのアリス・サロモン (Alice Salomon, 1872-1948) はソーシャルワーカーの養成教育に力を入れ，IASSWの最初の会長に選ばれ，定年後はアメリカで講演活動を展開した。ドイツのクリスティアン・ヤスペル・クルンケル (Christian Jasper Klumker, 1868-1942) は，子どもの養育や路上生活者の救済にあたり，1911年に貧困理論に関する博士論文を著した。その後，フランクフルトの大学で初めての社会福祉と社会教育の教授（1914年）に就任し，1920年代初めから始まったスウェーデンのソーシャルワーカー専門教育（ストックホルム，1921年）に多大な影響を与えた。オーストリア

のジセラ・コノプカ（Gisela Konopka, 1910-2003）は，ナチス政権に追われ，亡命先のアメリカでグループ・ワークの発展に貢献し，ヨーロッパとアメリカの伝統を融合した功績が評価される（Lorenz, 1996/2003）。

　今日，科学としてのソーシャルワークは社会科学の1領域とみなされることが多いが，1900年代初めには社会復帰のための治療をめぐる議論の中心をなしたのは，遺伝的，生物学的，社会医学的観点であった。歴史を振り返ると，ソーシャルワークは多様な思想的・科学的伝統によって構築されてきた産物であることが明らかである。ソーシャルワークの思想史を考察するには，産業化や都市化による社会構造の変化，家族や社会的ネットワーク機能の変化，社会科学研究の発展，政治思想や社会問題の展開，公的救貧事業の組織化や問題，博愛主義運動，社会政策論議や社会改良事業などの，社会発展を左右してきた多様な要因との関連づけが必要となる。

**❸社会事業が実施された時代や状況**

　歴史的な観点からソーシャルワークを定義する試みでは，時代によって救貧事業，救済事業などと呼び方は異なるが，社会事業が台頭し，実在した時期や状況を重視する。すなわち，ソーシャルワークという概念は，一定の社会的関係・条件に関連して出現したという見方である。多くの研究者間で共通なことは，1900年前後の西欧諸国における経済的・社会的変化（産業革命後の資本主義体制への移行）によって，従来の救貧・救済事業や社会秩序が機能しなくなったために，近代ソーシャルワークが必要になったとする見方である。すなわち，ソーシャルワークは，資本主義と自由競争を基盤とする市場経済が生み出した都市問題や大量の貧困問題などの多様な社会問題に対する反動の産物として登場したといえる（Howe, 1996）。そういう意味では，ソーシャルワークは，近代社会の自由と規律の危機によって生み出された結果であった。また，ソーシャルワークは，1900年代に発展した近代的社会政策の一環として，人々の行動を統制するとともに，社会や人間の諸問題を「治療する」役割を担わされてきたと捉えることができる。

　しかし，歴史的発展を現在の思想的観点からみることによって，歴史を植民地化・矮小化する危険性があることも指摘されてきた。また，子どもの養育や

高齢者のケアに関する社会的責任に対する考え方は，ヨーロッパ，アジア，ロシア，北欧というように，国や文化によって大きく異なり，世界中に共通するソーシャルワークの普遍的な歴史を記述することは難しい。多様な組織化，多様な思想的観点，多様な職業分野など，ソーシャルワークの多様性に注目することにはそれなりの意義がある。しかし，それぞれの歴史的段階はそれぞれのユニークな社会のシステムに依存するために，多様性の中から異なる点だけを取り上げることも有意義な国際比較だとはいいがたい。

## 4 ソーシャルワークの方法と技術

さらなる方法は，ソーシャルワークの方法の独自性から，ソーシャルワークの本質を考察しようという試みである。ソーシャルワークの専門性を考える上で重要なのはその中核をなす多様な方法（method）であることは，共通に認識されているといえる。英語の"method"という用語はギリシャ語の"methodos"からきており，本来，実施手順・順序あるいは遂行を意味する。

日本で紹介されているアメリカで発展したソーシャルワークの伝統的な方法は，直接的三分法といわれる「ケースワーク」（個別援助技術），「グループワーク」（集団援助技術）と「コミュニテイワーク」（地域援助技術）である。それらに加えられるのが，間接的な3つの方法――「ソーシャルワーク・リサーチ」（社会福祉調査法），「ソーシャルワーク・アドミニストレーション（社会福祉運営管理）と「ソーシャルアクション」（社会活動法）――である（庄司ほか編，1999，p.661）。アメリカでは，さらに多様な理論的観点から，たとえばシステム論や生態学的アプローチや生活モデルなどが注目されてきた。

しかし，方法に関する文献を検索しても，一義的かつ一般的に容認されるソーシャルワークの方法に関する定義は見あたらない（Bergmark & Lundström, 2006）。定義の仕方をめぐって指摘できることは，ソーシャルワークを他の事業から区別し，すべてのソーシャルワークにおいて適用が可能な一般的方法を重視するか，あるいはそれぞれの実践領域と各領域で使用される方法を記述し，それぞれの職業分野の特徴の記述を試みるかの2通りに分かれることである。前者の定義の仕方で重視されるのは，実施手順が明確であり，また再現（再使用）が可能である普遍的な方法として，体系的に構造化されていることである。さら

に指摘できることは，方法と同義語的に，モデル，実践的・実用的理論，専門的熟練，技術という用語の使用によって，仕事の仕方や方法を記述する傾向である。しかし，方法，モデル，理論間の境界線は必ずしも明確ではない。また，理論的アプローチという用語もしばしば使用されるが，問題視されるのは理論と方法の明確な区別が不在することである（Turner, 1996）。

　実践を科学的に評価し，測定可能で体系化された知識や，明確で再現（再使用）が可能な普遍性をもつ方法に対する懐疑的見解があることも事実である。方法（原理）主義を批判する主な主張は，科学知識に基づいた実践方法はクライアントの主体性不在のソーシャルワークを生み出すという危険性の指摘である。すなわち，科学的な観点から構築された実践方法は，実質的な変革を可能にするために必要なソーシャルワーカーとクライアントの本物で偽りのない人間関係の形成を困難にするという批判である。もう1つは，問題の背景をなす原因（往々にして社会構造的）を追及せずに，表面に浮上した症状の「治療」に終始し，クライアントを問題洞察へ導くプロセスを軽視する結果を導きかねないことへの批判である。すなわち，現実とかけ離れた手段的，教条主義的な方法の適用は，クライアントの問題に対する洞察を不可能にし，ソーシャルワーカーとクライアントの共同の変革プロセスを破壊しかねない危険性をはらむ。また，特定の方法が特定の事例だけに効果を示すのであれば，普遍的なものとして使用することは難しくなる。ソーシャルワークの実践の前提・基盤がソーシャルワーカーとクライアントとの間に形成される人間関係におかれるのであれば，特定の方法を画一的に適用し，評価することは適切ではないと考えられる。また，科学的に実証された知識に基づく方法であったとしても，適用にあたっては絶えず倫理的な問題がつきまとうといえる。同時に，ソーシャルワークの支援過程においてクライアントの影響力を強化し，ソーシャルワーカーの権力行使を縮小する方法も可能で，実践方法の是非を問う議論はきわめて複雑かつ多様である。

　ソーシャルワークの方法の意義や有意性を議論することが難しいのは，実践内容を分析するための概念が形成されていないことと，オープンな社会環境において使用される多様な介入法を比較し，科学的に評価すること自体が困難なためである。また，方法の理論化を遅らせている理由として指摘されることは，

研究において体系的な知識を発展させる努力が不十分であること，実践に大きく依存する科学でありながら，研究者の実践に対する関心が希薄であり，研究と実践の間に乖離が生じていることが指摘される。理論と実践の乖離によってもたらされる方法論的改善の遅れは，市場において安易で廉価な実践モデルのセールスの参入を容易にし，一時期的に流行はするものの，すぐ消滅するために普遍的なものとして継承されない問題を生み出している。

## 5 ソーシャルワークが担う社会的機能の二重性
### (1) 連帯社会対個人主義社会

ゲマインシャフト（Gemeinschaft⇒本質意思に基づき，あらゆる分離にもかかわらず結合し続けている共同体）とゲゼルシャフト（Gesellschaft⇒選択意思に基づき，あらゆる結合にもかかわらず分離し続ける集合体）は，社会秩序の対照的類型を記述する概念としてしばしば使われてきた。これらの概念に基づいて，連帯社会対個人主義社会という異なる社会モデルを説明することが可能となる（Lundquist, 1997）。純粋なモデルは実在しないが，時代によって異なる福祉レジームやソーシャルワークの組織化を整理し，理解するには有意義な概念だといえる（図表1-1）。

個人主義社会モデルは，自分の人生を決定するのは自分自身であり，共同体の利益や最善を図るために犠牲は要求されないという考え方に基づく。表現を変えれば，人々は社会の援助を受ける一般的な権利をもたず，家族や親族の扶養義務が重視され，社会の貧困者を救済するか否かの判断は各個人に一任されるという考え方である。したがって，国民の福祉・社会権に対する国家の責任は最小限に抑えられ，家族，任意組織，市場に主な責任が求められる。この社

図表1-1 ゲマインシャフトとゲゼルシャフトによる社会モデル

|  | 個人主義社会 | 連帯社会 |
|---|---|---|
| 長所 | プライバシーの尊重<br>自律 | 連帯<br>ケア |
| 短所 | 利己主義<br>強者への便宜 | コントロール |

出所：(Meeuwisse & Swärd 2009a, p.66)

会モデルでは，個人の選択の自由は大きいが，自らのニーズを自らの力によって満たせる人々のみに有利に機能する。

連帯社会モデルは，共通の利益や福祉を充足させるために，社会の構成員が相互に助け合い，国家の責任によって高度に組織化された福祉社会を追及する。市場や任意組織，家族よりも，国家がむしろ福祉の生産や供給に責任をもち，ソーシャルワークの組織者として主要な役割を果たす社会である。寛大で多様な社会サービスによって，人々が困窮生活を余儀なくされたり，高齢者や子どもなどの社会的弱者が慈善事業に依存したりする必要はなく，発達環境に問題がみられる児童・青少年や，近親者による介護が得られない高齢者は，ニーズに応じて公的な援助や支援を受けることができる。ただ，この社会の弱点は，国家の介入によって国民に対する過保護やコントロールをもたらす危険性が生じやすいことである。

北欧諸国の社会サービスやソーシャルワークの組織化は，連帯社会をモデルとして発展してきた。反面，北欧福祉国家ではケアとコントロールという，相反する機能の間に緊張関係が生じやすいことが指摘されてきた。たとえば児童福祉分野の歴史をみると，児童・青少年の逸脱行動（非行など）を矯正するための処遇と同時に，虐待や親の養育放棄などから児童・青少年を保護するための支援も，ソーシャルワークの重要な役割として位置づけられてきた（Dahl, 1978）。

### (2) 社会民主主義的視点と急進的視点

社会民主主義的および急進的（ラジカル）な視点からソーシャルワークを考察することは，ソーシャルワークの社会的機能とソーシャルワークの国民に対する関係を理解するために有意義である（Payne, 1998; Rothstein, 1994）。

社会民主主義的視点は，社会政策とソーシャルワークを，国民国家（福祉国家）の建設を担う重要な役割・手段として位置づける。経済システムと普遍主義的社会政策は，大半の国民が失業や離婚などの社会構造の変化による多様な生活上の危機・事故に遭遇することを予防する。この生活安全保障制度の一端を担うのが，ソーシャルワークとソーシャルワーカーである。社会サービスは，国民の妥当な生活水準を保障する最後の安全網として機能する。従来の抑圧的・

統制的な救済方法は，クライアントを支援施策の中心に据え，社会権保障の目的を明確にした実践に置き換えられてきた。この考え方を代表するのが，スカンジナビア・モデルである（Lorenz, 1996/200，詳細後述）。

急進的視点は，ソーシャルワークの発展に対する肯定的な見方を疑問視し，ソーシャルワークの主な機能を社会統制や国家の権力行使として捉える。『狂気の歴史』（Foucalt, 1961）や『監獄の誕生』（Foucalt, 1975）を研究したフランスの哲学者ミシェル・フーコー（Michel Foucault, 1926-84）は，近代的な治療のための社会制度として設けられた施設は，実は社会を異常者あるいは逸脱者から護り，彼らを社会に適応させることを重要な目的としたものであったと分析する。ソーシャルワークを国家機構と資本主義体制の一部として捉えるマルクス主義的思想に基づく急進的なソーシャルワークが発展したのは1960年代であった（Ferguson, 2008）。急進的ソーシャルワークは，ソーシャルワークの機能が資本主義体制維持のための安全弁，あるいは資本主義体制がもたらした諸問題を一掃する清掃人であることを指摘する。

これらの視点に共通なのは，工業社会がもたらした当然の結果として，ソーシャルワークは社会体制の安定維持のために，支配層から支持される存在として捉えられることである。しかし，いずれの視点によっても，経済的に発展し，政治的に自由が保障される国々において，なぜソーシャルワークがきわめて弱い存在であるのかということを説明することは不可能である。ゆえに，これらに代わる視点として提案されるのが，ソーシャルワークを他の社会現象と同じように，政治的，経済的，社会的条件のもとで多様なグループが積極的な役割を演じることによってつくりあげられる「社会構築」の産物として理解する社会構築主義（social constructionism⇒現実や社会現象は人々や集団によって，感情や意識の中で構築され，現実を人々が解釈し，認識するに従って，現実が再生産されるとする社会学的見方）的見方である（Payne, 1998）（社会構築主義の詳細については後述）。

社会構築主義的視点によれば，ソーシャルワークの発展は4つの過程から説明することができる。まず，必要とされる作業が，何が「社会的」（social）であるかを定義することである。たとえば，貧困はいつの時代にも存在した現象ではあるが，長い間自然現象として理解されてきた。ある歴史的時点から，貧困が個人的な問題から「社会問題」として認識されるようになった。次の段階

で必要とされるのが，社会問題が政治的介入あるいは社会的対応・施策によって解決可能な問題であるという定義である。その後，特定の種類の対策を必要とする社会問題として定義され，問題の特定化による施策が実践されてきたといえる。

　貧困問題を解決するために，社会政策やソーシャルワークによる介入を図るには，社会的に定義された問題（社会問題）に対する施策として，他の方法（治安取締りなど）よりもソーシャルワークが有意義な方法・手段であることが実証されなければならなかった。問題解決に関する社会的容認が得られて初めて，国家の介入が可能となる。たとえば，1800年代末に増大した都市の物乞いに対する対応をみると，警察による取り締まりから救貧事業による対策へと転換させられ，救済のための救貧院が建てられていったことからも理解できる (Meeuwisse & Swärd, 2009a)。

　このようにして，ソーシャルワークの発展は，支配層との権力関係や政治的，経済的，社会的条件によって大きく左右されてきた。社会構築主義的視点は，多様な社会システムにおける多様な社会問題の定義過程と，それに対する社会の対応過程を分析し，ソーシャルワークの発展過程を明確にしてくれる。

### (3) 社会構築主義的視点からみたソーシャルワークの実践と理論

　社会構築主義的試みの1つとして，ペイン（Payne, 2008）はソーシャルワークを①ソーシャルワークに関する理論，②ソーシャルワークの実践方法に関する理論，③クライアントの現実に関する理論の3つに分類する。ソーシャルワークとは何かという本質に関する理論は，すべての人の見解の一致を得るものではなく，多様な理解が存在する。1つの真の現実が存在するのではなく，ソーシャルワーカーの日々の実践によって，ソーシャルワークという社会的現実がつくりあげられるというのが社会構築主義的視点である。社会的現実・現象は，自然現象とは異なり，私たちの行為を左右する個人の社会的知識によって生成されるために，社会的現実に関する理解が異なってくると考えられる。共通の現実理解は，知識を組織化し，客観化する多様な社会的過程を通して，人々の間で知識が共有されることによって可能となる。

　この社会構築主義的視点から，ペインはソーシャルワークに関する理論（言説）

26　第Ⅰ部　実践としての・科学としての社会福祉

図表1-2　ソーシャルワークの本質に関する言説

```
             内省的・療法的理解
             （療法的支援介入）
                  △

 個人的・改良的理解              社会主義的・集団主義的理解
 （社会秩序の維持）              （解放的あるいは変革的）
```

出所：（Payne, 2008, p.33）

を，①内省的・療法的理解（療法的支援介入），②個人的・改良的理解（社会秩序の維持），③社会主義的・集団主義的（解放的）理解の3つに分類する（**図表1-2**）。

　内省的・療法的理解は，ソーシャルワークを，個人的な人間発達と自己実現を容易にする実践を通して，個人，集団，共同体が可能な限りウェルビーイング・安寧を得られることを目的とする努力として捉える。ソーシャルワーカーとクライアントの相互作用がクライアントの現実理解に影響を与え，ひいては理解を変える。クライアントも同じようにソーシャルワーカーに対して，ソーシャルワーカーのクライアントに対する理解に影響を与える。相互に影響を与える螺旋階段的過程がソーシャルワークを内省的・療法的なものにし，その過程を通じてクライアントは自らの感情や生活様式を理解し，問題解決を図ることが可能となる。この理解の背景にあるのが，経済的・社会的発展が個人的，社会的改良をもたらすと捉える社会民主主義的政治哲学的見地である。この見地に立つソーシャルワークの理論的中心をなすのが，精神力動学的，人道主義的，実存的視野であり，構造主義的理論である。

　社会主義的・集団的理解とは，ソーシャルワークの目的を，最も抑圧され，不利益な立場におかれた人たちが自分の人生をコントロールできる権力を勝ち取ることができるように，社会連帯と相互扶助を構築することに求める。ソーシャルワークによって人々が抑圧から解放されるところから，解放的アプロー

チとも呼ばれる。また，貧困者や抑圧された人々が解放される社会に変革・変換することを目的とするところから，変革・変換的アプローチとも呼ばれる。この見方は，平等と社会的公平を促進する計画経済と社会的介入を必要とするところから，社会主義的政治哲学の考え方と共通する。この見地に立つソーシャルワークの中心をなすのが，危機的・抗抑圧的視野とフェミニズム理論である。

　個人的・改良的理解とは，ソーシャルワークを個人に対して提供される社会サービスの一環として位置づける。ソーシャルワークは，個人のニーズを充足し，ソーシャルワークやサービスの効果的な機能を図るために，社会サービスの改善を目的とするところから，サービス管理的アプローチとも呼ばれる。すなわち，ソーシャルワークは社会秩序を維持する役割の一端を担うものとして位置づけられる。したがって，この理解は市場における個人の自由を重視する自由主義的あるいは合理的経済政治哲学の考え方に立脚する。社会動員的視野やシステム理論的視野，認知行動的理論がこの見地に立つソーシャルワークにおいて重視される。

　これらの異なる理解には，類似性も指摘される。内省的・療法的理解と社会主義的・集団的理解は，変革・改良と発展を基盤に据える。個人的・改良的理解は，社会的目標よりも個人的なニーズの充足に焦点をおく。ソーシャルワークの本質を理解するには，すべてこれらの理解が必要となる。現実の社会システムという枠内ではあるが，個人の自己実現・発達を図るために支援することがソーシャルワークの使命であり，機能であることには大半が同意するところであろう。時代や文化によって様相が異なるために，ソーシャルワークとは何かという最終的で普遍的な答えを得ることは難しいにしても，これらの多様な見地を理解することによって，ソーシャルワークの多様な実践領域や問題に対する理解が深められるといえる。

## 3　社会福祉と社会政策・福祉モデル

　教科書や専門書など多くの文献において試みられるソーシャルワークの国際比較の一般的な方法は，比較のための一定の基準を設定して類型化することである。しかし，これらの基準は国によって異なるために，多くの場合が純粋培

養的な標準タイプになるか，極端に単純化された基準を使用するために比較の仕方が異なるのが現状である。ここでは，異なった基準視点による3つの比較の試みを紹介する。

## 1 ソーシャルワークの専門性を重視した国際比較
### (1) 国際比較例

ソーシャルワークが対象とする問題や集団と専門教育を比較した『国際的ソーシャルワークのプロフィール』(Hokenstad et.al., 1996) は，日本を含め，アメリカ，チリ，イギリス，スウェーデン，ハンガリー，インド，香港，シンガポール，韓国，台湾，南アフリカ，ウガンダを包括する。結論的にいえること

図表1-3 ソーシャルワークの専門性を重視した国際比較

| | | | |
|---|---|---|---|
| ソーシャルワーク | ソーシャルワークとソーシャルワーカーの定義 | 同質の職業グループによって実践され、明確に定義された領域 | 多様な職業グループがソーシャルワーカーとみなされ、明確に定義されていない領域 |
| | 歴史 | 長い | 短い |
| | 中心的任務 | 個人の問題 | 共同社会・地域社会問題 |
| | 理論と方法論の伝統 | 精神力動学的伝統・ケースワーク | コミュニティワーク，社会動員，教育学的伝統，急進的ソーシャルワーク |
| ソーシャルワーカー | 雇用形態 | 行政機関を中心とした雇用 | 主に任意組織，教会，市民社会（民間部門）における雇用 |
| | 主な雇用主 | 行政機関 | 非行政機関 |
| | 権力と権限 | 相対的に強い権力をもち，人々の意志に反して介入が可能であり，国家機関と密接な関係をもつ | 相対的に弱い権力をもち，代行する人たちに依存する |
| | 教育 | 高等専門教育，科学的知識重視 | 非高等専門教育，現場訓練中心 |
| | 対総人口に対する教育を受けた割合 | 高い | 低い |
| | ソーシャルワークにおける研究 | 有 | 無 |
| | 全国の職業・利益組織，専門化の度合い | 強い組織，専門化を積極的に促進に熱心 | 弱い組織，低い専門的プロフィール |

出所：(Meeuwisse & Swärd, 2009b, p.198)

は，類似性と差異はみられるが，ソーシャルワークの主な特徴は貧困者を主な対象とする世界共通の事業であることであった。しかし，産業や人口増加などによる多様な社会的発展や異なる伝統によって，ソーシャルワークの組織化や仕事の内容は大きく異なる。ソーシャルワークの機能や役割は，療法的・治療的（ケースワーク），教育学的，社会行政的，介護的，権利擁護的，社会構造的・社会開発的（コミュニテイワーク，社会開発）と多様である。たとえば，アメリカではケースワークの伝統が顕著である。専門教育も国によって異なるが，共通点は社会政策，社会学，心理学，法学，政治学などの社会科学領域の知識に基礎がおかれていることである。しかし，ソーシャルワークは必ずしも独立した科学として位置づけられておらず，ソーシャルワーカーの資格を得るための専門教育を要求しない国も存在する。

これによく似た試みが，『社会理論と実践の国際ハンドブック』（Mayadas et.al., 1997）であり，政治的，社会的，文化的条件によって，北アメリカ，ラテンアメリカ，ヨーロッパ，アジア，中近東，アフリカ，オセアニア・オーストラリア（太平洋）の6つの地域に分類し，専門職としての特徴を比較する。

ソーシャルワークの概念や専門職業としての組織化は，工業先進国および開発途上国の両方に存在し，共通の社会的役割は多様な社会問題の解決や軽減である。貧困，アルコール・薬物濫用（過剰摂取），子どもの疎外や青少年問題，高齢者ケアなど多くの社会問題が共通の対象領域であるが，ソーシャルワークの組織化や雇用条件，国家権力との関係などには差異がみられる（**図表1-3**）。

(2) ソーシャルワークの専門領域問題

ソーシャルワークの国際比較の根源的な問題は，ソーシャルワークの定義と他の専門領域との境界線の不明瞭さであり，境界線が国によって異なるために，定義も一義的でない。開発途上国の経済発展や社会発展のために，多くのソーシャルワーカーが社会開発プロジェクトに取り組んでいるが，このようなプロジェクトでは権利擁護（アドボカシー）やコミュニティワークが中心的な役割を担う。ソーシャルワークという用語の代わりに，地域開発やエンパワーメントという用語が使用されることが多い。1970年代に発足した社会開発事業のための国際機関"IUCISD"（Inter University Consortium for International Social

Development) は，社会的・経済的公平，平和，差別撤廃など，社会変革事業のために総合的地域モデル（holistic community-based model）の普及に力を入れてきた。これらの事業をソーシャルワークに包括するのか，しないのかという問いに対する明確な答えはない（Meeuwisse & Swärd, 2009b）。

　先進国の場合でも，ソーシャルワークという用語の意味合いや使い方は国によって異なる。フランス語（travail social）では，ソーシャルワークは異なる教育を背景とする8～9の職業グループの集合的名称として使用される。ドイツを中心としてヨーロッパで発展した社会教育学（social pedagogy）とソーシャルワークを区別する国もあれば，しない国もある。ワイマール共和国で社会政策の具体的な手段として位置づけられた社会教育学は，児童・青少年を主な対象とし，ソーシャルワークの精神力動学的伝統（ケースワーク）よりも，教育学的な内容を重視する（Lorenz, 1996）。青少年のための更生事業やコミュニティワークをソーシャルワークとみなす国もあれば，みなさない国もある。高齢者ソーシャルワークは，現在多くの国でソーシャルワークの重要な分野に発展してきているが，北欧諸国では伝統的に他の職業グループによって対応されてきた点が異なる。また，ソーシャルワークの専門資格付与制度も多様である。

## (3) 社会によって異なるソーシャルワークの役割と機能

　ソーシャルワークの役割と機能を考えるとき，前工業的農業国と工業先進国との間で区別することが重要である。アフリカ，ラテンアメリカやアジアなどの前者の社会では，依然として多くの社会問題は家族，教会あるいは地域社会の裕福な層によって解決されるのが通常である。援助の大半が任意組織によって提供され，多くのソーシャルワーカーは社会経済を発展させ，政治的変革（アクション・ワーク，コミュニティ・アクションなどと呼ばれる）を目的とする社会開発プロジェクトに従事するのが一般的傾向である（Meeuwisse & Swärd, 2009b）。一方，避妊具に関する助言，エイズの罹患を予防する広報・啓蒙活動に加え，未成年者の売春，街頭児童（ストリート・チルドレン）や戦争犠牲者などへの支援プロジェクトも，これらの国のソーシャルワーカーの重要な仕事である。

　多くの工業先進国では，慈善事業から現代のソーシャルワークが発展し，専門教育の組織化が進められてきた。また，専門教育の発展によって，職業の専

門化が進んできたといえる。世界的にソーシャルワーカーの数が最も増えた1950～60年代に，アフリカ，アジア，中央・南アメリカなどでは専門教育が本格的に発展した。また，以前の植民地国では，国の独立とともにソーシャルワーカーの専門教育が始まった。ユニセフ（国連児童基金）や工業先進国などが，開発途上国の専門教育の組織化に対する財政的支援を行った。専門教育の長い経験をもつヨーロッパやアメリカにおいても，新たな教育の組織化による拡張が進んだ。ソーシャルワークの専門教育を大学などの後期高等教育機関へ統合した国もあるが，していない国もある。1970年代に入ると，科学としての地位向上が図られるとともに，研究活動も発展してきた。ソーシャルワークの理論や実践方法の発展によって，ソーシャルワーカーの労働組合などの利益組織や独自の専門機関誌の発行も活発になっていった。

　ソーシャルワークの専門性を重視した国際比較方法の問題点として指摘されるのが，比較作業が往々にして欧米の工業先進国の文化の発展度や価値基準を出発点としていることである。ソーシャルワークは，それぞれの国の近代化の度合いや文化の様相に依存し，並行して発展してきた。したがって，ヨーロッパやアメリカにおける個人を重視するケースワークの伝統は，住民の相互扶助文化や権威に対する尊重度が高い社会においては有意義でない場合が多い（Payne, 2008）。たとえば家族に対する考え方は，日本や中国などのアジア諸国とヨーロッパでは大きく異なる。家族構成員の自立・自律を重視するヨーロッパに対して，他の多くの国では親の権威や共同体としての親族の繋がりが重視される。多くの研究者によって，工業先進国で発展してきた理論やモデルは，アフリカやアジアの地方では通用しないことが指摘され，ソーシャルワークにおける先進国重視が批判されてきた（たとえば，Hall & Midgley, 2004）。

## ❷ 社会政策モデル・福祉モデルによる国際比較

　国際比較のもう1つの流れが，社会政策モデル・福祉モデルから出発する方法である（Lorenz, 1996/2003; Morales & Sheafor, 2004）。福祉モデルという用語が使用されるのは，福祉国家の定義に包括されない福祉（社会）システム（たとえば，残余的福祉モデル）も比較の対象とするからである（Titumuss, 1974; Esping-Andersen, 1990）。福祉国家の定義も一義的ではなく，福祉国家や福祉システム

の類型化においては，社会政策モデル（Korpi, 1981），福祉（国家）レジーム（Esping-Andersen, 1990），貧困レジーム（Leibfired, 1992），理念型社会保険モデル（Korpi & Palme, 1998），社会扶助レジーム（Lodemel & Schulte, 1992; Lodemel, 1997; Gough et.al., 1997）などの用語が使用されている。

さらに，ソーシャルワークは福祉国家の誕生以前から存在し，必ずしも直接的に福祉国家によって組織化あるいは運営されているとは限らない（Lorenz, 1996/2003）。しかし，社会政策とソーシャルワークの相互依存関係が重視されるのは，ソーシャルワークが最も拡張された1950～60年代が，普遍主義的な福祉国家プログラムが発展させられた時期と重なるためである。当時，専門教育を受けたソーシャルワーカーの多くが，新しい福祉国家の社会政策プログラムが必要とした行政サービスに携わることになった。

1960年代後半から，対人的に提供され，主体的な人間存在の保障と公正社会の実現を目的とする，医療，公衆衛生，社会福祉，教育，労働，余暇活動，文化活動，住宅，司法などの諸領域を包括する上位概念として「ヒューマン・サービス」（human service）という用語が使用されるようになった（福田, 1993）。1800年代末のヒューマン・サービスの提供にあたった任意組織の活動からソーシャルワークが発展したとし，ソーシャルワークとヒューマン・サービスの連携は，社会政策や社会福祉プログラムが世界的に拡張された1900年代半ば以降に強化されたことが指摘される（Hall & Midgley, 2004）。

ソーシャルワーク国際類型の枠組みとして，現在，主に使用されるのが福祉レジーム類型などの社会政策・福祉モデルである。第二次世界大戦後，先進諸国は従来の社会政策をそれぞれに集大成して，多様な福祉国家・福祉レジームを発展させてきた。類型化初期の試みとしては，アメリカの政治学者ハロルド・ウィレンスキー（Harold Wilensky, 1923-2011），イギリスの社会政策学者リチャード・ティトマス（Richard M. Titumuss, 1907-73）があげられる。その後，福祉レジーム類型を試み，他の研究者に多大な影響を与え，今日最も多く引用されるのが，デンマークの社会学者ヨスタ・エスピン-アンデルセン（Gosta Esping-Andersen, 1947-）である（訓覇, 2002）。エスピン-アンデルセンに続いて，社会政策・福祉モデルの類型化への挑戦が数多く試みられてきたが，使用される指標や解析手法によって類似性とともに差異もみられる。エスピン-アンデルセ

ンの解析手法も,指標の追加的特徴,標準化の信頼性や加重の使用などについて批判を受けてきた(たとえば,Bambra, 2006; Castles & Mitchell, 1993; Kangas, 1994)。

### (1) 社会経済的要因重視福祉国家モデル

1960年代から70年代にかけての福祉国家研究では,福祉国家の発展を産業化や経済的な発展水準,人口構造などの社会経済的要因を用いて説明することに重点がおかれた。福祉国家は,社会経済の発展に伴って必然的に発展するという産業化論に基づいて主張されたのが「福祉国家収斂説」である(訓覇, 2002)。計量分析によって福祉国家発展の解明を試みたカットライト(Cutright, 1965)は,経済発展水準と社会保障の発展水準との間に明確な関連性があることを明らかにした。ウィレンスキーは(Wilensky & Lebeaux, 1965; Wilensky, 1975),福祉国家の発展は社会保障費の対GNP比率(社会的支出水準),国民1人あたりのGNP(経済発展水準),高齢者人口比率,社会保障制度の経過年数などの要因によって説明が可能であると指摘した。また,政治的体制要因は有意な説明力をもたないとし,豊かな国が次第に福祉国家に収斂していく傾向を指摘し,先進的福祉国家を「制度的」(institutional),未熟な後発福祉国家を「残余的」(residual)福祉国家と名づけた。

### (2) 残余・選別的・普遍的社会政策モデル

福祉国家という概念を重視し,本格的な福祉国家理解と国際比較を試みたのは,イギリスのティトマス(Titumuss, 1974)であった。ティトマスはウィレンスキーと同じ概念を使用するが,福祉国家間の相違を分析するために重要な意味をもつ政治思想に着目した。当時,福祉国家が収斂と拡散の相反する動態過程を示し始めたことも,福祉国家の差異が注目されるようになった理由であった。ティトマスは社会政策を①残余的福祉モデル(residual welfare model),②産業的業績達成モデル(industrial achievement-performance model),③制度的再分配モデル(institutional redistributive model)の3つに分類した。

ティトマスによれば,残余的福祉モデルは自由主義経済の産物であり,福祉の生産・供給の責任は主に市場と家族に求められ,国家は例外的に,必要なときにのみ最低限介入する。このモデルは,残余的・選別主義の社会政策を特徴

とする。

　産業的業績達成モデルは，中央ヨーロッパ諸国を代表とする政治的保守主義を基盤とし，社会政策的解決は国民の労働市場における貢献度に委ねる。したがって，社会保険やコーポラティズム（⇒民主主義諸国における国家と経営・労働両者の利益集団の協力に基づく政策立案・政策運営や利害調整）的解決を主な手段とする。

　制度的再分配モデルは社会民主主義に立脚し，公共部門による社会資源の再分配を重視する普遍主義的社会政策を特徴とする。国民の福祉に対する国家の責任が重視され，大半の社会政策的解決は公的責任によって図られる。

(3) 福祉レジーム・モデル

　ティトマスのモデルを引き継いで発展させたのが，エスピン-アンデルセンである。福祉国家という概念だけでは「残余的福祉モデル」が包括されないために，福祉の生産・分配の総合的システム（国家，市場，家族）として福祉（国家）レジーム（welfare-state regime）という概念を使用する。『福祉資本主義の3つの世界』(Esping-Andersen, 1990) をはじめとする一連の著書で，ヨーロッパだけではなく世界全体の発展状況を考察して，①社会民主主義福祉レジーム（北欧諸国），②保守主義・コーポラティズム福祉レジーム（ドイツ，オーストリア，フランス，イタリア），③自由主義（アングロ・サクソン）福祉レジーム（アメリカ，カナダ，オーストラリア）の3つが代表的な存在であることを指摘した。

　また，権力資源の量と質や社会的支出の大小を対比させているだけの研究方法では，福祉国家の多様性を説明することは難しいとして，脱商品化（de-commodification），階層化（stratification）という2つの指標から，福祉レジームが社会構造にもたらす効果の分析（社会階層的差異や社会的不平等）を試みた。

　1990年代初めには，エスピン-アンデルセンの類型に関する批判とともに，類型を補足する試みが多々行われた。また，フェミニズム研究者（O'Connor, 1996; Orloff, 1993）による女性不在の類型化に対する批判によって，脱家族化指標による家族政策の類型化も盛んになった。これらの試みの結果登場したのが，イタリア，スペイン，ポルトガルなどの地中海諸国が代表する，家族を基盤とした「南欧福祉レジーム」である（Arts & Gelissen, 2002; Bonoli, 1997; Ferrera, 1996;

Leibfreid, 1992)。このレジームはしばしば未発達の福祉レジームとしてみなされ，保守主義・コーポラティズム的福祉レジームの下位モデルとして位置づけられる。さらに，旧社会主義諸国の福祉レジームは「脱コミュニズム・モデル」(Deacon, 1993) と呼ばれてきた。

これまでの国際類型化の試み（15～18カ国）を整理すると，各福祉レジームの中核になる国々と，厳密にいずれかのレジームに分類できない中間的な国に分かれる (Bambra, 2004; Bonoli, 1997; Castles & Mitchell, 1993; Esping-Andersen, 1990, 1999; Ferrera, 1995; Korpi, 2000; Korpi & Palme, 1998; Leibfreid, 1992; Pitruzzello, 1999)。自由主義福祉レジームの中核国は，オーストラリア，カナダ，アメリカ，イギリス，ニュージーランド，アイルランドである。スイスは基本的に保守主義福祉レジームに分類されるが，なかには自由主義福祉レジーム (Castles & Mitchell, 1993; Korpi & Palme, 1998; Korpi, 2000)，あるいは南欧福祉レジーム (Bonoli, 1997) というように研究者によって分類先が異なる。保守主義福祉レジームの代表国はフランス，ドイツ，オランダ，ベルギー，スイス，イタリアであるが，エスピン-アンデルセン (1990, 1999) はオーストリアとともにオランダとベルギーを社会民主主義福祉レジームに分類するが，他の研究者 (Castles & Mitchell, 1993; Pitruzzello, 1999) によってもベルギーは同じレジームに分類される。エスピン-アンデルセン (1990, 1999) はフィンランドを保守主義レジームに属すとみるが，他の研究者の分類によればフィンランドはスウェーデン，ノルウェー，デンマークとともに社会民主主義福祉レジームを代表する。南欧福祉レジームを代表する典型的な国がギリシャ，ポルトガル，スペインであるが，イタリアやフランス，スイスを南欧福祉レジーム周辺国として包括する場合 (Bonoli, 1997; Leibfreid, 1992) もある。また，オーストリア，フィンランド，フランス，イタリア，日本をビスマルク型の代表国として分類する試みもある(Pitruzzello, 1999)。さらに，日本は自由主義福祉レジーム (Bambra, 2004; Castles & Mitchell, 1993; Korpi, 2000) あるいは保守主義福祉レジーム (Esping-Andersen, 1990, 1999; Korpi & Palme, 1998) に分類されるように，国際比較研究において類型化が難しい国の1つであることが明らかであり，所属先が明確ではない。

経済のグローバル化によって，労働市場の変容による雇用不安の増大，格差拡大や貧困の深刻化など，生活の安全が脅かされやすくなった知識社会に必要

だとされるのが，生産的社会政策・社会投資国家あるいは第3の道である(Giddens, 1991; Morel, Palier & Palme, 2012)。

社会投資国家的視野は，新しい社会的リスクの予防と，知識社会が必要とする人間資本への投資を社会政策の新たな役割として位置づける。新自由主義にとって代わるこの新しい政治パラダイムは，強い経済は強い福祉国家を必要とする（効率と平等の両立）という点では，ケインズ型福祉国家の再生を意味する。

### (4) 日本福祉レジーム・モデル

日本の福祉レジームをどの類型に分類すべきなのかという問いに対して，一義的な答えを見つけることはいまだに難しい。先述したエスピン-アンデルセン (1990) は，社会民主主義，保守主義，自由主義のいずれかの福祉レジームに日本を分類することができず，かといって南ヨーロッパ諸国の家族主義に包括することも難しいとして，雑種・混種レジーム (hybrid-regime) と名づけた。

また，文化的地理的要因から，一部の研究者からは「儒教的福祉レジーム」(Jones, 1993) や「東アジア福祉モデル」(Goodman & White, 1998) とも呼ばれてきた。これらの試みにおいて指摘される日本の福祉モデルの特徴は，低い公的負担，家族・地域・医療・福祉法人に依存するケア・サービス供給，社会の生産性向上（生産的労働力の維持管理）を図るための，経済的投資としての社会政策（教育や医療政策）にある (Campbell, 2002; Goodman & White, 1998)。すなわち，公的責任による教育や医療政策などの社会政策は，生産性向上を目的として現役労働人口に集中され，非労働力人口に対する生活安全保障やケア・サービスの供給は，家族や地域社会などの民間部門に任されてきた。経済発展重視の福祉モデルは，日本の急速な経済発展と相まって肯定的なモデルとして受けとめられてきた。しかし，1990年代の経済不況により，貧困を深刻化させ，生活安全保障を十分に図ることができず，日本福祉モデルの機能不全が指摘される。

日本の福祉レジームを特殊化しようとする試みに対して，日本を例外的あるいは特殊な存在としてみるべきではないという批判も聞かれる (Kasza, 2006)。支配的な拡散説に対する収斂説復活による反論である。日本の伝統的な雇用政策（終身雇用政策など）は，他国の雇用レジームとは異なる独自性をもつとしても，その他の社会政策，少なくとも医療政策や年金政策に関しては欧米諸国の

政策と類似しており，その類似性は拡散説では説明できないことが明らかである。1970年代に提唱された収斂説は，①経済的発展に伴って類似的な福祉レジームが形成される（福祉国家収斂説原型），②政策策定にあたって国の官僚が世界の情報を収集し，グローバルな脚本を手本にする，③資本の海外流動の増大に伴って，海外の事業投資者を落胆させないために先進国は福祉システムを標準化せざるをえない，という3つの発展動向が指摘される。

　1970年代には，日本の厚生省（現，厚生労働省）は，優秀な若手官僚を先進大国へ出向させ，多様な福祉モデルやシステムの情報収集を行い，日本の政策策定に応用してきた。ドイツの経験に習って，2000年に導入された介護保険制度はその典型的な例である。現在の高齢者ケアの内容をみると，デンマークやスウェーデンなどの経験も豊富に導入されている。また，経済のグローバル化が日本，ドイツ，アメリカの福祉システム（雇用政策に関する費用削減）に与えた影響を分析した先行研究（Seeleib-Kaiser, 2002）によっても，近年の日本の政治が他国に類似していることが指摘される。すなわち，経済のグローバル化は福祉レジームのグローバル化とレジーム間の相互接近化をもたらしたといえる。

　さらに，日本の福祉レジームの特殊性として指摘されるのが，実践と科学の乖離である。公的責任の強い福祉レジームとは対照的に，民間部門に大きく依存してきた日本の社会福祉政策策定や行政における希薄な専門性である（Goodman, 2011）。伝統的に，日本の雇用および人事制度は，専門的能力よりも一般教養を，職場での教育訓練や職場異動によって培う万能能力を重視してきた。社会福祉士や精神保健福祉士の国家資格制度が導入されたが，労働市場における基本的要求は大きく変わっておらず，現場における専門性が大幅に拡大されたわけではない。ここ20年，社会福祉専門教育を提供する大学や学部・学科は著しく増えたが，教育水準が相対的に低いために国および地方自治体の公務員試験の合格率は依然として低い。その結果，社会福祉政策の策定や行政遂行の中核に専門職者を送り込むことができず，重要な役職に就く人たちに専門教育が欠落しているのが現状である。この実践と科学の乖離は，他の先進国では希少な現象であり，日本の特殊性は歴史的偶然性なのか，政治的便宜主義あるいは財政的抑制，または文化的傾向によるものなのか，説明不可能だと海

外の研究者からは指摘されている(Campbell, 2002; Goodman, 2011)。

希薄な公的責任がもたらした日本の社会福祉のさらなる問題は,欧米諸国の社会政策の出発点をなす社会権と市民権が日本の制度において重視されてこなかったことである。その一例が,子どもの権利条約批准をめぐって1990年代に日本の多くの関係者から聞かれたのが,子どもに権利を与えてこなかったことによって,欧米諸国の家族を衰退させ,少年犯罪を増大させたという批判であった(Goodman, 2011)。また,国連の障害者権利条約の批准もいまだになされていない。

### 3 福祉レジームに基づいたソーシャルワーク・モデル

ソーシャルワークは,近代的社会政策が登場する前から存在したといえるが,現代のソーシャルワークの上位概念をなす社会政策によってその組織化や内容が異なることが指摘されてきた(Lorenz, 1996/2003)。ソーシャルワークの国際類型化の基軸として,現在主に使われているのが,ティトマスやエスピン-アン

図表1-4 福祉モデルによるソーシャルワーク・モデルの特徴

| モデル・原型 | 特徴 | 代表国 |
| --- | --- | --- |
| ①スカンジナビア・モデル,制度的モデル,社会民主主義福祉レジーム | 多くののソーシャルワーカーが公共部門に雇用される。公的責任,行政機関による組織化。 | スウェーデン,ノルウェー,デンマーク,フィンランド,アイスランド |
| ②コーポラティズム・モデル,産業的業績達成モデル,コーポラティズム福祉レジーム,保守主義・ヨーロッパ大陸モデル | 任意組織を基盤とするソーシャルワーク事業間の競争。公共部門に雇用されるソーシャルワーカーの機能はコントロール的対策。 | 中央ヨーロッパ:ドイツ,オーストリア,スイス,フランス |
| ③残余モデル,残余的福祉モデル,自由主義福祉モデル | 大きな任意組織によるソーシャルワーカー雇用。公共部門に雇用されるソーシャルワーカーの主な任務はコントロールと貧困者の支援・救済。 | イギリス,アイルランド |
| ④補完的福祉モデル,カトリック的モデル,ラテン・南ヨーロッパ的モデル | ソーシャルワーカーの弱い組織化。インフォーマルとフォーマル・ケアの境界線が不明瞭。後発的専門教育。 | イタリア,ポルトガル,スペイン,ギリシャ |

出所:(Meeuwisse & Swärd, 2009b, p. 216)

デルセンの福祉レジーム類型である（図表1-4）。

### (1) スカンジナビア・モデル

　スカンジナビア・モデルの特徴は，社会政策が公的責任によって国民（労働市場の外におかれたグループも含めて）に対し，相対的に高い生活水準を保障することを目的とする。すべての国民の市民権や社会権が保障され，所得再分配，完全雇用，家族政策や障害者政策が重視される。多様な社会サービスの生産・供給とソーシャルワークの組織化のために中心的な役割を担うのは，市場，家族や任意組織ではなく，地方自治体である。ソーシャルワークは社会政策とともに，福祉国家形成と発展の一端を担う肯定的な存在として位置づけられる。

　したがって，他の国々よりも北欧諸国のソーシャルワーカーの社会的地位は相対的に高く，権限も大きい。アメリカのシステムとは対照的に，ソーシャルワークの実践は処遇決定や法の適用を図る行政システムの一環として機能するために，ソーシャルワーカーは支援者であると同時に，コントロール機能をもつ管理者という二重の役割を担う。コミュニティワークや要求運動のための動員的な実践は，オランダやイギリスと異なり，北欧諸国では重要な位置を占めるには至らなかった。また，他の国々と比較すると，社会問題の解決にとどまらず，児童福祉分野などにおける問題の発生に対する予防的なソーシャルワークが北欧諸国の特徴である。公共サービスを主な任務とし，公務員であるソーシャルワーカーに対する国民の強い信頼があるために，ソーシャルワーカーが権利保障や倫理問題に取り組む必然性は相対的に希薄であったことも，他の国々と異なるところである（Pettersson, 2001）。

### (2) 保守主義・コーポラティズム・モデル

　このモデルでは，社会サービスの生産・供給や社会保険の運営を，職業組織や宗教団体あるいはその他の民間の任意組織に委ねる。たとえばドイツでは，大半のソーシャルワークが，これらの民間組織の傘下にある非営利で社会経済的な性格をもつ組合や協会によって提供される。ソーシャルワークは，小規模な公共事業と，コーポラティズム的組織によって運営される大規模な任意事業とに大きく分かれる。その理由は，このモデルが社会問題はできる限り国家と

市場の介入なしに解決されるべきであるという「補完性の原則」(subsidiary principal⇒カトリックの社会的倫理に遡り，家族が最初の支援供給者であるとする考え方）を重視するためである。公共部門に雇用されるソーシャルワーカーは，社会的コントロール，人々の根源的な扶養問題（貧困），家族問題などを主な任務とし，その他の機能はコーポラティズム的組織によって対応される。すなわち，公共部門に代わって任意組織がソーシャルワークを大々的に組織化し，多様な専門的サービスの供給にあたる。

## (3) 残余的福祉・自由主義モデル

スカンジナビア・モデルとは対照的に，残余的福祉・自由主義モデルは，私的な解決が不可能であり，不十分な場合にのみ国家が最低限介入する。したがって，公共部門に雇用されるソーシャルワーカーは相対的に少なく，社会的コントロール，緊急時の介入，労働モラルの保持などを主な任務とし，制限的である。主な対象グループは貧困世帯や生活困窮者であり，予防的，総合的，普遍主義的な対策がとられることは稀である。経済的保障水準も最低限であり，スティグマ的な性格をもつ。予防的なソーシャルワークは，ソーシャルワーカーではない他の職業グループによって実施されるのが一般的である。

自由主義モデルは，私的な福祉プログラムが営利企業や任意組織によって提供される。大半のソーシャルワーカーが，民間の介護事業者，教会，労働組合や多様な任意組織によって雇用される。社会的コントロールを主な任務とするソーシャルワーカーと，支援事業を主な任務とするものの二極化がこのモデルの特徴である。

## (4) 補完的福祉モデル

このモデルにおいては，ソーシャルワークの組織化が未発達であり，公的責任によるフォーマル（公式）・ケアと，家族や親族，隣人などの相互扶助によるインフォーマル（非公式）・ケア（両者の概念定義は一義的ではない）の境界線も明瞭ではない。援助を必要とする場合，まず，家族，教会やその他の多様な慈善事業組織の援助を求めるのが普通である。このモデルのソーシャルワークが対象とする主な領域は，児童福祉と家族支援である。ポルトガル，スペイン，

ギリシャ，イタリアなどがこのモデルを代表する。

　福祉レジーム・モデルのソーシャルワーク類型への適用には，一連の批判がある。特に女性研究者は，福祉レジーム類型は男性を規範とし，家族，市場，国家に対する女性の役割を軽視していると批判してきた。さらなる類型化の試みがなされ，福祉国家の代わりに「社会保険国家」や「社会サービス国家」（保育サービスや高齢者のためのホームヘルプ・サービスなど）などの新たな概念の枠組みが提唱されてきた（Antonnen, 1998）。

　さらに，社会政策・福祉モデルとソーシャルワークの間に明白な関係があるかどうかが，疑問視されてきた。公的扶助制度の国際比較によると，「貧困レジーム」のモデル概念の必要性が指摘されるとともに，異なる福祉モデル間の距離が縮小（接近）されてきたことが指摘される（Heikkilä, 2001）。

　社会の変容とともに福祉国家が変容し，収斂説にとって代わって福祉多元主義あるいは福祉ミックスの発展傾向が指摘されてきた。既存のいずれかの福祉レジームに分類することが難しい日本も，福祉ミックス社会を代表する国の1つである。2000年に導入された介護保険制度によって，「措置から契約へ」というスローガンのもとに，民間介護事業者の参入が飛躍的に拡大された。しかし，社会的支出が圧倒的に高齢者分野に集中する点では，年金者国家あるいは介護国家という性格がいまだに強いといえる。

　社会政策による生活の安全保障制度は，それぞれの国の異なる原則によって構築されてきたが，人口構造の変化やグローバル化によって，ボーダレス社会と呼ばれるように，国の境界線が失われつつある。北欧福祉国家においても，高齢者人口の増加とともに，公共部門への競争原理の導入や，民間事業への運営委託などの効率化の試みを余儀なくされてきた。スカンジナビア・モデルの自由主義モデルへの接近を意味するという見方（Pettersson, 2001）もあるが，巨視的観点からみると，むしろ自由主義あるいは保守主義モデルがスカンジナビア・モデルに接近しつつあるという見方の方が妥当である（Kvist, Fritzell, Hvinden & Kangas, 2012）。

　その他の試みとしては，ミジレー（Midgley, 2001）はソーシャルワークの機能あるいはソーシャルワークと社会の関係的視点から，①救済的ソーシャルワー

ク（一般的で広範囲にわたる個人的救済），②急進的・構造的ソーシャルワーク（社会運動との連携による社会変革），③開発的ソーシャルワーク（社会的発展過程への参与），の３つに分類している。

実践としての・科学としての社会福祉／2 章

# 科学としての社会福祉：社会福祉学が学際的科学である理由

　実践としての社会福祉の複雑さや多様性は，実践に依存する科学としての社会福祉の組織化や内容の発展にも大きく反映される。

　広辞苑によれば，科学とは「体系的であり実証可能な知識」（1998, p.457）であり，学問とは「一定の理論に基づいて体系化された知識と方法。科学の総称」（p.477）を意味するが，同義的に使用されることが多い。本書では，これらの用語は文脈によって使い分ける。

## 1　実践から出発するソーシャルワーク研究

### ■1 実践に基礎をおく社会福祉学

　社会科学とは，多様な観点から社会現象や社会事象（⇒社会現象とは，社会生活や社会関係に生じるすべての現象を意味し，社会事象は個別の現象をさして用いられることが多い）を科学的に研究する学問体系である。経済学，社会学，政治学，法学，教育学，心理学などが社会科学に属するが，文学，歴史学，思想史，芸術，考古学などの人文科学との境界線は必ずしも明瞭ではなく，文化人類学，心理学，教育学などが後者に含まれる場合もある。

　社会福祉学も社会科学に属する科学として位置づけられるが，概念「社会福祉」が多次元にわたり，広範囲に定義されるように，日本の「社会福祉学」の確定した概念定義の構築はいまだに確定していないといえる。

　日本における社会福祉の本格的研究が始まったのは，他の多くの先進国と同様に第二次世界大戦後である。研究の主な対象が社会福祉の本質をめぐる論争（政策・技術論争など）であったように，社会福祉学は経済学，政治経済学ある

いは社会学の応用領域として論議されてきた。

近年，社会福祉学は学際的科学あるいは総合科学研究領域として捉えられる傾向が強いが，諸科学の応用領域的存在あるいは固有の科学としての存立基盤が確立されているわけではない。固有の科学としての確立が難しい理由の1つは，以下の定義例にみられるように，科学としての社会福祉が実践としての社会福祉を出発点とし，実践に大きく依存するためである。さらに，科学としての自律に必要な中核理論を独自にもたないことによる。

> 「社会福祉学は社会福祉に関する総合的かつ実践的な学問，すなわち，福祉ニーズを有する人々の生活の自立を支援する物心両面のサービスをめぐっての実践的科学であり，児童，障害者，高齢者などの対象別の分野各論からなりたつと同時に，政策的，経営的，臨床的領域の三つの構成要素から成り立つ総合的科学である。
> 　そうした意味で社会福祉学は，社会哲学をはじめとして社会学，心理学，医学などの基礎科学を基盤としつつ，保健学，教育学，行政学などの臨床領域のすべての学問的成果を組み込み，体系化されていくべき学際的科学（interdisciplinary-science）あるいは複合的科学（multi-science）であるといえる」（京極監, 1993, p.96）

> 「……社会福祉学は，人びとの生命の維持と再生産の過程としての生活を起点に，生活維持のシステムや生活保障のシステム，そしてそこに生起する諸問題，なかでも生活保障システムの形成と展開の過程に関する研究を中心に，人間生活とそれを規定する諸要因について分析し，広く生活保障の実現をめざす諸活動の発展に資することをもって，その課題とする」（庄司ほか編, 1999, p.429）

ソーシャルワークの本質や社会的機能に関する理論と，科学としてのソーシャルワークを発展させるために必要な理論は区別して議論される必要があり，前者に比べて後者の発展を図ることは相対的に難しいことが指摘されてきた（Nygren, 2006）。

実践に基礎をおく社会福祉学を固有の科学として確立させることが難しいもう1つの理由は，対象領域が広範囲（家族，集団，地域，都市，産業など）であるとともに，多次元（個人，集団・組織，社会全体，国際社会など）に及ぶことにある。さらに，社会福祉学が対象とする社会現象・諸問題（人間の行為・行動，人間と環境の相互作用，社会的プロセス，社会問題発生の原因など）はきわめて複雑な内容をもち，時代とともに変容することである。広範囲で複雑な社会現象や社会事

象を調査し，分析するには，社会科学のみならず，人文科学，自然科学などの他の多くの科学領域を必要とし，多元的視野や複合的調査・研究方法論（トライアンギュレーション）の使用が必要となる。

以下，科学としての社会福祉学の比較可能な国際比較を行うために，日本で使用される広範囲・多次元（政策・制度から社会福祉援助技術にまで及ぶ）な概念社会福祉をより限定し，国際的に使用されるソーシャルワークという用語を使用する。

## ❷科学としてのソーシャルワークの発展を促した背景：科学の階層化・細分化

科学の基本的な目的は，調査した（現実の一端である）現象を概念や理論システムを用いて説明することにある。ひとつの科学領域として，他のものとは異なる科学であることを明確にするためには，科学として存立するために必要な一連の構成要素が満たされなければならない（Brante, 2002）。社会科学におけるそれらの要素とは，パラダイム（⇒明確に表明された一連の概念や命題），知識対象（研究対象・領域），科学認識論・知識論（⇒科学哲学の1つで，真理や知識の性質，知識生成の可能性や方法，人間の理解範囲に関する科学的認識論で，実証主義，経験主義，合理主義，プラグマティズム，解釈学，現象学，危機管理理論，社会構築主義などをさす），調査・研究方法，理論，科学を取り巻く社会的・政治的条件などをさす。さらに，科学としての自律性に必要とされるのが，現実の正確な記述と説明を可能にする論理性，構成要素間の整合性（相互的結合）の成立である。

学問社会において独立した研究領域として認められるには，専門職業教育の制度化・充実だけでは不十分である。科学領域において中核となる理論構築が進み，さらなる科学の発展のための研究機関や研究者養成教育の制度化を必要とする。ソーシャルワークが科学・研究領域として急速に発展した背景にはいくつかの要因が指摘される。

1つは，社会変化に伴って社会問題が多様化し，1950～60年代にソーシャルワークを必要とする社会的ニーズが高揚したことである。もう1つは，象牙の塔としてエリート養成を行ってきた大学が，国家の要求によって大量生産的マス教育組織へと転換させられ，古典・伝統科学の自律性が弱められたことによる。従来の大学は能力主義を原則としてきたが，外部から持ち込まれた新た

な要求によって能力主義が希薄化していった。

　また，基礎研究を重視してきた大学の伝統に対して，新しい大学政策は社会が必要とする，短時間で直接使用が可能な売れる商品としての知識や技術を生産する科学を要求した。マス教育化した新しい大学の誕生とともに，コミュニティ福祉学部，異文化コミュニケーション学部や観光学，モード学，食事学，警察研究など多様な学際的学部や学科が設置されることになった。すなわち，科学の細分化をもたらし，ソーシャルワークもまさに典型的な例として国家の要請によって登場させられたといえる。日本の例をあげるならば，保健福祉学，福祉経営学，産業福祉学，健康福祉学，福祉工学，福祉文化学，介護福祉学など細分化の例ははかり知れない。社会福祉学と他の科学領域との統合・融合が文部科学省の認可によって進められてきた。社会福祉学の親元的存在である社会学分野でも，福祉社会学などの新しい領域が誕生させられてきた。このような流れから，ソーシャルワークを応用社会学とみなす研究者もいる。いずれにしても，国家権力のニーズによって誕生させられ，発展させられてきた科学であることには間違いない。

　従来の古典・伝統科学に対して，このような新しい種類の科学は手段的科学あるいは従属的科学とも呼ばれ，科学の階層化をもたらした。古典・伝統科学の下位構造をなす（従属的な）新しい科学は次のような発展傾向や変容をもたらした（Brante, 2002）。

- 学際的科学，問題重視型研究の優先による，伝統的な科学との境界線の不明瞭化
- 大学の研究機関に依存することなく，大量の行為者（アクター）による知識生産の容認
- 社会的状況・条件や知識の利用者に左右され，社会的・経済的に依存する質のコントロール
- 基礎研究と応用研究との間を絶えず往復する研究過程

　近年の傾向として指摘されるのは，政治，経済，科学の領域間が流動的になり，目標はもはや真理の探究ではなく，社会に役立つ強力な知識生産にある。従属的な科学分野の第一次的な目的は，科学の論理性・整合性原則の充足よりも，国家，中央行政機関，地方自治体，企業などの政治・経済システムにとっ

て有益な知識生産を追及することにある。たとえば，政策策定のための現実問題を調査し，提案を行う専門調査委員会の研究報告書の作成などはこの種類の知識生産に相当する。したがって，ソーシャルワークの研究内容や方向性は国家権力の意向に左右される。

## 2 ソーシャルワークの知識対象・方法・理論

### ■1 ソーシャルワークのパラダイム

パラダイムとは，トーマス・クーン（Thomas Kuhn, 1922-96）によれば，科学理論において一定期間，その分野の研究がどのように実施され，発展させられるべきかという研究者に対する1つの思考の枠組みをいう（Kuhn, 1962）。すなわち，パラダイムは研究活動の羅針盤といえる。従来の一定のパラダイムでは説明できない問題が生じ，危機がもたらされると新しいパラダイムが必要となり，模索されることになる。1つの科学領域における歴史的な継続性のある具体的な業績がパラダイムの基盤となる。よく知られたものには，自然科学ではイザック・ニュートン（Isaac Newton, 1642-1727）の「自然哲学の数学的諸原理」，アルバート・アインシュタイン（Albert Einstein, 1879-1955）の「相対性理論」，社会科学ではカール・マルクス（Karl Marx, 1818-83）の「資本論」，マックス・ヴェーバー（Max Weber, 1864-1920）の「プロテスタンティズムの倫理と資本主義の精神」，エミール・デュルケーム（Emile Durkheim, 1858-1917）の「自殺論」，タルコット・パーソンズ（Talcott Parsons, 1902-79）の「社会システム」がある。これらの業績が古典と呼ばれ，現在でも有意義であるように，パラダイムには相対的に普遍的な核があり，知識対象によって，マルクス主義，シンボリック相互作用主義，機能主義などの科学的な学派が形成されてきた。

学際的科学であり，相体的に科学としての歴史が浅いソーシャルワークにパラダイムがあるか否かは，意見が分かれるところである。存在の有無を問うよりも，国家権力によって誕生させられた（政治的合理性主導による）科学であるがゆえに，パラダイムを発展させるべきではないという考え方もある。また，北欧福祉国家では，社会学理論と国が必要とする公的専門調査がソーシャルワーク研究のパラダイムではないかという，実用主義的な捉え方をする研究者

もいる (Brante, 2002)。

　社会構築主義的観点からは，一般的に容認される前の未熟なパラダイムを「雑なつくりの構造」として容認するクーンの考え方に基づいて，ソーシャルワークにもパラダイムがあるという主張がある (Payne, 2008，先述参照)。古典科学で使用されるパラダイムというよりは，実践から生み出された実践的実用的理論 (praxi-theory) 的な性格をもつ点では実用主義的（プラグマティック）な科学領域である。

## ❷科学としてのソーシャルワークに関する2つの見方

　ソーシャルワークの研究は，伝統的な科学を追及すべきなのか，あるいは手段的・従属的応用科学であることに徹するべきなのか，それとも高度な調査活動として役立つべきなのか。また，実践を重視するのか，それとも科学としての自律性を求め，独自の理論の生成をめざすべきなのか。議論は尽きない。

　理想は，両方に応えることのできる研究を発展させることであろう。科学としての質と実践的有益性の融合，科学的に実証された結果に立脚した実践を発展させることが望まれる。ソーシャルワークの研究が，伝統的科学の合理性（⇒一定の目標と目標達成のための手段をもつ活動・事業，科学も科学的実践あるいは理論的実践といえる）と福祉国家の政治的・理念的合理性（福祉国家が掲げる価値・理念）の混合を特徴とするところから，しばしば雑種・混種科学 (hybrid-profession) とも呼ばれる (Brante, 2003)。科学・理論重視か，実践重視かという理論と実践の緊張の関係が生じやすいこともここに起因する。ソーシャルワークが抱える課題は，科学・理論と実践の融合というよりも，異なった2つの目的をもつ2つの異なった合理性の整合を図ることにある。それが可能かどうか，可能であるとしても，どのくらい可能であるかという問いに答えることは難しい。

　スウェーデンの高等教育庁が行ったソーシャルワーク教育・研究の実態調査（2003年）によると，ソーシャルワーク以外の科学領域（社会学）を背景とする教授たちは，固有の科学としての自律性の追及を重視するが，ソーシャルワークを科学的背景とする（ソーシャルワークの基礎教育および研究者養成教育を受け，博士号を取得した）教授たちは，実践に沿った研究を重視する傾向が明らかである (Högskoleverket, 2003)。すなわち前者は，科学の最も重要な使命である理論

構築・発展，ソーシャルワークのパラダイムをめぐる研究活動と知識対象の確定を重視する。知識対象としては，歴史的に発展してきた主題・テーマ（たとえば，貧困問題の解決のための対策プログラムと組織化）と現代の社会問題を重視する。研究方法自体を重視するのではなく，研究方法を理論発展のための手段として位置づける。

後者は，説明理論の発展を追及するよりも，実践に必要な調査研究活動を重視する。理論は，収集した実証データを整理する道案内的役割として位置づけられる。また，調査・研究方法に関しては，因果関係の分析のために，正確で信頼度の高いデータ収集技術を重視する。実践を重視し，量・質的調査方法によって，緊急で重要な社会問題の実態を速やかに調査することに，すなわち実践改善のための科学としてのソーシャルワーク研究に研究の基本的使命を求める。したがって，ソーシャルワークの第一次的な研究対象は，ソーシャルワーカーあるいは行政機関とクライアント，すなわちソーシャルワークの実践の場に求められる。

### 3 ソーシャルワークの知識対象

理論の役割は，知識対象を説明することにある。知識対象に対しては，長期間にわたって，しかも多数の研究者による研究が可能となるように，一定の恒久性，適切な範囲，抽象性が要求される。ソーシャルワークの知識対象の主なものには，社会問題，行政機関とクライアントの関係，ソーシャルワークをめぐる言説や問題定義，理論的・実践的解決のために歴史的に発展してきた社会関係などがある。

社会問題の調査・研究は，ソーシャルワークが科学として発展する以前には，社会学の知識対象（研究領域）であった。貧困，疎外，社会的排除などに関する理論は社会学において発展してきた。社会における不平等の研究を代表するのがマルクスやマルクス主義的伝統であるが，現在においても不平等は社会学の重要な知識対象である。社会の理想と現実との隔差・不平等は，ソーシャルワークにとっても重要なテーマをなす。行政機関とクライアントの関係に関する研究は，政治的危機と密接に関連するために，政治状況の変化とともに変容する知識対象である。また，人間の問題を「治療」する事業組織も知識対象と

図表 2-1　フーコーの知識対象と分析枠組み

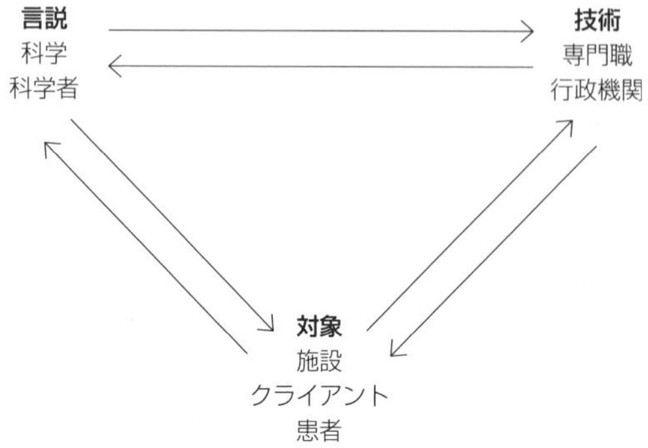

```
    言説   ─────────→   技術
    科学   ←─────────    専門職
    科学者                行政機関
      ↖                  ↗
         ↘            ↙
            対象
            施設
            クライアント
            患者
```

出所：(Brante, 2003, p.180)

なるが，社会学によって発展してきた理論（たとえば，組織社会学，スティグマ，アサイラム〔収容施設〕，常態と逸脱など）を歴史的背景とする。

　ソーシャルワーク研究においてもよく引用されるフーコーは著書『狂気の歴史』（1961年）で，精神病理学や狂気を治療する精神医療の物質的・精神的条件の成立を解明しようとした。狂気に関する言説は，理性と非理性ならびに正常性と逸脱性の従来の識別を前提とし，これらの識別が歴史に刻み込まれる（狂気が非理性として健全な社会から排除される）ことによって，逸脱性に関して語ることが可能となり，狂気が精神病とみなされ，狂人の施設監禁を可能にしたと分析する。科学の誕生と並行して，施設収容，多様な治療形態，管理技術や施策が発展してたと指摘する。知識対象は，相互に関連する3つの構成要素——（実践）対象，（管理）技術，言説（精神障害者，実践に従事する専門職，科学者）——によって構成され，研究はその一構成要素をなす（図表2-1）。

　ソーシャルワークの領域に置き換えれば，ソーシャルワーク研究は正常な社会生活と異常な逸脱世界との間の識別を前提として，定義される社会問題（フーコーの表現を借りれば社会的狂気）を知識対象とする。理性的な社会からみると，多様な社会問題は治療や社会的介入を必要とする逸脱・問題現象であり，ソーシャルワークは「社会的狂気に関する判定・コントロール」だといえる。上記の精神医療と同じように，社会的選別を必要とするために行われるのが，生活保護受給者，アルコール・薬物濫用者，犯罪者などの分類である。（福祉）国

家は，これらの対象グループを統制する手段として，各種行政機関（社会保険局など）や管理技術（管理・コントロールを行う官僚，多様な治療・介入形態，支援・コントロールの役割を果たすソーシャルワーカー）を組織化し，発展させてきた。2番目の知識対象は，クライアントと行政機関・専門職の関係である。3番目の知識対象は，これらの関係者間に生じるすべての問題を言語化する一連の科学的言説である。研究が1つの構成要素に組み込まれることは，ソーシャルワークにおける研究から，ソーシャルワークにおける研究に関するメタ理論（ソーシャルワーク研究の条件と可能性に関する理論）への変換を意味する。ゆえに，ソーシャルワークが依存する（福祉）国家の発展に関する理論は，現代のソーシャルワークの条件に関する研究にとって重要な意味をもつ。

### 4 ソーシャルワークの調査・研究方法

　知識対象と研究目的によって，最適な調査・研究方法が決定される。多元的（複合的）調査方法の使用がソーシャルワークにおいては一般的であるが，科学としてのソーシャルワークの最大の問題は方法を駆使する能力の欠如である。国によっても異なるが，特に指摘されるのが量的調査方法の希薄性である。理由としては，量的調査方法文化に対する批判的姿勢や，新しい分野でユニークな研究領域を定義するための質的調査重視の傾向があげられる。同時に，調査・研究方法はそれほど重要ではないと捉える見方もある。その主な理由は，科学の自律性と実践との複雑な関係にある。

　近年，ソーシャルワークにおいても注目され，議論されてきたのが，科学的根拠に基づいた知識(evidence-based knowledge)の生成方法と実践(evidence-based practice)である。介入について体系的にデータを収集し，結果を分析し，使用された介入を比較分析し，その効果を評価する方法がメタ分析である。その目的は，実際に効果のある介入方法であるかどうかを明確にする知識を確定することにある。しかし，ソーシャルワークの科学的根拠化の必要性に関しては，意見は分かれる。

　1つには，すでに試されて効果が実証された治療法を施すことが可能な医学や医療の現場と異なり，ソーシャルワークにおける介入評価では，科学的な診断と効果の厳密な測定を，介入を左右する他の社会的要因から完全に切り離す

わけにはいかないためである。ソーシャルワークで使用される大半の介入では，統制グループによるコントロールが可能な実験環境の設定はほぼ不可能である。すなわち，ソーシャルワークの介入プログラム評価では，介入以外の要因が結果に影響を与えないようにコントロールすることが難しいため，結果の信頼性や普遍性が完全に得られない。

もう1つの問題は，一定の結果を生み出す理由を説明できるメカニズムを軽視し，介入・対策と結果のみを取り上げることは，科学が単なる技術に矮小化されてしまう危険性をもたらすことにある。また，調査方法によって知識対象が形成されるという逆転現象を起こしかねない。社会科学の目的が社会的なプロセスを説明することであれば，なおさらのこと，複雑な知識対象の理論的説明が重要となる（科学的根拠に基づいたソーシャルワークに関する詳細は後述）。

## 5 知識対象と理論の関係

理論という概念は，科学的な理論から推測的な理論に至るまで，実に多様な意味合いをもって使用される。社会科学における理論とは，研究方法でも研究領域でもなく，調査した多様な現象を解釈し，理解し，説明するための理論や概念をさす。しかし，理論あるいは理論的概念を発展させるためには，その前提として確固で一定した知識対象が必要となる。

社会科学の重要な理論には，社会哲学（人間や社会，人間と社会の関係に関する理論で，たとえば理想主義，実証主義，社会構築主義などの視野・観点），類型学・分類（すべての調査に必要な階級や概念による現実の整理・分類），説明理論（因果関係や生成するメカニズムを確定する概念システム），応用・適用のための理論（現実への適用，実践のための指針，問題解決のための理論）などがある。

説明理論は，原因と結果に関する因果関係を明らかにするものであるが，従来，説明概念は実証主義と密接な関係をもってきた。しかし，1960年代末に反実証主義が高揚し，説明概念が理解概念に置き換えられるようになったが，実証主義，反実証主義とともに，因果関係の理解に関する偏りや，理解を説明の選択肢あるいは代用品的存在にするのは難しいことが指摘されてきた（説明なしに理解はありえないが，逆は成り立たない）(Brante, 2003)。現代科学理論が，社会現象において生成されるメカニズムの確定を科学の重要な使命としてきたこ

とは重要である。

　ソーシャルワーク研究にとっても，すべての（合理的な）社会変化は因果関係に関する知識を前提として生起するために，生成メカニズムの解明は重要な意味をもつ。否定的な社会関係を生み出すメカニズムに関する知識を生成することによって，科学としてのソーシャルワークは批判的で解放的な科学となりうるといえる。

　さらに，社会科学理論はマクロ・レベルとミクロ・レベルの間で，3次元もしくは5次元というように，多様な次元に分類することができる。たとえば，個人（社会的存在やアイデンティティなどに関する理論），相互作用（個人間の相互作用理論など），制度・機関（組織理論など），国家（福祉国家論など），国際社会（グローバリゼーション理論）に分けることができる。

　学際的科学としてのソーシャルワークにおける研究は，他の多くの研究領域の理論の応用を必要とする。科学としてのソーシャルワークは応用社会学といわれるが，応用・適用という概念は一義的ではない。実践や行為が理論や方法によって導かれるときに使用されることが多いが，観察データの収集や分析に対する理論や方法の使用をさしていう場合もある。多様な理論の応用・適用の仕方があるが，そのいくつかを取り上げる（Brante, 2003）。

- **考察のための理論的視野**（perspective）：ソーシャルワーク研究は，研究問題に対して一定の観方・考え方（たとえば，相互作用的，構造的，行動的，マルクス主義的，フェミニズム的思考枠）から接近するのが通常である。
- **分　類**：すべての科学が，観察した現実を整理するために分類や類型化を必要とする（たとえば，リンネの植物分類や診断群分類など）。ソーシャルワーク研究においては，研究領域を制限し，整理するために，社会学による現代社会の時代区分（工業社会，知識社会）の適用が必要であり，生活世界とシステムの区別や福祉国家の類型化などが重要となる。分類作業は，類似性と差異に基づいて行われる。
- **理論的説明**：概念XとY間にすでに理論的に確立された関係の助けによって，yという種類の現象や事象を以前に生じた現象や事象xに関連させることができる。それによって，XとYの関係を概念システムやより普遍的な理論に関連づけることができる。一連の事象は理論的に証明された一事

例であるというように，個々の事例を一般的原理にまとめることによって説明が可能となることが多い。
- **評価・考査**：社会サービスで実施される多様な介入結果の比較研究が相当する。たとえば，独立した研究結果を統計的に統合し，量的なレビュー（吟味）によって各研究効果を検討する解析手法メタ分析は，説明のために選択され，使用された理論の妥当性の検証を行うことによって科学的根拠の質の最も高い実験（調査研究）を確定することができる。
- **介　入**：理論的な考察から，オープンで自然な環境において一定の介入を試み，その結果を使用された理論の検証として評価する。それによって，理論の妥当性や非妥当性が実証される。
- **社会工学（改良・計画科学）**：社会科学の知識に基づき，多様な社会問題を解決する科学技術の開発を目的とする科学である。膨大な背景要因や効果によって，出来事の全過程をコントロールし，構築するために使用される。社会工学によって得られる成果は，予測できなかった影響や結果の原因を明らかにすることではなく，生成された結果を修得（マスター）し，社会改良に活かすことにある。

ソーシャルワーク研究においては，たとえば，常態に関するシンボリック相互作用論的視野，ゴッフマン（Goffman, 1961）のアサイラム（収容施設）や施設収容者の日常世界，自尊と恥の説明理論，アルコール・薬物依存症者ケア施設における精神力動学的な治療法など，多様な理論的応用・適用が導入されている（ソーシャルワークに関する理論に関しては後述）。

### 6 ソーシャルワーク研究のジレンマ

ソーシャルワーク研究において危惧される問題が2つある。1つは，急速な知識対象・研究問題の多様化や細分化による研究の断片化である。この傾向は，知識の累積的な発展の可能性を困難にする。研究テーマの減少を図り，いくつかの恒久的な知識対象を形成することが必要とされる。もう1つは，科学と（福祉）国家の異なる合理性・論理（科学と実践）をめぐる問題であり，国家の政治イデオロギー，知識生成ニーズや価値基準によって伝統的な科学の自律性が損なわれかねないことである。ソーシャルワーク介入手段の効果の評価・測定調

査が研究の目的に据えられれば，国家が必要とする知識生成が優先される危険が生じる。ソーシャルワーク研究の基軸を，古典・伝統科学の合理性と自律性に求め，知識対象を社会問題として幅広く定義し，高度な社会科学理論の助けによって，生起するメカニズムを説明することを目的とするならば，ソーシャルワークの研究活動は科学の自律性を喪失せずにすむ。また，応用社会学として自立することが可能となる。しかし，実用的価値は希薄となる。

現実には，両立の重要性を指摘し，可能であるという見方がある反面，両者間の潜在的な矛盾が先鋭化し，強化されることを危惧する見方もある。というのは，先述したように，ソーシャルワークの科学領域において教育を受け，研究に携わる研究者ほど，理論の発展と社会問題という知識対象よりも，ソーシャルワークの実践方法や行政機関とクライアントの関係という実用的な研究問題を重視する傾向があるからである。

理論と実践の統合は，研究者が基礎教育に携われば即実現されるものではない。問われるべき問題は，実践的であるかどうかではなく，理論的であるかどうかであり，必要なのは理論と実践が結合された理論的基盤の形成である。理論と実践の乖離は，社会科学誕生以来の永遠の苦悩といえようが，肯定的に考えれば，ソーシャルワーク研究は問題の解決に導く潜在的な可能性をもつ。ソーシャルワーク研究の使命は，現代の社会科学と行動科学によって観察・研究と実践を結合することであるが，独自の科学の努力だけでは難しく，目的を達成するためには近い領域にある諸科学，特に社会学との密接な連携が重要となる。

## 3　社会問題と社会科学

社会問題の研究の歴史は古い。1895年ロンドンで出版された選集『社会問題の様相』(Aspects of the social problem)(Bosanquet et.al., 1895/1968) は，1800年代の社会変化によって生じた，不安を孕んだ複雑な現象として社会問題を取り上げている(Meeuwisse & Swärd, 2002)。この本の著者たちは，これらの社会問題の根源を明確にするには，問題分析と熟慮された対策が必要であることを説いた。

社会問題は，今日においても政治的議論や多くの職業教育において注目される事象である。社会問題はソーシャルワークや社会学の重要な知識対象であり，

ソーシャルワーカーの職業的使命は多様な社会問題を解決することにあるといっても過言ではない。しかし，社会問題とは何かという問いに対して，すべての人が容認できる定義や見方はいまだに存在しないことも事実である。社会問題の解決方法に関しても，考え方や社会や時代によって異なる。社会構造そのものが個人に対してさまざまな問題を作り出すのか，あるいは人々自身が問題を生み出すのかという議論は果てしなく行われてきた。しかし，ただ1ついえることは，どの社会問題を取り上げても，純粋に社会的であるか，個人的であるかを明確に区別することは不可能に近いことである。失業，貧困，所得格差・不平等，少子・高齢化，児童虐待，介護，労働災害，住環境，環境汚染など，どの問題を取り上げても，大半が社会構造的な要因によって生み出されることが明らかである。

マクロ的観点からみると，社会問題は社会構造に依拠するという最大の理由は，資本主義体制の生産手段の所有関係にある。ミクロ的観点から捉えるならば，問題に直面する諸個人の基本的生活ニーズが脅かされる，あるいは十分に満たされていないことを意味する。資本主義体制の維持を容認する限り，体制が生み出す諸問題を根絶あるいは完全に解決することは難しい。可能なのは，社会構造の変革，所得再分配，社会サービスの拡充などの社会政策による社会問題の軽減あるいは縮小である。しかし，社会政策の構造や内容が国によって異なるために，社会問題に関する見方や考え方が異なり，絶えず議論を巻き起こしてきた。ここでは，その背景について考えたい。

多様な理論を考察する場合に使用されるのが，英語でいう"perspective"であるが，日本語訳は文脈によって意味合いが微妙に異なるため一義的な訳語を確定することは難しい。そのままカタカナでパースペクティブと使用される場合も多いが，本来，遠近法あるいは透視画法を意味する。また，物事を考察する際の遠近法による相互関係，視点，観点，見地を意味する。ここでは理論的な視野や見地を議論するために，主に観点という訳語を使用するが，文脈によっては異なる用語も使用することを断っておきたい。

## 1 社会問題に対する社会科学の関わり方

近代社会を形成し，社会問題を是正するために，政治に対して科学が貢献し

てきたことはすでに多くの研究者によって明らかにされてきた。社会医学、精神医学、犯罪学、社会学における研究結果は多様な政治決定に影響を及ぼし、貢献してきた。逆に、社会の変容によって生み出された多様な社会問題を解明すべく、多くの科学が国家権力によって誕生させられてきたことも事実である。これらの科学の使命は、好ましくない社会関係を調査し、分析し、使用された介入手段を評価し、新たな問題提起を行うことであった。理論的な概念の発展とともに、各時代の問題に焦点をおいた実証的研究が発展してきた。このようにして、今日に至るまで科学と政治（特に、社会政策）は相互に依存する共依存関係を築いてきたといえる。しかし、科学と政治の関係は、国家のあり方（福祉レジーム）や政治的大望によって大きく異なる。

ヨーロッパの多くの国では、社会問題の解決に関する一致した見方が確立されているといえる。積極的な社会政策の発展が重要な役割を果たし、科学は社会改良をめざす政治と二人三脚を組んで歩んできた。それに対して、アメリカの発展はいささか異なり、社会問題は国家の問題というよりは都市の問題として捉えられてきた（Olofsson, 1997）。アメリカの社会学は、大都市のスラム、青少年の犯罪や家族崩壊に注目し、移民、都市化、無産階級化を社会問題の背景にある重要な要因とみなした。社会病理学の発展によって社会問題研究が科学領域として確立され、多様な社会問題がどのように発生し、発展していったかを理解し、解明することに重点がおかれてきた。

ヨーロッパにおいては、社会問題に関する議論は、社会政策議論として発展してきた。たとえば、スウェーデンにおける社会研究は、当初から行政機関の社会問題対策と肯定的かつ密接な関係を形成し、社会問題の問題的状況の定義は行政機関の主導によって行われてきた。科学の貢献は知識や測定方法を提供し、介入対策の評価をすることであったように、社会問題は改良政策の対象として位置づけられてきた。スウェーデンの社会学は、社会工学（改良・計画科学。本章5節75頁参照）として、政治決定や官僚の補助器具的存在としての役割を果たしてきた。研究と福祉国家の連携プロジェクトは数多く、1960年代に国民の生活条件と福祉水準の分析を目的として始められた低所得調査は、1970年代に入ると中央統計局の国民生活条件調査として制度化されていった。また、国家が設置する専門調査委員会の調査には、学術専門知識者が加わることも伝

統的に制度化されてきた。すなわち，科学的実証に基づいた政策策定文化が重視され，発展してきたといえる。

## 2 社会問題の定義をめぐる問題

一義的な定義を見つけることは難しいが，いくつかの定義方法を取り上げ，類似性と差異，さらに共通する要因は何かを発見することを試みる。

まず，アメリカに多い典型的な問題を生み出す社会状況から出発する見方である。失業，貧困，犯罪，売春，人種差別などが典型的な社会問題とみなされる。

もう1つの伝統は，スウェーデンなどが代表例であるように，社会問題を社会的に疎外され，公的な支援政策を必要とする多様な国民グループが存在する現実から捉える見方である。ゆえに，国民の生存・生活条件における欠乏状態や妥当な生活水準と現実の生活水準との距離（隔差）が重視される。

> 「社会問題とは，国や組織が介入すべき多くの人に生じている生活条件における欠乏であり，健康，食事，住宅，労働条件などの最低限の保障とともに，妥当な水準の余暇生活，命の安全，所有財産や自由の保障を意味する」(Meeuwisse & Swärd, 2002, p.35)

国連専門グループによる社会問題の定義（1964年）も，社会問題を生み出し，公的対策が必要な社会状況（たとえば失業）と支援を必要とする国民グループ（たとえば身寄りのない高齢者）の両方の観点から捉える。児童・青少年，妊娠・家族生活，高齢，障害と疾病，労働生活，逸脱行動，社会的・経済的変化，自然災害・政治対策，少数民族問題の9分野に分類している（訓覇，2002, p.32）。

3つ目は，社会問題の概念定義における主観的な要素を考慮し，社会問題とは人々が社会問題だとみなす問題だと捉えるアメリカの社会構築主義的伝統である。

さらに，一定の基準を条件として要求する社会問題の定義方法もある。多様な問題が社会的な問題として成立するには，人々の社会システムに対する価値規範が中心的な役割を果たす。一般的に，注目される現象がシステムにおいて重要かつ望ましい文化的な価値規範が乱される，あるいは妨げられるときにの

み，社会問題として定義され，容認されるという見方である。

　日本における社会問題の定義例を2例あげるが，これらの両定義の内容は異なるものの，社会構築主義的観点あるいは定義の相対性が重視されている。

> 「社会変動に伴う社会・経済・文化の構造的矛盾によって発生し，社会運動・ジャーナリスト・科学者などによって提起され，社会的・政策的な対策が求められるようになった諸問題をいう。社会問題の一部または全部を『社会病理現象』と呼ぶ学派（日本社会病理学会）もある」（京極監，1993，p.51）

> 「社会成員によって解決すべき課題として認識されている事象をいう。この社会成員の数量のレベルは，個人あるいは少数者からの大多数の成員までさまざまであり，また何が社会問題であるかについても，社会的・時間的相違があり相対的である。いままで用いられてきた社会学的社会問題の基準には，絶対的（普遍的価値）基準，統計的基準，規範的基準等があるが，いずれも相対的である」（庄司ほか編，1999，pp.444-445）

　定義の多様性のなかでも重視される共通基準は，社会と構造に関係し，社会が容認できない状況や社会的領域であり，問題ある特定の人々や事象が増大し，問題が顕著化し，対策が可能であり，状況を改善するために社会的介入が必要とされる現象であることである。一義的な定義の策定が難しいのであれば，概念が使用される度に，概念の意味内容の吟味が要求される。なぜ特定の現象が社会問題としてみなされるのか，どのように社会問題が明示され，取り扱われているのか，背景にある主張や理論を考察することが必要となる。

### ❸社会問題に対する多様な見方

　社会問題の研究によって生成される異なる観点や対極的な理論は，社会問題の捉え方や分析の仕方に多大な影響を与える。社会問題の生起，発展，消滅に関する理解の仕方は実に多様である。現象に対する社会科学の接近の仕方は，現象の生起の説明（発生した社会問題の原因は何か）を重視するか，現象生起・発展過程の理解（どのように発生し，社会問題としてみなされるようになるか）を重視するかによっても異なる。生成される理論も，接近法に大きく依存する。

　因果関係を明確にすることを目的とする現象の説明は，社会科学の最も重要

な使命として位置づけられてきた。その目的は，現象の背景要因を分析することによって，問題への根源的対応や介入を可能にすることにある。いじめや親による子どもの虐待を予防し，援助を行うためには，いじめや虐待行為の背景にある理由を明らかにする必要がある。

　しかし，シンボリック相互作用論の中心的な関心は，原因の説明ではなく，現象が生起する社会的過程を理解することにある。たとえば青少年の非行であれば，非行行為の背景にある理由ではなく，どのような社会的過程によって一部の青少年が非行少年として分類されるに至ったのか，それらの分類はどのような意味をもつのかという問いを重視する。社会問題に対する社会集団の定義過程を注目する社会構築主義は，シンボリック相互作用論から発展してきた。

　さらに，社会問題を理解し，説明するために，構造的視野（社会階級・階層や文化的規範などのマクロ・レベル），相互作用的視野（個人間や個人と周囲の環境間などのメゾ・レベル）と個人を出発点とする個別的視野（ミクロ・レベル）に大きく分けることができる。

　構造的視野は，多くの要因から構成される社会全体を重視し，個人の職業選択や日々の営みは個人の動機や努力によってだけではなく，社会的な関係によって形成されるとみる。たとえば，失業や貧困，アルコール・薬物濫用（過剰摂取）などの社会問題を説明するには，個人を取り巻く外的条件（環境）や社会全体の状況や変化に関連づける必要がある。相互作用的視野は，人間を環境の産物として捉えるが，人間もこの相互的で動力学的な過程において環境の形成に参与するとみる。個人を出発点とする視野は，人間の行動や行為，発達や生活条件は，主として個人に備わる内的条件によって決定されると捉えられる。青少年の暴力や非行を心理学の対象理論や生物学的理論から個人的な問題として説明し，診断や治療などの介入によって個別に対応しようとする試みである。

　しかし，それぞれの次元のみで社会問題という複雑な現象を考察し，分析することには限界があり，多様な次元を組み合わせる試みが必要とされる。社会全体の構造に関連づけることなしに，行為者のみに焦点をあてても，行為者と社会構造は別々の構成単位をなすのではなく，相互の密接な関係によって構成されているために，問題の本質に迫ることは難しい。社会構造や社会的条件が

人間の行動や行為出現に影響を与え，人間が環境を形成するという相互作用関係を重視する必要がある。

(1) 現実主義と相対主義

　現実主義は，現実に存在する事実関係から社会問題を捉えることを出発点とするのに対して，社会問題がどのように受け止められ，定義されるかという観点から捉えるのが相対主義（現実に対する相対的関係視点）である。現実主義は，社会問題を理想的な社会状況と現実の社会状況との間の不一致・矛盾として捉える（Merton & Nisbert, 1976）。この見方によれば，社会の混乱や機能不全の結果として社会問題が発生することになる。有害な社会状況は，それが発見されるか，されないにかかわらず存在し，社会問題が容認されるかどうかに関係なく，潜在的に存在すると捉えられる。したがって，社会科学者の使命を，否定的な影響をもたらす，あるいは社会において機能しない諸関係を確定し，記述し，説明することに求める。この見方によれば，社会問題の定義は科学的な調査と実証的な知識によって初めて可能となる。

　相対主義は，現実主義が重視する現実に存在する社会的関係や状況自体を社会問題とはみなさない。歴史的に，社会にとって不都合あるいは有害な問題は絶えず存在してきたにもかかわらず，なぜ一部の問題のみが社会問題とみなされるのか，どのような過程によって問題になっていくのかということを注目する。したがって，焦点は社会問題の概念形成とその過程に据えられる。すなわち，客観的社会的関係の存立だけでは説明が不十分であり，社会現象が社会において社会問題として容認される過程事実を重視する。社会問題は，多様な行為者が積極的な役割を演じる政治的，経済的，社会的関係によって生み出され，「社会構築」として理解されるべきだと主張するのが相対主義である。

(2) 主意主義・任意論と決定論

　個人が直面させられる状況にどのくらい影響を与えることができるか，という問いがこれらの観点の出発点である。主意主義・任意論は，個人の行為は外的な要因だけによって決定されるものではなく，むしろ行為者の主体的な選択が行為の根底にあると考える。それに対して決定論は，人間の意志に基づく行

為も含めて,すべての出来事は発生する前に決定されているものであり,行為は環境や構造によって支配され,決定されるとみる。たとえば青少年の非行であれば,前者は個人の精神的あるいは遺伝的な内的条件によるものとするのに対して,後者は社会構造・外的条件によって生み出された結果だとみる。

　自由な選択の可能性は,しばしば議論を巻き起こすテーマである。たとえば,寒さをしのぐために,一時しのぎの宿泊施設を提供しても利用が少ない場合などによく聞かれるのが,ホームレスはホームレスであることを自ら選んだのだ,支援よりも自由が欲しいのだという意見である。しかし,ホームレス研究の結果によれば,ホームレスの人たちにとって支援を受け入れることは自らの自律とプライバシーを侵害するコントロールを意味し,ホームレス用の低質なサービスを受容し,依存することを拒否し,社会福祉受給者とはみられたくないと考えていることが明らかである。ホームレス用の宿泊サービスは,当事者には支援ではなく侮辱あるいは屈辱として受け止められる。ホームレスの人たちが,普通の住宅を選択することができるのであれば,ホームレスになることを選択しなかったであろう。すなわち,貧困者が一般の人々と同じ選択肢を有するとみること自体が間違った認識であり,人々は与えられた条件の下・枠組みの中で選択せざるをえず,選択は完全に自由ではありえない。

### (3) 構造と行為者

　上記の主意主義と決定論による議論から浮上してくるのが,構造と行為者という2つの概念である。構造は,パターンや枠組み,規則・規制という概念と同義語的に使用され,個人レベルの個別的関係ではなく,労働市場,住宅市場,所得階層,文化的規範などの社会的な関係をさす。今日に至るまで絶えず繰り返されてきた議論が,個人の行動に関係なく構造が存在するのか,個人がそれぞれの行動を通して構造を形成し,維持するのかという問いである。行為者の行為や行動は,「できる」,「理解する」,「望む」というように,構造によって制限されるとはいえ,行為・行動能力も構造の形成に影響を与えることである。

　これらの視野が複雑になりやすいのは,誰が行為者であり,何が構造であるのかという,両概念が内包する意味内容の識別が不明瞭であることによる。また,分析の対象や範囲がどの次元（構造および／あるいは行為者の次元）で,誰の

視野に立脚するのかということによっても異なってくる。たとえば，青少年暴力やいじめ議論において問われることは，行政機関や学校は行為者なのか，構造としてみなされるべきなのかということであり，個別の青少年や子どもにとっては，行政機関は構造として理解される。暴力をふるった青少年やいじめを行った子どもは行為者なのか，被害者は誰なのか，暴力やいじめ防止に取りくんできた学校や教育委員会も行為者なのか，これらの問いに対する答えは一義的ではないはずである。行為者として個人のみをさす場合があるように，多様な科学領域によっても捉え方が異なる。行為者と個人を同じように捉えるにしても，一個人に関する生物学的，心理学的あるいは社会学的理解は異なる。

## (4) 調和と対立・紛争

社会学の父と呼ばれるフランスのオーギュスト・コント（August Comte, 1798-1857），フランスの社会学者デュルケーム，アメリカの社会学者パーソンズが代表する調和的視野は，社会を相互に関連し，統合されたシステムとして捉え，個人は社会の文化，規範，期待によって形成され，行動するとみる。均衡（バランス），システム，機能，統合などがこの視野の重要な概念をなし，社会的紛争や逸脱行動は社会の均衡・調和を乱し，社会の連帯や共有価値を脅かす現象として捉えられる。すなわち，社会は本来調和，均衡，安定を自然な状態として存立するが，この均衡が時には乱され，乱された均衡を取り戻すために社会が反応するのであり，社会の秩序や調和は社会化や社会統制によって正され，維持されるというのがこの視野の主張である。

デュルケームによれば，司法システムは社会の統合された機能の一部をなし，社会の統合と連帯の維持に重要な意味をもつ。デュルケームは1897年に著した『自殺論』においても，自殺の根源的な理由は，ニーズと充足の可能性の均衡が乱されるときに生じる意味の喪失にあると洞察した。またアノミー（⇒社会的基準や価値が見失われたり，混乱している状態）的な自殺の危険性は，伝統的な社会においてよりも，規範や道徳の希薄な現代社会において高いことを指摘した。デュルケームの理論はその後逸脱社会学に発展させられたが，逸脱行動（犯罪，アルコール・薬物濫用，精神障害，自殺など）は，その社会の文化目標と個人がその目標に到達するための可能性との緊張関係によって生起するとみな

す。したがって，犯罪行為は，禁止された手段によってその緊張関係を緩和もしくは除去することによって生じると解釈される。

マルクスを代表とする紛争理論的視野は，社会は絶えず緊張，分裂，紛争に見舞われると捉え，ゆえに紛争状態を常態とみなす。一見，社会に存在するかのようにみえる調和と秩序は，社会の階級関係とは根源的に相いれないものだとみる。資源や権力が不平等に分配されている限りは，対立や社会問題が消滅しないと指摘する。社会の経済的，社会的，文化的資源の分配は不公平であり，国家の対策（あるいは対策の不十分さ）によって不平等が存続させられる。社会問題は，不公平・不平等な関係，すなわち権力行使によってもたらされ，上部・下部構造関係が生み出す結果であるがために，「紛争」，「権力」，「矛盾・対立」，「抑圧」，「解放」などが重要な概念となる。資源に恵まれ，社会的地位を獲得したグループが，排除されたグループに発見する問題症状は，とりもなおさず排除と抑圧によって生み出された行動の結果だと指摘する。たとえば，移民子弟を一般の教育や労働市場から締め出せば，その結果として社会的に地位を得たグループの価値観や考え方を身につけることは難しくなる。個人の内的条件ではなく，まさに社会的排除そのものが，社会問題を生み出す原因を生み出していることを指摘する。

フーコーは，狂気や，犯罪，物乞いなどの現象は歴史を通して多様な専門家によって発見され，これらの問題的症状を治療するために特別な収容施設がどのようにつくられてきたかを記述し，分析している。フーコーによれば，下部階層（アンダークラス）が権力者の要求に従い，要求を受け入れるようになったのは，社会の上部構造の懸命な努力に服従させられた結果であった。危険で，不従順で，役に立たない人たちを，秩序を遵守する人間にするための手段が「規律」であった。

多様な理論的観点や視野に共通することは，社会問題が存立する理由と社会問題の様相を説明することである。社会問題に対する見方と問題解決のための対策との関係を論じることは容易ではない。いずれにしても，人間と社会環境の相互作用によって多様な問題が生み出されるのであれば，社会は人間がつくり出した産物であり，人間は社会によって形成された産物だといえる。社会問題を解決するには，この相互作用自体を調査し，その結果に基づいて介入・施

策の選択が行われることが必要だといえる。

　歴史的な流れをみると，1800年代末から1900年代初めには個人的説明モデルが主流であり，その後，特に北欧諸国では構造的説明モデルが中心的な位置を占めてきた。しかし，1980年代になると，また個人的説明モデルが復活し，90年代には遺伝的説明モデルが再び注目されるようになったことが指摘される。

## 4 アメリカと北欧の社会問題研究の異なる伝統

　社会問題は，アメリカ，北欧諸国ともに社会政策議論やソーシャルワークの実践の底辺に据えられる重要な概念である。しかし，社会問題研究の発展動向は大きく異なる（Fjrnaes & Kristiansen, 2002）。アメリカでは，社会問題は伝統的に社会学を中心とした一般的な理論生成として発展してきたのに対して，北欧では社会問題に関する理論生成はそれほど重視されてこなかった。しかし，北欧の福祉研究（貧困，失業，疎外，福祉などに関する研究）の伝統は長く，精力的に進められてきた。具体的な社会問題の研究は数多くなされてきたにもかかわらず，福祉研究を社会問題の理論生成に関連づける試みや，北欧独自の理論生成に対する挑戦は相対的に希薄であった。ソーシャルワークに関しても，アメリカでは博愛主義による専門化と理論生成が早くから発展してきたが，北欧での専門化や科学化は相対的に遅かった。

　北欧諸国においては，独自の理論構築よりもアメリカからの主に社会構築主義による理論構築が比較的無批判的に輸入されてきたことが指摘される。アメリカと北欧の社会問題に関する見方や理論生成の方向が異なってきた最大の理由は，歴史的・政治的条件の違いもさることながら，どのような社会を構築するかという社会の基本的価値観と，国家の社会問題に対する社会政策の位置づけの違いにある。

### ■1 アメリカの理論的観点

　アメリカにおける社会問題に関する理論生成の発展を整理すると，①個人的要因，②客観的社会構造と逸脱が生み出される社会的過程，③人間の主観的定

義過程の重視を内容とする3つの理論的領域に分かれる。

　個人的要因重視理論には，たとえば，遺伝的な要因を重視し，集団間の紛争は集団や親族の遺伝的物質を再生産しようとする個人の衝動に起因するものだと説明する社会生物学理論がある。また，アルコール・薬物濫用（過剰摂取）は，脳における障害（行動的衝動を抑制する能力の欠落）に起因するという考え方（行動制止理論）である。すなわち，逸脱行動や異常な状態は，個人の生物的あるいは遺伝的要因によって生じると捉えられる。問題の生物化や医療化（medicalization⇒社会的，道徳的に望ましくない行動を治療の対象にしていく過程，非医学的問題に対する医学的方法の適用）の傾向は今日においても指摘されるが，ホームレスの個人責任化や病理化傾向は北欧の社会議論にも登場する。

　社会構造と逸脱の生成過程を重視する理論は，人は同じ価値を共有し，社会構造によって生成され，伝達される共有規範に従って行動するというパラダイムに基づき，社会を調和と常態によって成り立つ均衡システムとして捉える。この見方によれば，逸脱は社会秩序の亀裂や機能不全（規範の希薄化や喪失，既存構造の機能不全など）を意味する。また，社会問題は，犯罪などの逸脱行動などでいえば，犯罪行為が「学習」されることによって生じる相互作用過程の結果と捉える。この考え方を代表するのが，アメリカの構造機能主義学派のアノミー理論（Merton, 1967, 1976）や，文化的接触理論（Sutherland, 1978）である。たとえば犯罪行為は，個人的な要因と構造的要因のいずれかによって生じるものではなく，具体的な犯罪行為，動機や罪を犯すために必要とされるものの見方や考え方が「学習」される，集団の学習過程によって生じると捉えられる。

　主観的定義過程重視論を代表するのが，1960年代にシカゴ学派によって提唱されたラベリング理論（labeling theory）（Becker, 1963）とクレーム申し立て理論（claims-making theory）（Spector & Kitsuse, 1977）である。ラベリング理論は，社会問題は社会が特定の人や社会的過程を逸脱行為として定義し，逸脱行動や逸脱行動者というラベル貼りを行う結果として生起するとみる。すなわち，社会問題は，人々がある社会現象を問題があり，有害であると定義する定義過程によって社会的に構築されることを意味する。クレーム申し立て理論は，人間の主観的な認識（問題のある関係・状況に関する定義）によって社会問題が生成されるとみる。この理論はアノミー理論や構造機能主義理論に対する批判を出発点

とし，ラベリング理論は人間の主観的定義過程を注目する。

社会問題は，アメリカでは社会的逸脱あるいは社会的構築の産物としてみなされてきたことが明らかである。社会的逸脱は，個人的要因あるいは社会構造と社会的過程によって生み出されると捉えられると同時に，人や行為のラベル貼りによって社会問題は生み出されると理解するのがアメリカにおける主な視野だといえよう。ラベリング理論は，北欧諸国においても1970年代，研究や社会議論に大きな影響を与えた。

### 2 北欧の理論的観点

北欧における社会問題に関する理論生成は，福祉国家の発展と密接な関係をもち，さらに，マルクス主義に影響を受けた疎外（marginalization, 特に労働市場における疎外）に関する研究が伝統的に重視されてきた。したがって，社会問題は福祉の欠乏を反映する状態として捉えられ，経済的困窮・不平等に加えて，社会的，精神的に満たされない状態が重視される。社会政策の古典的な問題は所得喪失問題であるように，所得喪失がもたらす否定的な影響は政治的改革によって軽減可能であると考えられ，福祉国家の重要な政治課題として取り組まれてきた。

北欧福祉国家の出発点は，国民に対して物質的，社会的，精神的資源による妥当な生活水準を保障するために必要な福祉を供給し，個々人のニーズ充足を図る「良い社会」・国民の家の構築にある（Isaksson, 2000）。北欧諸国の福祉と生活条件の研究の基軸をなすのが，人間の基本的ニーズ（所有する，愛する，存在する）の充足である。ただ，人間のニーズという概念を行為理論に発展させることは難しい。また，ニーズは歴史的，文化的な条件に依存し，実証的あるいは理論的に何が「良い社会」なのかを確定することも容易ではない。しかし，ニーズを生活全体に及ぶいくつかの構成要素に具体化・操作化することによって，国民の福祉水準を測定することは可能であり，生活条件調査が北欧諸国の伝統として発展させられてきた（スウェーデンの生活条件調査p.11を参照）。生活条件を測定する福祉指標は客観的な値であり，実際の生活条件を理想的とされる生活条件と比較し，隔（格）差を分析するところに目的がおかれる。

これらの伝統のなかから，社会問題の理論生成に挑む試みもみられる（Juul,

1996)。その一例が精神的な脆さ（社会問題も含めて）と社会メカニズムとの関係であり，なぜ現代社会が高度な福祉国家の構築に成功したにもかかわらず，人間の基本的なニーズを抑圧し，その結果として生じる多様な形態の精神的な脆さ（問題）を生み出すのかを分析し，理解しようとする努力である。

もう1つの伝統がマルクス主義的紛争理論であり，社会問題を資本主義社会における抑圧の結果として捉える見方である。労働者階級が，賃金，失業，労働環境などの労働生活の組織化に対して，何ら影響を与えることができないことが社会問題を理解する重要な鍵となる。たとえば犯罪は，生産手段を所有しない労働者階級の資本主義社会における生き残り戦術として捉えられる。

これら両方の理論的視野は，構造改革的あるいは革命的な立場に立つ労働者階級と密接に連動し，それぞれの支持者間で失業問題や疎外問題研究に関する対極的な論争が展開されてきた。いずれにしても，両者は客観的，マクロ社会学的指向を特徴とする。失業問題は北欧社会の集団的社会問題として位置づけられ，因果関係に関する理論が発展させられてきた。とりわけ重視されてきた研究問題が，疎外や社会的排除である。近年，疎外や社会的排除が，労働市場だけではなく社会の多様な場からの締め出し現象として出現してきていることが注目される。また指摘されることは，分析の焦点が資源の分配政策と福祉の欠乏状態から，人々の社会の多様な連帯やネットワークへのアクセスに移動させられてきたことである。人間関係や周囲からの容認やアイデンティティ形成に対する関心は，量的研究を中心とした従来の基本的ニーズに関する研究の質的向上を図るものだといえる。

## 3 異なる理論的観点を生み出した背景

社会問題に関するアメリカと北欧の理論的視野の相違は，なぜ，どのように生み出されたのか。理論生成の過程をみると，1つには伝統的な社会から現代社会への移行の仕方や，その解釈が異なったことが考えられる（Bash, 1995）。社会発展，特に政治的・イデオロギー的発展の違いが，社会学理論の発展に大きな影響を与えたといえる。アメリカの現代社会への移行（社会的変遷）は，市民革命を経験することなく，産業化や労働運動などの社会運動が決定的な役割を果たすことなく遂行された。

ヨーロッパ社会において，マルクスなどにより社会問題という用語が使用され始めたのは1800年代半ばであった。当時，社会問題は，資本と労働力，あるいは社会における階級間の不平等を記述する用語として使用された。ヨーロッパの集団・共同体的な観点に立脚した社会学は「社会運動重視」を特徴とした。すなわち，社会現象の研究における集団的・共同体的視座が明白で，階級が社会の最も重要な現象・概念として位置づけられ，歴史や社会変化に対する関心も当然高かった。ヨーロッパの社会学は，フランスの市民革命の影響を受けた社会を土壌として発展し，デュルケーム，ヴェーバー，マルクスなどの間で，社会変化，階級，資本主義が重要な知識対象になったのは当然の結果だといえる。社会統合，階級や社会力動は，福祉研究視野とマルクス主義的紛争理論視野という北欧社会学の2つの系譜に継承されていったが，労働者階級の生存・生活条件がその原点をなす。さらに，社会問題に関する社会学研究は，労働者の賃金，失業手当，疾病手当，年金などの所得喪失保障を重視した1900年代の社会民主主義運動によって刺激を受け，発展していった。1970年代以降は，社会問題は福祉国家における福祉欠乏問題（不十分な福祉水準）として，あるいはマルクス主義的視野からは，資本主義体制における労働者階級への「抑圧問題」として研究されてきた。

　それに対して，社会問題研究における個人レベルの多様な問題への関心が最初から高かったアメリカの傾向は，問題行動や状態を説明し，理解する理論生成への努力を特徴とする。社会問題の発展を導く要因，関係，過程を確定し，定義することが重視され，理論生成が行われてきた。このような理論生成は，ソーシャルワークの方法の発展にとっては有意義であったといえる。

　現代社会への移行において社会運動が重要な役割を演じえなかった1800年代末のアメリカの社会学では，当然の結果として資本主義社会における階級や不平等はそれほど注目されなかった。その代わりに，産業化によってもたらされた社会秩序の混乱が中心的なテーマに据えられ，たとえば客観的社会学の逸脱理論（社会病理学，組織・秩序破壊，サブカルチャー理論，構造社会主義）分野では，秩序ある社会における逸脱に対する関心が高かった。逸脱は，個人やシステムの欠陥，機能不全，構造的関係，逸脱を生み出す相互作用過程などの逸脱社会学理論によって説明されてきた。

産業社会の社会関係の研究を背景とする主観的社会学的過程理論は，具体的な逸脱の理解と説明を重視する構造社会主義への批判から発展してきた。先述したように，社会問題は，社会が特定な人や過程を逸脱と定義し，逸脱行動や逸脱行動者のラベル貼りによって生起すると考えられる。理論の焦点が逸脱者から環境へ移されはしたが，社会構造，不平等，社会階級が分析において重視されるまでには至らなかった。

いずれの視野も，社会問題の構造や生起過程が問題行動や問題状況を生み出すことを説明あるいは理解しようとする点では意義が認められるが，同時にそれぞれの強さと弱さも指摘される。たとえば，主観的社会学は差別され，抑圧された個人や集団の受け止め方や体験を記述し，分析することを可能にしてくれる。社会構築主義とラベリング理論の組み合わせによるアプローチは，社会における社会問題の分類およびラベル貼り過程を明確にするだけではない。社会的介入の対象を確定し，ひいてはソーシャルワークの実践方法の分析にも役立つ知識を提供してくれる。さらに，国や行政機関が，体系的な知識の収集と分類作業によって，新たな社会問題を創出することも明白にしてくれる。アメリカの視野の弱さは，社会が問題視する状態そのものにのみ焦点を据えることである。すなわち，社会問題の理解は社会の支配的な階級の規範や価値に根源的に依存することを軽視する。

北欧の福祉視野の強さは，生活困窮などをもたらす客観的な欠乏状態を注目するところにある。すなわち，福祉の欠乏や不十分さが人間の生活や人生にもたらす影響と結果の分析を可能にしてくれる。人々のニーズから出発する視野の弱さは，指摘される欠乏状態がなぜ生じるのかを説明ができないことにある。それに対して，マルクス主義的紛争理論視野は，欠乏状態の創出（特に貧困，失業，職業病など）に対する可視的・構造的説明とともに，社会の力動的メカニズムを説明することができる。視野の弱さは，社会的逸脱現象がすべての階級に出現することに対する説明が難しいことである。

## 4 必要とされる異なる伝統の融合

社会構築主義的観点に立った批判的な社会科学研究の問題点は，社会問題の定義と発生に関する因果関係を説明するために必要で，明確な出発点がないこ

とにある。多くの社会学者が社会構築主義に影響を受けたことによって可能となった研究上の貢献点も多い。貢献とは，社会問題の正式な定義と社会的施策が解体され，抑圧された集団が直面する問題と当事者としての集団の意見を注目したことである。しかし，社会構築主義が抱える問題は，正式な社会問題の定義と因果関係の説明を批判するために使用が可能な客観的な測定基準をもたないことである。したがって，社会構築主義による分析は自己完結的になることが多い。たとえば，疎外現象に関する社会構築主義的分析において，研究者独自の定義なしに分析することがはたして可能かどうかが疑問視される。

　しかし，これらの問題を改善する試みがまったくみられないわけではない。社会問題に関する社会理論の発展を図ることを可能にするのが北欧の福祉視野である。北欧には，疎外された人たちの生活条件に関する，高度に発展した研究の伝統がある。いつ，これらの集団の福祉が脅かされるのかという厳密な測定規準がすでに実証的に確定されており，貧困がいかに人々の日常生活に深刻な影響と犠牲をもたらすか，という具体的な研究結果（知識）の蓄積がある。福祉研究視野には，福祉の最低水準に生起する社会問題の定義を形成する可能性がある。社会問題の理論生成の発展に要求されることは，社会問題は客観的に実存する状態であると同時に，社会問題の定義は主観的な定義過程に依存することへの認識である。北欧の福祉研究視野と，アメリカの逸脱社会学と社会構築主義的観点の理論的融合が今後の社会問題研究の発展を左右する課題であるといえる。

　社会問題に関する議論が複雑になるそもそもの理由は，社会構築主義的観点に立てば，社会現象に対する私たちの関係が複雑だからである。現代社会において好ましくなく，有害だとみなされる現象の大半は，私たちが欲し，愛し，大切にすることだからである。たとえば，アルコールの過剰摂取は深刻な社会問題であるが，社会交流においてアルコールは重要な役割を果たすために，過剰摂取問題をアルコールの社会的機能から切り離すことは不可能に近い。人種差別に関しても，差別を必要とし，差別によって利益を得る特定の人々や集団が存在するために，差別が依然として実在するのであり，したがって真正面から正当な方法で解決することは容易ではない。社会問題に対する施策が制限的・部分的な改良対策に終わりがちなのは，解決すべき関係が社会に実在する根

強い利害と密着するからである。社会問題が社会問題を定義する多様な種類の関係者によって多様に記述される理由は，まさに社会における権力関係や利害関係に多様かつ複雑に影響されるためである。

　社会的関係を調査し，分析する科学者は，権力や利害関係によって左右される問題定義過程に加わるべきではないとする主張もある (Mills, 1997)。研究者の使命は，研究対象に潜む規範や政治的意図を分析し，データの解釈を通して人間の生活条件に関する事実を正直に提示することにある。また，社会政策は社会問題を解決し，社会改良を目的とする重要な手段であるが，問題を発生させる望ましくない関係を生み出す要因にもなりうる。問題が発見され，それが調査され，調査結果の報告書が作成され，対策に関する政治決定が行われ，必要な施策が行政機関によって実施され，その効果が研究者によって評価されるのが通常の過程である。社会科学は，社会政策との密接な相互依存関係によって発展してきた。社会構築主義的観点からみれば，研究者によってではなく，むしろ行政機関の介入や施策によってデータは生み出されることになる。

## 5　実践と理論の関係からみた知識を生成する多様な方法

　社会福祉の仕事の多くは，困難な状況にある人たちを受け入れ，支援することにある。児童・青少年，家族，高齢者，貧困者，失業者，障害者，ホームレス，逸脱行為者，犯罪者，アルコール・薬物濫用者，暴力被害者など多くの問題を抱えた人たちを支援するには，法律や行政規則，支援対策などに通じていなければならない。しかし，それだけでは十分とはいえない。ソーシャルワーカーは，問題解決のための責任を要求されると同時に，支援を必要とする人たちの価値観や希望も尊重しなければならないという，難しいバランスを要求される。支援者として，権力の行使者としての二重の役割を担うために，すべての場合に通用する仕事のマニュアルを作成し，それを忠実に実践することは不可能に近い。ソーシャルワークの研究者は，日頃の実践のジレンマを調査し，その結果が実践の振り返りや理解を向上させ，問題解決の改善をもたらすことを期待する。また，実践者も研究が実践の直接的な改善に繋がることを期待する。しかし，ソーシャルワークの科学的な知識とは何か，どのようにこれらの

知識が使用されるべきか、という問いについては、必ずしも研究者と実践者や行政機関との間で理解が一致するわけではない。はたして、どのような知識が実践において利用価値のある知識だといえるのであろうか。

## ■1 理論的あるいは経験的知識・経験知

理論と実践の関係を考えるとき、実践を理論の応用（応用理論）とみなすこともできる（図表 2-2）。

この場合、理論は実践に対して上位にあり、直接問題を解決するために理論が使用されることになる。すなわち、実践は理論を応用することによって問題解決を図る。しかし、社会福祉分野が典型的な例であるように、知識の生成は理論と実践の絶え間ない交換作業によって初めて可能となる。実際、知識は多様な実践において使用されるだけでなく、実践からも生み出される。実践の側からみれば、多くの場合、知識は手段もしくは副産物的存在であるが、研究においては知識の生成自体が目的である。研究者であれ、人を支援することを任務とするソーシャルワーカーであれ、知識は必要であり、読み、聴き、他者から学ぶことを通して得られる。多くの先人たちによって生成された知識、考え、洞察、理論は理論的・体系的知識と呼ばれる（Eliasson-Lappalainen, 2009）。それとは異なる方法によって生成され、存在はするが、ことばにすることが難しい、あるいは不可能な知識（たとえば自転車に乗るコツ）は、往々にして「暗黙知」

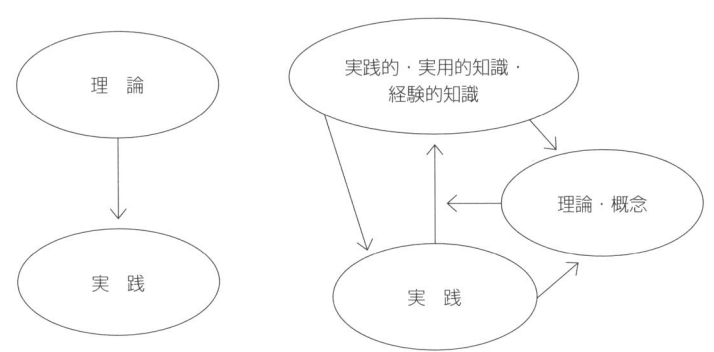

図表 2-2 理論と実践の交換関係

出所：(Eliasson-Lappalainen, 2009, p.320)

と呼ばれる。私たちが自分の行為や実践などを振り返るときに必要になるのがことばであり，用語や概念は思考のための道具だといえる。特に注意を払うことなく，日常的に無意識に使用され，伝えられてきた「暗黙知」は，実践から生み出された実践的・実用的知識（praxi-theory），あるいは経験から生み出された経験的知識・経験知（experience-based knowkedge）とも呼ばれる。いずれにしても，知識とはことばによって表現や定義をすることができ，多様な方法によって他者に伝えることができるものを意味する。

　理論的知識と実践的・実用的知識は異なった方法で生成され，異なった形で存在するが，両方とも必要であり，お互いに補完し合う関係にある。にもかかわらず問題視されるのは，科学的な方法によって生み出された理論的知識が真の知識としてみなされ，実践や経験によって生み出される知識の価値が低く評価されがちなことである。後者の知識が実践においてどれほど有用であろうとも，理論的知識の方に権威が与えられ，重視されることが多い。学問の世界においても，ある科学的伝統が他の科学的伝統よりも優れているとはいえないと批判されてきた。白人やヨーロッパ人，あるいは北アメリカ人の男性が支配的な研究社会が生成する知識の方が，アジア人やアフリカ人の研究社会によって生成される知識よりも，正しく，普遍的で，代表的であるという根拠はどこにもない（Benhabib, 1992）。また，知識の求め方や生成の仕方は男女間で異なることも，社会におけるジェンダーの秩序を重視するフェミニズム研究者たちは指摘してきた。しかし，現実の評価は必ずしもいつも公平であるわけではない。

　社会福祉の実践および知識対象である個人や集団，社会全体に関する知識の生成には，ミクロ，メゾ，マクロという多様な次元からの調査・研究が必要となる。社会福祉分野の研究の強さは，個人あるいは社会という二択ではなく，社会で生活を営む人間と，人間が形成する社会を理解するための両方を総体的に学ぶことにある。たとえば，社会の構造的（社会的，社会政策的，組織的）な条件が高齢者や介護職員の日常にどのような影響をもたらすかという研究問題が示すように，社会現象はすべての次元の相互作用によって生み出される。非行少年は，非行問題を引き起こす内的・精神的な問題，あるいは背景にある家族問題を外界に対して訴え，そして家族問題は社会問題を反映するといえる。ゆえに，すべての次元での問題の理解と対応が必要となる。疎外された個人を

心理学的観点から学ぶことは，社会に関する貴重な情報を得ることを意味する。これらの社会現象を総体的に理解するには，ジークムント・フロイト (Sigmund Freud, 1856-1939，精神分析学者)，ジョージ・ハーバート・ミード (George Herbert Mead, 1863-1931，社会心理学者)，ジャン＝ポール・サルトル (Jean-Paul Sartre, 1905-80，哲学者)，カール・マルクス (Karl Marx, 1818-83) などの多様な次元や観点からの科学知識を必要とする。社会福祉学が学際的科学と呼ばれる理由もここにある。

### 2 科学知識と実践の関係

　社会問題の多様な見方（本章3節）でもすでに取り上げたが，しばしば登場するのが「理解」あるいは「説明」のどちらを重視するか，という議論である。「理解」を重視する研究者は質的研究法を重視するが，「説明」を重視し，事象の裏側に潜むメカニズムを解明しようとする研究者にとっては，調査方法はそれほど重要な意味をもたない。両者はともに，研究者自身の理論的視野が重要な役割を果たすことを認め，分析において自らの価値観の混合を極力避ける点では共通する。

　これらの異なった伝統を融合させることができるか否かは，知識に対する見方と理論と実践の関係に関する考え方による。科学的に生成された知識の使命は，私たちが生活を営む社会，人間が遭遇する諸問題，問題への対応の仕方に関して理解をもたらすことにある。研究によって生み出された知識は実践（たとえば介入モデルとして）に直接応用されるべきだという見地に立てば，実践は応用理論として捉えることができる。ただし，実践に対する理論の応用は往々にして規範的な観点から行われやすい。実践を正しく指導するのは科学知識だという考え方であるが，その典型的な例がスウェーデンの福祉国家建設の立役者となった社会工学（⇒社会問題の解決や社会システムの制御に関する研究）的試みである（本章2節参照）。すなわち，実証された科学的知識に基づいた政策策定を重視し，科学的知識を応用する社会改良政策的手法である。その代表者が，1930年代の人口の危機問題に取り組み，一連の経済政策や家族政策の理論的柱となったミュルダール夫妻 (Alva Myrdal, 1902-86, Gunnar Myrdal 1898-1987) であるが，目的はより良い社会への変革であった。現在，科学的根拠に基づい

た研究あるいは実践（evidenced-based research, evidenced-based practice）が注目されるが、当時の社会工学的考え方と共通する点がある。

科学知識は、参与観察や面接などの多様な方法によって収集されたデータの分析によって生成される。特に実証主義的研究においては、研究者の手によって収集された人々の回答が数値化・抽象化されるために、知識生成が実際の人間や現実からかけ離れてしまうことに対する批判も聞かれる（Mills, 1997/1959）。社会科学における研究は、往々にして社会の上部構造の政治的視野に依存しやすいにもかかわらず、政治的には中立だという主張がよく聞かれる。さらに浮上してくるのが、研究によって生成された抽象的な知識が、はたして人々の行動を指導し、支配する権利を有するのかという疑問である。

### ❸科学における価値判断の自由と倫理的視座

研究者は、研究対象に対してあくまでも価値判断から自由（価値自由）であるべきだと主張した代表者はマックス・ヴェーバーであった（Eliasson-Lappalainen, 2009）。著書『職業としての学問』（Weber, 1977）において、研究者の職業倫理として、研究者は仕事において自分の価値観を挟んだり、価値判断的な意見を述べるのではなく、事実のみを記述すべきだと主張している。さらに、何が善で、何が悪であるかを判断する科学的な根拠はなく、人がどうあるべきかを研究者

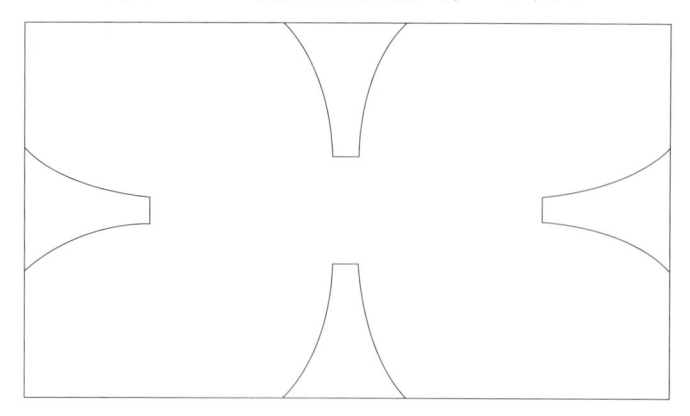

図表2-3　この図柄を見て何を想い浮かべますか？

出所：(Asplund, 1983, p. 14)

は説くべきではないと述べている。確かに，研究者も生身の人間であり，預言者でも宗教者でもない。研究者が研究領域や理論的視野，調査方法などを選択するときに，中立的な立場を主張することによって，実は道徳的・政治的責任を回避する傾向はしばしばみられることである。

　スウェーデンの社会学者であり，社会心理学者であるアスプルンド（Asplund, 1983）は，1つの現象が多様な様相を内包するために，同時にすべてを見通すことは不可能であるが，感性を開放することによって初めて洞察が可能となる例を示している（図表2-3）。この図は，4頭の象が水を飲んでいる，四葉のクローバーに似た形である，シャム双生児が異なった方向に体を向けているなど多様に見ることができるが，それらの見方に対して，どの見方が正しく，どの見方が間違っているかを断言できる人はいないはずである。

　道徳的に中立であることは，単に道徳的に無責任であることを意味するだけであり，中立的な立場をとることは不可能に近いという指摘もある。多くの研究者が客観的に社会現象や事象を分析しようと試みるが，研究者の分析眼自体が研究者の人間関係や社会環境によって形成されたものである。ゆえに，分析眼が何であるのかを考察する批判的な姿勢がすべての研究者に問われる。

　道徳的責任は人間性の奥に内在するという見方もあるが，人間の善悪に対して相反する見方もある。生起するすべての社会現象自体が，人間の本質や自然をどのように捉えるかという価値観によって生み出される産物であるために，ヴェーバーのいうように，事実と価値観を絶えず明確に識別することは容易でない。ソーシャルワークの実践においても，イデオロギーは変容し，またソーシャルワーカーの価値・規範システムが必ずしもクライアントのそれと一致するとは限らない。社会福祉領域の論文に多くみられる表現「……すべきである」が示唆するように，価値観が対立することが多い。

　社会福祉の研究において観察すべきことは，人間の善悪や，何が良いか悪いかという道徳的判断ではなく，人間の生活・生存条件と社会過程が生み出すメカニズムである。社会科学の研究者として問わなければならないのは，社会現象に関して意見を述べることよりも，社会現象から私たちは何を学ぶべきか，ということを明確にすることである。社会の現実がどのようなものであり，なぜこのような現実が生み出されたのかを問う視座が重要となる。多様な社会的

条件のもとで働き，生活を営むことが，人々にどのような影響と結果をもたらすのかを，研究者は観察し，分析することは可能である。研究結果に基づき，研究者自身に対して，政治家や他者に対して，どのような社会を追求し，選択するのかを問いかけることも可能である。このような問いかけは，価値中立的な研究からは決して生まれるものではない。それには，研究は誰のために必要なのか，という研究者の視座が問われ，明確にされなければならない。

　1つの社会現象を調査するにあたって必要な研究問題を策定するときに，いったい誰の問題を調査するのか，誰の経験や問題定義を出発点とするのか，ということが，好むと好まざるとにかかわらず，研究者に絶えず問われる。たとえば，生活保護受給問題をクライアントの立場や観点から調査するのか，それとも福祉事務所の対応の効率性という行政の立場や観点から調査するのか。高齢者ケアについて，介護を受ける高齢者の立場や観点からケアのあり方を問うのか，あるいは介護事業者の事業効率に対する事業者側の観点から調査するのか。研究者は絶えず岐路に立たされ，選択を迫られる。研究結果を解釈し，分析する場合にも同じことが要求される。上（上部構造，支配者）からの視点，あるいは下（下部構造，一般庶民やクライアント）からの視点を選択するのかと問われれば，基本的には研究者の自由であるが，社会福祉の研究に携わる者としては，道徳的・倫理的ならびに科学的観点の両方からみて，弱い立場におかれた人々，あるいは最も疎外された人々の観点を選択する理由があるといえるのではないだろうか。たとえばフェニミズム研究者は，女性が社会的に弱い，不利な立場におかれ，女性の経験が注目されてこなかったために，人間と社会に関する知識生成が不完全であることを指摘し，それを研究の出発点とする。しかし，研究は政治そのものではないことも認識する必要がある。

　重要なのは，研究の自由を制限することが目的ではなく，社会科学者としての使命は，個人的な問題を社会的文脈に関連づけ，一個人の問題を社会的問題に「翻訳する」（変換する）ことである。その理由は，社会構造が生み出す人々の多様な日常生活問題に光をあてることが，生活の改善や社会の発展にとってもきわめて重要だからである。社会科学研究の道徳的・倫理的視座は，社会の現実を調査し，生起する社会現象や社会的メカニズムを記述し，分析することにある。

## 6 国際的視野からみたソーシャルワークの研究分野と主題

　社会福祉専門職（日本では社会福祉士）の養成教育や研究者養成教育の組織化や内容は，共通点もあるが国によって異なる点も多い。近年，ソーシャルワークという英語名が日本でも頻繁に使用されるが，ソーシャルワークとは社会福祉援助実践で使用される専門的援助技術・社会福祉援助技術の総称として定義され，使用される。

　北欧諸国では，英語のソーシャルワークに相当する母語（スウェーデン語ではsocialt arbete）が実践および科学領域の1つとして使用されるが，北欧諸国以外の国では社会福祉（social welfare）やソーシャル・アドミニストレーション（social administration）などの用語も使用される。アングロ・サクソン諸国（⇒英語を公用語とするイギリス，アメリカ，カナダなど）では，ソーシャルワークは大学における科学・研究領域として早くから確立されていた。たとえば，シカゴ大学やロンドン・スクール・オブ・エコノミックスなどがその代表的な存在である。アメリカでは1920年頃までは，ソーシャルワークは社会学とほぼ同一視されたが，イギリスでは社会政策や社会改革事業として発展してきた。1920年代に，独立していたソーシャルワーク教育（Chicago School of Civic and Philanthropy）がシカゴ大学に統合され，スクール・オブ・ソーシャル・サービス・アドミニストレーション（School of Social Service and Administration）となった。

　北欧諸国でも，1920年代にソーシャルワーカーのための専門職業教育が始まっている。1950，60年代のソーシャルワークの拡張に伴って，1970年代には国立総合大学への統合が進められ，研究者養成教育の発足とともに独立した科学領域として発展していった。北欧諸国の中で大学における研究領域としての確立が最も早かったのはスウェーデンで，1979年ヨーテボリィ大学（同年，少し遅れてストックホルム大学）でソーシャルワークの最初の教授の設置と研究者養成教育が始まり，今日に至る。概念社会福祉を構成する制度・政策と社会福祉援助技術とを区別し，科学としての社会福祉に関する国際比較を可能にするために，ここでは社会福祉学の代わりにソーシャルワークという用語を使用する。

## 1 難しい知識対象・科学としての定義

　実際の研究分野は，科学的に定義される研究領域・知識対象の部分的なものであり，いくつかの主題（トピック）あるいはテーマに分かれる。これらの主題やテーマによって，ソーシャルワーク研究の知識対象が構成される。自然科学のように，研究領域が相対的に小さく一義的なものもあるが，ソーシャルワークがその典型であるように研究領域・知識対象の境界線が不明瞭で，他の多くの科学の研究領域における理論や調査方法論を必要とするものもある。ソーシャルワークは他の多くの科学分野の理論を必要とする学際的科学であるために，たとえば，物理学や社会学のように固有性・自律性を明確にするために定義された中核的理論によって成り立つ科学として，自立することは難しい。また，ソーシャルワークの実践は社会や社会で生活を営む人間の諸問題を対象とするために，科学としてのソーシャルワークの知識対象も社会の変容に応じて変化する。

　さらに，研究領域・知識対象としてのソーシャルワークの定義は，実践としてのソーシャルワークの定義から出発することが多いために，他の科学領域に比較して現実的・実用主義的な内容を特徴とする。スウェーデンのソーシャルワークの研究領域において，ケア研究を知識対象として独立させ，新しい教授ポストが設置されたときに，公募の審査にあたる審査員が定義を試みているが，それによって北欧の科学としてのソーシャルワークに対する考え方を理解することができる（Sunesson, 2009, p.335）。

> 「ソーシャルワークは，社会関係を研究する社会科学であるが，多様な理論や研究伝統との統合・融合を必要とする。知識対象，研究・調査方法，中核的な理論に関して，妥当な境界線をもつ科学内容を決定するよりも，基礎研究および応用研究において（必要な）一連のトピックやテーマを考究する科学領域として位置づけたい。新しく設置される教授に与えられた主な研究領域・知識対象は，アルコール・薬物濫用（過剰摂取）者のケアと治療である。研究領域・知識対象としてこの分野は，社会問題の定義，定義された社会問題（濫用・過剰摂取）の原因，濫用者グループの記述，これらの問題に影響を与えたり，回避するための社会的介入事業の発展や評価・分析，とりわけ治療組織と社会政策対策・介入の調査・研究を対象とする」

## 2 主な研究領域と主題

　ソーシャルワークに有意義な研究は多様な領域で多々なされているが、ソーシャルワークのみが独占する研究領域や主題は少ない。たとえば、貧困研究はソーシャルワークの研究者よりも早くから、経済学、社会学、歴史学などの研究者によって取り組まれ、発展してきた。ソーシャルワークに関する研究も、政治学、社会学、民族誌学者によって取り組まれてきた。アルコール・薬物依存や濫用（過剰摂取）問題の研究も同様に、ソーシャルワーク分野だけに限られず、医学、社会学、心理学においても重要な研究領域をなす。したがって、ソーシャルワーク独自の研究領域としての境界線を引くことは不可能に近い。ソーシャルワークの実践にとっても、どのような知識が重要・必要であるかという基準も文化や時代によって異なり、相対的である。また、科学としてのソーシャルワークの地位は多くの国で確立されているが、確立されていない国も多い。したがって、ソーシャルワーク関係の研究書や学術雑誌などに掲載されている論文検索だけでは、ソーシャルワーク研究分野でどのような研究が実施されているのかを、量・質ともに正確に把握することは難しい。

　また、社会の変容とともに社会問題も多様化し、研究領域や研究問題・テーマも多様化すると同時に細分化が進む傾向にある。ここでは、国際的な視野からソーシャルワークの現在の主な研究テーマを整理し、時代を通じて相対的に不変的・伝統的であり、文化を超えて共通する6分野を取り上げる（Sunesson, 2009）。

　1つ目は、貧困問題と救貧事業である。1500年代から、救貧事業は社会の重要な事業として位置づけられてきた。研究における最初の主題としては、救貧院制度に対する批判、科学的な博愛主義、労働運動、ビスマルクの社会改良議論などがある。

　また、貧困実態調査の歴史も古く、ロンドン市の労働者の生活状態を社会踏査（social survey⇒一定の時期、社会状況を包括的に、教育や改良目的をもって、一定の地域で行う現地調査）によって調査し、社会調査の父的存在とみなされるイギリスのチャールズ・ブース（Charles Booth, 1840-1914）をはじめとして多くの研究者が取り組んできた。貧困問題に関する研究を科学として発展させた国はイギリスであり、第一次世界大戦前にロンドン・スクール・オブ・エコノミッ

クスで，救貧事業から発展したソーシャル・アドミニストレーションが立ち上げられている。現在でも，イギリスでは貧困研究は重要な位置を占め，ティトマスやピーター・タウンゼント（Peter Townsend,1928-2009）などの研究者を送り出してきた。ティトマスは貧困層や富裕層に及ぼす社会政策的解決を研究し，タウンゼントは人々の具体的な生活条件の調査を行った。両者の研究は北欧諸国の貧困研究に大きな影響を与えた。スウェーデンでも，社会学者による生活条件調査や，またソーシャルワークでは生活保護問題や扶養問題に関する貧困研究が重要な位置を占める。さら，深刻化する子どもの貧困や失業などによって生じる疎外や社会的排除に関する研究も北欧諸国では盛んである。

　貧困対策に関しては，救貧事業や公的扶助制度に対する批判とともに，これらの制度の機能改善を目的とする多くの研究がみられる。貧困の実態と影響，貧困問題に取り組む社会的組織，貧困者を対象としたソーシャルワーカーの実践方法などが，この分野での主な研究問題である。加えて，社会政策の組織化，福祉国家研究（発展，組織，形態），介入システムの発展や福祉国家と他の組織（任意組織など）との関係に関する国際比較研究にも，多大な関心が注がれてきた。

　2つ目が，家族と子どもの分野である。1800年末に，家族法や健康政策，労働法などが発展させられ，小児労働の禁止，母子健康対策や義務教育などが導入され，制度化されてきた。工場生産における小児労働の酷使問題は，社会のコントロールを増大させた重要な背景的要因であった。1900年代には，貧困や虐待からの子どもの保護や，健全な養育などに社会の関心が高まり，近代的な児童福祉分野や小児精神疫学的な研究が発展した。時代を通して注目された研究テーマは，子どもの発達に関する家族と社会の責任分担である。今日の研究の中心をなすのは，子どもの福祉（ウェルビーイング）や保護ニーズ，それに対する社会の役割と責任である。貧困研究と同様に，疎外された子どもたちの実態や，社会的疎外が子どもに及ぼす影響と結果，児童福祉に責任を負う社会事業組織や実践方法などが主な研究内容である。子どもと家族問題は往々にして大きな社会問題に発展し，大々的な法改正をもたらす場合が多い。青少年の自殺や精神的健康，売春問題は古くからの研究テーマであり，さらにひとり親世帯（特に母子世帯）の貧困や女性虐待なども近年注目されてきた研究分野である。家族の変容に伴って，研究テーマも細分化されてきている。

3つ目の領域は，多様な社会問題を生み出す要因・原因に関する研究である。古くからは，シカゴ大学を中心とする社会学者たち（シカゴ学派）による，スラム，移民，社会紛争，都市・住宅問題，差別問題研究などがある。社会問題の発生原因に関する研究は，社会批判的な動機をもつ。社会に何らかの問題が実在することを指摘することは，社会的関係・条件について批判することを意味する。したがって，研究者の科学的根拠に基づいた社会批判は，社会議論を巻き起こす火付け役的役割を果たすことが多く，政治的な運動や国家介入を促す契機をつくる。社会問題の予防という観点からも，研究は重要な役割を果たす。深刻な社会問題の発生をもたらす原因や過程を調査し，分析することは，社会問題の軽減や発生を予防する早期の多様な対策を可能にする。

　4つ目は，日本語の概念としてはなじみが薄いが，社会教育学（social pedagogy）分野である。日本の社会教育は「学校教育によらない民衆の目的意識的な学びの万般を社会教育」（庄司ほか編，1999, p.413）として理解されるが，ヨーロッパで使用される社会教育の概念はソーシャルワークと教育にまたがる一連の事業分野を記述する。しばしば，「地域社会教育」（community education），「社会性教育」（education for sociality）とも呼ばれる。ドイツの進歩的な教育に源流があり，児童・青少年を対象に，集団を重視した総体的な教育形態を特徴とする。ソーシャルワークにおいて教育学的な研究が必要とされてきたのは，多くの社会問題が個人にとって理解の難しい現実に対する反動（道徳心の欠如によるわけではない）として，多様な社会的逸脱行動が生み出されるからである。

　社会教育学は，ヨーロッパの多くの国ではソーシャルワークよりも確立された概念である。多様な問題行動に対してどのような治療形態や介入法が追及されるべきかというのが，この分野の重要な研究テーマである。たとえば，治療か刑罰かというように，青少年の逸脱行動や犯罪行為に対して，社会はどう考え，対応すべきか，という議論である。

　5つ目の分野は，クライアントと社会サービス事業組織（日本でいえば福祉事務所や児童相談所など）との関係である。クライアントとの関係に関する最初の試みとしては，メアリー・リッチモンドの社会診断があげられる。個人を重視する伝統の強いアメリカで発展したケースワークは，ヨーロッパ諸国にも一時期大きな影響をもたらした。今日においても，クライアントとソーシャルワー

カーの人間関係がソーシャルワークの核心をなすという主張は依然として強い。この分野では，ソーシャルワークの事業組織，役割任務，調査過程に関する研究とともに，クライアント集団の分析やクライアントの問題や生活条件に関するソーシャルワーカーの理解が対象に据えられる。

科学的証拠に基づいた実践が重視される今日，ソーシャルワークで使用される介入・治療法がどのような結果をもたらすかという研究は重要であるが，自治体で提供される社会サービスを体系的かつ制御的に測定し，継続的に評価するには，研究デザインや評価方法など厳密な実施条件が要求されるため容易ではない。例外的な研究としては，たとえばスウェーデンでは，子どもに対する処遇の縦断的追跡調査がある。また，精神障害者や里親による養育を受けた児童などの，社会サービスの対象となったクライアントの体験をデータとする研究も多々みられる。

6つ目は，薬物・アルコール濫用（過剰摂取）問題および濫用者ケアに関する研究である。飲酒文化やアルコール政策に始まり，治療法とその効果，強制ケアの効果，当事者運動，依存・濫用からの解放過程など多様な問題領域に及ぶ。このほかに，障害者や高齢者ケアに関する研究や移民グループ・移民問題研究が盛んである。これらの研究領域は，ソーシャルワークの独占分野ではなく，他の科学領域においても重要な知識対象として研究されていることが特徴である。

他の科学分野よりもソーシャルワークの研究が複雑になりやすいのは，現象の客観的事実や現象・事象に関する理論に加えて，価値観や倫理観が影響を与えることによる。規範的見方が支配的になると，知識対象に関する考察や議論が「あるべき」あるいは「すべき」ものとして取り上げられることが多く，研究がイデオロギー的な批判に陥りやすい傾向を生み出す。実践の理論化は可能であるか，あるいは言語化することが不可能な暗黙の知識領域であるのか，という議論においてもその答えは多様である。

## 3 ソーシャルワーク研究の意義

学際的科学であるために，科学としてのソーシャルワーク固有の知識対象や研究領域，理論，調査・研究方法が存在しないとすれば，ソーシャルワーク研

究の特別な使命はあるのであろうか。すなわち，ソーシャルワークによる研究が必要なのかという問いが浮上してくる。ソーシャルワークの研究領域は，国際的な合意に基づくソーシャルワーク実践に大きく依存するために，IFSWやIASSWによって定義されるソーシャルワークの使命が研究の使命だともいえる（1章16頁参照）。

　では，研究によって得られた知識はどのような貢献をもたらすのであろうか。1つは，ソーシャルワークの実践に役立つ方法を発展させ，理解を深めることである。2つ目には，研究結果の直接の使用が難しいにしても，新しい現象・事象，それらに関する新しい見方の発見をもたらす。3つ目には，現状の批判的検証によって，人々の態度や見方・考え方を変え，ひいては実践方法の改善に貢献する。多次元・多分野に及ぶソーシャルワークの発展には多様かつ広範囲な研究が必要であり，研究者はこれらの研究の多様な意義を認識し，どのような研究視座に立つかを選択しなければならない。

　さらに，研究者に要求されることは，ソーシャルワークの実践との有意義な関係の形成である。ソーシャルワークの研究者としてのあり方には，基本的に観察的研究者，参与観察的研究者と両者の中間形態の3つのモデルがあるといえる（Nygren, 2009）。

　観察的研究スタイルとは，研究対象に対して距離をおき，研究結果を科学社会に向けて発表することを重視する。したがって，研究結果の利用は他者に任される。参与的観察研究・調査方法（アクション・リサーチ）はドイツの社会心理学者レヴィン（Kurt Lewin, 1890-1947）によって提唱されたが，行動調査とも呼ばれ，研究者が実践者とともに研究活動を展開する。社会活動で生じる諸問題のメカニズムを解明し，現状の問題解決のために直接，あるいは速やかに貢献し，社会改良や変革を直接的目的とする実践的研究方法である。中間的研究スタイルとは，実践と同じ分野で研究を行うが，研究と実践の間に明確な距離を設定するやり方である。理想的なモデルは，実践の改善や発展に貢献できると同時に，科学社会において研究の業績が認められることであろう。それには，実践と研究の密接な対話が必要となる。このようなソーシャルワーク研究を取り巻く特殊な条件が，研究を調査方法の選択だけですますことのできない複雑なものにする理由である。

# 7 社会調査と社会福祉調査の意義と主な方法

　社会調査とは，基本的に社会科学者によって実施される研究をさす。社会福祉調査とは，社会福祉分野に限定した社会調査である。まず，社会調査とは何かを明らかにし，次に社会福祉調査の可能性と限界性を考える。さらに，主な調査・研究方法を紹介する。

## ■1 社会調査の歴史的背景と意義・目的

　社会調査は，社会現象や事象に関する知識を生成するための調査であり，統計調査に限られず，観察法や面接法などの質的調査を用いた調査・研究も含まれる。社会調査の定義は一義的ではないが，共通するところは，社会調査は社会現象・事象に関する調査であり，収集したデータを定量的あるいは定性的に分析し，社会についての認識や考察を行う社会科学的な方法・技術・過程である。

　社会調査の目的と意義をさらに追及すれば，社会調査は社会学だけのためのデータ収集としてではなく，実証されたデータを国民の生活改善のための政策策定に必要な過程として位置づけられることである。社会の変化とともに，現代社会における国民生活を取り巻く条件や社会的危険（社会的事故）は多様化し，複雑化してきている。現在では，高齢者になること自体や，女性が子どもをうむこと自体が生活の不安をもたらす社会的リスクだといえる。多様化する社会問題の解決のための的確な対策や予防を講じるには，変容する社会現象や事象の様相，社会問題の流布などの実態，原因を科学的に解明することが要求される。

　社会調査が必要となった歴史的背景をたどっていくと，資本主義体制が生み出した貧困問題につきあたる。ここに，社会調査と社会福祉・ソーシャルワークとの接点がある。産業革命後，産業社会が発展していく過程で，労働問題や貧困問題，人口の都市集中による都市問題などの多様な社会問題が生じ，増大していった。資本主義は利潤も生み出すが，同時に大量の失業者，ひいては貧困を確実に生み出すことも資本主義台頭の初期から証明されてきた。

　当時のヨーロッパの労働者階級の社会経済的条件調査を行ったのが，フラン

ス人のピエール・ル・プレー (Pierre Le Play, 1806-82) であり，労働者と家族の生活実態を科学的に解明し，社会改良の必要性を提示した (Trygged, 2005)。かたや，イギリスではチャールズ・ブースが社会踏査という方法を用いて，ロンドン市の労働者の生活状態を調査した。

さらに，シーボム・ラウントリー (Seebohm Rowntree, 1871-1954) が大規模な貧困調査(1901年)を実施し，当時のヨーク市の貧困実態を明らかにした。ブースやラウントリーは，貧困の概念を科学的な測定手段にまで発展させた。ブースはスラム住民の貧困の階層化を試み，貧困が自助努力の欠落によるものではなく，社会的な要因によるものであることを指摘した。ラウントリーは，貧困者とそうでない者を区別するために，単なる身体上の健康を維持するために最小限度必要な支出水準として「第一次貧困」(primary poverty) 線を設定した。さらに，第一次貧困に加え，それ以外の生活に最低限必要な支出を算定したものを「第二次貧困」(secondary poverty) と定義した。最低生活費の算定方法ラウントリー方式は，マーケット・バスケット方式とも呼ばれる。マーケット・バスケット方式とは，「最低生活を営むために必要な飲食物，衣料，家具什器，入浴等の個々の品目を1つずつ積み上げ，これを最低生活費の算定に活用する方法」である (庄司ほか編, 1999, p.949)。この方式は，1948年に日本の生活保護制度の最低生活費の算定方法として導入され，1960年まで使用された。

日本の近代的社会調査も，ブースの影響を受けた横山源之助の『日本之下層社会』(1899年) などの貧困調査によって開始されている。横山は，東京の貧民街や京浜工業地帯のマッチ工場，足利の織物工場などの踏査を行った。また，1910年代には，統計学者の高野岩三郎が家計調査「二十職工家計調査」を実施しており，家計調査の伝統がその後も引き継がれていった。

もうひとつの伝統は，最大規模で全数調査，しかも一斉調査によって実施される国勢調査・センサス (Population and Housing Census) であり，日本では1920年に開始された。第1回国勢調査を準備したのは前述した高野であったが，1920年以降ほぼ5年ごとに実施されており，10年ごとの大規模調査と中間年の簡易調査とに大別される。これらの国勢調査資料によって，家族・世帯の実証的・統計的研究が発展してきた。

このように，社会調査の目的は解決を必要とする社会問題の実態や原因を把

握し，収集したデータの分析によって科学的解明を図り，生成された知識を社会政策への提言や社会改良に役立てることにある。

## 2 社会調査の対象

　社会調査の対象の範囲や解明目的・内容は多様であるために，さまざまな方法や技術を必要とする。ここでは，基本的な内容紹介にとどめる。

　社会調査の対象は，調査の目的や問題に基づく分析単位（量的調査では要素と呼ぶ）によって異なってくる。分析単位の設定は，調査目的によって次元が異なり，ミクロ・レベルからマクロ・レベルまでを分類すると，以下の4つの分析単位に分けることができる。

　①個人（単数あるいは複数，たとえば虐待を受けた児童や高齢者）
　②社会集団（たとえば，貧困世帯や母子世帯の比率や取り巻く要因）
　③産業・組織（たとえば，医療機関や福祉施設の運営問題）
　④全体社会・国（たとえば，高齢者ケアシステムの国際比較）

　分析単位が決定されて初めて，分析単位に必要なデータ収集のための調査対象（調査方法によって，被調査者，調査客体，回答者，情報提供者，インフォーマントなどと呼ばれる）の特定化が可能となり，調査目的を達成できるデータであるかどうか，というデータの妥当性（属性，範囲，測定時点など）が問われることになる。医療や社会福祉現場での調査であれば，量的・質的調査にかかわらず，調査対象の選択にあたっては，計画段階で調査の実施の可能性について十分調べる必要がある。

## 3 社会調査の種類

　社会調査の種類は，データの質や調査の対象範囲によって異なる。データの質によって分類すると，量的調査・研究（quantitative study）と質的調査・研究（qualitative study）の2つに大きく分かれる。両方を混合する研究デザインも可能である。

　量的調査では，比較的多数の対象者から，定型化された質問紙などを使用して数量的データを収集する。分析方法は，数量化されたデータを統計学的手法（定量的変数を用いて行う定量分析）によって解析を行うために，統計調査とも呼

ばれる。

　質的調査法は，量的調査法に対する批判とともに，量的調査法に対する選択肢として発展してきた。量的調査法の最大の限界性は，社会生活の多くの問題分野は数字による測定に依存する量的調査法によっては調査できないことにある。どのように権力が行使され，どのように決定がなされ，なぜ人々が抗議するのか，どのように人が知り合い，理解し合うのか，なぜ紛争が生じるのかなどの社会的相互作用を，量的調査法によって記述することは難しい。質的調査法は，事象の意味あい（ニュアンス）を把握し，事象が内包する規則や価値観を1つの脈絡に関連づけることができる。社会生活に生じるメカニズムを発見する場合にも，質的調査が必要になる。ただし，質的調査の定義は一義的ではなく，手法も多様である。

　質的調査は，相対的に少数の事例や調査対象に対して，面接法や観察法などの調査方法を使用し，テキスト（インタビュー記録や観察記録など多様な文書データ）によって生成された経験データ（質的データ）を分析する方法である。定性分析とも呼ばれる質的データの分析には多様な手法があるが，基本的には個別の単位の特徴をいくつかの要素に分類し，要因の関連性を記述し，分析する比較手法によって，研究問題の質的構造の解明を行う。質的調査は事例研究を重視するために，事例調査と呼ばれることもある。研究問題によっては，統計的研究法の前段階の作業や補足として，定性分析が使用される場合があり，質的データ研究法に定量分析が使用される逆の場合もある。

　量的調査は，時間軸によって横断的調査（cross-sectional survey）と縦断的調査（longitudinal survey）に分類できる。横断的調査とは，個人，集団，社会の状態を調査するにあたって，ある特定の時点，一時点でデータ収集を行う調査方法である。横断的データから，変数間の時間的な共変関係を推定することは困難であり，そのためには，時系列データ，パネル調査データ，縦断的データが必要となる。縦断的調査とは，社会や集団の時間的変化を分析するために，異時点で調査を反復する調査方法である。縦断的調査方法のうち，同一の調査対象者（パネルと呼ぶ）に対して一定期間にわたり反復して調査を行うものをパネル調査と呼び，調査対象者の時間的変化を調べることができる。時系列データとは，ある現象の時間的変化を，連続的にあるいは一定間隔をおいて不連続

に測定した一連の数値を意味する。

　調査対象の範囲によって分類すると，全数調査と標本調査がある。全数調査は，母集団すべてを調査対象（たとえば国勢調査）とし，標本調査は母集団から調査対象を選び出して（標本抽出），母集団の特徴を統計学的に推定する調査方法である。標本の抽出の仕方には，標本を無作為に抽出する無作為抽出法（ランダム・サンプリング＝random sampling）と有意抽出法（ノンランダム・サンプリング＝non-random sampling）がある。無作為抽出法は，確率論を理論的な基礎に据える数理統計学的な方法を用いて抽出を行う。それに対して有意抽出法は，母集団を代表すると考えられる標本を意図的に選び出す方法である。調査目的によって使い分ける。

## 4 社会調査の主なデータ収集法

　データ収集の主な方法としては，①質問法，②観察法，③面接法（インタビュー法）の3つがある。

　質問法とは，定型化された質問紙や回答選択肢などを用いる調査法である。調査者が調査対象者に面接しながら回答を記入する他計式質問紙（個別面接調査法や電話調査法などに使用）と，調査対象者自身が記入する自計式質問紙の2種類がある。主な質問法には，質問紙を配布して後で回収する配布調査（留意調査），調査対象者に特定の場所に集合してもらい，一斉に記入してもらう集合調査，質問紙を郵送し，記入した調査票を返送してもらう郵送調査などがある。

　民族誌学や人類学によって発展してきた観察法には，観察の手続きによって自然的・実験的観察法，非統制的・統制的観察法（非構造化・構造化観察法），非参与・参与観察法などの多様な種類がある。どのような観察手法を用いるかは，調査の目的と研究問題による。観察を標準化・構造化する場合が統制観察・構造化観察であり，統制を加えず，ありのままに観察するのが非統制観察・非構造化観察（自由観察法やフィールド・スタディとも呼ばれる）である。構造化とは，観察対象者の環境の構造化（構造化された実験的環境など）と観察内容の構造化の両方を意味する。

　参与観察法は，観察者が観察社会・集団の生活に参与し，行動をともにし，

内側から観察する方法である。それに対して非参与観察法は、観察者が観察社会・集団に参与せず、外側から観察を行う方法である。

面接法（インタビュー法）とは、調査者（面接者）と調査対象者（面接対象者あるいは回答者とも呼ばれる）とが直接面接を行い、直接的な会話（質問と回答）によってデータ収集する方法である。面接状況の構造化の度合いから、非構造化面接（非指示的面接）、半構造化面接、構造化面接（指示的面接）の3種類に分かれる。非構造化面接は、面接者が面接対象者にいっさい指示を与えず、自由な会話によってデータを収集する方法である。問題発見型の調査や、個別調査対象者の自由な語りとその文脈を重視するナラティブ分析・アプローチなどに使用される場合が多い。

構造化面接法は、あらかじめ構造化された質問項目や質問方法に基づいて面接を行い、必要なデータを収集する方法である。必要なデータを確保する可能性は高いが、構造化された枠組みによって面接内容が制限される。したがって、ナラティブ分析・アプローチなどでは、非構造化面接と構造化面接が併用されることも多い。半構造化面接は、非構造化面接と構造化面接との中間形態で、質問項目などの基本的枠組みは設定するが、調査の詳細に関しては、面接の進行状況によって臨機応変に質問を加えたり、修正したり、深めたりすることができる柔軟なデータ収集法である。

その他、集団面接法（グループ・インタビュー）や深層面接、グループ内の相互作用を通して参加者の視点や意見を収集するフォーカス・グループなどの手法がある。

### 5 社会福祉調査の主な方法

社会調福祉分野という特定領域に限定した社会調査を社会福祉調査と呼ぶが、研究・調査方法、データ収集法や解析技法は社会調査と基本的に変わらない。社会福祉調査の実践的・科学的向上という2つの目的は、たとえば以下のように紹介されている（庄司ほか編、1999, p. 434）。

> 「社会福祉調査とは、社会福祉ニーズに関する的確な把握と分析、ならびにそのニーズ解決にあたって提供されるさまざまな社会福祉サービスや実践活動のもつ効果を

測定して分析すること，これを第一義的な課題としている。また，一方では，社会福祉調査は，客観的な事実の収集分析を通して，概念的枠組みの適合性の検証を行い，社会福祉理論の経験的一般化を図ることを通して，社会福祉を科学化することを目指すものである」

社会調査の基礎的な調査法に加えて，社会福祉分野において重要な調査方法が，テキスト分析（主張分析，言説分析，ライフ・ヒストリーやライフ・ストリーなどのナラティブ分析・アプローチなど），事例研究，グランデッド・セオリー・アプローチ，社会プログラム評価などである。テキストとは，原文，原典，本文，教科書やコンピュータの文字データをさす。実際には，議会における発議・動議や厚生労働白書のような政府刊行物などから，論文，教科書，小説，童話，新聞記事，広告やチラシに至るまで多種多様である。これらのテキストは，現代社会のほぼすべての関係を網羅し，記述する。したがって，政治家や政府，一般のあるいは特定の人々の社会に関する考え方や人間関係を査収する多様な見方を分析することができる。

　主張分析や言説分析は，動議や政府議案書などの公的刊行物では，提案のための主張が中心に据えられるために，公的介護保険制度などの政策の背景にある国家の主張や見解を分析することができる。フランスの哲学者フーコーは，社会構造において何が排除され，あるいは抑圧され，何が非合法化（非正当化）されるかに関心を抱いた。精神障害者などの社会的異常者・逸脱者というカテゴリー化は，人々が語り，定義することによって生み出され，精神病院や監獄への収容を可能にしてきたことを『狂気の歴史』（Foucalt, 1961）や『監獄の誕生』（Foucalt, 1975）で分析する。社会構築主義的表現を借りれば，社会的異常者や逸脱者は人々の言説によって現実になる。日本の近年の身近な例をあげれば，障害者が障碍者あるいは障がい者へ，精神分裂病が統合失調症へ，痴呆症が認知症へ，精神薄弱者や精神遅滞者が知的障害者へとその呼び方を国が変更してきた背景にどのような動機や目的があるのかを分析するには，公的言説分析が必要となる。

　ナラティブ分析・アプローチとは，研究対象者が語る自らの人生や経験の物語（ナラティブ），すなわち，時間的順序に沿って起こる出来事から成り立つ行

為・行動を読み解く方法である。社会福祉分野におけるクライアント研究の伝統的な方法は，研究者がクライアントの問題を定義し，研究問題を策定し，調査することである。しかし，このような調査法ではクライアントの内的体験に関する知識を得ることは困難である。アルコール過剰摂取や虐待を容認してきたクライアントなどに対する適切な支援は，クライアントの内側に潜む見方や価値観を理解しない限りは難しい。当事者の内側からの洞察を可能にするのが，ライフ・(ヒ)ストリー面接である。分析・解釈手法は多様である。

　事例研究は，社会福祉学のみならず，多様な科学領域において使用され，多様なデータ（量的および質的データ）や理論を用いることができる。事例は，個人，家族，手段，出来事，組織あるいは国家と広範囲にわたる。また，事例研究は歴史的な研究であることが多いが，現況あるいは将来のシナリオとしての記述も可能である。

　理論は実証データから生成されると考えるグランデッド・セオリー・アプローチは，従来の帰納的・演繹的方法論に対する批判から発展した（Glaser & Strauss, 1967）。収集したデータ資料（現象や事象）から，可能な限り多くの概念やカテゴリーを発見するために，現象や事象を絶えず比較しながらコード化を進める。いわゆる理論の飽和状態（⇒データ収集とコード化を繰り返した後，これ以上新しい概念やカテゴリーが出てこないと判断された状態）に達するまでデータを継続的に収集し，カテゴリーの精選作業を通して中核となるカテゴリーを生成する（理論的抽出）。すなわち，導入段階では帰納的であり，理論的抽出段階では演繹的となる。不幸なことに，その後分析手法に関するグレーザーとストラウスの見解が異なった方向に発展し，現在グレーザー版とストラウス版がある。

　グランデッド・セオリー・アプローチがよく使用される分野としては，知識生成があまり進んでいない分野で，西欧諸国では経済学，看護学，教育学などでの使用が多い（Hartman, 2002）。日本では完全版，データ分析のみの方法論として使用する簡略版や，修正版（木下，2007）が紹介されており，看護学や社会福祉学での使用が多い。なかには一部のみを使用した調査も多く，多様な応用があるため，正確に駆使するには慎重な選択と経験者の指導が必要である。

　プログラム評価とは，実践したこと（介入プログラム）が機能し，目的に沿って効果が得られたかどうかを確かめるために行う。社会福祉分野で，どの介入

が機能し，機能しないかが問われなければならないのは，治療や援助を受けたクライアントに対する倫理的義務であり，公的財源による社会福祉の政治的目標が遂行されているかどうかを確認するためである。社会科学分野の評価研究には，基本的に効果・結果の評価とプロセス評価の2種類がある（Mannheimer, 2005）。しかし，社会問題などの現象を左右する諸要因を調査し，実証的に解明することは可能であっても，多様な社会サービスや介入・治療プログラムの効果を厳密に評価（測定）することは容易ではない。その主な理由は，オープンで自然な環境（非実験環境）で実践される社会サービスや介入プログラムは，新薬の効果の測定に可能な偽薬実験や偽薬治療による実験・統制環境の設定が不可能に近いからである（本章8節**2**参照）。介入プログラムの評価に必要な介入・治療に入る前の状態（ベースライン）を測定すること自体が，非実験環境においては容易ではない。さらに，社会福祉分野のサービスや支援などの介入プログラムは，介入する側とされる側のコミュニケーションを通して実施され，コミュニケーションに生じる相互作用効果とプログラム効果を区別して測定することも不可能に近い。

ゆえに，複数の事例研究による評価は可能であっても，多様な要因を完全に統制し，プログラムがすべての人に同じような効果をもたらすと断言できる「結果の普遍化」は困難である。社会福祉の実践の理論化・科学化が難しい主な理由は，統制が可能な効果測定自体が難しいことによる。児童虐待や家庭内暴力，非行問題への介入も，現象としては同じであっても，原因，過程，メカニズムなどは個々の事例によって大きく異なる場合が多い。

## 8 実践をより科学的にするための試み／可能性と限界性

近年，社会福祉分野においても，科学的な根拠に基づく実践（evidence-based practice=EBP，以降EBPという）が注目され，適用の可能性が議論されてきた。EBPが登場してきた背景と，その中心をなす医学モデルの内容，さらにソーシャルワーク分野におけるEBP導入の試みと可能性や限界性について取り上げる。

## 1 科学的根拠に基づく実践（EBP）運動の背景

　科学的根拠に基づく実践はEBP運動と呼ばれるほど，国際的に広がった現象であり，近年はソーシャルワークの分野においても賛否両論の議論が展開されてきた。しかし，何が科学的根拠なのか，また，どのような方法が科学的根拠に立脚すると断言できるのかは定かではない。ソーシャルワーク発展の歴史と同様に，EBP運動はアメリカから始まった。歴史的に遡れば，ソーシャルワークが専門職として登場した1800年代末から，アメリカでは科学と実践の関係（実践における科学の位置づけ）が議論されてきた。独立した科学に基づく実践が専門職の社会的地位を高めると考えられたからである。実際には，科学知識に基づいた実践というよりは，理論生成とともに実践における科学的モデル（scientific model in practice）が重視され（Kirk & Reid, 2002），正しい診断に基づく正しい治療という合理的な問題解決（心理学的理論を基盤としたケースワーク）が発展させられ，世界中に広められていった。

　1970年代に入ると，特にアメリカでは，ソーシャルワークと科学との関係の接近が図られ，実践重視によって介入方法の効果を評価する研究に関心が高まっていった（Bergmark, Bergmark & Lundström, 2011）。すなわち，「何の効果もない」実践から，「何が効果をもたらす実践か」を明らかにすることに研究の重点がおかれ，量的調査が優先される傾向をもたらした。例をあげれば，厳密に構造化されていないケースワークよりも，認知行動療法が科学的証拠のある実践として奨励されていった。また，EBPが確立する前には，実証に裏づけられたソーシャルワーク（empirically supported social work），あるいは研究に裏づけられた実践（research based practice）が注目された。EBPと両者が異なる点は，EBPが最高の科学的根拠を直接実践に応用することを要求するのに対して，これらは実践者が実践に研究の情報や結果を取り入れるのを重視することである。

　EBPの議論が本格的に始まったのは1990年代初めの臨床医学分野であったが，その背景には，医師が臨床において周囲の権威や社会的関係に左右され，最高の科学的知識を応用していないことに対する批判があった。どの介入・治療法が最も効果的であるのか，という臨床に必要な知識を取得するために，臨床医が研究結果を自ら批判的に検証し，臨床に応用することの必要性が説かれ

ていった。すなわち、介入・治療法を決定するために、最も重視されたのが先行研究の「批判的評価」（critical appraisal）と、先行研究の「体系的な要約」（systematic overview）であった（Sackett et.al., 2000）。EBMを厳密に吟味する批判的評価には、5段階の作業が要求される。

1. クライアントと（あるいは）その他の必要な要因に基づき、調査可能な問題を策定する
2. 問題に即した研究（科学的根拠）を可能な限り検索する
3. 科学的根拠を、妥当性, 有意性（科学的根拠の強度や実践における応用の可能性）から批判的に検証する
4. クライアントの個人的な属性や希望を考慮して、科学的根拠がある知識を実践に応用する
5. 介入の効果と、段階1と4の今後の適用をいかに改善できるかを評価する

適切な問題を策定し、必要な研究結果の検索と批判的検証を行い、科学的根拠を各クライアント状況に適応させるには、専門職としての能力が問われるとともに、実施するにあたって相当の時間が要求される。したがって、現場におけるこのような批判的評価モデルの遂行は不可能に近いところから、代わりに研究者や行政機関によって策定されたガイドライン（指針）に基づき、実践者が科学的根拠を応用する「ガイドライン・モデル」が生み出された。しかし、実践者が批判的に検証する作業をせずに、ガイドラインが推薦する特別な介入方法を使用することは、それが科学的根拠に基づいた介入方法であろうとも、EBPの重要な意義が喪失されることが批判されてきた（Gambrill, 2007）。

ソーシャルワーク分野で、実践と実証的・臨床的研究の連携強化を重視したのは、ソーシャルワーク分野の研究者たちであった。その目的は、実践の改善のために医学モデルから学ぶことであった。アメリカから出発したEBP運動は、実証重視の研究の軽視や、実践において研究結果が十分に利用されていないことが指摘されていたイギリスや他のヨーロッパ諸国に急速に広がっていった。

ソーシャルワーク研究が1980年代に本格的に発展を遂げたスウェーデンでは、主な研究対象は介入手段の効果に対する評価研究よりも、ソーシャルワークの組織化やソーシャルワーカーとクライアントとの関係であった。EBPが

本格的に議論されるようになったのは，1990年代末からである。ソーシャルワークの効率や質向上を目的とする科学的評価の努力は国によって異なるが，スウェーデンでは中央行政機関である社会庁がガイドラインを策定することによって主導的役割を果たしてきた（Bergmark, Bergmark & Lundström, 2011）。

## ❷EBP導入のための科学的根拠の検索・レビューと確定方法

　科学的根拠に基づいた実践を可能にするには，まず科学的根拠を確定する研究の検索とレビューが必要になる。研究方法は多様であるが，信頼ある科学的根拠を生成するために最も重要な（優先されなければならない）方法論的前提条件は，無作為化（ランダム化）比較試験（randomized control trials=RCT ⇒無作為化とは，母集団からの無作為な抽出や，実験群と統制群の無作為な割当を行うこと）と体系的な要約の2つである。客観的に治療効果を評価することを目的とした無作為化比較試験では，母集団からの無作為抽出や，実験グループおよび統制（コントロール）グループの参加者の無作為割当が，介入方法の統制（内容と規模）とともに重要な意味をもつ。治療法の純粋な効果を厳密に確定するには，参加者の問題が混合的な性格ではなく，単一・同質であることが好ましく，実験グループで使用される介入法や，統制グループにおける内容も実験参加者に対して伏せられなければならない。しかし，これらの実験環境の設定は，ソーシャルワークなどの心理社会的な介入分野では不可能に近く，実験参加者から承諾を得た無作為割当自体の実施が難しく，倫理的な問題をはらむ。たとえば，アルコール濫用（過剰摂取）者に対する治療法の効果を測定する場合，まず濫用問

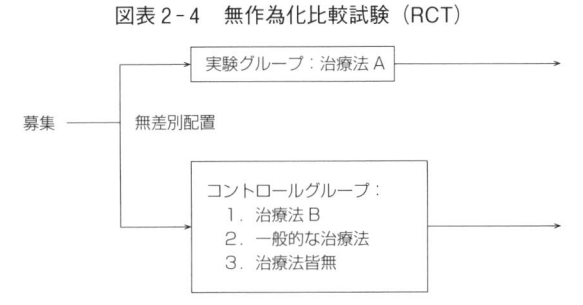

図表2-4　無作為化比較試験（RCT）

```
募集 ──┬── 実験グループ：治療法A ──────→
        無差別配置
        └── コントロールグループ： ────→
            1. 治療法B
            2. 一般的な治療法
            3. 治療法皆無
```

出所：(Bergmark, Bergmark & Lundström, 2011, p.54)

題が対等に深刻である人の参加が両方のグループに必要となる。しかし，軽度の濫用者や多種多様な問題を抱える濫用者を除けば，内部妥当性は高まるが，外部妥当性や結果の普遍性は希薄となる。

　実験グループとの比較のための統制グループの編成の仕方は3種類ある。1つは，統制グループに効果があると思われる他の介入・治療法（実験グループの介入・治療法と対等な規模と度合い）を使用する場合である。次は，一般・標準的な介入・治療法（現実には，対照的な方法である場合が多い）を使用する場合である。3番目は，まったく介入・治療法を用いない場合である。これらのうち，どの方法を用いるかによって結果の解釈が異なってくる。

　実験グループと同じ条件をもつ統制グループを必要とする無作為化比較試験を，ソーシャルワークなどの現場環境において実施することは非常に困難である。ゆえに，ソーシャルワーク研究におけるRCTデザインの研究はきわめて少ない。これにとって代わる選択肢が，疑似実験法（quasi-experimental design）や実験グループと共有する重要な特徴を測定できる比較グループの設定である。実験グループと重要な点で同じ条件をもつ統制グループを設定する整合的統制や，実験グループと統制グループ間に観察される違いが絶えず継続されるように，多様な統計的技術の助けを借りる統計的統制を用いることができる。基本的な考え方は無作為化比較試験と同じであるが，自然な環境において異なった介入・治療法の異なった効果を測定できることが長所である。しかし，統計的に有意差のある結果が出たとしても，無作為割当による統制グループは存在しないために，結果の限界性は依然として残る。

　先行研究の体系的な要約には，使用される研究方法を透明化し，レビュー結果の偏りの原因となる不完全なレビュー過程を予防するために，研究問題の明確な限定や検索過程の厳密な記述などの一定の規則が設けられている。多様なレビュー形態があるが，量的調査においてはメタ分析（⇒複数の無作為化比較試験の結果を統合し，使用された介入を比較分析し，その効果を評価する手法や統計解析）が最重視される。メタ分析の斬新さは，それぞれの研究の量的測定値の統合にあるが，小規模の研究が軽視されやすいなどの問題点も指摘される。

　精神療法研究とアルコール・薬物濫用問題に対する心理社会的介入・治療法の研究結果によって指摘されることは，心理社会的介入・治療法分野における

医学モデルの適用は適切ではないということである。その理由は、介入・治療法の効果をもたらす特別なメカニズムを識別することが難しいことによる。今日、認知行動療法は精神療法やソーシャルワーク介入において最も影響力のある治療法、すなわち科学的根拠に基づいた方法とみなされている。しかし、アルコール問題をもつクライアントの介入法の選択肢として選ばれた認知行動療法の研究結果によると、認知行動療法の核心をなす問題処理能力（coping skills）を強化する療法の効果をもたらす特別なメカニズムを確定することはできなかった（Babor & Del Boca, 2003）。偽薬実験や偽薬治療によって確定が可能な偽薬（プラシーボ）効果は、医学的な治療とは異なり、心理社会的介入においては実験条件の設定が倫理的な観点などから難しいために、このような医学モデルの適用は不可能に近い。さらに、介入・治療者とクライアントの人間関係（コミュニケーション）を基盤とするソーシャルワークの介入の質を左右し、結果に影響を与えるのが実施する人によって生み出される「介入・治療者効果」である。このことが示唆するのは、介入・治療者自身とクライアントの双方に適した介入・治療法が選択される必要があるということである。介入・治療者が多様な介入・治療法に通じていることは、治療関係の質を高め、有意義なものにし、クライアントの条件を考慮した科学的根拠に基づく介入・治療内容の適用を容易にする。

### 3 ソーシャルワークの実践をより科学的にするために

ソーシャルワーク研究において、信頼しうる科学的根拠に基づいた研究を見出すことが難しいのは、RCTなどの適用自体がきわめて困難なことによる。しかし、スウェーデンの経験が示唆するように、中央行政機関によるガイドライン設定はソーシャルワークを受動的なものにし、専門性の形骸化を生み出す危険性があるため好ましいとはいいがたい。現実問題として、厳密なマニュアルに基づいた方法の実践をソーシャルワーカーに要求することは不可能に近い。それよりも、研究結果に根差した実践を行うことによって実践を科学的なものにし、それらの実践から新たな理論的視野を生成するという、実践と科学の有機的な連携を図る努力が必要とされる。

EBPに対する過度な重視によって、科学が調査デザインや単なる査定法に

矮小化される傾向が指摘されるが，科学的な実践の前提として要求されるのは，生成されたあらゆる種類の知識を批判的に吟味することである。実践に依存する科学であるソーシャルワークにおいては，新たな知識ニーズや知識対象を確定するためには，絶えず実践に回帰しなければならない。介入・治療法の効果を測定するには，まず，効果をどのように理解し，測定するのかという議論が必要となり，実践者のために研究結果が役立つように，多くの調査・研究の結果を丹念に実践に統合する試みが必要である。

　現実的に可能な方法は，まず，すべてのソーシャルワーカーに必要な基礎知識は何か，さらに科学と実践の有機的な連携を図るために必要な能力は何か，ということを議論することから始めることである。ソーシャルワーカー養成教育において必要な基礎能力として，データベースなどによる文献検索訓練，学術論文やレポートの批判的検証を可能にするための調査・研究方法論に関する基礎知識，実践プログラムの評価と実践を追跡（フォローアップ）するためのモデルに関する知識などの習得が要求される。さらに，実践者と研究者との連携を図り，研究結果を実践に導入あるいは応用するための支援と，実践開発にあたる人材を確保するためのより高度な教育が必要となる。

　プログラム評価の実施状況をみても，実践の質向上などの改善を図るために必要な，投与された介入・治療法の体系的な追跡作業はきわめて不十分である。そもそも，何を追跡し，何を記録すべきか，何を効果測定要因とするかなどの議論が必要となる。ソーシャルワークの科学化は，研究者との連携を通して，ソーシャルワーカー自身によって促進させられる以外に有効な方法はない。実践をより科学的なものにするための努力とともに，日常的な支援面接などの通常のソーシャルワークも忘れられてはならないことである。

## 第Ⅰ部　引用・参考文献

Anttonen, A. (1998) Den sociala servicestaten som feministiskt kampbegrepp, in Eliasson-Lapplainen, R. & Szebehely, M. (red) *Vad förgår och vad består?* Lund Studies in Social Welfare. Lund: Arkiv.

Arts, W. Gelissen, J. (2002) Three worlds of welfare capitalism or more? A state-of-the art report, *Journal of European Social Policy*, 12, 2: pp.137-158.

Asplund, J. (1983, original 1970) *Om undran inför samhället.* Lund: Argos.

Babor, T. & Del Boca, F. (2003) *Treatment matching in alcoholism.* Cambridge: Cambridge University Press.

Bash, H. (1995) *Social problems & social movements: An exploration into the sociological construction of alternatives.* New Jersey: Humanities Press.

Becker, H. (1963) *Outsiders. Studies in the sociology of deviance.* New York: Free Press.

Bosaquet,B. (ed) (1895) *Aspects of the social problems.* London: Macmillan. (New York: Kraus Reprint 1968).

Brante, T. (2003) Konsolideringen av nya vetenskapliga fält – examplet forskning i socialt arbete, in Högskolverket *Socialt arbete – En nationell genomlysning av ämnet.* Rapportserie 2003: 16. Stockholm: Högskolverket.

Cutright, P. (1965) Political Structure, Ecomoic Development and Nationa Social Security Programs, *American Journal of Sociology*, 70: 537-550.

Dahl, T.. (1978) *Barneven og samfunnsvern.* Oslo: Pax forlag.

Eliasson-Lappalainen, R. (2009), Om olika vägar till kunskap, in Meeuwisse, A, Sunesson, S. & Swärd, H. (red) Socialt arbete. En grundbok. Stockholm: Natur och Kultur.

Esping-Andersen, G. (1990) *The Three Worlds of Welfare Capitalism,* Cambridge: Polity Press.

Esping-Andersen, G. (2002) *Why We Need a New Welfare State.* Oxford: OUP Oxford.

Ferguson, L. (2008) *Reclaiming Social Work. Challenging Neo-liberalism and Promoting Social Justice.* London: Sage.

Fjrnaes, M. & Kristiansen, S. (2002) Perspektiv på sociala problem i USA och Skandinavien, in Meeuwisse, A. & Swärd, H. (red) *Perspektiv på sociala problem.* Stockholm: Natur & Kultur.

Foucault, M. (1986) *Vansinnets historia under den klassiska epoken.* Lund: Arkiv.
　　田村俶訳（1975）『狂気の歴史』新潮社。

Foucault, M. (1975) *Övervakning och straff: Fängelsets födelse.* Lund: Arkiv.　田村俶訳

(1977)『監獄の誕生』新潮社.
Gambrill, E. (2007) Transparency as the route to evidence-informed professional education, *Research on Social Work Practice*, 17: 553-560.
Giddens, A. (1991) *Mondernity and Self-identity – Self and Society in Later Modernity*. Cambridge: Polity Press.
Glaser, B. & Strauss, A. (1967) *The Discovery of Grounded Theory: Strategies for Qualitative Research*. Chicago: Aldine. 後藤隆・水野節夫・大出春江訳 (1996)『データ対話型理論の発見―調査からいかに理論をうみだすか』新曜社.
Gough, I., Bradshaw, J., Eardley, T. & Whiteford, P. (1997) Social Assistance in OECD countries, *Journal of European Social Policy*, 7 (1): 17-43.
Hall, A.L. & Midgley, J. (2004) *Social policy for development*. London: Sage.
Hartman, J. (2002) *Grundad teori. Teorigenerering på empirisk grund*. Lund: Studentlitteratur.
Heikkilä, M. (2001) *The role of social assistance as means of social inclusion and activiation. A comparative study on minimum income in seven European countries*. Report I. Contexts. STAKES, European Commision.
Hokenstad, M.C., Khinduka, S.K. & Midgley, J. (eds) (1996) *Profile in international social work*. Washington DC: NASW.
Howe, D. (1996) Surface and depth in social-work practice, in Parton, N. (ed) *Social Theory, Social Change and Social Work. The State of Welfare*. London, New York: Routledge.
一番ケ瀬康子 (1963)『アメリカ社会福祉発達史』光生館.
Isaksson, A. (2000) *Per Albin*. III Partiledaren. Stockholm: Wahlström & Widstrand.
Jones, C. (1993) The Pacific challenge, in Jones, C. (ed) *New perspective on the welfare state in Europe*. London: Routledge.
Juul, S. (1996) *Sårbarhetsskabende traek i det moderna samfund*. Köpenhamn: Socialforskningsinstitutet.
木下康二 (2007)『ライブ講義M-GTA実践的質的研究法―修正版グラウンデッド・セオリー・アプローチのすべて』弘文堂.
Kirk, S. & Reid, W. (2002) *Science and social work. A critical Appraisal*. New York: Columbia University Press.
Korpi, W. (1981) *Den demokratiska klasskampen*. Stockholm: Tiden.
Korpi, W. & Palme, J. (1998) The Paradox of Redistribution and the Strategy of Equality: Welafre State Institutions, Inequality and Poverty ih the Western Countries, *American Political Science Review*, 97 (3): 1-22.
Kuhn, T. (1962) *The Structure of Scientific revolution*. Chicago: University of Chicago Press. 中山茂訳 (1971)『科学革命の構造』みすず書房.
訓覇法子 (2002)『アプローチとしての福祉社会システム論』法律文化社.

Kvist, J., Fritzell, J., Hvinden, B. & Kangas, O. (2012) Nordic reponses to rising inequalities: still pursuing a distinct path or joining the rest?, in Kvist, J., Fritzell, J., Hvinden, B. & Kangas, O. (eds) *Changing social equality: The Nordic welfare model in the 21$^{st}$ century*. Bristol: Policy Press.

京極高宣監修（1993）『現代福祉学レキシコン』雄山閣出版。

Leibfried, S. (1992) Towards and European Welafre State? On Integrating Poverty Regime into the European Community, in Ferge, Z. & Kolberg, J. (ed) *Social policy in Changing Europe*, New York/Frankfurt (Main) : Westview/Campus.

Lorenz, W. (1996/2003) *Social arbete i ett föränderligt Europa*. Göteborg: Daidalos.

Lundquist, L. (1997) *Fattigvårdsfolket. Ett nätverk I den sociala frågan 1900-1920*. Lund: Studentlitteratur.

Lodemel, I. (1997) *The Welfare Paradox: Income Maintenance and Personal Social Services in Norway and Britain, 1946-1966*. Oslo: Scandinavian University Press.

Lodemel, I. & Schulte, B. (1992) Social Assistance: a Part of Social Security or the Poor Law in New Dsiquise?, in European Institute of Social Research (ed) *Reforms in Eastern and Central Europe: Beveridge 50 years after*. Leuven: Acco.

Mannheimer, K. (2005) Några perspektiv på utvärdering av social program, in Larsson, L., Lilja, J. & Mannheimer, K. (red) *Forskingsmetoder i socialt arbete*. Lund: Studentlitteratur.

Meeuwisse, A. & Swärd, H. (2002) Perspektiv på social problem - några positioner, in Meeuwisse, A. & Swärd, H. (red) *Perspektiv på sociala problem*. Stockholm: Natur & Kultur.

Meeuwisse, A. & Swärd, H. (2009a) Vad är socialt arbete?, in Meeuwisse, A, Sunesson, S. & Swärd, H. (red) *Socialt arbete. En grundbok*. Stockholm: Natur och Kultur.

Meeuwisse, A. Swärd, H. (2009b) Socialt arbete i ett internationellt perspektiv, in Meeuwisse, A, Sunesson, S. & Swärd, H. (red) *Socialt arbete. En grundbok*. Stockholm: Natur och Kultur.

Merton, R. (1967) *Social theory and social structure*. New York: Free Press.

Merton, R. & Nisbert, R. (1976) *Contemporary social problems*. New York: Harcourt Brace Jovanovich.

Midgley, J. (2001) Issues in International Social Work: Resolving Critical Debates in the Profession, *Journal of Socail Work*, 1 (1): 21-35.

Mills, CW (1997, original 1959) *Den sociologiska visionen*. Stockholm: Prisma.

Morel, N., Palier, B. & Palme, 2. (ed)(2012) *Towards a social investment welfare state? Ideas, policies and challenges*. Bristol : Polity Press.

Nygren, L. (2009) Är det något särskilt att forska i soclait arbete?, in Dahlgren, L. & Sauer, L. (red) *Att forksa i socialt arbete. Utmaningar, förhållningsästt och metoder*. Lund: Studentlitteratur.

O'Connor, J. S.（1996）From women in the walfare state to gendering welfare state regimes, *Current Sociology*, 44: 1 - 130.

Olofsson, G.（1997）Socialvetenskapen och de sociala problem, *Socialvetenskaplig tidskrift*, 4, 3:236-251.

Orloff.A.（1993）Gender and the Social Rights of Ctigenship: The Conparative Analysis of Gender Relation and Welfare States, *American Sociological Review*, 58: 303 - 328.

Payne, M.（1998）Why social work? Comparative perspectives on social issue and response formation, *International Social Work*, 41, 4: 443-453.

Payne, M.（2008）*Modern teoribildning i socialt arbete*. Stockholm: Natur & Kultur. オリジナル：Payne, M.（2005）*Modern Social Work Theory*. 3$^{rd}$ edition. Palgrave Macmillan.

Pettrsson, U.（2001）*Socialt arbete, politik och professionalisering. Den historiska utvecklingen i USA och Sverige*. Stockholm: Natur och Kultur.

Rauhut, D.（2002）*Fattigvård, socialbidrag och synen på fattigdom i Sverige 1918-1999*. Lund Studies in Economic History 18. Lund University.

Sackett, D. et.al.（2000）*Evidence-based medicine: how to practice and teach EBM*. New York: Churchil Livingstine.

Schustereder, I.J.（2010）*Welfare State Change in Leading OECD Countries. The Influence of Post-Industrial and Global Economic Developments*. Dissertation European Business School, University Schloss Reichartshausen. Heidelberg: Spring Gabler.

Seeleib-Kaiser, M.（ed）（2008）*Welfare State Transformations-Comparative Perspectives*. Hampshire: Palgrave Macmillan.

庄司洋子・木下康仁・武川正吾・藤村正之編（1999）『福祉社会事典』弘文堂。

Spector, M. & Kitsuse, J.（1977）*Constructing social problems*. Menlo Park, CA: Cummings Publishing Company. 鮎川潤・森俊太・村上直之・中河伸俊訳（1990）『社会問題の構築―ラベリング理論をこえて』マルジュ社。

Sunesson, S.（2009）Social arbete som internationellt forskningsområde, in Meeuwisse, A, Sunesson, S. & Swärd, H.（red）*Socialt arbete. En grundbok*. Stockholm: Natur och Kultur.

Sutherland, E. (1978) *Criminology*. Philadelphia: Lippincott.

Trygged, S.（2005）Fallstudiemetodik, in Larsson, S., Lilja, J. & Manneheimer, K.（red）*Forskningsmetoder i socila arbete*. Lund: Studentlitteratur.

Turner, F.J.（1996）*Social work treatment: Interlocking theoritical approaches*. New York: Free Press.

Weber, M.（1977）*Vetenskap och politik*. Göteborg: Korpen.

# 第 II 部
# 世界の社会福祉

世界の社会福祉／序 章

# 国際比較の視点と目的

　本書の重要な出発点の1つが国際比較視点からの日本の社会福祉の考察であるために，福祉レジームあるいは社会政策モデルなどの国際類型化の試みに基づき，社会民主主義福祉レジーム（スウェーデンなど），保守主義福祉レジーム（ドイツなど），自由主義福祉レジーム（イギリス，アメリカ）を代表する国々を中心に取り上げる。主な考察対象は，社会（福祉）政策の重要な柱をなす所得保障，家族政策・児童福祉，高齢者福祉，障害者福祉の4分野である。近年の先行研究を基に各分野での類似性と差異を類型代表国間で考察するが，ただし制度紹介が目的ではない。比較を容易にするために，まず総論的・導入的な記述から始め，福祉レジームを基軸に類似性と差異がどのように生み出され，発展してきたのかという視点からの記述を試みた。その理由は，現在の制度は一晩にして構築されたものではなく，過去の経済発展や一連の政治的努力を背景として存立すると考えるからである。

　経済学や政治学で発展してきた過去依存説（past dependence）は，現在の状況を打開するために行う政治決定は，過去の状況はすでに適切さや妥当性を欠くにもかかわらず，過去の決定に制限されると捉える。過去依存説的視点は，福祉国家や社会政策の国際比較研究においても使用され，重要な役割を果たしてきた。福祉国家の新しい条件への適応能力は普遍的なものではなく，各福祉レジーム類型は既存の伝統に依存するために，異なる可能性をもつことが指摘される（Esping-Andersen, 1996, 1999; Pierson, 2000）。たとえ，理想的な脱工業社会の福祉レジームであったとしても，既存の福祉レジームと両立あるいは融合を図ることができなければ現実化はありえないからである。

　1970年代，すべての工業先進国は福祉国家になるであろうという福祉国家

収斂説が登場した。しかし，現実には収斂ではなく多様な発展をもたらし，拡散説が主流となり，福祉レジームやモデルの類型化が進んだ。しかし，現在の動向をみると，経済の国際化・グローバル化の影響や欧州共同体の共同政策戦略によって，多くの分野において収斂化・接近化現象がみられることも指摘される。

　本書では過去依存説的な観点から既存の福祉レジームの比較的記述を試みるもので，過去依存説によって各福祉レジームの発展を分析するものではない。さらに，各分野における現在の論争点が何であるかということも，先行研究結果に沿ってできる限り明確にすることを試みた。所得保障と家族政策・児童福祉は実践と科学の両面において歴史的経緯が長いため，相対的に新しい高齢者福祉や障害者福祉よりも，記述のための紙面をより多く必要とした。さらに，最新の実証的な先行研究結果に基づいた記述を心がけたが，これらの研究に依存するため各類型例として各章で同じ国を取り上げるわけにはいかない場合があった。しかし，福祉レジーム類型の差異と類似性を比較基軸に据えることには変わりがない。

世界の社会福祉／1章

# 所得保障

　貧困は，いつの時代にもいかなる社会においても，人々の生存と社会の存続を脅かす最も深刻な社会問題である。前工業社会の貧困救済は，中世に制定されたイギリスのエリザベス救貧法（1601年）に遡るように，主に救貧法による公的な救貧事業と私的な慈善事業によって対応された。中世に始まった当時のヨーロッパの救貧事業では，「価値ある」救済対象者（高齢者，精神障害者，完治不能な病人，孤児）と，「価値(少)なき」救済対象者（労働能力のある非就労者）の分類が行われた。近代的な公的扶助制度への転換によってスティグマ性は緩和されたというものの，現在においても依然として就労の可能性の有無は重要な給付原則をなす。

　貧困との戦いは社会的公平という観点からも重要であり，社会政策の評価にあたっては，まず何よりも国家が貧困者のためにどのような対策をとったかが問われる。その意味では，所得保障は単なる経済的困窮や貧困を削減する手段としてだけではなく，福祉国家あるいは福祉レジームの政治的遂行能力を問うものである。したがって，どの国においても貧困対策は社会（福祉）政策の中核に据えられてきたし，現在でも中核をなす。

　1990年代以降の度重なる経済不況，産業構造や労働市場の変容，雇用拡大の困難さ，失業の増大と長期化などによって，近年先進国において所得格差が拡大しただけではなく貧困が深刻化し，従来の社会保障制度や所得再分配政策の機能不全が指摘される。日本の相対的貧困率も1980年代以降上昇し続け，現在先進国の中ではアメリカについで高い（16%，2010年）。親の貧困化による当然の結果として，日本の子どもの貧困率も上昇している（15.7%，2010年）。

　所得保障は社会政策や社会保障制度の重要な柱をなす。その目的は，個人や

集団が所得を失う,あるいは所得力が低下する場合に,所得再分配政策によって所得補填や所得強化を行い,国民に妥当な生活水準を保障することにある。所得保障の柱をなすのが社会保険 (social insurance) であるが,世界最初の社会保険 (疾病保険1883年,労働者災害補償保険1884年,障害老齢保険1889年) はドイツ帝国の宰相ビスマルクによって1880年代後半に成立した。歴史的に遡ると,社会保険制度の系譜はビスマルク型とベヴァリッジ型の2つに求められるが,各国の社会保険制度もこの2つの系譜を基軸として発展してきた。また,公的扶助 (public assistance) や最低所得保障 (minimum income protection/benefit) 制度の構造や内容 (給付水準などの寛大性) は,社会保険の構造や制度的条件に大きく依存する (Nelson, 2003)。所得再分配政策は,基本的に残余・選別主義 (⇒残余主義と選別主義の区別は必ずしも一義的ではないが,両者の違いは,残余主義が対象とするのは貧困者であり,選別主義は特定の社会グループを対象とするところにある) と普遍主義に分かれ,双方の貧困削減効果が絶えず議論されてきたが,残余・選別主義的再分配よりも普遍主義的再分配の方が平等な所得再分配を可能にし,再分配効果の高いことが実証されている (所得再分配のパラドックス) (Esping-Andersen, 1990; Korpi & Palme, 1998, 1999)。北欧福祉国家あるいは北欧モデルと呼ばれる北欧諸国は,すべての人の社会権を基礎とした普遍主義的所得再分配を重視し,成人および子どもの相対的貧困率を低く抑えることに成功してきた。

貧困の深刻化とともに公的扶助の国際比較研究も活性化され,所得格差の縮小,貧困削減・緩和や予防手段としての公的扶助・最低所得保障の効果が議論されてきた。公的扶助には社会保険とは異なった独自の発展がみられるのか否か,貧困の削減・緩和や予防に対する公的扶助給付の効果はどのくらいのものなのか,社会保障分野の節約対象にされやすいのは普遍主義的な給付なのか,それとも残余・選別主義的給付なのかといった議論である。

## 1 貧困削減・予防のための所得保障

貧困の定義はいくつかあるが,最もよく使用されるのが「絶対的貧困」(absolute poverty) と「相対的貧困」(relative poverty) である。「絶対的貧困」

は1970年代に世界銀行によって使用し始められた概念で，低所得，栄養不良，不健康，教育の欠如など人間らしい生活から程遠い状態におかれ，具体的には1日1ドル未満（2005年の購買力で1.25ドル未満）で生活をしなければならない状態をさす。国際連合開発計画（United Nation Development Programme = UNDP）の「人間開発報告書」（Human Development Report, 2000）によると，1日2ドル未満で生活を営む人口は約30億人であり，世界総人口の約半数を占める。経済協力開発機構（OECD）が定義する「相対的貧困」は，その社会の一般生活水準から一定の割合以上離れている状態（全国民の等価可処分所得の中央所得の50％あるいは60％に満たない所得⇒等価可処分所得とは，世帯の可処分所得を世帯構成員数の平方根で割った値）におかれた国民の割合をさす。

貧困の測定法は13方法あり，直接指標や間接指標が使用され多様である（Rauhut, 2006）。ラウントリーの第一次貧困線（Rowntree, 1902）は，絶対的貧困に関する直接的測定法を代表する。相対的貧困は貧困そのものよりも不平等に焦点がおかれるために，所得，消費水準，生活条件が測定の重要な変数となる。所得は人々の福祉（安寧・ウェルビーイング）にとって重要な消費水準や生活条件を測定する間接的指標である。この測定方法の背景にあるのは，すべての人が同じ消費ニーズをもつという考え方である。貧困の複雑さを操作化し，人々が貧困から脱出できる可能性の測定を試みたアマルティア・セン（Sen,1999）は，福祉と所得や物質的に恵まれた生活条件は異質のものであると指摘した。いずれにしても明確なことは，既存のどの測定法によっても，貧困の期間や貧困からの脱出の可能性を測定することは難しいことである。

現代社会の貧困の特徴は，資本主義体制の産業構造の変化や経済不況によって大量に生み出される失業や雇用困難を背景とすることである。脱工業社会・知識社会への移行による産業構造の変化は，雇用や賃金などの労働条件を大きく変え，先進国の貧困問題を深刻化させた。先進国間の所得再分配前の貧困率の差は小さく接近しているが，所得再分配後の再分配所得による貧困率は諸国間の差は大きく開く（厚生労働省，2012）。日本の貧困は1980年代以降確実に増大し，2000年代半ばにはOECD諸国の平均を上回った。所得再分配後の相対的貧困率をみると，現在日本はアメリカについで2番目に高い（16％，2010年）国となった。当然の結果として，生活保護受給者数・世帯も2012年12月段階

で215万人・157万世帯を超え，過去最多を更新した。

　社会政策や社会保障制度の重要な柱をなす所得保障の目的は，貧困削減や予防だけではなく，人々の生活の安定や生活水準の向上を図ることにある。個人や集団が所得を失う，あるいは所得力が低い場合に，所得再分配によって所得補填や所得強化を行い，国民に妥当な生活水準を保障する。所得再分配とは，何らかの経済的活動によって得る所得（賃金など）の当初分配には格差が生じるため，国が市場経済に介入して所得の不平等を緩和あるいは修正することである。所得再分配の通常の方法として使用されるのが，租税政策や社会保障政策などである。たとえば，スウェーデンの所得補填には，所得に比例する給付（たとえば，疾病手当，（両）親手当・育児手当，失業手当などの社会保険給付）と，所得の有無や大きさに関係なく給付される基礎的な所得保障（たとえば基礎年金・保証年金）がある。所得強化には，すべての人に対する普遍的均一給付（たとえば児童手当）と，所得調査を必要とする選別的給付（たとえば，住宅手当や生活保護）の2種類がある（図表1-1）。

　さらに，所得再分配は垂直的再分配と水平的再分配に分かれる（訓覇，2002）。水直的再分配は高所得層から低所得層へ所得移転を図るものであり，その代表的なものが生活保護給付である。水平的再分配は中間所得層間における一般的

図表1-1　スウェーデンの主な現金給付

| 給付種類 | 所得喪失補填 | 所得強化 |
| --- | --- | --- |
| 有子家庭 | 両親手当，一時的両親手当<br>妊娠手当<br>障害児介護手当 | 両親手当，児童手当，住宅手当<br>学業手当<br>養育手当（養育費立て替え金） |
| 教　育 | 特別成人教育手当 | 学業手当 |
| 疾病と障害 | 疾病手当，早期年金（保証年金＋付加年金），労働災害時の終身年金 | 早期年金（保証年金），障害加算金<br>住宅改造手当 |
| 失　業 | 失業手当，教育手当，移住手当 | |
| 扶養主の死亡 | 遺族年金（保証年金＋付加年金）<br>児童年金，労働災害時の終身年金 | 労働災害時の葬儀費用援助（グループ終身保険） |
| 高　齢 | 老齢年金（企業年金） | 老齢年金（保証年金），住宅手当，妻加算金 |
| ニーズの発生時 | 生活保護 | 生活保護 |

出所：(Elmér, Blomberg, Harrysson & Petersson, 2000, p.100)

な再分配で，同一所得層に所得の不平等が生じた場合に，所得補填や所得強化として行われる。医療保険や年金保険などの社会保険や児童手当などがその具体例である。貧困者などの救済の必要な人のみを対象とする残余・選別主義的所得再分配と，すべての国民を対象とする普遍主義的所得再分配の効果に関する議論は後を絶たない。しかし，所得再分配のパラドックスと呼ばれるように，残余・選別主義的再分配よりも普遍主義的再分配の方が所得力の均等化を可能にし，再分配効果の高いことが実証されている（Esping-Andersen, 1990; Korpi & Palme, 1998, 1999）。普遍主義的再分配を実施する代表的な国が，北欧福祉国家あるいは北欧モデルと呼ばれる北欧諸国である。

## 2 社 会 保 険

### ■1 社会保険制度化の異なる発展

社会保険の役割は，賃金労働者に生じる再生産問題を速やかに解決することにある。生産性の向上が重視されれば，労働者の物質的生活条件の保障が優先され，労働市場の外に存在するグループは軽視される。非就労期の生活条件の悪化を予防するためには，労働者階級にとっては失業保険や老齢年金が重要となるが，資本家階級が長期的な労働力再生産に必要な児童手当や医療保険を優先すれば，階級間に利害関係の一致を求めることは難しくなる。社会保険の制度化には類似点もあるが，相違点がみられるのは労使関係や政治的条件が国によって異なるためである。

自由主義的改良政策によって社会保険の制度化を図ったイギリスとは異なり，社会保険をはじめとするビスマルクの社会政策は資本主義体制を維持する観点から国家が上から遂行した社会平和主義的政策であった。社会保険制度化の過程をみると，国によって階級間や階級と国家間の利益対立の様相や度合いが異なる（Marklund, 1982）。共通する点は，大半の国においてまず労働者災害補償保険（1910年代）が，次に医療保険や年金保険（1920年代）が，10年ほど遅れて失業保険が制度化されていることである。家族保険や児童手当などの制度化は，1930〜40年以降であった。

1920年代末から1930年代の世界的な経済恐慌は，その後の各国の社会保険

制度の改革に大きな影響を与え，構造，財源負担，財政運営などを異なるものにしていった。老齢年金の発展の系譜をたどると，ビスマルク型とベヴァリッジ型（Hinrichs & Lynch, 2012，詳細は高齢者福祉を参照）の2つに分かれるように，現在の社会保険制度は過去の経済的，政治的要因に大きく依存する。

　ヨーロッパの社会保険は，イギリスの友愛組合などの労働者の共同自助・相互扶助組織から出発し，第二次世界大戦後公的制度として整備され，1950～60年代に国民の大半が包括される社会保険に発展していった。また，多くの国は均一給付から，所得喪失原則による所得比例給付に切り替えていった。スウェーデンやデンマーク，ドイツでは，職業別に組織された共済組合に基盤が置かれ，国家による相対的に早い制度化が行われた。たとえば，スウェーデンは1913年にすべての国民を対象とした国民年金法を導入したが，その後の社会保険改革には時間を要し，すべての国民を包括する国民保険制度の成立に至ったのは1950年代に入ってからであった。

　イギリス，オーストラリアやニュージーランドなどのアングロ・サクソン諸国（英語を公用とする国）では，自由主義的国家思想が支配的であったため，公的制度に対する関心は希薄であった。その結果，民間保険市場が相対的に強い発展を遂げた。国民最低限（ナショナル・ミニマム）の確立を目的としたイギリスの国民保険制度は，1942年のベヴァリッジ報告『社会保険と関連サービス』を基にして1946年に成立した。2年後の1948年には，すべての国民を対象にした無償の保健医療サービスを内容とする国民保健サービスが導入され，「ゆりかごから墓場まで」と称される当時のイギリス型福祉国家の基礎が形成された。国民保険は，すべての国民を対象とし，所得水準や職業を問わない普遍的な性格を有するものであったが，サッチャー政権（Margaret Hilda Thatcher, 1925-2013，1979-90首相在任）以降は社会保険中心の普遍的な給付から残余・選別的な給付を中心とする所得保障政策に変容した。その後，働くための福祉（welfare-to-work）あるいは肯定的な福祉（positive welfare）への転換が図られ，「第3の道」を提唱したブレア政権（1997～2007年）は，イギリスの所得保障は就労促進，低所得者の保障強化，公的年金から私的年金への比重転換などの社会保障改革を促進した。

　アメリカでは，大統領ルーズベルト（Franklin Delano Roosevelt, 1882-1945,

1933-45在任)によるニュー・ディール政策の一環として制定されたのが1935年の社会保障法（Social Security Act）であった。この法には，社会保険が公的扶助（高齢者扶助，要保護児童扶助，盲人扶助）や他の社会サービスとともに組み込まれた。社会保険としては，老齢年金や失業保険が導入されたが，医療保険は含まれなかった。1964年にはジョンソン大統領（Lyndon Baines Johnson, 1908-1973, 1963-69在任）による「貧困との戦い」（War on Poverty）が展開され，社会保障の改革も一部行われた。たとえば，要保護児童扶助（ADC）は母子世帯に対する要保護児童家族扶助（AFDC）に変更されたが，社会保険の拡充よりも，貧困者に対する残余・選別的給付が中心に据えられた。1980年代に入ると，レーガン大統領（Ronald Wilson Regan, 1911-2004, 1981-89在任）は社会福祉予算の削減を実施するとともに，行政管轄を連邦から州に移行し，イギリスのサッチャリズムとともに「小さな政府」（レーガニズム）の実現をめざした。

### 2 理念型社会保険モデル

異なる人生の段階において人々の多様な生活ニーズを充足し，労働力再生産

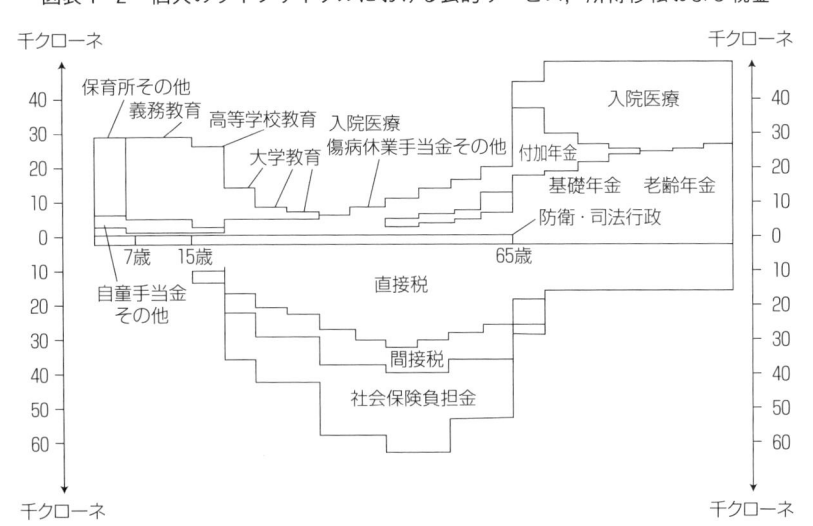

図表1-2　個人のライフサイクルにおける公的サービス，所得移転および税金

出所：(Nygren, 1994, p.78)

図表1-3 理念型社会保険制度モデル

| モデル | 受給資格・条件 | 給付原則 | 被使用者と使用者の財政運営参加 |
| --- | --- | --- | --- |
| 資力調査型 | 資力調査によるニーズ認定 | 最小限 | 無 |
| コーポラティズム型 | 所属職業と就労参加 | 所得比例給付 | 有 |
| 基礎安全保障型 | 国籍もしくは保険料納入 | 均一給付 | 無 |
| 普遍的スタンダード型 | 国籍所有と就労参加 | 均一給付と所得比例給付 | 無 |

出所：(Korpi, & Palme 1999, p.61)

の安定を図ることを目的とするのが，水平的再分配の性格をもつ社会保険である（図表1-2）。社会保険の制度的構造は所得再分配における市場と政治の役割を反映し，貧困および不平等の縮小にきわめて重要な意味をもつ。社会保険制度の3つの制度的要因（受給資格・条件，給付原則，運営形態）から，すべての人の基本的生存権に大きく関わる老齢年金や医療保険に焦点をあてた社会保険制度は，4つの理念型国際モデルに分類することができる（図表1-3）。

まず，第1番目の受給資格・条件は普遍主義の度合いを表すが，①資力・所得調査によるニーズ確定，②保険料納入，③所属職業，④国籍（居住権）所有の4種類に分かれる。これらの給付条件は，それぞれの国において多様に組み合わされ，適用されている。第2番目の要因は，所得喪失に対して支払われる給付水準を決定するための原則である。資力調査を前提とする最小限給付，すべての人に対する均一給付，従来の所得水準を考慮した所得比例給付の3種類に分かれる。第3番目の要因は，社会保険の財政運営形態に関わり，被使用者と使用者（雇用主）の代表によって運営が行われるか否かと使用者負担の度合いによって二分される。

これらの制度的要因から分類できるのが以下の4つの理念型モデルである。

①資力・所得調査型

資力・所得調査型は，資力や所得によるニーズ認定を給付原則とする。このモデルは救貧事業の伝統を継承するが，認定基準の厳格性は多様であり，各国において調査基準の緩和が図られてきた。老齢年金と医療保険給付にニーズ認定を義務づける唯一の国オーストラリアにおいても，最貧困層のみへの給付から最富裕層を除去するという認定の仕方に切り替えられてきている。さらに他の国においても，資力・所得調査給付は就労経験を欠く，あるいは雇用関連の

社会保険受給資格をもたない人や扶養ニーズを満たせない人に対して適用される。

②**コーポラティズム型・ビスマルク型**

　強制加入と所属する職業別給付を原則としたビスマルクの社会保険が原型であり，中央ヨーロッパの保守主義国とカトリック文化圏において発展してきた。コーポラティズム型は労働市場の分割化と労働者の階層化を図り，各職業分野の使用者と被用者の協働の促進を目的とする。給付条件は，使用者と被用者が拠出する保険料と所属する職業に基礎がおかれるため，職業別の組織化を特徴とする。当初は工場労働者を対象としたが，次第に他の部門にも拡大されていった。給付水準は従来の所得水準に比例するが，権利内容や給付条件は各プログラムによって異なる。他の3モデルと異なり，このモデルは使用者，被用者，国家の三者代表によって運営されるため，コーポラティズム型と呼ばれる。財源は労使両方による拠出が通常であり，就労経験者のみを包括し，専業主婦や就労経験のない者（たとえば障害者）は除外される。ベルギー，フランス，イタリア，ドイツ，オーストリアなどのヨーロッパ諸国に加えて，日本の厚生保険や共済保険は基本的にこの型に属する。

③**基礎安全保障型・ベヴァリッジ型**

　基礎安全保障型の給付条件として要求されるのは，国籍所有あるいは保険料納入である。すべての人に均一給付を行い，高所得者は私的保険によって従来の生活水準を補完することが奨励される。このモデルの原型を生み出したベヴァリッジ（Beveridge, 1942）は，社会保険の第1原則として所得喪失の大きさに関係なく均一給付を行うことを提唱した。任意保険制度の存在を前提とした構想であったが，ベヴァリッジはより多くの国民を包括することを重視した。包括性を重視するために国籍所有者を対象とし，このモデルを代表する国がデンマーク，カナダ，オランダ，ニュージーランド，スイスなどである。

　保険料納入を給付原則とする場合は，被用者あるいは使用者によって保険料が支払われた人のみを対象とするため，包括性は国籍所有者に比べて幾分低くなる。イギリス，アイルランド，アメリカの年金がこの給付原則を適用する。給付額は，イギリスとアメリカでは納入した保険料額に比例するため，所得比例給付となる。ただし，コーポラティズム型と異なるところは，すべての被保

険者が同一の保険プログラムに組織化されることである。医療保険に関しては，オランダはコーポラティズム型，スイスは任意加入国庫補助型，ニュージーランドは資力調査型をそれぞれ特徴とする。また，基礎的な保証年金による保証水準は国によって異なる。

#### ④普遍的スタンダード保障型

　ベヴァリッジ型にビスマルク型を組み合わせてつくられたのが，普遍的スタンダード保障型である。フィンランド，ノルウェー，スウェーデンがこのモデルを代表する。給付条件として要求されるのは，国籍所有あるいは居住権と保険料の納入である。普遍的なプログラムは，すべての国民を対象とする基礎安全保障を行ったうえに，経済的活動を行った人に対しては所得比例給付を行う。このモデルは，スタンダード保障であるため私的保険の需要を低い次元にとどめることによって，高齢者間の総合所得における不平等も小さく抑える。社会保険の運営や運営機関は国によって異なるが，スウェーデンでは失業保険を除いて，1995年より全国民を対象とする国民保険が国によって運営される。国民保険への加入条件は，16歳に達し，国籍の有無にかかわらずスウェーデンに居住することである。失業保険は任意保険であり，従来どおり労働組合組織と連携する失業保険組合（約40組合）によって運営される。その主な理由は，失業保険は労働組合によって職業別に組織化されてきた歴史的背景と，労働組合が失業保険に対する影響力の維持を希望することによる。

　このモデルの老齢年金は，すべての国民に対する国民基礎年金と，すべての就労経験者を対象とする所得比例給付の付加年金によって構成される。スウェーデンでは，1998年の年金改革により2階構造が1つに統合され，新制度の保証年金が従来の基礎年金に相当する。普遍的モデルは，スウェーデンでは1955年の所得比例給付を原則とする医療保険と1960年の付加年金によって導入された。ノルウェーやフィンランドでも，1960～70年代に発展した。

## 3　公的扶助・最低(限)所得保障

　所得保障のもう1つの重要な柱が，国民最低限の生活水準を保障する公的扶助（public assistance）あるいは最低（限）所得保障（minimum income protection）

である。国によって呼び方も異なるが、内容も異なる。公的扶助は狭義と広義に分けて使用されることが多い。狭義の公的扶助は社会扶助（social assistance）や福祉扶助（welfare assistance）と呼ばれ、日本の生活保護もこれに相当する。広義の公的扶助は、たとえばドイツの公的扶助を取り上げると、失業扶助（unemployment assistance）, 住宅手当（housing benefit）, 社会扶助・特別扶助（general social assistance and assistance in special situation）や亡命者扶助（asylum seekers benefit）が含まれる（Adema, Gray & Kahl, 2003）。さらに、最低限の生活水準を保障するために、公的扶助受給者に児童手当や還付可能な税額控除などの給付が付加され、総合して最低（限）所得保障と呼ばれる。本章では、基本的に狭義の概念として公的扶助（生活保護）を使用し、広義の公的扶助を意味する場合は最低所得保障の用語を使用する。

　公的扶助は、社会保険とは異なり資力・所得調査を前提とする給付である。より厳密に定義すれば、公的扶助は社会のすべての構成員に対して、あるいは国によっては高齢者などの特定の国民グループに対して、最後の経済的安全網として最低限生活を保障することを目的とする。日本の公的扶助は、狭義には生活保護制度をさすが、資力調査によって支給される国民福祉年金や以前の低所得世帯に対する児童手当は、広義の公的扶助あるいは最低所得保障に含まれる。

　救貧事業から公的扶助による現代の所得保障が本格的に発展したのは第二次世界大戦以降である。1950～60年代の福祉国家の黄金期や1970年代の経済停滞と経費節減期を経て、1990年代の経済危機によって失業の長期化や雇用困難が深刻化し、それらに起因する貧困問題の削減・緩和のための公的扶助の役割が重要となり、増大した。このような社会状況の変化に伴って、貧困削減・緩和や予防手段としての公的扶助・最低所得保障の機能に関する国際比較研究も活性化され、多様な議論が展開されてきた。たとえば、公的扶助には社会保険とは異なった独自の発展がみられるのか否か、公的扶助は貧困の削減・緩和や予防にどのくらいの効果をもたらすのか、社会保障分野の財源節約が必要とされるときに、節約対象にされやすいのは普遍主義的給付か、それとも残余・選別的給付かといった議論である。ここでは、社会政策モデルや福祉レジームとの関係において公的扶助制度の多様性と機能、さらに貧困削減・緩和におけ

る公的扶助の役割とその変化を考察する。

## 1 救貧事業による貧困者救済

前工業社会の貧困救済は，主に救貧法による公的な救貧事業と私的な慈善事業によって対応された。中世に始まった当時のヨーロッパの救貧事業に指摘されることは，「価値ある」救済対象者（高齢者，精神障害者，完治不能な病人，孤児）と，「価値（少）なき」救済対象者（労働能力のある非就労者）とに分類が行われたことであった（Pettersson, 2011）。

イギリスのエリザベス救貧法は1834年に改正され，救貧院（あるいはワークハウス）による貧窮者の施設収容救済が始まった。救貧事業の管理行政は地方自治体行政の原型となり，後のソーシャルワーク・アドミニストレーションを発展させていった。1929年の地方政府法（Local Government Act）によって救貧行政は地方政府に移管された。イギリスにおける救貧事業のもう1つの流れは，ソーシャルワークの発展に貢献したロンドン慈善組織化協会運動（COS）の救済活動である。その他の貧困への取り組みとして知られるのが，ブースやロウントリーなどによる貧困の原因に関する調査や，貧困問題の改善をめざしたソーシャルアクション的な流れと，セツルメント運動やフェビアン協会による貧困救済事業であった。

スウェーデンでも本格的な救貧法は1847年に制定されたが，スウェーデンの救貧事業の特徴は欧米諸国に顕著であった慈善事業に依存せず，早くから教区（後に基礎自治体・コミューン）による公的責任を確立したことであった。1871年に改正された救貧法は，未成年，精神障害，高齢，疾病，労働不能による貧困者を扶助義務のある救済対象者として定義した。この，扶助義務を伴う救貧事業と，扶助義務を伴わない救貧事業の二分化原則は，1980年の社会サービス法制定に至るまで継続された（Rauhut, 2002）。

1600年代，ヨーロッパの重商主義政策によって植民地化が進められたアメリカでは，イギリスの伝統や慣習が支配的であった。ピューリタニズムを背景にした厳しい生活規範の影響を受けて，貧困者や浮浪者は無能力者あるいは最大の罪悪とみなされた（一番ケ瀬, 1963）。したがって，救貧事業は最小限にとどめられたが，植民地住民の増加に伴う貧窮者の増加に対して，浮浪を予防す

る観点から救貧法が各植民地で制定されるようになった。1646年のヴァージニアで制定された救貧法が最初のものであったが，ヨーロッパと同様に真の貧困者のみを救済する貧民管理的性格が強かった。独立革命後，救貧法の経費と管理に関するイエーツ・レポート（Yeates report, 1824）によって郡救貧院法が制定され，救貧院事業の合理化が進められ，救貧から防貧へと性格を変えていった。

### ❷ 公的扶助制度の台頭と展開

大半の先進国が社会保障制度の本格的な改良を実施したのは，第二次世界大戦後の高度経済成長期であった。社会保険分野では包括性と給付水準の改善が図られ，家族政策分野では児童手当や家族手当などが導入された。大半のヨーロッパ諸国で救貧法が廃止され，それに代わって公的扶助制度や最低所得保障制度が成立した。しかし，給付条件や給付対象は国によって大きく異なるものとなった。

イギリスでは，すでに1942年のベヴァリッジ報告によって，国民最低限の所得保障が国家責任として位置づけられ，主な手段として社会保険が中心に据えられ，均一拠出・均一給付原則と最低生活保障原則（ナショナル・ミニマム）が確立された（Beveridge, 1942）。ベヴァリッジ原則の基本理念は，社会保険による所得保障は最低限に抑えることが妥当だとし，それを超える部分は個人の自助努力に委ね，社会保険から排除される市民に対しては公的扶助によって対処するというものであった。

1948年に，労働党政権下において従来の救貧法が廃止され，国民扶助（National Assistance）に置き換えられた。その後，国民扶助は1966年に補足給付（Supplementary Benefit）に改正され，1988年には所得補助（Income Support）が導入された。補足給付の対象として稼得者のいる世帯が除外されたため，1970年に低所得有子世帯に対する家族所得補助（Family Income Supplement），後に家族控除（Family Credit）が加えられた。サッチャー政権2期目に導入された所得補助は生活水準の低下をもたらした。失業者やひとり親世帯よりも高齢者や障害者に対する給付水準が高かったために，価値ある貧困者と価値なき貧困者の分類が再び残余・選別主義的給付制度に適用されることとなった（Nelson,

2003)。

　しかし，労働党が政権の座についた1997年，社会保障制度の経費節減に歯止めがかけられた。労働党は資力調査による給付に反対を唱えてきたが，選別主義的施策は新しい労働党の社会保障政策の基軸に据えられた。政府は，新しい手段や既成制度の改善のみならず，資力調査給付水準の引き上げを試みた。一連の給付改革のなかで最も重要な対策は，有子世帯と年金者に対する所得補助水準を引き上げ，就労世帯税額控除（Working Families Tax Credit = WFTC）を導入したことであった。WFTCは資力調査による最悪の効果を相殺することを目的とした低所得就労者に対する経済的支援であった。

　アメリカでは，すべての人を対象とする公的扶助制度は国レベルでは設けられていない。1930年代半ばに資力調査による要保護児童扶助（Aid to Dependent Children = ADC）が導入されたが，児童のみが給付対象であり，世帯内の親や親族への給付は含まれなかった（Cauthen & Amenta, 1996）。しかし，1960年代に連邦政府は州に対して，子どもの養育に必要な成人に対する給付の払い戻し要求を認め，その後給付内容が徐々に改善された。1962年にADCは要保護児童家族扶助（Aid to Families with Dependent Children = AFDC）に置き換えられたが，受給資格として主な稼得者に就労歴があることが要求され，現在でも重要な給付条件であることに変わりない。

　AFDCとともに貧困対策として，政府（農務省）が低所得世帯の生計維持や栄養改善のために1964年に導入したのがフード・スタンプ（Food Stamp⇒食料品購入のための金券・バウチャー）であった。目的は，世帯の購買力を高めるとともに，国内の消費力を高めることであった。受給者は所得に応じて毎月一定の食費を払い，その見返りとして追加的なフード・スタンプが給付され，所得が増えれば給付も減る仕組みである。したがって，あらかじめ食費を調達できない極貧困者は実質的にプログラムから排除された（Nelson, 2003）。現在は，補足的栄養支援プログラム（Supplemental Nutrition Assistance Program, 2008）が，ほとんどの州において政府財源による現金給付の受給資格のない低所得者に対する一般扶助プログラム（General Assistance Program）として導入されている。しかし，これらの給付水準は政府管轄のプログラム給付水準より低く，子どものいない成人世帯は主な給付対象であるにもかかわらず，就労が可能な成人へ

の給付を実施する州は少ない (Nelson, 2003)。

1980年代レーガンによって，社会保障分野における財源削減政策が促進させられた。AFDCとフード・スタンプはともに削減対象となり，フード・スタンプの受給資格は一部の市民グループに制限されることになった。1990年代初めの経済不況で貧困対策が形骸化され，唯一拡大されたのは還付可能な税額控除 (Earned Income Tax Credit = EITC) であった。AFDCは，クリントン政権下の1996年に困窮世帯のための一時扶助 (Temporary Assistance for Needy Families = TANF) に置き換えられた。現金給付と就労プログラムを組み合わせることによって，就労を給付条件としたTANFは，就労義務要請福祉政策・ワークフェア (Workfare) 転換への踏み石となった。また，州に対する連邦政府の財源的支援も以前ほど寛大ではなくなった。

アメリカでは，就労と福祉の関係は絶えず貧困対策の中心に据えられてきた。就労重視といっても，完全雇用政策による国民の経済的自立を目的とし，職業教育などを実施してきたスウェーデンの積極的な労働市場政策（就労ライン）はアメリカでは不在であった。その代わりに，アメリカの連邦政府は強制的就労奨励のために低給付政策戦略をとった。TANFの導入によって，各州は能力向上や長期的な教育投資よりも，迅速な労働市場進出を可能とするプログラムを優先した。給付期間の制限（5年間）を設けたTANFは，稼働能力者に対して「まず就労」(Work first) を義務づけたが，職業訓練や人間資源開発を図る対策は重視されてこなかった (Rodgers, 2000)。

ドイツは，1961年に従来の扶助に対して，受給権利の強化と対象範囲を拡大した社会扶助を導入した(Leisering & Leibfried, 1999)。給付水準も引き上げられ，単なる最低限の身体的ニーズの充足から，社会的ニーズの充足を考慮するものであった。ドイツの特徴は，家族や親族から援助が受けられない場合に給付するという保守主義レジームの補完性原則に基づくことであった。しかし，その後次第に補完性原則は緩和され，2親等による援助義務は廃止された。また，他の先進国と同様に，ドイツにおいても1990年代の失業率の上昇により，最後の経済的安全網の適正化が進められた。たとえば，基礎自治体や州の行政的・財政的負担を軽減するために，連邦政府は移民や社会的ケアを必要とするグループに対する社会扶助の責任を国管轄のプログラムに移行させた。また，就

労を奨励するために，連邦政府は給付水準を賃金の最低水準以下に抑制する手段をとった。その一例が，基本的な給付水準を測定するために使用された個別ニーズ基準の廃止であった。

スウェーデンは，1956年に従来の救貧法による救済を社会扶助法に置き換えた。新しい社会扶助法は，従来の補足性の原理（⇒保護は，生活に困窮する者が，その利用しうる資産，能力その他あらゆるものを，その最低限度の生活維持のために活用することを要件として行われる）を撤廃し，特別な事情により就労から遠ざかった場合にも給付権利を喪失せずにすむように，個人の受給権利を強化した（Holgersson, 1998）。ただ，救済の価値ある貧困者と価値なき貧困者の分類は残され，前者のみに給付申請の権利が与えられ，後者に対する援助は基礎自治体の自由裁量に任された。しかしながら，大半の基礎自治体が失業者に対する援

図表1-4　1918年救貧法，1956年社会扶助法，1980年社会サービス法の比較

|  | 1918年救貧法 | 1956年社会扶助法 | 1980年社会サービス法 |
|---|---|---|---|
| 受給条件 | 高齢，疾病，心身障害のために，自らの扶養が不可能であり，誰からも支援を受けられない者。 | 義務扶助：1918年の条件に加え，健康上の理由により就労が不可能な者。任意扶助：失業者，労使紛争関係者で誰からも扶助を受けられない者。 | ニーズ：他の方法によって，ニーズを満たすことのできない場合。 |
| 受給内容 | 住宅，食費，衣服，医療・薬剤，葬儀費用。 | 1918年の内容に加え，歯科治療，家具・家事用品。地方自治体が受給者の保証人になることが可能。 | 住宅，食費，衣服，テレビ，電話，保険，日刊紙，掃除機など。必要であれば，社会行政機関が受給者の負債の返済可能。 |
| 返済義務 | 受給者自身の返済が不可能であれば，本人の親，夫/妻，雇用主による返済可能。 | 任意扶助受給者も返済必要。受給者自身の返済が不可能な場合は，本人の親，夫/妻による返済可能。 | 返済義務なし。例外は，扶助が明確な借金として給付された場合。 |
| 受給者の市民的権利 | 1945年以前は参政権無。禁治産者。1945年以前は婚姻不可。移住禁止。 | 賛成権有。地方行政機関が認めれば，治産者として認められた。婚姻権有。移住権有。 | 参政権付有。治産権有。婚姻権有。移住権有。 |

出所：(Rauhaut 2002, p. 23)

助を行った。

　スウェーデンはイギリスやアメリカが実施した社会保障費削減政策はとらず，1980年代まで社会保障の拡充を続けた（Palme & Wennemo, 1998）。1982年の社会サービス法（従来の児童福祉法，社会扶助法，アルコール・薬物過剰摂取ケア法を統合した総合法）の施行によって，救済価値ある貧困者と価値なき貧困者の分類が撤廃され，給付対象範囲が拡大された。最低所得保障制度が確立され，行政裁判により行政決定に対する不服申し立て権利が設けられ，給付権利が強化された（図表1-4）。

　社会サービス法が枠法であるために生じやすい自治体間格差を予防し，国民の対等な権利を強化するために，1985年，社会庁によって自治体の扶助給付基準設定のための国のガイドラインが設けられた。2002年の法改正に向けて，1998年に給付内容が扶養支援とその他の支援に分けられることになった（Socialstyrelsen, 2004）。

　1990年代の経済危機は，単に一般的な社会政策の拡張を終焉させただけではなく，社会保険給付水準の一時的引き下げや，資力調査による給付条件の厳格化などの否定的な影響をもたらした。1998年の社会サービス法改正では，青少年の就労関連活動を条件とする就労重視原則が導入された。また，国による給付基準改正による適正化が行われた。

## 4　公的扶助レジームと貧困削減効果

### ■1 公的扶助レジーム

　先進国においては，公的扶助は社会保障の残余的な救済手段として位置づけられる。社会権の拡大や社会保険制度の発展によって，公的扶助の機能も変化し，第2次的な所得保障の手段となった。狭義の公的扶助は，ILO（International Labour Organization, 労働条件に関する国際規制機関）の定義によると，①資力調査，②社会権，③ニーズの最低限（国民最低限）保障水準，④無拠出給付，を特徴とする（Bahle, Pfeifer & Wendt, 2012）。さらに，保護給付は，すべての国民を包括する包括的プログラム（一般扶助）と，特定グループを対象とする特定集団プログラムとに分かれる。EU諸国の大半が包括的プログラムを導入しており，

OECD諸国で包括的プログラムを導入していない国はアメリカ，ニュージーランド，オーストラリアのみである。

公的扶助制度の構造や内容は多様であるが，分類すると基本的に8類型の公的扶助モデルが存在する (Bahle, Pfeifer & Wendt, 2012)。アメリカと日本はユニークな事例として扱われている。

①残余・選別的福祉システム：大半のプログラムが資力調査と特定グループ別に組織化されるが，相対的に寛大で，権利に基づき，国全体で統合されている（オーストラリア，ニュージーランド）

②アメリカの場合：対象とする特定グループは広範囲に及ぶが，著しくスティ

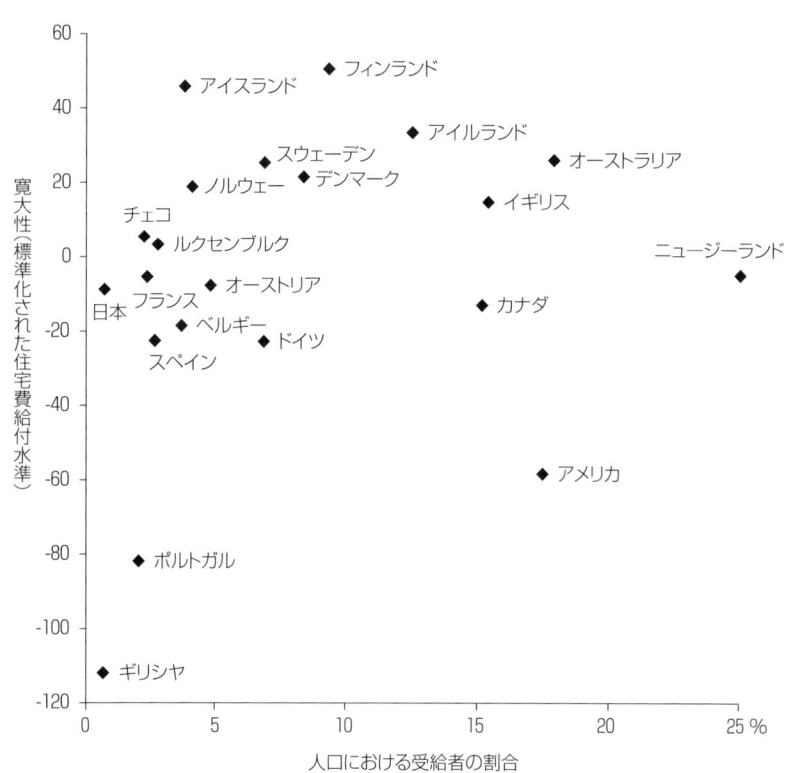

図表 1-5　OECD諸国における公的扶助の範囲と寛大性（1992年）

出所：(Bahle, Pfeifer. & Wendt., 2012, p.452)

グマ化された福祉給付と就労奨励を特徴とする
③統合的安全網システム：全国的に統合・制度化され，寛大な給付と社会権の重視を特徴とする（アイルランド，イギリス，カナダ）
④二重生活保護システム：特定グループに対する給付が支配的であるが，すべての国民に対する最後の経済的安全保障の手段としても，包括的プログラムが補完する（フランス，ベルギー，ドイツ）
⑤市民権に基づくが，残余的システム：包括的プログラムによって相対的に寛大な給付が行われるが，高度に発展させられた社会保障システムにおいは極めて限られた二次的な役割を果たす（オランダ，ノルウェーを除いた北欧諸国）
⑥未発達の公的扶助システム：一部の特定グループを対象とし，地域ごとに，非公式に組織化された救済システムによる低額給付と低い包括性を特徴とする（トルコを含めた南ヨーロッパ諸国）
⑦分権化された自由裁量システム：強い地方裁量権，平均を上回る給付水準であるが，少数の受給者を対象とする（ノルウェー，オーストリア，スイス）
⑧日本の場合：中央集権化されているが，自由裁量システムを特徴とする

　公的扶助の国際類型は複数の要因を考慮したものであるが，給付範囲・給付率（総人口における受給割合）や給付水準（寛大性）などの量的な指標によって比較すると多様性がみられる（図表1-5）。1992年の給付範囲は，日本の1％からニュージーランドの25％と大きく異なる。英語圏諸国は広範囲なシステムを特徴とするが，諸国間の制度内容は多様であり，なかでも中間所得層にも給付が及ぶニュージーランドは最も広範囲なシステムを代表する。それに対して，アメリカの特徴はフード・スタンププログラムによって給付率は高いが，給付水準は低く，ニーズに対する捕捉率（⇒生活保護の捕捉率とは，生活保護規準以下の所得しかない世帯で，実際に生活保護を受給している世帯の割合）も低い。南ヨーロッパ諸国は，公的扶助制度が未発達であるために給付率と給付水準の両方が低い。中央ヨーロッパ諸国は，給付範囲も給付水準も中間的な位置を占める。それに対して，両指標が相対的に高いのが北欧諸国である。1990年代初期，北欧諸国は深刻な経済危機に見舞われ，従来，公的扶助依存率は低いが，この期間受給者が増大した。

　エスピン-アンデルセンの福祉レジーム類型は公的扶助を含めていないが，

比較すると公的扶助モデルでは自由主義レジームと保守主義レジーム諸国間の多様性が明らかである。英語圏諸国では，異なる自由主義レジームの発展モデルがみられる。社会権に基づいた最低限所得保障を制度化しているのが，イギリス・アイルランド型である。次に，寛大な資力調査が社会保障制度の中核に据えられているのが太平洋型である。北アメリカ型は，スティグマ化された貧困救済の伝統を継承する古典的自由主義レジームである。

　南ヨーロッパ諸国は，社会保障制度が十分に発達していないために，家族が扶養や生活困窮に対する重要な責任を負うシステムを特徴とする。両方の要因が，包括的な公的扶助システムの組織化を困難にし，遅らせてきた。さらに，思わしくない経済状況，制約された行政力や社会に浸透した公的機関に対する不信なども，公的扶助制度の発展を妨げてきた。オーストリア，スイス，ノルウェーなどの逸脱的な事例は，地方分権化された政治システムにおいて，貧困救済に対する地方自治体の伝統を反映しているといえる。

　図表1-6による2006年のEU加盟国の比較をみると，1992年の結果が引き続き2006年にもあてはまることが明らかである。イギリスとアイルランドは，高い公的扶助支出と給付率（対人口受給率）を示している点で類似する。2006年イギリスでは，総人口の4分の1が最低所得保障給付（低所得就労者に対する税額控除も含む）を受けている。属する類型は異なるが，北欧諸国とポルトガ

**図表1-6　公的扶助モデル別EU加盟国における最低所得保障給付**（1992年，2006年）

| 公的扶助モデル・国 | 対GDP支出 | | 対人口受給率（％） | |
|---|---|---|---|---|
| | 1992年 | 2006年 | 1992年 | 2006年 |
| ③イギリス | 2.6 | 1.9 | 16.0 | 26.0* |
| 　アイルランド | 3.6 | 2.6 | 22.3 | 19.0 |
| ④フランス | 1.1 | 1.1 | 10.1** | 10.1** |
| 　ドイツ | 0.6 | 1.1 | 3.3 | 10.0 |
| ⑤デンマーク | 1.7 | 1.2 | 7.9 | 5.5 |
| 　スウェーデン | 0.6 | 0.3 | 2.5 | 2.1 |
| ⑥ポルトガル | 0.0 | 0.2 | 0.5 | 3.5 |

注：*低所得就労者に対する就労税額控除受給者も含む。
　　**推計。
出所：（Bahle, Pfeifer & Wendt, 2012, p.454）

ルの受給率はともに低い。デンマークとスウェーデンでは，最低所得保障制度は十分に確立されているが，高度に発達した社会保障制度における公的扶助制度の果たす役割は小さいためである。

## **2** 公的扶助と社会保険の相関関係

物価や賃金の変動に対して公的扶助給付水準の実質価値を維持するためにとられる主な手段が，給付基準の更新（アップデイト），給付基準の引き上げ，給付基準の再算定の3つである（Nelson, 2003）。時代を超えて給付金額の実質価値の維持継続を図るのが更新であり，給付基準の引き上げは給付の購買力を高めるためにとられる政治意図的手段である。給付基準の再算定は，消費項目の構成などの当初基準を変更し，給付金額の更新や基準引き上げを変えたときに適用される。通常の手段として給付基準の更新が使用されるが，重要なのは給付基準が消費者物価指数や通常所得水準(生計費指数)に関連させて調整されるか，特別な政治的意図によって基準の設定が図られるかどうかにある。というのは，家族政策分野では物価スライド制が最も効果的であるが，多様な政治的意図から，政府が財源節減の戦術として消費者物価指数や生計費指数などを，まったくあるいは最小限にしか考慮しない決定方法を採用することが考えられるからである。

ドイツ（1990年まで），スウェーデン，イギリスでは，基本的に物価スライド制による給付基準決定方法が採用されている。ドイツは，1990～97年までは低所得グループの支出パターンに基づいた給付基準の算定を適用してきたが，1998年に実質賃金の変動に基づいて算定される老齢年金と連動させた賃金スライド制を導入した。アメリカのフード・スタンプは最低所得世帯の食費の実情に合わせて給付基準が調整され，要扶養児童世帯扶助（AFDC）給付に対する国の基本原則は設けられていない。各州の自由裁量が可能なために，大半の州は物価変動に応じた給付水準の更新をしないのが現状である。1960～2000年の実質給付金額は1960年代と1970年代前半では上昇しているが，その後は生活費の発展動向に沿った給付基準の維持が困難になったことが明らかである（Nelson, 2003）。

また，イギリス，アメリカ，カナダ，ドイツ，スウェーデン5カ国の社会保

図表 1-7 カナダ，ドイツ，スウェーデン，イギリス，アメリカにおける
　　　　 資力調査給付と社会保険給付の実質的価値の変化（1960-95年）
　　　　　　　（単身世帯の平均価値，インデックス1970年＝100）

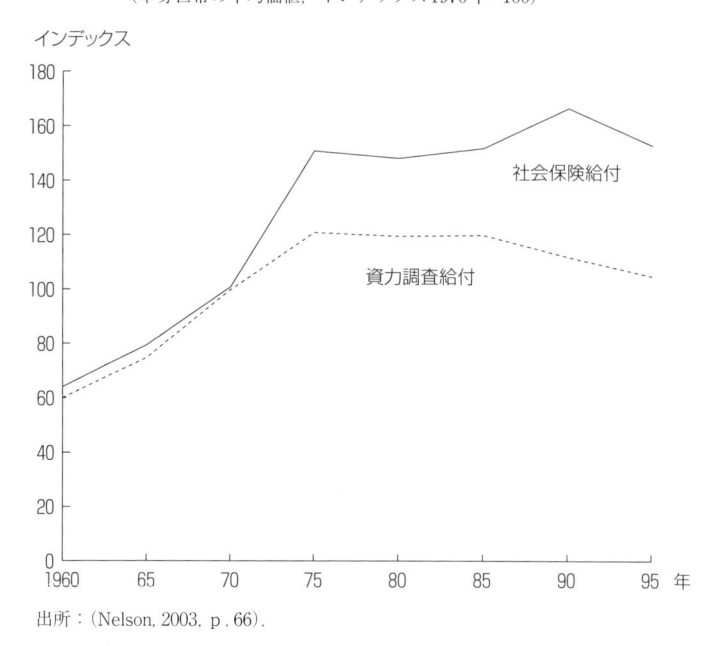

出所：（Nelson, 2003, p.66）.

険と公的扶助の給付水準の発展推移を比較すると，高いインフレーションと賃金の高揚下では社会保険の発展動向と比べて公的扶助給付の発展動向は肯定的ではない（**図表 1-7**）。

　さらに，経済不況により政府が財源節約・削減を必要とする時期には，普遍主義的な社会政策よりも，社会支出が相対的に低い残余・選別的な公的扶助給付の方が不安定で経費節約・削減の対象になりやすいことがこれまでも指摘されてきた（Wilensky, 1975; Korpi, 1993; Esping-Andersen, 1990; Mishra, 1990; Rothstein, 1994）。しかし，1990年代の経済危機下において登場したのが，資力調査給付の方が社会保険給付よりも優位に立つという反論である（Pierson, 1994）。ただ，反論側が見逃した点は，往々にして資力調査給付は地方自治体の責務とされ，たとえ国レベルの経費としては小さくても，失業者の増大による扶助財源のひっ迫は自治体にとって致命的であり，経費節約・削減を必然化することであっ

た。

　先行研究によって明らかにされたことは，先述した社会保険制度の理念型モデル（Korpi & Palme, 1999）に基づくと，包括的スタンダード型（スウェーデンなど）やコーポラティズム型（ドイツなど）よりも，基礎安全保障型の国（イギリスやアメリカ）において資力調査給付が財源削減・節減の対象にされやすいことであった（Nelson, 2003）。すなわち，すべての人に還元され，寛大で包括的・普遍的な社会保険制度の方が政治的な合意や世論の支持を得やすく，社会政策分野の財源削減の防壁的役割を果たすだけではなく，資力調査給付財源の削減に対して抵抗力があることが証明される。

　しかし，財源節約・削減時における社会保険（医療保険，失業保険，年金）と資力調査給付の相関性を18カ国（オーストラリア，オーストリア，ベルギー，カナダ，デンマーク，フィンランド，ドイツ，アイルランド，イタリー，日本，オランダ，ニュージーランド，スウェーデン，スイス，イギリス，アメリカ）間で比較した先行研究（Nelson, 2007）によると，包括的スタンダード型あるいはコーポラティズム型の国において財源節約・削減に対する資力調査給付の脆弱さが指摘される。分析で使用された残余・選別的給付の種類には制限があるため解釈には注意を要するが，結果は資力調査給付財源の削減によるものではなく，むしろ社会保険の弾力性による効果であることが明らかであった。また，社会保険のなかでも老齢年金は失業保険や医療保険よりも財源節約・削減の対象になりにくい。その主な理由は，社会的リスクの影響範囲に関係があり，失業や疾病（特に長期的疾病）によるリスクは人々の社会経済的背景によって大きく異なるが，非就労期に給付される老齢年金はすべての国民にとって重要だからである。

### ■3 公的扶助による貧困削減・緩和効果

　公的扶助による給付は，現在でも大半の国において低所得世帯の重要な収入源である。しかし指摘されるように，近年の経済危機や財政危機の影響を受けて，国民最低限の所得保障が困難になってきているのであれば，貧困を削減・緩和し，予防することは難しくなる。したがって貧困から脱出できる給付水準（給付の妥当性）であるかどうかが重要な鍵となる。資力調査給付（公的扶助）受給者は，児童手当，住宅扶助，還付可能な税額控除などの給付も受けるために，

図表 1-8 最低所得給付の妥当性，カナダ，ドイツ，スウェーデン，イギリス，アメリカ（1965-2000年）
（最低所得保護水準，対総人口の等価可処分中央所得%，単身世帯，2子世帯，1子ひとり親世帯の平均）

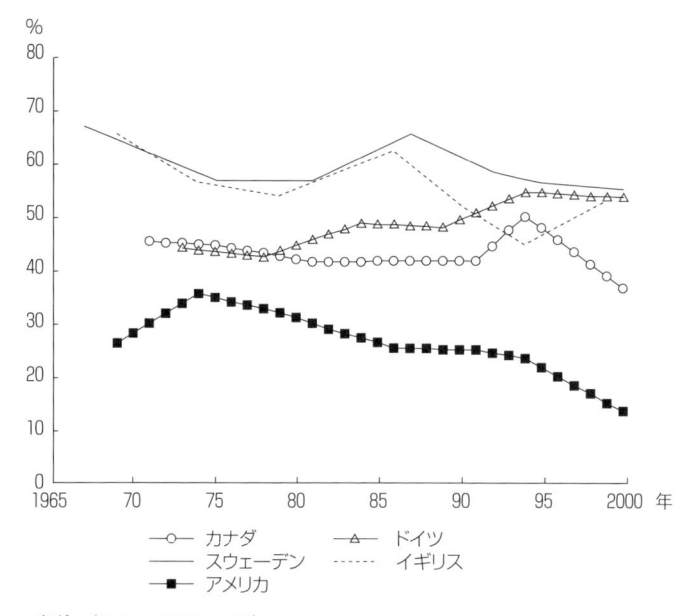

出所：(Nelson, 2003, p.73)

総計した最低所得給付（単身世帯，2人の子どもと両親世帯，1人の子どもとひとり親世帯の合計所得の平均値）が各国の等価可処分中央所得の何割に相当するかを表したのが図1-8である。相対的貧困を等価可処分中央所得の50%以下の所得と定義すると，唯一スウェーデンの最低所得給付のみが貧困に対する防壁として機能していることが明らかである。ドイツを除いて，時代とともに給付水準の妥当性（等価可処分中央所得に占める割合）が低下してきているが，発展パターンは国によって異なる。

アメリカの最低所得給付は一貫して貧困に対する防壁的機能からは程遠く，「貧困との戦い」や「偉大な社会」を掲げた1960年代でさえ給付水準は貧弱であり，1970年代半ば以降74年の最高値35%から2000年には15%にまで下がってきている。貧困からの脱出だけではなく，長期的受給からの脱出も難しいこ

とが明らかである。このようにして給付水準は重要な意味をもち，アメリカが先進国では最も高い相対的貧困率をもつ国であることは当然の結果だといえる。労働市場の徹底した規制緩和による低賃金と残余・選別主義の強化戦略をとってきた（新）自由主義は，貧困の深刻化と所得格差を拡大していくことが予測される（Esping-Andersen, 1996）。所得再分配のパラドックス（Korpi & Palme, 1998）が指摘するように，所得再分配の対象が選別されればされるほど再分配

図表 1-9　公的扶助と最低所得給付の妥当性（1990-2008年）
（単身世帯，ひとり親およびふたり親世帯の平均）

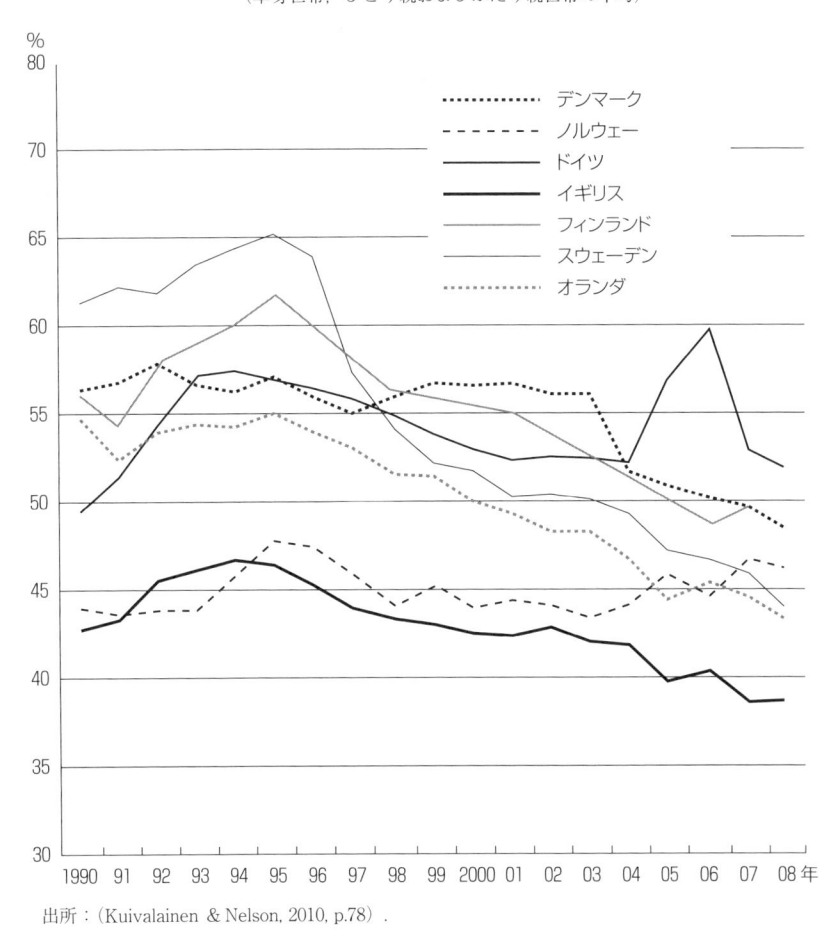

凡例：デンマーク／ノルウェー／ドイツ／イギリス／フィンランド／スウェーデン／オランダ

出所：（Kuivalainen & Nelson, 2010, p.78）．

効果が低くなるのは,中間階層からの支持が得られないために,貧困者に対するサービスが一層低サービス化するためである。

1990年代初期の経済危機以前では,イギリスの最低所得給付はドイツやカナダよりも寛大であったが,その後ドイツが妥当性の高い給付を行うようになった。ただし,1990年代後半から2000年にかけて,給付水準の妥当性が上昇したのはイギリスのみであった。しかし,最近の分析によると貧困の削減や予防に対する公的扶助給付効果の様相が1990〜2008年にかけて変化したことが指摘される（図表1-9）。給付水準の妥当性はスウェーデンにおいて最も低下し,次にオランダ,デンマーク,フィンランド,イギリスが続く。ノルウェー

図表1-10　資力調査給付受給者における貧困率（1990-2005年,4年間隔）

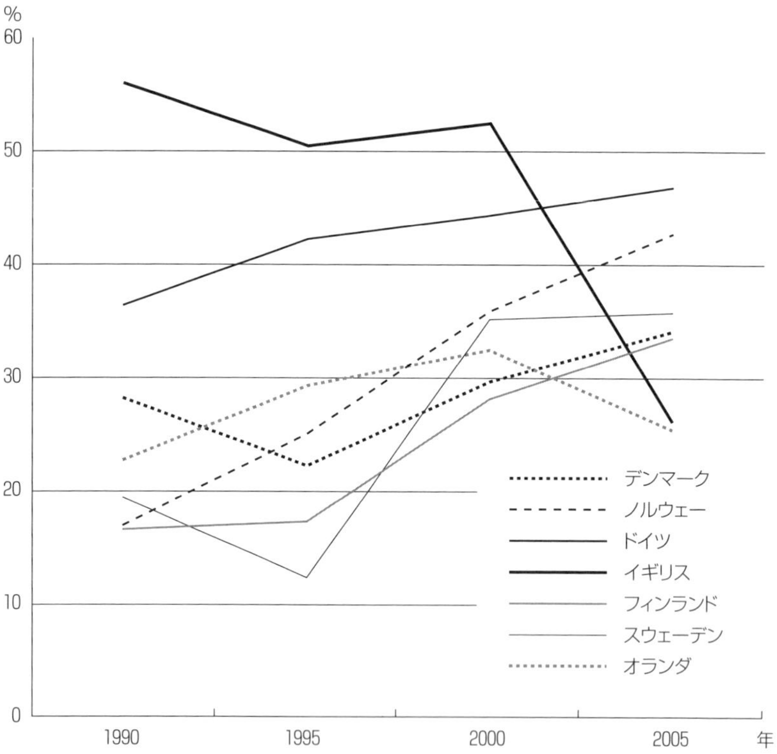

出所：(Kuivalainen & Nelson, 2010, p.81)

の発展動向は比較的安定しており，1900年代末からわずかではあるが上昇傾向を示している。ドイツもささやかではあるが一貫して上昇を続けており，労使関係が政策策定に参与するコーポラティズム型の社会政策の構造が，財源削減に対する抵抗力を強いものにしている（Esping-Andersen, 1996）。2008年の時点では，北欧諸国の給付水準の妥当性は44～48％と低い。1990年代初めにおいて，フィンランド，ノルウェー，スウェーデンの給付水準の妥当性が高いのは，低いインフレーションと賃金上昇が緩慢であったことによるものと判断される。等価可処分中央所得に対する相対的な給付水準をみると北欧諸国は相似し，給付水準の妥当性の度合いはドイツとオランダの中間にある。

図表1-11　資力調査給付による貧困削減の割合（1990-2005年，4年間隔）

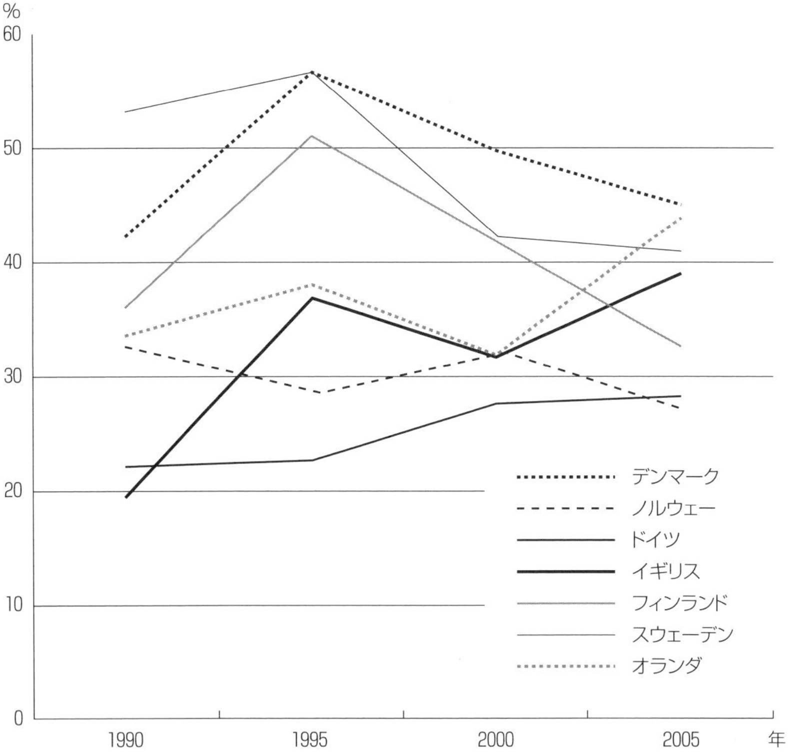

出所：(Kuivalainen, & Nelson, 2010, p.83)

社会的支出に占める北欧諸国の最低所得給付の割合は依然として低く，3～6％である。受給者の貧困率をみると北欧諸国では上昇しており，最も劇的な上昇率をみせるのがノルウェーで，1991年の17％から2004年には43％へと上昇している（図表1-10）。2000年代半ばの他の北欧諸国の受給者の貧困率は平均35％であった。ドイツやオランダでも受給者の貧困率は高くなっているが，唯一イギリスの受給者貧困率が下降している。しかし，それは一般的な公的扶助給付基準の引き上げによるものではなく，低所得就労者や公的扶助受給者の一部が利用できる税額控除の導入などの他の要因によるものである。

1990年代半ば以降，北欧諸国の貧困の削減に対する最低所得給付の効果が低くなったことが明らかである（図表1-11）。フィンランドでは51％から32％に下がり，デンマークやスウェーデンでも同様の傾向がみられる。北欧諸国以外の国に関しては，北欧諸国とはまったく逆の効果がみられ，2000年代半ばになると混然とした状態である。デンマークの貧困削減・緩和効果が著しいが，20年前とは異なり北欧諸国の受給者の貧困率が上昇し，貧困削減・緩和効果が低下したことによって，北欧諸国が他の国々のパターンに接近したといえる。公的扶助の国の基準や指針を設定したことによる受給権利の強化など肯定的な面も指摘されるが，給付水準や貧困削減・緩和効果は以前ほど肯定的ではない。その背景にあるのが2008年の経済危機の深刻な影響（特に，スウェーデンとフィンランド）であり，低く抑えられてきた失業率が上昇し，依然として下げることができないでいる。今後も高失業率は継続することが予測され，青少年失業者や長期的失業者に対する所得保障制度の改善が求められる。より効果的な所得再分配システムを実現するには，公的扶助と最低所得給付水準の妥当性の改善が北欧諸国に要求される。

## 5 ヨーロッパの貧困との戦い

財政危機と継続的な雇用問題は社会保障の経費節約や削減をもたらし，公的扶助による安全網機能が重視されるとともに公的扶助制度の構造改革を必然とした（Bahle, Pfeifer & Wendt, 2012）。還付可能な税額控除，低所得就労者（ワーキング・プア）に対する所得補助や公的扶助受給条件としての就労要求の導入な

どにより，公的扶助制度はより積極的な役割を求められるようになった。税額控除は最初アメリカで1975年に導入され，1985年以降幾度も改正され，現在，アメリカの最大の貧困対策プログラムである。税額控除はイギリスでも1985年に導入され，1999年，2003年の見直しを経た結果，アメリカよりも高い給付水準を保つ。その他，カナダ，アイルランド，ニュージーランド，オーストリア，ベルギー，フランスに加え，デンマークやフィンランドなどの北欧諸国の一部でも導入されている。また，ドイツも賃金補助や失業手当を最低所得保障水準に高めるために，資力調査付給付を導入してきた。

1996年のクリントン政権によって導入された「ワークフェア」は，強制的な要請を特徴とし，第1に就労を要求し，適用の焦点を公的扶助受給の最下層に据える。欧米諸国においてワークフェアの対象とされてきた主なグループは，若者，長期失業者，ひとり親（特に母親），移民などである。

「まず就労」プログラムは，就労参加を促す稼働能力活性化政策（activiation policies）の中心をなし，求職活動をしていても働く場がない場合に扶助が提供される。さらに，社会保険に加入ができない不安定な就労者が生活困窮に陥れば，扶助対象となる。ちなみに，日本の生活保護制度の特徴は，仕事がなく，生活が困窮しているにもかかわらず，働いていないと保護を受けられないという，稼働能力の活用が保護の積極的条件として位置づけられていることにある（布川，2004）。稼働能力活性化政策の代表的な例が，イギリスの求職者法（British Jobseekers' Act, 1995），オランダの求職者雇用法（Dutch Jobseekers Employment Act, 1998），デンマークの積極的社会政策法（Danish Active Social policy Act, 1998）などである。受動的な労働市場政策は特に早期退職戦略として，失業保険，早期年金給付，高齢者のための障害年金改革などによって積極的な政策に置き換えられてきた。公的扶助も，就労要請（強制選択）を原則とする処遇に置き換えられ，公的扶助におけるパラダイム転換が進行しつつある。

青少年の労働市場進出が困難となり，長期失業者が増加する現在，多くの国が政治課題として取り組む「社会的包摂」の概念は，欧州共同体（EU，正確には前身のECC）によって導入された（Bahle, Pfeifer & Wendt, 2012）。1960年代の高度経済成長によって貧困は消滅すると考えられたが，1970年代には貧困の継続が指摘され，最初の「貧困との戦いのためのヨーロッパ・プログラム」

(European Programme for the Fight Against Poverty = Poverty I) が立ち上げられた。プログラムは1975年から1980年まで継続され，貧困研究に対する財政的支援などを行った。1984年から1989年にかけて実施された貧困プログラムIIによって「社会的排除」の概念が導入され，貧困の社会的規模や原因の究明に焦点がおかれ，最も優れた実践の国際比較が紹介されるようになった。1989年から1994年の貧困プログラムIIIでは，貧困の多次元概念，社会的包摂，関係者と公共機関との協力関係，地域プロジェクトへの対象グループの参加などに研究の焦点がおかれた。2000年のリスボン戦略によっても社会的排除が重要な政治課題として掲げられ，会員国において社会的排除を取り除き，社会的包摂を促進させる努力が試みられてきた。効果ある実践から各国が学ぶために，実践結果が共同報告書としてまとめられてきた。

　これらの社会的包摂政策のもとで，労働市場参加あるいは稼働能力活用を義務づける政策が多様な方法で展開されてきた（Bahle, Pfeifer & Wendt, 2012）。南ヨーロッパ諸国では，他の福祉政策を補完するものとして，それまで欠落していた国レベルの公的扶助プログラムの必要性が政治議論の中心に据えられることになった。包括的プログラム（一般扶助）をもたなかったフランスやスペインでも，1980年代後半までに税方式による資力調査プログラムを最終的な所得保障として導入した。多くの国において社会的包摂は，就労参加促進・稼働能力活用プログラム計画の一部として組み込まれてきた。イギリスなどでは，1990年代後半から青少年の求職者，移民，中高年齢の就労者の統合プログラムが「ニュー・ディール」（経済復興と社会保障増進政策）として導入された。また，公的扶助受給に対する就労義務要請福祉政策（ワークフェア）や稼働能力活用政策は青少年を最も重要な対象目標としてきた。就労や現場訓練あるいは職業教育を要求する受給原則は，デンマークをはじめとする北欧諸国でも導入されてきたが，それにもかかわらず，最も社会的弱者である集団が社会的排除の危険にさらされていることが指摘される。

世界の社会福祉／2 章

# 家族政策・児童福祉

　児童福祉（child welfare）の定義は一義的ではないが，基本的に児童の生活や発達に関わる多様な問題に対応し，児童の健全な生育・発達条件を保障する政策をさす。近年の傾向として，国連の子どもの権利に関する条約（1989年）や国連国際家族年（1994年）によって注目されるようになった「ウェルビーイング」（個人の尊重，自己実現，安寧）が，児童福祉領域においても理念を表す用語としてよく使用される。また，児童保護（child protection）という概念や用語も，児童虐待に対する処遇を中心に頻繁に使用されてきた。児童を権利の主体とした児童福祉政策が本格的に発展したのは，第二次世界大戦以降であった。大半の先進国で，従来の児童福祉法が近代化され，予防的な施策，有子世帯に対する多様なサービス，児童・青少年の余暇活動などが新たな内容として加えられていった。

　児童福祉政策は，児童・青少年の健全な生育・発達条件の保障という点で家族政策（family policy）と密接に連動し，古くは貧困対策や少子化対策，今日では所得政策や労働市場政策とも大きく関連する。家族政策に対する考え方や家族と国家の相互作用関係が国によって異なるため，家族政策の定義も一義的ではなく，政策領域も明確ではない。また，それぞれの国のイデオロギー的および道徳的見解も異なるため，家族政策の目的や内容も多様である。

　ヨーロッパの家族政策が重要な政策分野として発展したのは1970年代からであったが，その背景には女性就労の増大，世帯構造や家族形態の変容，子どもの権利や健全な発達環境の保障を重視する政策視座の高揚がある。スウェーデンをはじめとする北欧諸国において1960年代から増大した女性就労は，共働き世帯の一般化と家族生活のあり方を大きく変え，家族政策に男女平等とい

う新たな課題をもたらした。また，家族形態の変化は出生率の低下とともに，無子世帯を増大させる傾向を生み出した。ひとり親世帯，継父・継母世帯に育ち，異父・異母兄弟をもつ子どもが増えたことは，家族の定義だけではなく，子どもの生活環境・体験も変容したことを意味する。さらに，子どもの生活環境の変化は，有子世帯に対する家族政策の課題を多様化させた。1989年に採択された子どもの権利条約によって，子どもは独自の権利をもつ一個人として捉えられ，子どもの最善から出発した処遇原則が先進国各国で浸透していったといえる。家族政策は，社会政策の他のどの分野よりも，社会の変容によって生み出される多様な課題に取り組むことを要求されてきた分野である。

　家族政策の発展は家族の絆を弱体化し，子どもの貧困を増大させたという批判は時代を通してなされてきた。しかし，近年の実証的研究結果をみると，女性就労率の高い国ほど出生率が高いことや，脱家族化（defamiliazation）の進んだ国，すなわち家族政策に力を入れる国ほど子どもの貧困率が低く，安寧・ウェルビーイングが高いという，脱家族化パラドックスが明らかである（Bradshaw & Finch, 2012; Esping-Andersen, 1999, 2009）。また，児童虐待や養育放棄から子どもを護ることを目的とする児童保護制度は，「子ども保護モデル」（child protection）と「家族サービス重視モデル」（family service orientation）の2つを伝統としてきたが，これらのモデルの使用は福祉レジーム類型と重なり合う（Gilbert, Parton & Skivenes, 2011a, 2011b）。さらに，子どもの権利条約の影響や，従来の福祉国家に対する選択肢としての第3の道や「社会投資国家」という新しい政治パラダイムの影響を受けて，子どもの最善を重視する第3の児童保護モデル「子ども中心モデル」（child-focused orientation）が登場した。子どもの貧困化やひとり親世帯の増加による家庭の養育資源や文化資本の弱体化を補完し，知識社会が必要とする人間資本に対する投資を可能にし，すべての子どもの発達条件を均等化するために，すべての子どもを包括する就学前事業の重要性が指摘される。

# 1 家族政策の定義と多様な政策視座

　児童福祉と同様に，家族政策の定義も一義的な定義を試みることは容易では

なく，公共政策（国）と家族の関係も複雑である（Hantrais, 2004）。現代家族の概念定義が試みられ始めたのは1940～50年代であり，構造機能主義的社会学による定義の一例をあげれば，家族は①共同住居，②経済共同体，③再生産，④社会的に承認された性関係という4つの機能をもつものとして定義された（Murdok, 1949, Hantrais, 2004）。その後，パーソンズは家族を社会のサブ・システムとして捉え，共同居住，結婚による絆，嫡子の誕生によるシステムの完遂と強化，単一稼得者（男性），成人パートナー間の所得配分などをその基礎的な構成要素とした（Parsons & Bales, 1956, Hantrais, 2004）。しかし，これらの伝統的な家族定義は社会の変容とともに変化し，拡張を必然としていった。ふたり親家族，ひとり親家族，無子家族，10代の有子家族，複合家族，再構成家族などを包括する「ハイフン家族」がその例である（Trost, 1988）。

　家族政策は1つの政策領域として，また1つの政策観点として捉えることができる。しかし，どのような目的やプログラムを家族政策の領域とし，他の政策領域との境界線をどのように引くのかという問いに対する明確な答えはない。家族の役割に影響を与ええるすべての政策，あるいは家族に対して行われるすべての政府活動，たとえば，保育サービス，児童福祉，家族相談，家族計画（産児制限や出生率の上昇など），税政策，家族給付，住宅政策などをさすといえるが，家族を対象とし，家族に関連する政策領域は労働市場政策，所得保障，人口政策，教育政策，男女平等政策などと実に範囲が広い（Harding, 1996）。したがって，家族政策を社会政策の下位範疇としてみなすことができるが，同時に包括的な社会政策だということもできる。

　定義を難しくする主な理由は，家族政策に対する考え方や家族と国家の相互関係が国によって異なるために，定義内容が断片的あるいは実用的な性格をもち，複雑さを帯びるためである。先進国では，子どもの扶養責任は家族内および家族と国家を中心とする公共部門の間で分担されるのが普通であるが，家族政策議論において絶えず登場するのが国家と家族間の責任分担のあり方である。たとえば，スウェーデンなどの北欧諸国では，就労生活と家族生活の両立を図る男女平等政策は家族政策の重要な目的として位置づけられてきたが，他の国においては必ずしも女性の就労は奨励されず，女性を家庭にとどめ出生率を高める少子化対策が重視されてきた。そのような国では，税額控除や扶養手

当による扶養責任者の扶養負担軽減施策が家族政策の中心に据えられてきた。また，家族政策は他の社会政策分野よりも，国民の家族形成に対する考え方や生活様式の選択に大きな影響を与える。出生率の上昇は先進工業国では歓迎される現象であるが，貧困者や未婚の母親の出産の増加は社会問題としてみなされ，社会的地位が安定し，養育責任を果たすことが可能な親による家族形成が伝統的に理想として求められてきた。

家族の位置づけ，家族構成員の権利と義務，家族に対する国家の介入などに関しては，各国のイデオロギー的および道徳的見解が異なるために，家族政策の目的や内容は多様である。たとえば，アメリカでは家族政策は離婚・家族解消を増加させ，その結果，子どもの貧困を増大させたと批判されてきた（Wennemo, 1996）。したがって，明確な目的をもち，独立した政策分野として家族の多様なニーズに応えるための明示的家族政策（explicit family policy）を選択する国もあれば，家族のニーズは考慮するが，独立した政策としては認めず，選別主義的で暗示的家族政策（implicit family policy, negative family policy）にとどまる国もある（Harding, 1996）。

さらに，家族という美辞麗句（レトリック）や，理想と現実の家族政策を明確に区別することも重要である。たとえば，1980～90年代のイギリスの保守政権では，情緒的な「家族」という美辞麗句（たとえば1990年の「家族の絆を保つために努力する」）が国民に受けやすいアピールとして，また政治効果を狙って使用されたが，実際には具体的に家族を支援する施策は何も遂行されなかった（Durham, 1991）。1991年の児童支援法の制定も，家族の絆のためではなく，財政上の意図から行われたものであった。サッチャー政権下においても目的を明確にした家族政策は実施されず，私的な領域である家族への介入（自由侵害）は行わないという（新）自由主義的な考え方が重視された。家族ということばは魅力的ではあるが，目的と価値を明確にした家族政策は危険であるというイギリスの考え方はアメリカにも通じるところがある。

イギリスやアメリカの家族政策モデルと対照的なモデルとして紹介されてきたのが，明示的で包括的な家族政策を代表するスウェーデン，ノルウェー，フランス，ハンガリーなどである（Kamerman & Kahn, 1978, Harding, 1996, p. 205）。たとえばスウェーデンでは，家族政策の目的は人口における年齢構造の均衡化，

有子世帯の貧困予防，労働力再生産，健全な生育環境や教育保障，親の就労生活と家族生活の両立を図る男女平等促進にあり，社会政策の重要な柱として位置づけられる（Elmér, Blomberg, Harrysson & Petersson, 2000）。家族政策が多様な政策を補足する政策として機能する国がオーストリア，ドイツ，フィンランド，デンマークなどである。

いずれにしても，子どもは未来の社会を担う重要な人間資本であり，社会の財産だといえる。家族は社会のコーナーストーン（基盤）をなし，重要な存在であることは今も昔も変わりはないが，すべての子どもの意義ある人生の実現を可能にするには，多様化・複雑化した現代家族に対する多様な支援が国家の責任として問われる。

## 2　早期の家族・児童福祉政策と貧困対策の相関性

親の死，災害，遺棄や養育放棄，生活困窮などの理由により，親や親族あるいは近隣者の扶養を受けられなくなった児童に対して，慈善事業や救貧事業などが救済・保護する試みは古くからなされてきた。家族間の扶養義務（基本的に3世代間や兄弟・姉妹間の扶養義務）は大半の国において救貧法が廃止されるまで，たとえばイギリスでは1948年まで継続させられた。

産業革命後，1800年代末から1900年代初めにかけて，近代社会政策の台頭とともに，児童期を成人期と区別し，社会的保護の必要な存在として位置づけた児童保護施策が本格的に展開されていった。さらに，1800年代に義務教育が導入されると，学校教育を受けるための援助が必要となった。児童虐待に対する救済活動もすでに始まっており，アメリカでは1874年に民間のニューヨーク児童虐待防止協会（New York Society for Prevention of Cruelty to Children）が設立され，児童虐待防止の運動はイギリスなどにも広がっていった（Karger & Stoesz, 2010）。ヨーロッパにおいても，1900年代には博愛主義者などによって，子どもに対する支援の改善，養育施設のコントロール，逸脱・問題行動のある児童青少年に対する人道主義的なケアなどが始まっている。たとえばスウェーデンでは，1924年に最初の児童福祉法が制定された。子どもの扶養・養育問題に対する施策が本格的に展開されたのも1900年代に入ってからであった。

1900年代初めは未婚女性による婚外出産が比較的多かったため，子どもの扶養困難が生じ，貧困の増大が社会問題となった（Wennemo, 1996）。他の多くの国と異なり，貧困救済対策としてスウェーデンなどの北欧諸国が選択したのは，未婚の母親をもつ婚外子の扶養責任を父親に義務づけたことであった。スウェーデンでは，すべての未婚の母親に児童福祉司をつけ，父親からの養育費獲得を支援した。養育費を請求するには父親による子どもの認知が必要であったが，当時の医学水準では実父証明は難しかったために，母親の証言が重視され，指摘された男性が父親でないことを逆証明する方法がとられた。子どもの法的権利を対等に保障する観点から，婚内出生児を嫡子とし，婚外出生児を非嫡子として分類しなかったことが，スウェーデンが他のヨーロッパ諸国と異なる点である。したがって，早い時期からおおかたすべての子どもが認知した父親をもち，遺産相続権も有していた（Ohrlander, 1992）。

また，1900年代初めには大半のヨーロッパ諸国で出生率が著しく低下したため，人口問題対策も重要な政治課題となった。スウェーデンでも1926年以降，出生率の低下が続き，将来危惧される人口減少の対策を目的として人口問題委員会が設置された（Myrdal & Myrdal, 1934）。委員会は国民の生活実態調査を行い，有子世帯，特に多子世帯の経済的水準や生活条件が他の国民グループと比較して著しく劣っていることを指摘した。有子世帯の生活水準向上が，家族形成や多子出産の誘因的手段として重視された。また，有子世帯への一連の経済支援対策として，1937年に父親の事後返済を前提とする養育費前払い金，親を失った子どものための児童年金，選別的な児童手当が導入された。すべての子どもを対象とする児童手当が導入されたのは1948年であった。他のヨーロッパ諸国と異なり，出生率の高揚のみを重視する家族政策はスウェーデンではとられなかった（Wennemo, 1996）。このように，初期の家族・児童福祉政策において重視されたのは貧困の予防や削減・緩和であった。

## 3　女性就労の増大と脱家族化が与えた影響

### ■1 女性就労の増大

近年の社会・経済的および人口学的変化（少子高齢化）によって，先進諸国

の社会政策は新たな課題に直面してきた。最も重要な経済的変化は、脱工業社会への移行による産業構造の変化であり、工業部門の縮小は低賃金で不安定な雇用を創出し、完全雇用政策を維持することが難しくなったことである。同時に、サービス部門の拡大により、母親を含む女性就労を増大させ、共働き家族が一般化した。デンマーク、スウェーデン、オランダ、ポルトガルなどの国では、すでに、年少児をもつ母親の7割が就労している(Forssen & Ritakallio, 2006)。北欧諸国の女性就労率は男性就労率とほぼ変わらないが、南ヨーロッパ諸国や保守主義国の女性就労率は依然として低い。スウェーデンでは、幼児をもつ母親の就労率は1960年代初期では38%であったが、1970年代には54%、1980年代には82%へと高揚した(Hoem, 1995)。就労形態に関していえば、1990年まではパートタイム就労が中心であったが、ここ10年の間ではフルタイム就労が生涯の労働形態になりつつある。北欧諸国では専業主婦の存在はほぼ完全に消滅し、デンマークなどではパートタイム就労は育児休業と通常就労に復帰する過渡期の就労形態として利用されている。経済的観点からいえば、北欧諸国の女性は完全に男性化したといえる。

　北欧の発展と比較すると、イギリスの既婚女性就労の増大は緩慢であり、60%台にとどまっている。また、イギリス、ドイツやオランダでは依然としてパートタイム就労が母親就労の基本的形態である。近年、アメリカ女性の就労パターンも北欧女性のそれに接近してきていることが明らかである(図表2-1)。

図表2-1　100年間におけるアメリカのジェンダーの近似現象

| 年 | 大学卒業者の男女比* | 既婚女性の就業率(%) | 0-6歳児をもつ母親の就業率(%) |
|---|---|---|---|
| 1900 | 4.2 | 6 | 欠損値 |
| 1920 | 1.9 | 9 | 欠損値 |
| 1940 | 1.4 | 14 | 11** |
| 1960 | 1.9 | 32 | 19 |
| 1980 | 1.5 | 50 | 45 |
| 2000 | 1.1 | 73 | 63 |

注：*女性を1とした場合の男性比
　　**1948年の数値
出所：(Esping-Andersen, 2009, p.21)

図表2-2　ジェンダーの役割に対する女性の見方

|  | 男性稼得者による伝統的家族（％） | 就学前児童のいる母親は家庭にとどまることが最善である（％） |
| --- | --- | --- |
| ドイツ（西） | 23 | 56 |
| アイルランド | 19 | 36 |
| オランダ | 12 | 40 |
| スペイン | 25 | 52 |
| スウェーデン | 8 | 24 |
| イギリス | 20 | 39 |
| アメリカ | 24 | 38 |

出所：(Esping-Andersen, 2009, p.51)

　女性就労の増大は，貧困縮小や予防にも貢献したといえる。共働き世帯の増加によって平均的な世帯所得は高くなったが，同時にひとり親世帯（特に母子世帯）の貧困リスクが高揚したといえる。

　女性就労の増大ひいては女性の経済的自立は，家族形成のあり方にも変化をもたらした。北欧諸国やフランスでは，従来の婚姻による家族形成よりも非婚姻・事実婚による家族形成が一般化し，世帯総数の3分の1を占めるようになった (Esping-Andersen, 2009)。また，離婚・家族解消率も北欧諸国では1960年代から，他の先進国ではそれより10～20年遅れて増加し始めた。女性の経済的自立や社会進出によって，ジェンダーの役割に対する女性の見方も変化し，スウェーデン社会では伝統的なジェンダー規範は消滅する傾向にある（図表2-2）。それに対して，スペインと同様にアメリカ女性の4分の1が男性稼得者による伝統的な家族を好ましいとみる傾向がいまだに著しい。

## 2 女性就労率と出生率の肯定的相関関係

　共働き家族の増加によって，家族政策は親の就労と養育の両立，子どもに対する親の投資力の不均衡化，母親就労が子どもの発達に与える影響，就学前事業や保育サービスなどの新たな課題に直面することになった。扶養，養育，介護という福祉の生産・供給は，基本的に家族（社会システム），市場（経済システム），国家（政治システム）という社会の3つのサブ・システム間で分担されるが，これまで最大の責任を負ってきたのが家族であった（家族主義）。家族は社会の

基礎をなす第一次集団（プライマリー・グループ）であり，子どもの安寧を左右する。しかし，女性就労の増大は，家族・世帯における福祉生産機能の弱体化をもたらし，3つのシステム間による生産・供給責任の再編成を必要としてきた。

　近年大半の先進国で危惧されてきたのが出生率の低下である。少子化現象は，婚姻による家族形成の減少，晩婚化，事実婚の増大，離婚・家族解消や，複合家族・再構成家族の増加など，家族形成や家族形態の変容と大きく関連する。子どもを産むよりも自己実現を優先するというポスト・モダン的価値観の高揚を理由にあげる研究者もいるが，現実には人々が理想とする子ども数はヨーロッパ全体では2人である（Esping-Andersen, 2009）。合計特殊出生率が1.9であれば100年間に人口が15％減少するが，1.3であれば現在の人口の25％の大きさに縮小することが推定される。出生率の上昇が必要なのは，高齢化が進む社会の発展を支えるための労働力再生産を維持するためである。

　子どもを産むか否かの決定は男性稼得者の稼得能力に左右され，稼得者の生涯賃金に照らし合わせて，育児のための支出が大きければ子どもを産み控えるというのが伝統的な決定方法であった。今日，女性就労の増大が出生率の低下を招くと懸念されてきたが，実際には，出生率は女性就労率が低い国よりも高い国の方が高く（OECD, 2007），高学歴の女性（デンマーク，フィンランド，スウェーデン，ベルギーなど）が多子出産を実現している（Forssen & Ritakallio, 2006）。他の多くの国では低学歴の女性の出生率が上昇しているが，女性就労が早く始まった北欧諸国では，低学歴の女性の出生率は最も低く，高学歴（大学卒業資格）女性の出生率が最も高い（Esping-Andersen, 2002）。出生率を左右するのが，女性の経済的自立，生活の安心感，市場における消費力の高揚などの要因であることが明らかである。

　子どもを産むことによって受ける不利益（child penalty）・経済的損失（就労中断中の賃金喪失と生涯所得に与える影響）は，職業キャリア確保のための初子出産の遅延化の他，就労復帰前後の労働条件，育児休暇条件（休暇期間や賃金喪失に対する育児手当給付水準など）や保育サービス利用の可能性によって異なる。出産後の就労中断期間が長いために経済的損失が一番高いのがドイツ女性であり，職場復帰の保障，寛大な育児休暇制度や給付水準によって北欧諸国の女性

の経済的損失が最も低い（Esping-Andersen, 2009）。

　子どもが1人増えるたびに，世帯消費はおおよそ20%増えることが指摘される。したがって，児童手当などの所得補填や強化が重要な意味をもつが，国によって給付原則や寛大さは異なる。北欧諸国とフランスは充実した児童手当制度をもつが，北欧諸国がすべての子どもに対して同額の児童手当を給付するのに対して，フランスは多子出産を奨励するために，第1子よりも第3子を重視する給付の方法をとる。しかし，この種類の世帯に対する所得移転が出生率に決定的な効果をもたらすかどうかは実証されていない。

　母親に友好的な政策基準は，中立的な個別課税制度，就労復帰保障のある育児休暇制度，国庫助成による質の高い保育サービスにある。たとえば，スウェーデンでは480日間（賃金喪失保障360日間，EU平均120日間）の育児休暇が保障されるが，第2子を24カ月間内に出産すれば第1子のときと同額の育児手当額が支給されるために，2人続けて出産する女性が相対的に多い。また，保育サービス利用の可能性は出生率を高める。最近のノルウェーの算定では，保育サービスを倍増すれば出生率を0.1%高め，デンマークの算定では保育サービスを普遍化することによって出生率を1.5%から1.8%に高めることが指摘されている（Esping-Andersen, 2009）。また，保育サービス料金の負担水準を下げることによって母親就労を14%高めることが明らかであり，母子世帯への影響はさらに高いといえよう。スウェーデンでは，世帯所得に関連した就学前学校利用

図表2-3　家族主義による養育・介護

|  | 割合（%） | 頻度（時間／週） |
| --- | --- | --- |
| 子どもによる老親介護 |  |  |
| 　デンマーク | 20 | 2.6 |
| 　フランス | 12 | 9.3 |
| 　イタリア | 12 | 28.8 |
| 　スペイン | 12 | 16.0 |
| 祖父母による孫のケア |  |  |
| 　デンマーク | 60 | 7.3 |
| 　フランス | 50 | 14.3 |
| 　イタリア | 44 | 27.8 |
| 　スペイン | 40 | 25.7 |

出所：(Esping-Andersen, 2009, p.92)

料金の上限制度が設けられている。

　子どもの養育や親の介護の公共責任が強化されたといっても，親子間で提供される養育・介護支援は依然として重要な役割を果たしている（図表2-3）。ヨーロッパの典型的な国では祖父母の約半数が孫の面倒をみているが，割かれる時間をみるとデンマークとフランスは家族主義の強い南欧のイタリアやスペインの半分である。また，子どもによる親の介護に関しても，デンマークでは子どもの2割が介護に関わっているが，介護に割く時間は圧倒的に少ない。

　しかし，家族主義に依存する南ヨーロッパ諸国においても，親子間相互のケア参加は女性の就労の増大とともに減少し，消滅する日が近いことが予測される。となると重要になるのが，従来の家族機能の弱体化を支援する家庭外での保育サービスや介護サービスである。

### 3 脱家族化のパラドックス

　現代社会における家族の安寧（ウェルビーイング）を図る新たな家族政策は，逆説的ながら「脱家族化」の進んだ国である（Esping-Andersen, 1999）。脱家族化の概念は，エスピン-アンデルセン（1990）の福祉レジーム類型化（自由主義・保守主義・社会民主主義福祉レジーム）の試みに対するフェミニズム研究者たち（たとえば，Orloff, 1993; O'Connor, 1996）の批判（女性と福祉国家の関係の軽視）によって注目され，発展してきた。

　従来の試みでは，脱家族化は家族関係に依存することなく，就労や所得保障給付によって社会的に容認される平均的な生活が可能である成人の割合をさして定義されてきた。したがって，福祉国家による家族支援サービスを表す要因（家族サービスに対する支出，3歳以下の幼児に対する公的保育サービスの包括率や高齢者に対するホームヘルプサービスの給付率など）に焦点がおかれてきた（Esping-Andersem, 1999: Korpi, 2000）。脱家族化を指標とした福祉レジーム類型には，従来の福祉レジームに家族主義の強い南ヨーロッパ諸国が加えられるが，脱家族化の度合いが最も高いのは社会民主主義福祉レジーム，次に高いのが保守主義福祉レジームで，低いのが自由主義福祉レジーム，最も低いのが南欧福祉レジームである。

　1980年から2001年にわたる20年間の対GDP家族サービス支出をみると，社

図表2-4　家族に関する公的支出，対GDP割合（1980, 1990, 2001年）

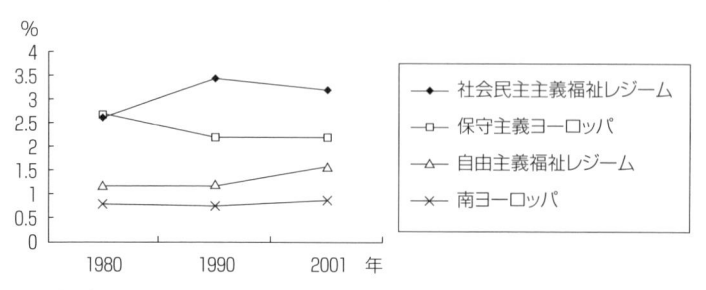

凡例：
- 社会民主主義福祉レジーム
- 保守主義ヨーロッパ
- 自由主義福祉レジーム
- 南ヨーロッパ

出所：(Guo, & Gilbert, 2007, p.312)

会民主主義福祉レジームは一環して高い支出を保持しているが，1990年以降レジーム間の相互接近がみられる（**図表2-4**）。接近・収斂傾向をもたらした主な理由としては，人口構造の変化，サービスの市場化，給付対象の絞り込み，女性就労の奨励，個人責任の重視などが考えられるが，就学前学校・保育サービスなどの社会政策におけるEUの超国家的統合政策によるヨーロッパの接近・収斂現象も背景的要因として指摘される。2005年では，すべての福祉レジームで家族サービス支出は若干ながら上昇しているが，接近距離はそれほど変わらない（Gilbert, Parton & Skivenes, 2011a）。

しかし，これらの従来の試みによっては，福祉国家によって女性がどのくらい家族に経済的に依存せず，養育・介護責任を義務づけられることなく，自立・自律を容易にし（家族からの解放），社会参加を可能にしているかという脱家族化の度合いを測定できないことが批判されてきた（Bambra, 2007）。また，3つの福祉レジーム類型では脱家族化の多様性の記述が難しいことも指摘されてきた。女性と国家ならびに家族との関係を測定するために，労働市場への相対的女性参加率，育児休暇手当給付による所得喪失保障，育児休暇手当給付補償期間と女性平均賃金によって構成される指標を使用したクラスター分析（⇒共通した特性によって人々や事象をグループに分ける統計的分析手法）によれば，5つのグループに分かれることが明らかである（**図表2-5**）。エスピン-アンデルセンの類型を代表する自由主義（1），保守主義（2），社会民主主義（5），さらに日本（3）とイギリス（4）の類型が加わるが，日本とイタリアは分類が難しいことが指摘されている。

図表2-5　脱家族化のクラスター (階層クラスターとK=5の組み合わせ)

| (1) 自由主義 | (2) 保守主義 | (3) | (4) | (5) 社会民主主義 | 不明なケース |
|---|---|---|---|---|---|
| オーストラリア | オーストリア | イタリア | カナダ | ノルウェー | デンマーク |
| アメリカ | ベルギー | 日本 | フィンランド | スウェーデン | アイルランド |
|  | フランス |  | イギリス |  | ギリシャ |
|  | ドイツ |  |  |  | スペイン |
|  | オランダ |  |  |  |  |
|  | ニュージーランド |  |  |  |  |
|  | ポルトガル |  |  |  |  |
|  | スイス |  |  |  |  |

出所：(Bambra, 2007, p.335)

　脱家族化の先端をいくのが，女性就労を最も早く経験した北欧諸国，すなわち社会民主主義福祉レジームであり，大きな家族給付支出，国家の主導的役割，男女平等，子どもの安寧を重視するレジームである。それに対して保守主義福祉レジームでは，家族支出も相対的に小さく，伝統的な家族の役割を重視し，女性の就労参加を奨励しないために，一定限の脱家族化を特徴とする。自由主義福祉レジームでは家族給付支出は最も低く，ゆえに脱家族化の度合いも最低である。しばしば，脱家族化は家族生活の質や家族連帯を崩壊すると危惧されてきたが，一連の実証研究によれば結果はまったく逆である（Esping-Andersen, 2009）。家族によるケア義務が家族によって管理可能であれば，世代間の絆や父親の育児参加も増大する。

　ケア・サービスの受給を市民権として位置づけるかどうかは国によって大きく異なる。女性就労の早かった北欧諸国では，共働き世帯の就労と子育ての両立を図るために，終日保育サービスの保障が社会政策の当然の目的として進められてきた。しかし，それとは対照的に，イギリスでは公的な保育サービスは貧困世帯あるいは貧困リスクのある世帯の子どもへのサービスとして提供され，アメリカでは公的支援は大きく制限され，私的責任が重視されてきた（Guo & Gilbert, 2007）。

　現在北欧諸国では，母親が育児休暇を取り終えた後の3歳以下の子どもに対する保育・就学前学校サービスは，ほぼ全員にいきわたっているが，ベルギー，オランダ，アメリカでは30%，オーストリアやドイツ，南ヨーロッパ諸国では

10%と低い(Esping-Andersen, 2009)。保育サービスの利用を左右する要因の1つが、親が負担するサービス料金である。アメリカで中心的な市場によるサービスは、高価であれば低所得層の利用を排除し、廉価であればサービスの質が低いために、最低限の基準を満たすサービスはほんのわずかなことが明らかである。それに対してスウェーデンは総費用の85%を、デンマークは65%を国が助成している。助成金は母親就労によって支払われる税金によって還元されるため、親の就労支援や、子どもたちの就学準備や心身の発達に重要な意味をもつ就学前学校・保育サービスにかかる国の支出は、絶対的な支出額の大きさではなく長期的な効果としてみる必要がある。

　家族に対するサービス提供や財政運営に関してしばしば登場するのが、公共部門による公的運営を重視するか、民間部門(市場化・民営化)に運営を委ねるか、あるいは混合(福祉ミックス)方式をとるかという議論である。一言で民営化といっても、純粋な民間事業、公共部門による疑似市場原則を導入するもの、非営利組織による運営など多様な形態がある。重要なことはマクロ経済学的観点からいえば、市場と国家をどのように混合しようとも、実際にかかる総費用は変わらないということである(Esping-Andersen, 2009)。それよりも重要な問題は、サービスの利用や質にどのような影響と結果をもたらすかということである。国庫助成の少ない、あるいは営利企業による社会サービスは私的な医療保険と同様に、中間所得以下の世帯の大半を市場から排除する。不幸な一例が、4億人以上が排除されるというアメリカの医療保険である。市場によるサービスは選択の自由を強調するが、選択能力のある市民は高学歴者や高所得者に限られる。市場からの排除によって、低所得層は低質の保育サービスを受けざるをえないか、母親が仕事を辞めて子どもの面倒をみることになり、世帯所得力の低下と子どもの貧困化を招くことが必至となる。

## 4 子どもの貧困と安寧・ウェルビーイング

　女性就労の増大や社会進出による女性の役割変化と知識社会への移行は、経済的富と社会的革新をもたらしたが、同時に新たな社会的リスクと不平等も生み出した。所得の不平等の拡大とともに指摘されるのが勤労富裕層と勤労貧困

層の二極化である。1960年代には男性稼得者の賃金格差が大幅に縮小されたにもかかわらず，しばしば「偉大なUターン」と呼ばれるように，過去10年間に大半のOECD諸国において所得の不平等が増大した。その傾向は特にイギリスやアメリカで著しい。その主な理由としてあげられるのが，労働市場における高度な能力に対するの需要の高揚，労働組合の弱体化，雇用の規制緩和や失業の増大と長期化である。ヨーロッパ全体を通して指摘されるのが，特に低学歴の若者の労働市場進出が困難になり，低賃金労働者の代表的存在と化したことである。男女間の賃金格差は全体的に縮小したが，共働き世帯と男性あるいは女性就労のみによるひとり働き世帯の所得格差は大幅に拡大された。このような状況において，子どもの健全な発達や将来に否定的な影響を与える貧困を縮小するために，重要な役割を果たすのが女性就労である。

　先進国で深刻化する子どもの貧困は，北欧諸国ではかろうじて食い止められているものの，ドイツ，オランダ，イタリア，イギリス，アメリカなどの国では急上昇している。正確な世帯統計を得ることは難しいとはいえ，近年の先行研究によればひとり親世帯の割合は南ヨーロッパ諸国では依然として低いが，イギリスなどでは子どもの4分の1がひとり親世帯で育っている（Bradshaw & Finch, 2012）。ひとり親世帯の貧困リスクが高い理由の1つが，その大半が母親世帯（低賃金労働が多いため）であるためであり，EU諸国の母親世帯は平均90％を超えるが，唯一の例外国はスウェーデン（70％）である。

　所得再分配前後の相対的貧困率をみると，北欧諸国の再分配後の貧困率は南および東ヨーロッパ諸国よりもきわめて低く，貧困縮小のための家族政策の効果が高いことが明らかである（図表2-6）。OECDの2006年のデータによると，アメリカではGDPの0.4％，EU諸国では平均2％（デンマーク3.7％，フランス，2.8％，オランダ　1.1％，ポルトガル0.8％など）が有子世帯への家族給付に使用されている（Bradshaw & Finch, 2012; Esping-Andersen, 2009）。OECD諸国では，家族現金給付，現物給付（サービス），税制上の優遇措置にGDPの平均2.3％（フランス3.8％, トルコ0.02％）が使用されている。これらの施策の配分構造は国によって異なるが，税制上の優遇措置は多くの国（特に，フランス，ドイツ，オランダ，アメリカなど）で重要な役割を果たしている。たとえば，スウェーデンの現在の主な家族給付は普遍的給付と選別的給付に分かれ，現金給付と現物給付の両

## 図表2-6 所得移転前・後の子どもの貧困率

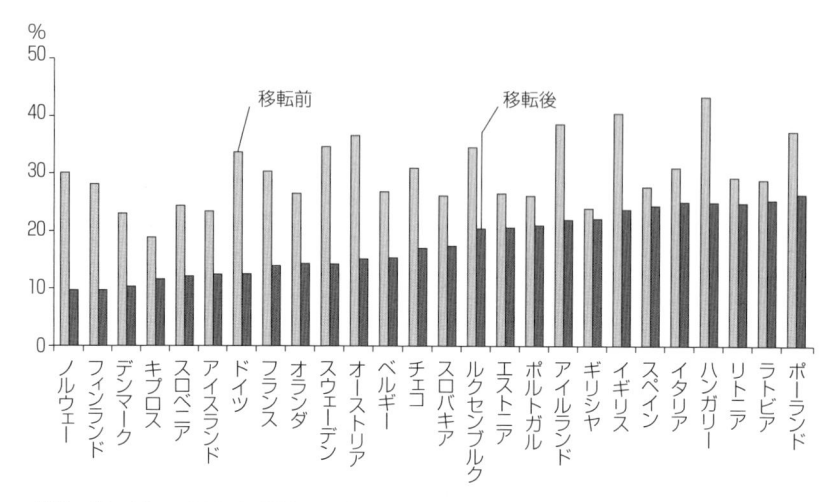

(グラフ：移転前、移転後の各国比較。国名順：ノルウェー、フィンランド、デンマーク、キプロス、スロベニア、アイスランド、ドイツ、フランス、オランダ、スウェーデン、オーストリア、ベルギー、チェコ、スロバキア、ルクセンブルク、エストニア、ポルトガル、アイルランド、ギリシャ、イギリス、スペイン、イタリア、ハンガリー、リトニア、ラトビア、ポーランド)

出所：(Bradshaw & Finch, 2012, p.475)

## 図表2-7 主な家族政策による施策と給付

| 施策の種類と給付条件 | | 現金給付 | 家庭経済に直接影響する現物給付 | 家庭経済に直接影響を与えない現物給付 |
|---|---|---|---|---|
| 普遍的施策 | すべての子ども | (両)親手当<br>児童手当 | | 母親・小児保健センター |
| | 該当する場合 | 養育手当<br>勉学手当<br>養育費前払い金<br>児童年金<br>障害児介護手当<br>児童介護手当<br>養子手当 | 児童医療<br>児童歯科サービス<br>薬剤割引<br>学校給食<br>教科書・教材 | 学校教育<br>学校保健サービス<br>家族・養育相談 |
| 有料施策 | | | 就学前学校<br>学童保育<br>児童介護士 | パートタイム就学前学校、夏季ホーム |
| 選別的施策 | 所得ニーズ | 住宅手当<br>勉学手当加算金 | | |
| | 所得ニーズ | 生活保護 | | |

出所：(Elm'er, Blomberg, Harrysson & Petersson, 2000, p.94)

図表2-8 子どものウェルビーイングと対GDP家族給付とサービス（2005年）

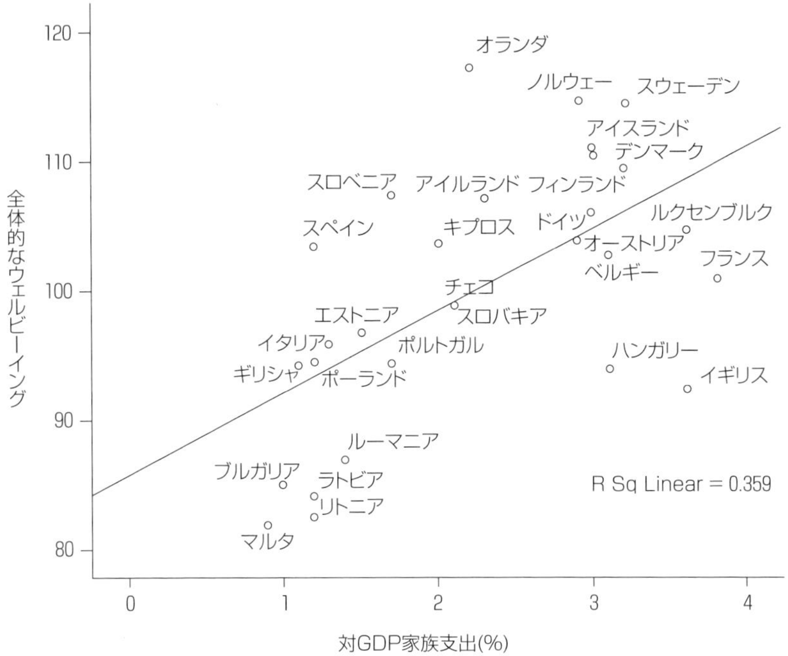

[散布図：横軸「対GDP家族支出(%)」0〜4、縦軸「全体的なウェルビーイング」80〜120。各国のプロット：オランダ、ノルウェー、スウェーデン、アイスランド、デンマーク、スロベニア、アイルランド、フィンランド、スペイン、キプロス、ドイツ、ルクセンブルク、オーストリア、ベルギー、フランス、チェコ、エストニア、スロバキア、イタリア、ポルトガル、ハンガリー、ギリシャ、ポーランド、イギリス、ルーマニア、ブルガリア、ラトビア、リトアニア、マルタ。R Sq Linear = 0.359]

出所：(Bradshaw & Finch 2012, p. 477)

方で構成される（図表2-7）。国が社会保険を中心とする現金給付によって世帯所得の均等化を図ることを目的とするのに対して、地方自治体は有子世帯が必要とする多様なサービス（保健・医療サービスや学校教育など）の現物給付を主な責務とする。

また、子どもと高齢者に対する公的支出の大きさ（1980〜2003年）を比較すると、メキシコを除いてすべての国で子どもより高齢者のための支出が大きいが、その割合は国よって大きく異なる（Bradshaw & Finch, 2012）。オーストラリア、アイルランド、ルクセンブルクでは高齢者のための支出額の80%が子どものために使用されているが、ギリシャ、日本、イタリアでは10%にとどまっている。また、子どもに対する給付では、親の所得水準に比例した支給をする国が多く、低所得世帯が優遇されている。ニュージーランドは一定の所得水準

を上回る世帯には給付を行わない。また、子どもの数や年齢によって、給付内容も異なる。

最後に家族政策の効果（結果）として、対GDP家族政策支出と子どものウェルビーイングの相関関係をみると、オランダや北欧諸国において政策効果が指摘される（図表2-8）。すなわち、家族政策は子どもの貧困削減・緩和とウェルビーイングを左右する重要な要因（手段）だといえる。

## 5 児童保護

概念児童保護（child protection）と児童福祉（child welfare）の境界線は明瞭でない場合が多いが、主な流れとしては貧困や虐待などの問題から子どもを保護するという考え方から、子どもの健全な発達環境と安寧・ウェルビーイングを向上させる児童福祉の考え方に移行してきている。また、総合的な社会サービス法をもつデンマークやスウェーデン（児童特別養護法は社会サービスの補足法）などのように独立した児童福祉法をもたない国もある。従来の児童保護の中心的な概念として使用されてきたのが児童虐待（child abuse, child maltreatment）や養育怠慢・放棄（child neglect）である。しかし、近年子どもの権利条約（1989年）の理念の具体化を図る国の増加によって、個別的な現象を表現する概念としての使用を解消し、子どもの視点から子どものおかれた発達環境全体を重視する包括的な概念定義を試みる国が増えてきた（Pösö, 2011）。たとえば北欧諸国などでは、子どもの健全な発達を損なう危険や好ましくない状態・環境という広範囲で可視的な概念定義や、社会的排除という用語などが使用される。ここでは、最低限の国際比較を可能にするために、これまで使用されてきた用語である児童保護を使用する。

### ■1 児童保護2つの系譜

子どもの福祉を増進させることは、民主主義先進国の重要な政治的・社会的課題である。子どもを独自の権利をもつ独立した存在として捉える子どもの権利条約の採択（1989年）によって、子どもを虐待や養育放棄、その他の危険から護り、子どもの安寧・ウェルビーイングを保障する最善の方法が追及される

ようになった。しかし，子どもの健全な発達や教育に対して国家がどのくらいの責任を負うのかは，国によって大きく異なる。制限的な責任しか負わない国は，子どもに心身的な危害を与える危険から子どもを保護することに重点をおき，基本的な安全保障にとどまるが，広範囲な責任を負う国は，社会的地位や養育の結果として生み出される不平等な生活条件のリスクから子どもを保護することを目的とする（Gilbert, Parton & Skivenes, 2011a）。国家の関与の仕方や度合いは，児童福祉制度が私的（家族）および公的（国家）な領域間の責任分担をどのように定義するかによって異なり，子どもと家族に関する文化的な見方によっても違いが生まれる。

　1980年代から1990年代初めにかけて，世界的に児童（通常18歳以下）の虐待報告が急増した。処遇の方法を左右するのが，子ども保護モデルと家族サービス重視モデルという，伝統的に異なった児童虐待報告制度である（Gilbert, 1997）。子ども保護モデルでは，虐待に関しては退行的な親や近親者が与える心身的危害から子どもを保護すべきであると考えられてきた。家族サービス重視モデルでは，虐待は社会的・心理的困難さから生じる家族内の紛争や機能不全を原因として起きるため，家族が責任を果たせるように支援すべき問題として捉えられてきた。したがって対応の仕方も異なり，前者は合法主義的な方法で虐待という逸脱行為を調査する手続きを重視し，後者は家族のニーズ調査も含めた療法的な対応を重視する。その結果，児童福祉専門職者の接し方も異なり，前者のモデルでは親を加害者としてみなす敵対的な関係を基盤として処遇がなされ，後者のモデルでは親との連携を重視するパートナーシップを基盤とした処遇がなされてきた。

　2つの異なった対応観点から国際比較を試みると，英米諸国（自由主義福祉レジーム）は子ども保護モデルを代表し，保守主義諸国（保守主義福祉レジーム）および北欧諸国（社会民主主義福祉レジーム）は，強制報告規定は異なるものの基本的に家族サービス重視モデルを代表し，エスピン-アンデルセン（1999）の脱家族化類型と重なり合うことが明らかである。

　家族政策支出の大きさは，脱家族化の度合いを測定するために使用されてきた重要な要因であるが，先述したように類型間における家族政策支出の接近傾向が指摘される（Gilbert, Parton & Skivenes, 2011a）。さらに，家族政策支出と子ど

158　第Ⅱ部　世界の社会福祉

図表2-9　対GDP家族政策支出と子どものウェルビーイング順位（健康と安全）（2005年）

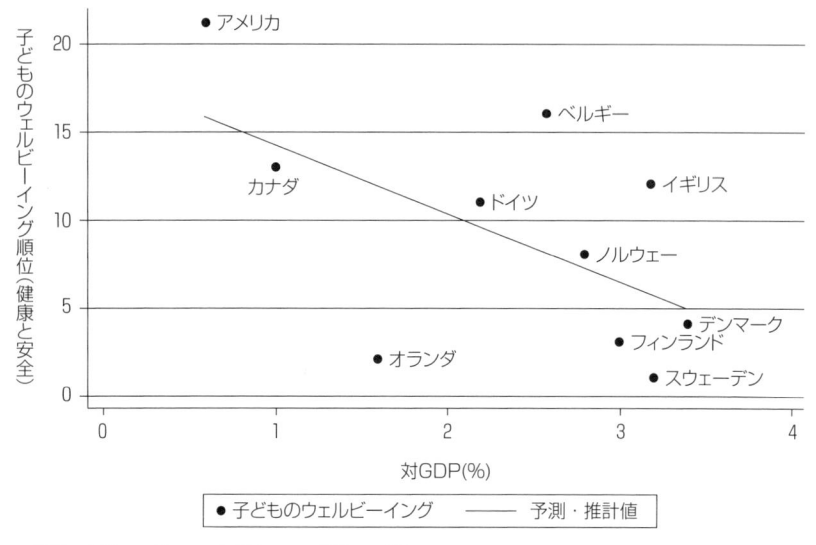

縦軸：子どものウェルビーイング順位（健康と安全）
横軸：対GDP(%)

プロット点：
- アメリカ（約0.6, 21）
- カナダ（約1.0, 13）
- ベルギー（約2.5, 16）
- ドイツ（約2.2, 11）
- イギリス（約3.2, 12）
- ノルウェー（約2.8, 8）
- オランダ（約1.6, 2）
- フィンランド（約3.0, 3）
- デンマーク（約3.4, 4）
- スウェーデン（約3.2, 1.5）

凡例：● 子どものウェルビーイング　── 予測・推計値

出所：(Gilbert, Parton & Skivenes, 2011a, p.10)


図表2-10　対GDP家族政策支出と児童虐待死（2005年）

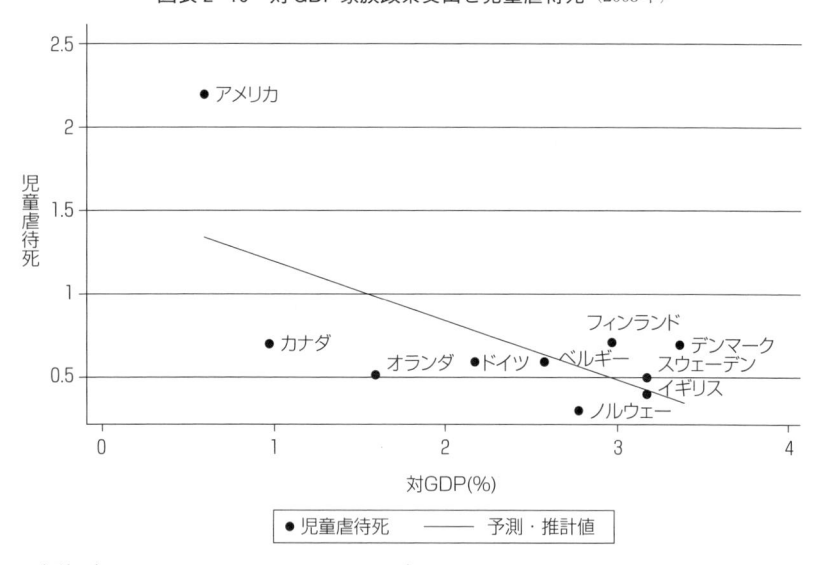

縦軸：児童虐待死
横軸：対GDP(%)

プロット点：
- アメリカ（約0.6, 2.2）
- カナダ（約1.0, 0.7）
- オランダ（約1.6, 0.5）
- ドイツ（約2.2, 0.6）
- ベルギー（約2.6, 0.6）
- フィンランド（約3.0, 0.7）
- デンマーク（約3.4, 0.7）
- スウェーデン（約3.2, 0.5）
- イギリス（約3.2, 0.4）
- ノルウェー（約2.8, 0.3）

凡例：● 児童虐待死　── 予測・推計値

出所：(Gilbert, Parton & Skivenes, 2011a, p.11)

もの安寧・ウェルビーイング（誕生時の健康，12～23カ月の子どもの免疫度，19歳に達するまでの事故や負傷による死亡を内容とするユニセフの健康と安全インデックス使用）（UNICEF, 2007））の関係（回帰式から求めた値）をみると，社会民主主義福祉レジーム諸国において子どもの安寧度が高いことが明らかである（図表2-9）。

　子どもの虐待死は，社会の虐待水準や児童保護制度の効率を反映するといわれるが，家族政策支出と子どもの虐待死との間には明白な相関関係はみられない（図表2-10）。虐待死は虐待が重度化して生じた結果によるものではなく，深刻な精神障害をもつ両親などによって，特異な条件のもとで突発的に引き起こされる悲劇的な場合が大半である。国家の家族政策支出という可視的な条件に依存して児童福祉制度は存立するといえるが，国家支出や脱家族化の発展度が，必ずしも社会における子どもの地位や子どもの権利を擁護するために家族に介入する国家の意思をすべて反映するとは限らない。

## 2 子どもの最善を重視するモデルの登場

　1990年代半ば以降，社会はグローバリゼーションの影響によって大きく変容したが，国際比較研究によると，多くの国において児童福祉制度の拡充が進められている（Gilbert, Parton & Skivenes, 2011b）。共通の発展動向としていえることは，子どもの福祉向上や虐待予防などを目的とする地域・在宅を基盤としたオープンケアが増加したが，養育里親ケアなどの家庭外におけるケアも減少せず，増加気味であることである（図表2-11）。

　子ども保護モデルを代表する国々を比べても，アメリカでは家庭外ケ

図表2-11　家庭外ケアの割合

（単位：千人）

|  | 以　前 | 現　在 |
|---|---|---|
| アメリカ | 8（1997） | 6（2007） |
| カナダ | 4（1991） | 9.7（2007） |
| イギリス | 4.5（1994） | 5.5（2009） |
| スウェーデン | 6（2000） | 6.6（2007） |
| フィンランド* | 8（1994） | 12（2007） |
| デンマーク | 9.5（1993） | 10.2（2007） |
| ノルウェー | 5.8（1994） | 8.2（2008） |
| ドイツ | 9.5（1995） | 9.9（2005） |
| ベルギー | 7.9（2004） | 8.6（2008） |
| オランダ** | 8.4（2000） | 10（2009） |

注：（　）は統計年をさす。
　＊年間を通した数
　＊＊出所：CBS Statline/Childprotection 2010
出所：(Gilbert, Parton. & Skivenes, 2011b, p.247)

アは減少しているが，カナダとイギリスでは増えるという異なる発展傾向がみられる（Berrick, 2011; Swift, 2011; Parton & Berridge, 2011）。ただし，増加原因は入所件数の増加によるものではなく，ケア期間が長期にわたり，退所のスピードが緩慢なことによる。また，アメリカの退所率が高いのはカナダやイギリスに比べて養子縁組が多いためである。社会サービスによる養子縁組に対する考え方は国によって異なる。アメリカやイギリスでは，実の親との生活復帰が不可能であれば養子縁組が最善であると考えられるが，フィンランドでは養子縁組は禁止されており，他の国でも頻繁には利用されていない。また，親族ケアの利用に対する関心も高まってきており，特にアメリカでは利用が増加している。

家族サービス重視モデルを代表する国の方が，子ども保護モデル国よりも家庭外ケアの利用度が高い。フィンランドの利用件数はイギリスの2倍に達するが，その主な理由は司法制度で処遇される青少年犯罪者のためのケアも包括することによる（Pösö, 2011）。また，適用される子どもの年齢も国によって異なり，アメリカ，イギリス，カナダでは年少児の利用が多いのに対して，北欧諸国では年齢の高い子どもの利用が相対的に多い。

近年の新たな傾向として指摘されるのが，子ども保護モデルと家族サービス重視モデルに対する第3のモデル＝子どもの最善を重視する「子ども中心モデル」の登場である（Gilbert, Parton & Skivenes, 2011b）。このモデルは，子どもを国家と家族に対して自立した一個人として捉える。多くの国において福祉国家を発展させる努力として，単なる危険からの子どもの保護だけではなく，子どもの最善という観点から子どものニーズ，能力，成熟度を考慮し，子どもの福祉を増進させるプログラムが実践されてきた。たとえば，フィンランドやノルウェーの子どもに友好な社会形成を促進する政策や，アメリカ，イギリス，ドイツなどで試みられてきた包括的な子ども中心プログラムなどがその例である。カナダ，スウェーデン，ノルウェーなどでは，犯罪行為を行った児童・青少年に対して，ニーズに対応できる居住ケア（児童・青少年の家）の試みが行われている。

新しいモデルの背景をなすのが，1つは近年OECDやEUによって奨励されてきた伝統的な福祉国家（第二次世界大戦後のケインズ的福祉国家）に対する選択肢としての「社会投資国家」（social investment state）・生産的社会政策である

(Morel, Palier & Palme, 2012)。社会民主主義の第3の道としても知られるが，国家は市場の失敗によって個人が陥った生活困難を金銭的に補償する役割から，個人と社会の富を最大限に創出し，個人を市場に統合するために人間資本への投資を図る役割に移行すべきであるという考え方である（Giddens, 1998）。この考え方によれば，すべての子どもが発達の機会と教育の可能性を最大限に活用できるように見届けるのが国家の責務であり，社会・経済政策のための重要な目的は健康と安寧・ウェルビーイングの向上におかれる。モデルの背景をなすもう1つの考え方は個別化（individualization）の重視である。しかし，両者の考え方が必ずしも融合するわけではないために，子どもの最善重視モデルの実践は国によって多様性がみられる。

子どもの権利条約が出発点とする，子どもは社会的，政治的，法的権利を独自にもつ存在であり，将来の労働者あるいは家族の一員としてよりも，むしろ現在の市民として捉えるべきだという見方が多くの国（ただし，アメリカを除いて）において確立され，実践されてきている（Gilbert, Parton & Skivenes, 2011b）。子どもの権利条約に沿った各国内の法律改正も進められており，北欧諸国をはじめとして，子どもの処遇の決定に関しては，子どもの参加と意見反映（たとえば，独自の弁護士要求権など）を義務づける国が増加した。

また，子ども中心モデルは，子どもの権利を親の権利より高く位置づけ，養育者として子どもの最善を図る親の義務を重視する。デンマークやドイツでは，国が設けた養育標準を満たさない場合は，親は経済的支援を失う場合がある。国家，子ども，家族間の伝統的な関係は，子どもの最善を最も重視する観点の導入によって再構築を余儀なくされた（図表2-12）。しかし，実際には国家の役割を番犬とする自由放任的新自由主義の継続や，脱家族化を追求する社会民主主義的試みと実に多様である。この多様性は，権利と責任のバランスや，子ども，家族，国家の関係のあり方の違いによって生み出される。さらに，1つのモデルに依存する国よりも，これらのモデルの組み合わせ均衡化を図る国の方が多い。また，この領域における国家の介入観点や大望は時代時代の危機によって変わりやすいために，政策や実践が脆く不確かな特徴をもつことも今までの経験から明らかにされている（Gilbert, Parton & Skivenes, 2011b）。

図表2-12 児童虐待における子どもと家族に対する国家の役割

|  | 子ども中心モデル | 家族サービス重視モデル | 子ども保護モデル |
|---|---|---|---|
| 介入のための観点 | 現在・将来的観点からの子どもの個別ニーズ、健康で貢献できる市民養成の社会ニーズ重視 | 家族総体のニーズの重視と支援 | 子どもに対して養育怠慢で虐待的な親（児童虐待）からの保護 |
| 国家の役割 | 善意に基づく配慮：脱家族化国家が親の役割を引き受けるが、養育里親ホーム・親族ケア・養子縁組によって家族再形成化を図る | 親支援：国家は家族関係の強化を図る | 制裁：子どもの安全を確実にする「番犬」としての国家機能 |
| 問題枠・背景 | 子どもの発達と子どもが得る不平等な結果 | 社会・心理学的（システム、貧困、人種差別など） | 個別的・道徳的 |
| 介入方法 | 早期介入と調整・ニーズ査定 | 療法的・ニーズ査定 | 司法的・調査 |
| 介入目的 | 社会投資と／あるいは平等な機会保障による安寧・ウェルビーイングの促進 | 予防・社会的結合 | 保護・損傷軽減 |
| 国家と親の関係 | 代用的・協力関係 | 協力関係 | 敵対的 |
| 権利均衡（バランス） | 子どもの権利と親の責任 | 社会福祉専門職者によって媒介される家族生活に対する親の権利 | 法的手段による強制的な子どもと親の権利 |

出所：(Gilbert, Parton & Skivenes, 2011b, p.255)

# 6 子どもの発達条件の均等化を図る就学前事業の重要性

現代社会を維持し、発展させるためには、健康で十分な教育を受けた市民が必要であり、同時に、個人が急激な社会変化に適応するためには生活の安全が必要である。経済のグローバル化や技術革新は雇用不安の増大を不可避的なものにしてきたが、このことが意味するのは強い福祉国家やより個別的な適応が可能な社会福祉の必要性である。伝統的な福祉国家の選択肢として登場したのが、生活困窮者を救済する補償的・温情主義的福祉国家ではなく、先述した人間資本への投資を重視する積極的「社会投資国家」構想である。さらに、福祉

国家の将来に関する議論において反省され，指摘されるのが，従来の機会の平等追及の不十分さであり，機会の平等と結果の平等を区別することの重要性である（Esping-Andersen, 2009）。

第二次世界大戦後本格的な建設を始めたケインズ的福祉国家は，所得再分配政策によって，平等主義の理想を実現すべく，すべての人の人生における機会の平等を（結果の平等よりも）重視した。また，機会の平等は経済的効率を図るために重要であると考えられ，生産性を高め，社会経済的背景（階級）によって人生実現が妨げられ，制約されないために，すべての人の人生の基礎を形成する教育改革が進められた。しかし，20世紀末には，普遍的で無償の教育は人生の機会を均等化するという使命を果たせなかったことが指摘されるようになった。国際比較研究によれば，子どもの社会経済的背景と人生実現の機会の否定的な相関性は以前よりも強化されたことが明らかである。すなわち，いかに平等に構築された教育制度であっても，学校環境が上層・中間階層の子どもたちに対して優位に作用し，低階層の子どもたちを不利な立場に追いやるメカニズムを内包するために，教育制度が平等を創出することは不可能であった（Bourdieu, 1977, Esping-Andersen, 2009）。

さらに重要なことは，近年の発達心理学の研究結果によると，学習のための認知的・行動的基礎は早期の子ども時代（就学前学校年齢）に形成されるという事実である（Esping-Andersen, 2009）。したがって，就学前学校へのアクセスの有無が子どもの将来を決定的に左右するために，教育制度よりも就学前年齢の子どもたちの家庭環境が問題視される必要がある。生まれた直後の家庭外養育は子どもの発達に好ましくない影響を与えるリスクがあるが，生後1年であり，母親の就労が安定したストレスのないものであれば，質の良い家庭外保育・就学前学校教育は子どもの発達にとって有害ではないことが多くの先行研究によって実証されている。また，多くの国の経験によると，母親就労（フルタイム就労も含めて）は否定的ではなく，肯定的な影響と結果をもたらしている。

子どもへの資本投資を量・質ともに左右するのが，家庭における学習文化資本（親の知識や教育水準などの文化資本）である。高学歴の親は低学歴の親と比較すると，子どもの発達に必要な時間を20%多く使っている（Bonke & Esping-Andersen, 2008）。ゆえに，家庭の不十分な学習文化資本を補足する手段として，

低学歴の親が多い低所得世帯やひとり親世帯の子どもの就学前学校・保育サービスへのアクセスを可能にすることが，国家にとって重要な課題となる。すべての子どもを包摂する就学前学校・保育サービスによって，これらの世帯の子どもたちも親の社会経済的背景に依存することなく，他の子どもたちと同じ発達環境を得ることができる。しかも先行研究結果によれば，すべての階層の子どもたちが学習環境を共有することによって，最も不利益な立場におかれた子どもたちに肯定的な発達効果がもたらされることが明らかである。すべての子どもに対する普遍主義的サービスは，すべての市民から財政運営に対する支持を得るうえでも重要な意味をもつ。

　スウェーデンの保育・就学前事業は，量・質ともにスウェーデンが最も成功した政策分野の1つであり，国際的にも高く評価される（訓覇，2010）。本格的な発展を促した要因は2つあり，その1つは，1930年代に始まった児童・青少年の発達条件の不平等を縮小する社会・教育政策であった。もう1つは，1950年代の経済高度成長期に需要の高まった女性労働力の確保のための労働市場政策であった。保育所拡張は，国およびコミューンにとって男女平等政策を促進させ，すべての成人の就労権利・完全雇用政策を達成するうえで重要な手段であった。1972年の就学前学校法は，就学前児童の発達条件の不平等を縮小するために，早くも6歳児の年間最低525時間の無償就学前教育権利を保障している（SOU 1972: 26,27）。さらに，障害などの特別支援ニーズをもつ児童の入所優先も行った。

　国際的にみると保育サービスと幼児教育の組織化は多様であり，スウェーデンなどの北欧諸国は他のヨーロッパ諸国と異なる点が多い。1960年代から重要な政治課題として追及されてきた保育所の量的拡張をほぼ達成したスウェーデンは，1998年先進国に先駆けて，就学前学校，基礎学校（9年間の義務教育）と学童保育事業の総合的統合を遂行した。知識社会に移行した現在，国民の知識向上を図るには，成人教育のみならず「すべての子どものための学校」構築の促進が必要であった。就学前児童だけではなく，低学年児童も改革の対象とした理由は，低学年児童にも学習だけではなく「保育・ケア」が必要であるという考え方によるものであった。改革によって，就学前事業は社会省から学校教育省に移行され，就学前学校教育プランが導入された。改革10年後学校庁は，

改革は成功であったという評価を行った。OECD諸国やEU諸国からも，教育と保育（ケア）を統合したスウェーデンの「EDUCARE-モデル」は高く評価される。サービスへのアクセスの良さ，包括性，普遍性，平等性，公的責任による安定した財政運営，サービスの質の高さにおいても先進諸国のトップに立つ（OECD, 2001; Skolverket, 2008）。

世界の社会福祉／3 章

# 障害者福祉

　正確な数字を述べることは難しいが，世界の障害者人口は約6億人と推定され，その80%は開発途上国で生活を営む（障害百科事典，2012，p.769）。歴史を遡れば，欧米諸国における障害者に対する救済は慈善事業や公的な救貧事業の枠組みのなかで行われてきた。当時の救済対象や救済内容を決定したのが，就労能力の有無による「価値のある」，あるいは「価値のない」救済者の選別であった。障害者は就労不能とみなされることによって価値ある救済者に分類されたが，今日においても障害と貧困の相関関係が指摘され，二重のスティグマが恒久化しつつある。その後も，障害者政策（disability policy）の方向性や内容を決定してきたのは障害に対する見方（パラダイム）であった。たとえば，過去200年間のイギリスの障害者政策の発展をみると，4つの見方に分類することができる：①収容と隔離，②補償（戦争や労働災害による機能損失や低下に対する償い），③福祉給付（福祉国家による温情主義的サービス給付），④権利と市民権（当事者の権利・権限に立脚した温情主義的福祉供給に対する批判）（Drake, 1999）。これらの政策観点の流れは，大半の欧米先進国に共通である。また，イギリスの障害者政策がそうであったように，19世紀の経済自由主義，社会自由主義やフェビアン主義，20世紀末の新自由主義による政治的イデオロギーにも影響を受けて発展してきた。障害者政策ほど，時代時代の社会の価値観を反映する社会政策分野も少ない。

　過去の政治の歴史において，障害者は一貫して政治的「問題」として対応されてきたことも明らかである（Roulstone & Prideaux, 2012）。つい最近まで，障害者は教育を受け，就労し，家族形成を行うなどの通常の社会参加はできない存在として定義されてきた。障害者も社会の主流の生活に適応できる存在とみな

されるようになったのは，わずかここ40年のことである。さらに問題視されることは，障害者政策は他のどの社会政策分野よりも障害者自身の声に耳を傾けることなく，障害者ではない上からの（国家権力による）一方的なやり方で発展してきたことである。また，近年社会支援の原則として，当事者との協議による個別ニーズに沿った支援プログラム作成が重視されるにもかかわらず，障害者政策の多くの分野では依然として当事者である障害者・障害児の意見が無視されがちであることも指摘される。

　1980年代から1990年代にかけてやっと，障害者政策は基本的人権ならびに市民権を出発点とした内容に大きく転換していった。国連は早くから人権に立脚した障害者政策を重視し，1981年の国連障害者年，82年の障害者のための世界行動計画，89年の児童の権利に関する条約（子どもの権利条約），2006年障害者権利条約を採択した。日本は障害者権利条約に署名はしたが批准にはまだ至っていない。欧州連合（EU）は2010年に集団批准をし，2013年3月の時点で批准国は130カ国に達する。

　障害者法も国によって異なる。カナダ，オーストリア，フィンランド，ドイツなどでは憲法自体に障害を理由に差別されてはならない権利が明記されるが，効力をもつ実行機関がなければ障害者の権利が実質的に保障されることは難しい。また，社会福祉や社会保障に関する憲法上の権利として定義する国々（フィンランド，イタリー，ポルトガルなど）もある。スウェーデンでは社会サービス法（1980年）に加えて，機能障害者援助サービス法（1993年）が権利法として制定されている。また，実質的な国内法令によって教育，雇用などにおける障害者の平等な権利を発展させてきた国々（ベルギー，オランダ，アイルランド，イギリス，ドイツなど）もある。差別禁止法としては，アメリカの「障害のあるアメリカ人法」（ADA, 1990年），オーストラリアの「障害者差別禁止法」（1992年），イギリスの「障害者差別禁止法」（DDA, 1995年），スウェーデンの「障害者雇用差別禁止法」（1999年）と「差別禁止法」（2008年）などが代表的なものである。

　障害者政策の歴史的な発展をみると，機能障害に対して現物・現金給付によって補い償うという「補償モデル」から，対等な市民権に基づき社会的包摂を前提とした「人権・公民権モデル」へ，表現を変えれば「個人・医学モデル」から「社会モデル」への画期的な転換を遂げてきた。世界保健機構（WHO）によ

る国際障害分類（ICIDH,1980年）は国際生活機能分類（ICF, 2001年）へと置き換えられ，個人・医学モデルと社会モデルの統合が図られてきた。しかし，各国の障害者政策は障害者政策の背景をなす社会政策・福祉レジームに大きく依存するため，多様な支援施策の発展の速度や過程も国によって異なる。また，社会モデルへのパラダイム転換が図られるものの，障害の定義は多様な要因によって左右されるために議論は完結したわけではなく，現代社会における社会モデルの完全な実践は難しいことが指摘される。

ここでは，障害に対する見方と障害者政策の相関性，医学モデルから社会モデルへの転換過程と問題点，障害者関連給付と雇用問題，欧州共同体（EU）の障害者政策戦略を取り上げる。日本語ではすべてを障害という用語で表現することが可能であるが，できる限り文脈に沿って，機能喪失あるいは損傷を意味する機能障害（impairment），機能の喪失や損傷によってもたらされる能力の喪失・欠如，能力の使用が制限される状態を意味する能力障害（disability），機能障害と能力障害によってもたらされる社会的不利（handicap）を区別して使用することを試みる。さらに，医学モデルと社会モデルにおける能力障害の定義が異なることにも留意する必要がある。

## 1 障害に対する見方と障害者政策の相関性

障害者問題を政治課題として解決を試みる障害者政策を理解するには，障害に対する見方（パラダイム）とその変遷を理解する必要がある。中世のイギリスでは物乞いや施しは高齢者や就労が不可能な人以外には禁止されていた（Roulstone & Prideaux, 2012）。また，救貧対策の対象は就労可能な価値なき貧困者と，就労不可能な価値ある貧困者とに選別されたが，障害者は扶養が必要な子どものある寡婦や高齢者と同じように価値ある貧困者として定義された。当時の障害を定義する際の焦点は，救貧法による援助の受給資格と同様に働くことが可能か否かに絞られ，障害と貧困との相関関係がすでに確立されていた。また，身体的機能障害，虚弱者，精神障害者は院外救助を受けることができた（Harris & Roluestone, 2011）。しかし，障害の種類や度合いに対する選別は次第に厳格化されていき，1800年代になると視力障害者や手足のない障害者以外は

院外救助を受けることが難しくなった。

■ 産業化による有能力・無能力選別と施設隔離政策

　産業社会に突入すると，機械による大量生産を可能にした工場システムによって，就労ができる・できない(abled/disbled)，有能力・無能力(ability/disability)の選別，すなわち工場システムに包摂される能力保有者と排除される無能力者の選別が先鋭化していった。フーコー（Foucault, 2001）が相似性を指摘したように，近代的な工場生産に要求される規律や監視のシステムとその論理が，新しい巨大な精神病院などの施設運営に適用されていった。障害者の隔離施策に国家が必要としたのが，機能障害の種類による障害者分類であった。産業化によって新たに生み出された「問題人口」の分類化や，ニーズ査定と処遇のために重要な役割を果たしたのが，医者，救貧事業職員（ソーシャルワーカー），養護教員などの専門職集団であった。欧米諸国の産業化過程は，社会からの障害者の隔離，疎外，排除を促進・強化させる過程でもあった。

　障害者の社会的排除を促したもう1つの重要な要因が，科学の発展であった。20世紀は科学と科学の権威に依存する政治を誕生させたが，障害者の社会的，経済的，文化的生活に対するさらなる脅威を創出することにもなった（Roulstone & Prideaux, 2012）。たとえば，社会進化論（Evolutionary Theory）者は20世紀の複雑な社会発展に最も適合した者のみが生き残ることを示唆した。種の起源に関する中心的な概念は，種の発生が特定の環境条件に偶然に適合するという，偶然の過程によって発生する自然選択（natural selection）であった。社会進化論は「欠陥をもつ」人体がつくられる過程の理解に大きな影響を与え，生きることに適合しない欠陥をもつ人たちの選別，ひいては根絶が必要であるいう考え方を生み出していった。さらに，社会進化論は遺伝子の強さが消滅することを避けるために，遺伝子的純粋性と社会的選別・淘汰の必要性を説き，遺伝学は単なる遺伝の科学ではなく，社会組織の科学として応用されることになった。

　この遺伝子プロジェクト，後の能力障害に関する疑似科学的見方（社会的危険に対する医学的見方）を支持し，重要な役割を果たしたのが施設収容の思想であった。たとえば，イギリスの1913年の精神欠陥法は当時の思想を反映し，精神的欠陥を4段階（精神薄弱など）に分類し，未婚の母親や学習困難者，そ

の他の異常があると思われる者を監禁する合法性を明示するものであった。さらに，知能指数（IQ）測定も20世紀を通して異常者の識別・分類に正当性を与える科学的な手段として機能した。

　第二次世界大戦後の高度経済成長期に入ると，多くの先進国で労働力不足を充足するために障害者の労働力が必要され，就労生活への参加を支援することに政治的価値が見出された。しかし，使用者側に意志が欠ける，あるいは機能障害によっては雇用が難しく，すべての障害者が雇用に就くことができたわけではなかった。第二次世界大戦後，大半の国で社会保険制度の拡充が図られたが，障害者は雇用を欠くために保険料拠出ができず，社会保険の受給資格を得ることができなかった。公的扶助による所得保障においても，近代的な公的扶助法に改正される前の従来の救貧法では受給条件が制限され，障害と貧困の負の相関関係が継続された。イギリスの貧困研究者タウンゼント（Peter B. Townsend, 1928-2009）は1970年代末に多くの貧困調査を行ったが，貧困者を代表するグループが障害者であることを指摘している（Roulstone & Prideaux, 2012）。

## ❷ベヴァリッジ報告とマーシャルの社会権

　第二次世界大戦後，先進国は従来の社会政策を集大成し，ケインズ的福祉国家を発展させた。障害者の要求を考慮することなく，障害者の最善を最もよく知るとみなされた医師などの非障害者専門職者による温情主義的な政策によって，リハビリテーション，包摂，ノーマライゼーションを重視する方向へと転換が図られたのも1940年代であった（Roulstone & Prideaux, 2012）。イギリスの温情主義的環境の変革の必要性を説いたのが，ウィリアム・ベヴァリッジであった。社会保険と最低所得保障の基本構想を提案するベヴァリッジ報告（Beveridge, 1942）は，当時のイギリス福祉国家の基盤を形成するものであった。報告書において，ベヴァリッジは障害者を独自の市民権を有する存在として位置づけたが，福祉給付への長期的な依存の必要性を考慮したわけではなかった。むしろ，経済的に自立した労働者を福祉国家の理想的なクライアントして位置づけている。ベヴァリッジは，障害者の長期的失業は特別な訓練が受けられないための結果だと捉え，障害者扶養のための経済的負担は社会保険はによって担われるべきではないと考えた。リハビリテーション・サービスは，障害者を就労可能

にすることを目的とする手段として，また統括的な保健・医療サービスは疾病の予防や治療，就労能力の回復を可能にする手段として捉えられた。

このようにベヴァリッジ構想においては，リハビリテーションとノーマライゼーション過程は重要な柱をなしたが，障害者の就労には多様な障壁があり，なかには就労が難しい障害者も存在し，社会保険に完全に包摂されない集団の存在に関する認識は不十分であった。したがって，ベヴァリッジの解決は公的扶助による最低所得保障による対応しか残されず，障害者は報酬労働市場から排除される結果を招くこととなった。イギリスでは，後に障害者雇用法(1944年)が制定されたが，1975年までに障害者の割当雇用を適用したのは，わずか10人の雇用主であったように，ほとんど効果はもたらされなかった。

スウェーデンなどの福祉国家の理念・価値基盤として，市民としての対等な権利に基づく障害者の生活条件の均等化や社会包摂を促進させるうえで重要な影響を与えたのが，イギリスの社会学者トーマス・マーシャル（Thomas H. Marshall 1893-1981）の社会的市民権（社会権）であった（Marshall, 1950/92）。マーシャルは，民主主義的改良主義の前提をなす3つの市民権—市民的市民権（civil citizenship），政治的市民権（political citizenship），社会的市民権（social citizenship）—が，西欧諸国では歴史的に3段階を経て成立したことを指摘した。社会権は社会的基本権あるいは生存的基本権とも呼ばれるが，教育，医療，その他の福祉を享受する権利を意味する。これらの市民権に共通する原則は平等であるが，マーシャルは絶対的な平等をめざしたわけではなく，資本主義体制内での平等実現には限界性があることを認めている。

したがって，マーシャルは富や権力に関係なくすべての人に社会権の権利と義務があることを主張したが，資本主義体制の存続を前提とし，階級構造自体の根絶をめざすことは求めなかった。しかし，資本主義がもたらす多様な社会的リスクから個人を保護する必要性（経済的福祉と安全）を説いた。資本主義体制においては，個人が所属する社会階級や階層によって平等であるべきはずの権利保障が大きく左右される。マーシャルにとって，市民権を拡張することは資本主義が生み出す不平等の縮小を意味した。教育や医療がすべての人に平等の権利として保障されれば，所得格差は完全に消滅しないが，所得力によって影響を受ける消費力のコントロールは可能となると考えた。

社会権は，すべてのイギリス人の社会保険への加入を当然の権利として位置づけるものであった。しかし，マーシャルが想定したのは，納税や社会保険料の拠出義務を果たし，社会の富や福祉の高揚に貢献できる活動的な理想の市民であり，障害者にとっては平等な機会保障と結果の平等には大きな隔たりがあった。マーシャルは社会権の概念の枠内に，必ずしも特別の現金・現物給付を包括したわけではなかった。しかし，多様な支援サービスの受給保障がない限り，必然的に障害者は完全な市民権を行使することはできず，市民権の領域外に追放されることになる。マーシャルの理論的意義は，基本的人権としての社会権の重要性を指摘することによって，その後の福祉問題に関する議論と論争に貢献をしたことであった。マーシャルの市民権論は，完全な市民権から排除される範囲や次元を踏査し，格差や不平等が実在することを認識するための重要な水準基標（ベンチマーク）の役割を果たす。国連の障害者権利条約の批准や差別禁止法の制定などによる障害者の権利高揚，さらに市民権に立脚した障害者政策への発展は，まさにマーシャル理論の実践結果であったといえる。

## 3 脱施設化とノーマライゼーション

1950年代末における完全な市民権と社会権の要求をめぐる社会的議論は，特に障害者に関連する政策決定過程に大きな影響を及ぼした（Roulstone & Prideaux, 2012）。障害者が教育や労働に参加する権利を奪われ，社会形成への参加から排除されてきた，通常の生活を送るには障害が重すぎることを理由に施設収容を強制されてきた現実に対して，障害者自身が不条理であることを訴え始めたのが1970年代であった。また1970年代は，多くのヨーロッパ諸国で精神障害者などの長期入院による施設収容への批判が高揚した時期でもあった。

イギリスでは1972年に，施設収容・隔離に対する批判と地域社会での生活を実現させるための支援を要求する，当事者組織「隔離に反対する身体障害者連盟」（Union of Physically Impaired Against Segregation = UPIAS）が結成された。UPIASの主な貢献は，社会的不利（handicap）という概念を削除し，機能障害（impairment）と能力障害（disability）を区別した独自の定義を発表し，社会に浸透させたことであった。UPIASは，機能障害とは「手足の一部または全部が欠損している状態，あるいは手足，器官または身体の機能欠陥」をさし，能

力障害という用語・概念は機能障害をもつ人たちに対する社会からの抑圧（烙印を押す，制限を課すなど）を意味すると定義した（障害百科事典，2012, p.129）。UPIASの定義の試みは，その後の社会モデル構築の出発点となり，発展の道標となった。

社会モデルが確立される前に，環境条件を重視した障害の相対的定義をいち早く導入したスウェーデンでは，1960年代からすべての人が不自由なく暮らせる平等社会という，福祉国家の建設ビジョンの実現が図られてきた。相対的な障害概念の定義は，能力障害とは機能障害自体によって生み出されるものではなく，個人を取り巻く環境との出会い（個人と環境の相互作用）において生み出されることを出発点とする。

1972年，当時のスウェーデンの障害者組織の連絡機関である障害者中央委員会（Handikappsförbundens Centralkommitté = HCK）は，「障害は社会構造の欠陥から生み出されるのであり，ゆえに障害は社会変革によって軽減される」と指摘した（Regeringen, 2000）。1958年および1965年にそれぞれ設置された社会政策委員会と障害委員会は，障害の相対的定義に基づき，次々に重要な改革（伝統的な障害者施設の廃止，住宅改造手当，コミューン障害者評議会の設置，送迎サービスへの国庫助成，障害研究所の設立など）を実施し，1976年には「すべての人に文化を」という最終報告書（SOU 1976：20）を提出した。障害者の経済的自立も普遍的な社会保険改革（1962年の国民保険）に組み込まれた形で促進させられ，ついで障害加算金や障害児をもつ親に対する介護手当などが導入された。スウェーデンの障害者政策の特徴は，早い時期から孤立した障害者政策としてではなく，福祉国家の価値基盤である市民権に基づいた普遍的な社会政策の一環として促進してきたことにある。そのため，残余・選別主義や温情主義がもたらす社会的排除を経験しなかったことは，社会を分断せず，国民連帯を基盤とした共生社会の実現を可能にした。障害者だけを対象とした特別法に基づく温情主義的な特別施策は，障害者差別に繋がるという認識が早くからスウェーデン福祉国家の政策視座に据えられたことは，その後の障害者政策の発展に重要な意味をもたらした。

1960～70年代には，ノーマライゼーションと統合が障害者政策の国政目標に据えられ，それまでの一般社会から隔離された学校教育や住宅政策が大きく

転換していった。世界的に影響を与えたのが，知的障害者組織のオンブズマンであったベンクト・ニィリエ（Bengt Nirje 1926-2006）によるノーマライゼーションの8原則（1日，1週間，1年，ライフサイクルの通常なリズムや，通常な自己決定，性，経済水準，環境基準など）であった。ノーマライゼーションの原則が要求したのは，可能な限り普通の人たちに近い生活様式や生活条件に対する障害者の権利の具現化であった（Nilje, 2003）。

　1978年には統合調査委員会が設置され，統合保育・統合教育の検討がすでに始まっている。さらに，労働障害者に対する積極的な労働市場政策が促進させられたのも，高度経済成長期の1960年代からであった。1974年には，人員整理時における障害者優先などを内容とする雇用保護法が制定され，1977年には職場の物理的環境の整備に対する要求が強化された。1980年には，労働障害者に対する労働市場政策の根源的な改革が実施され，賃金助成雇用の導入や障害者のための職業訓練所の設立とともに，従来の障害者の就労の場であった多様な事業所が統合されて社会工場（サムハル）が設立された。1986年には，最後まで残った重度の知的障害者のための施設全廃が，2000年を全廃完了年として国会で決議された。独立した精神病院は1970年代末から徐々に解体され，総合病院への統合と地域における精神保健医療診療所の設置によって精神医療の社会化・地域化が図られた。

## 4 自立生活運動

　自立は非依存を意味し，自らの生活形成や生活内容を自らの意思で選択し（自己決定），統制することができる自律を意味する点で，基本的人権の自由権行使と大きく関わる。したがって，自立・自律はすべての国において障害者権利運動の重要な目標として掲げられてきた。

　脱施設化やノーマライゼーションの過程の一環として，1970年代に障害者自身の手による自立生活（independent living）運動がアメリカの西海岸バークリーで誕生し，世界的に浸透していった（障害者百科事典，2012, pp.1003-1007）。障害を理由にした強制的な施設生活ではなく，利用しやすい生活環境と，それぞれの生活形成に必要な個人的支援（パーソナル・アシスタンス）のための有償の援助者を得る権利の主張が運動の出発点であり，目標であった。この運動を

発端として，自立生活支援センターが組織化されていった。

　アメリカで始まった自立生活運動は，イギリスアやスウェーデンなどの北ヨーロッパや西ヨーロッパ諸国に広がり，施設生活の選択肢としての個人的支援保障に焦点があてられるようになった。1989年，障害者団体によって個人的支援に関する「ストラスブール決議」が宣言され，1990年にオランダでヨーロッパ自立生活ネットワーク（European Network on Independent Living = ENIL）が結成された。障害者の選択の機会は自然発生的に生み出されるものではないために，社会が創り出す必要があるという考え方が底辺に据えられた。障害をもたない専門職者によって，障害者の生活に関する多様な決定がなされてきたそれまでの障害者不在の措置方法を撤廃するには，まず障害者自身が自らの生活に責任を負い，他者の干渉なしに自分自身の生活や人生を考え，選択する必要があることが主張された。自立生活運動はヨーロッパ諸国の障害者政策に多大な影響を与えたが，イギリスやスウェーデンなどで導入された障害者に対するサービス費用の「直接払い」は，自己決定強化施策の1つであった。

　スウェーデンの例を取り上げれば，1989年に設置された障害者調査委員会によって，一連の政治的努力にもかかわらず，依然として重度の障害者の生活条件が他の国民グループに比べて劣っており，日常生活における個人的な支援の不十分さが指摘された。最も深刻な問題は，障害者の生活や人生形成における自己決定権，選択の自由や完全社会参加の権利が十分に満たされていないことであった（Regeringen, 2000）。当時，自立生活運動による個人専用支援人（パーソナル・アシスタント）の雇用が一部のコミューン（基礎自治体）との共同プロジェクトによって立ち上げられ，試みられていた。さらに，知的障害児の親の会などの要求もあって，従来の精神遅滞者ケア法（1986年改正）が発展的に解消され，特別権利法として機能障害者援助サービス法（1993年）が制定された。新法の誕生によって，多様なサービスとともに，個人専用支援サービスと直接雇用・直接払い方式が導入された。これは行政や専門職者による一方的な温情主義的処遇から，当事者の自己決定権を強化する点で画期的な内容をもつものであった。さらに，従来の福祉国家の障害者という集団単位の資源分配から，自らの生活を決定する個人の可能性の強化を重視した個別的資源分配に転換させられた（障害百科事典，2012, p.686）。したがって，自活能力の付与（エンパワメント）

は共通の利益をもつ集団を対象とするのではなく，各個人に自活能力を与える（エンパワリング）ことを意味するものとして位置づけられた。

イギリスの自立生活運動者たちは，機能障害によって社会参加や生活の機会が決定されるべきではないとみる点で，障害の社会モデルとの考え方を共有する。障害者が自立した生活を営むうえで，移動や意志疎通など障害のない人は必要としない追加的な要求が生じることを指摘する。その意味では，社会モデルと同様に追加的な要求の充足は，障害のない人と平等な機会を実現するうえで欠くことができない前提をなす。追加的な要求とは，環境への最大限のアクセス，利用しやすい交通システム，補助器具，利用しやすい改造住宅，個人的支援・補助，包摂を前提とした教育と訓練，適度の収入，雇用の機会均等などである（障害百科事典，2011, p.1006）。

## 2 個人・医学モデルから社会モデルへの転換

### 1 個人・医学モデル

障害の見方は多様であり，一義的ではないが，基本的に個人・医学モデルと社会モデルの2つに分けることができる（Priestley, 2012）。現在でも北米で支配的な障害モデルが，リハビリテーションとの関係で発展させられたアメリカの社会学者サード・ナジのモデルである（Nagi, 1965）。ナジは，機能障害には病変だけではない先天的な異常も含まれるとし，能力障害の種類と度合いに影響を与える多様な機能障害があると定義した。

---
【ナジのモデル（1965年）】
病理学：身体的プロセスにおける病理学的解釈
機能障害：解剖学的あるいは生理学的異常と損失
機能制限：通常の役割と義務を遂行する能力における制限
能力障害：行動パターン
出所：(障害百科事典，2012, p. 1607)

---

後に，ナジは環境的な障壁が能力障害の根源であることを明確にした。ナジのモデルは，アメリカの障害者法や障害者政策，障害者に関する統計の基礎として幅広く使用されてきた。

次に知られる定義が，世界保健機構（WHO）によって1970年代に検討が積み重ねられ，1980年に発表された機能障害，能力障害，社会的不利に関する国際障害分類（International Classification of Impairment, Disabilities, and Handicaps ＝ ICIDH）である。

───【ICIDHの定義（1980年）】───
機 能 障 害：心理学的，生理学的，解剖学上の構造や機能の損失あるいは異常
能 力 障 害：機能障害による能力制限・制約あるいは能力の欠如
社会的不利：妥当な役割遂行における個人の不利
　　　　　　　　　　　　　　　　　　　出所：（障害百科事典，2012，p.1608）

　ICIDH分類の目的は，健康と疾患の狭い観点から試みられた従来の定義に対して，社会的不利の障害概念を重視することであった。しかし，イギリス障害者評議会（British Council of Disabled People ＝ BCODP）は，ICIDHの定義は個人と個人の機能障害から出発し，その結果として能力障害を生み出し，障害者たちを社会的不利や不便を被る弱い存在にする個人・医学モデルにすぎないと批判した。実際，イギリス障害者評議会は，国際的な機関「障害者インターナショナル」（Disability Peoples' International ＝ DPI）に対して，ICIDHの使用を拒否することを要求している。ICIDHは，社会モデルの構築を意図したとはいえ，定義を3つの異なる要素に順次因果的に分類することによって，個人主義と医学中心の治療に陥りやすいものにしたといえる。

　以上，伝統的な個人・医学モデルは機能障害をもつ人々は機能低下や欠損のために生活を通常に営むことは難しく，通常に要求される社会的役割を果たすことが困難であるとみる。この見方によれば，障害者が体験する不便さや社会的不利は，機能障害によってもたらされた個人的な不幸だということになる。

### 2 社会モデル

　社会モデルは，機能障害をもつことと社会的な「不能者・能力障害者」に転換させられることの因果関係を注目する。すなわち，このモデルは認知的，知覚的，身体的機能障害そのものが社会的「不能」をもたらすのではなく，人々の多様性と差異に対する社会の誤った見方によって生じると捉え，障害の社会的解釈の基軸を個人から社会へ移動させる。障害は個人的な悲劇や不幸ではな

く，社会的過程によって創り出される社会問題であると捉える。資本主義政治経済学における生産と再生産の社会的関係によって「不能・能力障害集団」が生産され，福祉国家への強制的依存をもたらすという社会構築主義的理解である。福祉資本主義が，合理的な官僚主義のコントロールによって，新しい形態の支配と秩序を構築したというドイツの社会学者・哲学者ユルゲン・ハーバーマス（Jürgen Habermas, 1929- ）の「生活世界の植民地化」的視座と通じるものがある（Habermas, 1987）。

　社会モデルは，先述した「隔離に反対する身体障害者連盟」（UPIAS）の障害の定義の試みから始まり，イギリスを中心に発展してきた。UPIASは，機能障害の所在は身体に，能力障害の所在は社会や文化にあるとし，機能障害と能力障害の区別を行った。この視座をより理論化し，先鋭化したのがイギリスの社会学者マイケル・オリバー（Michael Oliver）である。オリバーは，著書『障害のポリティクス（The Politics of Disablement）』（1990年）の中で，社会的抑圧理論によって機能障害者を抑圧する社会構造と社会的障壁のメカニズムの分析を試みた。社会モデルによれば，障害者は身体によってではなく，社会によって生み出されるものであり，その結果，差別反対法と障壁撤去のキャンペーンが展開されてきた。多様な障害者集団が共有する抑圧を重視し，抑圧からの解放が集団全体の課題であることを強調する集団モデルだといえる。さらに，社会モデルは個人・医学モデルと社会モデルを明確に区別し，能力障害という概念を機能障害ではなく，抑圧や社会的障壁に関連づけた再定義を試みた点で意義がある（Harris & Roulstone, 2011）。

　それでも，障害者運動の活動家の間においても障害者の捉え方は異なり，イギリスの活動家たちの見解は相対的に急進的である（障害百科事典, 2012, p.1609）。英語圏の大半の国の活動家たちは，障害を機能的な制約・制限は人間の総合的なアイデンティティの１つの側面にすぎないと捉え，障害者を直訳すれば「障害をもつ人々」（people with disability）という呼び方をする。それに対して，イギリスでは人々は社会によって障害者にされるという考え方から，「不能者にされた人々」（disabled people）という表現を選択する。イギリスの障害者運動は，最初から社会的に抑圧され，障壁にさらされてきた少数グループの運動として位置づけられてきた。

その後，社会モデルも多様な批判にさらされ，再定義が試みられてきた。なかには，ICIDHと社会モデルの違いは，ICIDHは「ハンディキャップ」(handicap) を使用し，社会モデルは「ディスアビリティ」(disability) を使用する違

図表3-1　ICIDHとトーマス・バージョンの社会モデル

| ICIDH | 社会モデル |
| --- | --- |
| 機能障害 | 機能障害 |
| 能力障害 | 機能障害効果（結果） |
| 社会的不利 | 能力障害 |

出所：(障害百科事典，2012，p.1610)

いだけで，本質的な矛盾はないという見方もある。社会モデルに対する最も重要な批判は，社会的関係によってではなく，機能障害の結果として生じる能力の制限・制約の不在であった (Thomas, 1999, 2007) (**図表3-1**)。

　また，同じ社会モデルでも，闘争的なイギリスのそれとスウェーデンとの違いは障害者政策の政治的過程にあり，その是非は別として，スウェーデン・モデルは中央レベルの政治家（社会工学者）と障害者組織の密接な協働作業によって発展させられ，一貫して改良主義的であったといえる。

### ❸医学モデルと社会モデルの統合的試み

　7年以上に及ぶ作業の結果，2001年に発表された国際生活機能分類 (International Classification of Functioning, Disability, and Health = ICF) は，医学モデルと社会モデルの二元化によって生まれた溝を埋めようとする試みであった。

　ICFはそれぞれの構成要素よりも全体の過程を重視し，能力障害は個人の特徴と，身体的，社会的，個人的世界との相互作用の結果として生じると捉える。ICFは，ICIDHの枠内で構築された産物にすぎないという批判もあるが，身体と医学の役割を軽視せず，個人が容認あるいは排除される社会的関係に注目するという二重の利点をもつ。ICFは，環境，設備，差別がもたらす役割を重視したために，DPIによっても支持され，承認された。障害研究においても，ICFは医学的分類として使用されておらず，ICIDHが抱える根源的な問題を回避し，参加と環境の相互作用の分類として操作化することが可能であることを示唆する。

図表 3-2　ICF（国際生活機能分類：WHO（世界保健機関）が2001年に提唱）

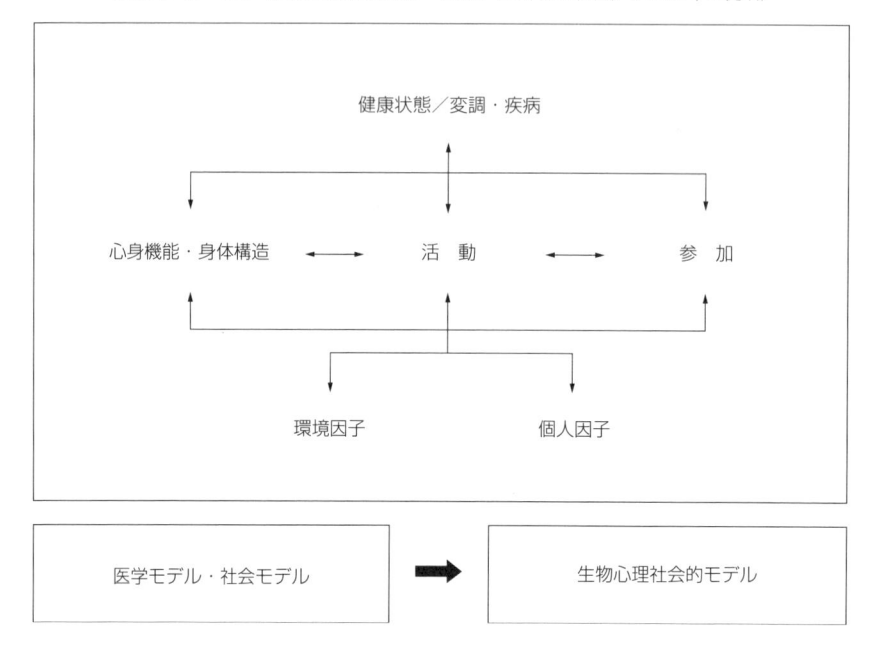

```
                    健康状態／変調・疾病
                           ↕
        ↙                  ↕                  ↘
  心身機能・　　　　　　　　　　　　　　　　　　
  身体構造  ←→     活　動     ←→     参　加
        ↘                  ↕                  ↙
                           ↓
              環境因子            個人因子
```

医学モデル・社会モデル　➡　生物心理社会的モデル

## 4 障害モデルの二元化による問題点

　障害の個人・医学モデルと社会モデルの二元化は，能力障害に対する社会がとるべき対応・取り組み方を異なるものにする。医学モデルは，非医学的な問題に対して医学的方法を適用する医療化（第Ⅰ部2章66頁参照）をもたらし，機能障害をもつことは個人を価値の低い，無能で，依存度の高い存在とみなす偏見の危険性を内包する。社会モデルは，薬やリハビリテーションなどの治療よりも，社会に存在する障壁の撤廃と社会的包摂を優先し，社会変革を要求する。社会モデルは，障害者自身が問題だという見方から，社会に問題が所在するという見方に変換させた点では大きな貢献をした。UPIASの試みは機能障害を否定したわけではなく，能力障害と区別しただけであったが，社会モデルの支持の高揚とともに一部の活動家たちが機能障害から出発したすべてのアプローチ（ICIDHの定義に基づいた介入）に反対するという急進的な方向に導いていったことも指摘される（障害百科事典，2012, p.1611）。

　また，社会モデルを現実の社会構造において実践することは難しく，不可能

に近い場合も多い。たとえば，機能障害を障害者の定義の一部として容認しなければ，法律上保護されなければならない集団を確定することはできない。また，物理的環境の整備や社会的障壁の撤去，ユニバーサルデザインの普及など環境へのアクセスは改善されたが，完全な障壁の撤去は自然環境へのアクセスとともに難しい問題である。障害は，複雑で，複数次元にわたり，階層的な概念である。機能障害の有無は人が障害者として定義されるために必要であるといえるが，機能障害自体によって障害者の基準を定義することはできない。社会構築主義的観点からいえば，障害者という範疇は社会的過程によって生成・定義され，定義に必要な境界基準が設けられてきたからである。

　これらの定義や基準によって，誰が社会に包摂され，排除されるかが決められてきた。個人・医学モデルと社会モデルの双方の見方や定義を最も厳しく批判してきたのが，障害研究分野におけるフェミニズム研究者たちである。男性を基準とした言説からは見えてこない，あるいは見逃されがちな機能障害が慢性疲労症候群やうつ病などであり，女性に多いことを指摘する（障害百科事典，2012, pp.130-131）。さらに，個人・医学モデルと社会モデルの区別を難しくする背景には，機能障害自体が社会的産物であることを過小評価するからだと批判するのが，機能障害の社会学（sociology of impairment）である。このようにして障害に関するモデルと定義は相対的な関係にあり，不確定であるがゆえに，すべての状況に1つのモデルを選択し，適用することは難しい。

## 3　障害関連給付から雇用保障へ

### ■1 障害関連給付と労働能力との相関関係

　障害者政策における個人・医学モデルから社会モデルへの転換は共通の動向として指摘されるものの，障害者関連の現金給付と社会的支出は国によって大きく異なる（Priestley, 2012）。2005年の統計では，公的支出に占める障害年金の割合は，OECD諸国の中ではノルウェー，イギリス，オランダ，スイス，スウェーデンにおいて相対的に大きく4％を超える。また，障害年金や現金給付の水準は，北・西ヨーロッパ諸国では高いが，南・東ヨーロッパ諸国では依然として低い。

このような違いをもたらす原因は、障害関連現金給付や受給資格の定義や基準が異なることにある。多くの国が、現金給付の受給資格を確定するために、個人の機能障害によってどのくらい労働能力が喪失されたかという測定方法を取り入れている。しかし、喪失基準の設定は異なり、オーストリア、ベルギー、ブルガリア、キプロス、アイスランド、ルーマニアでは50%、チェコ、ポルトガル、リトニアでは66.6%、イタリアでは74％である。それに対して、労働能力に関する質的な確定方法を使用するのが、デンマーク、フィンランド、イギリスなどの国である。医学診断を重視する労働能力の認定は、労働市場で得ることが可能な職業の種類、補助器具の使用や、労働環境へのアクセスの可能性を軽視しやすい。また、労働市場の状況によって雇用の可能性が左右されるため、「就労可能」という定義はきわめて流動的であり、時間や政治・経済的条件によって変動しやすいことも指摘される。

障害年金給付が、高失業時に障害者を労働市場から恒久的に排除するための手段として使用されてきたことも明らかである。近年、ヨーロッパ諸国において、このような現金給付のあり方を変える試みが進められてきたが、障害者の社会的包摂を重視するというよりは、福祉国家の支出の削減（特に経済的不況時）が重視されてきたといえる。障害関連給付が、経済不況や高失業時などの労働市場の供給をコントロールするために使用されてきたことが明らかである（Priestley, 2012）。

## ❷ 障害者雇用の新たな試み

障害、労働、福祉（社会サービス）の関係が、現在の障害者政策の議論の焦点に据えられるが、各国の障害者雇用政策の発展動向に共通なのは、福祉給付から就労による経済的自立を図る方向への転換である。労働権・勤労権（日本国憲法第27条）は社会権の重要な柱をなし、勤労は国民の権利であり、義務である。就労は人々の経済的自立と、経済的自立による自由権行使を可能にする。さらに、何らかの経済的活動によって国内総生産、すなわち社会経済への貢献を図り、納税者としての国民の義務を果たす。しかし、労働が人間に与える意義はそれだけではない。すべての人間にとって日々の労働あるいは労働生活への参加が重要な意味をもつのは、人間が社会的存在として自己発達を行う手段

だからである。すなわち，人間は労働によって社会的存在になるといえる。

しかし，すべての福祉レジームが労働権の保障をめざしてきたわけではない。社会民主主義・普遍主義的福祉レジーム以外の国においては，労働権そのものの保障は必ずしも第一次的な目標には据えられてこなかった。自由主義・残余主義福祉レジームでは，「働かざる者食うべからず」（ワークフェア）という原則によって，労働は半ば強制的に奨励されてきた。保守主義・コーポラティズム福祉レジームにおいても，すべての人に対する就労保障を重視するよりも，就労が何らかの理由（高齢や疾病など）により不可能な場合に社会保険の給付によって，金銭的補償を行うことに主要な目的がおかれてきた。これらの国においては，障害者などの社会的弱者に対する労働権の保障は第二次的なものであったため，社会保険に包括されないグループを創出してきた。ゆえに，排除されたグループに対する所得保障は，残余的な性格をもつ公的扶助によって行われてきた。福祉受給者というスティグマと社会的排除は，国家によって生産・再生産されてきたといえる。

障害者に対する雇用機会の主な創出方法は，積極的差別是正措置（affirmative action），肯定的差別処遇（positive discrimination），雇用の平等（employment equity），割当雇用制度（quota system）に分かれる（障害者百科事典，2012．pp.1731-1735）。近年の国際比較研究によると，割当雇用と国家介入による保護雇用重視のヨーロッパ型と，差別禁止と市民権重視のアメリカ型の2つの異なった伝統が指摘される（Goss, Goss & Adam-Smith, 2000）。肯定的な差別という考え方に基づく積極的差別是正措置は，1960年代初めにアメリカの公民権法制の文脈において初めて使用された概念である。アメリカの是正プログラムは，1つの法律に基づくものではなく，多くの法制や多様な大統領発令とともに発展してきた。また，障害者だけではなく女性や少数グループも含める就労有資格者雇用の目標は，割当ではなく，合理的に到達可能なものとされる。差別禁止法の流れをくむカナダでは，1986年に女性，先住民，障害者などを対象とする雇用機会均等法が制定されたが，雇用主に特定者の雇用を義務づけてはいない。

ヨーロッパの大半の国（オーストリア，フランス，ドイツ，ベルギー，ハンガリー，ルクセンブルク，イタリア，ポルトガル，スペインなど）が，雇用主に対する障害者の雇用割当を義務づけているが，割当義務の度合いは国によって異なる。法

定雇用率を達成できない企業には，一定の納付金が要求されるのが一般的である。先述した補償モデルを特徴とする国では，就労保障として一般労働市場外での保護雇用が導入されてきた。保護雇用は，低賃金や無報酬による低価値労働を生み出す危険が批判される。反面，障害者の雇用を確実にする新たな試みもみられる。賃金助成雇用（ベルギー，フィンランド，マルタ，オランダ，スウェーデン，ルーマニアなど），雇用主に対する雇用主税や保険料割引（チェコ，スペイン，スウェーデンなど），障害者の能力と職業の適合化（ベルギーなど），重度障害者の就労重視（キプロス，ドイツなど），障害関連給付と報酬労働の組み合わせの改善（デンマーク，イギリスなど），起業家や自営業者としての始業支援（フィンランド，スウェーデン，リトニアなど）などがあげられる。このようにして，障害者の完全な社会参加を実現するには，労働市場への参加を可能にする積極的な労働市場政策が必要であることが明らかである。

どの先進国にとっても重要な課題は，相互に依存する労働市場の活性化（雇用の拡大）と失業手当や早期年金などの公的支出の削減である。障害者関連給付の増大の理由は，個人の行動的変化（就労回避など）や雇用の減少（特に長期的失業中の高年労働者に対して）などによって説明されてきた。しかし現実には，過去の経済的不況期における低い労働力需要の問題を解決するために，失業者を「就労不能」関連給付受給者に置き換えるという施策によって，障害の概念の再定義化と拡大が図られたことが指摘される（Priestley, 2012）。労働市場からの早期かつ永久的な退出を容易にするために使用された障害関連給付は，福祉国家の重要な問題として位置づけられ，受給資格の査定の根本的な改革が進められてきた。たとえば，イギリスでは複雑なシステムを雇用活性化プログラムに転換させる試みが行われた。2008年に，就労不能給付と疾病や障害による所得支援は，新しい就労能力査定と受給資格の医学的判定を前提とする新雇用・支援手当に置き換えられた。イギリスの例は，成人障害者や高年労働者の雇用を最大限に拡大し，受給資格の境界線の厳密化を図り，障害関連給付の支出を減らすための国家の関心・意図をよく表している。他のヨーロッパ諸国においても，同様な傾向が指摘される。

近年のヨーロッパにみられる労働市場政策と福祉政策の共通の傾向は，総合的な労働障害（就労不能）の評価から，詳細で厳密な労働能力の評価（何が可能

であるか）システムへの移行である。これらの試みによって，パートタイム就労や弾力的な就労形態（労働時間の短縮など）が増加した。多くの国で労働障害によるパートタイム就労権の保障が進み，たとえばノルウェーではパートタイム就労が障害者の間では最も一般化してきている。OECDもパートタイム就労に注目するが，障害者に対する半ば強制的に行われる弾力的保障(flexicurity)は，新たな形での不完全就業と貧困の危険を生み出すことにもなりかねないことが批判される。

### ❸ 障害者の社会構造的依存

　障害者の社会構造的依存を理解するには，3つの要因を認識することが重要である (Priestley, 2012)。まず，貧困との相関関係である。世界中の障害者の大半（特に女性）は，現代社会の失業者としての存在を余儀なくされ，労働市場進出を拒まれる低賃金労働者である。EUによる統計では障害者の貧困率は非障害者平均よりも70％も高いことが明らかである (European Commission, 2010)。最大の原因は，障害者が雇用を得ること自体が困難なことにある。次に，障害者は福祉の受給者，すなわち就労不能者として，労働市場から排除されていることである。3番目に，高齢者人口の増加により「障害」に陥る高齢者が増大していることである。社会モデルが指摘することは，障害は単に福祉国家の再分配問題ではなく，社会的排除の構造的問題として実在することである。

　伝統的に，障害者政策は国家の障害および障害者に対する見方によって発展を左右されてきたが，近年の発展動向として指摘できるのは，障害者政策の領域や内容の拡張，社会的包摂のためのより総合的で権利重視の施策への転換である。2008年に採択された国連の障害者権利条約や，EUの労働市場における差別禁止規定などがその好例であるように，障害者政策の国際的な協調（ハーモニゼーション）傾向が指摘される。

　しかし，社会モデルは権利法のみによっては資本主義市場によって創出される障害者差別構造を解決することはできないと批判する。社会モデルの支持者が描く政治的脚本は以下の3つである。1つは，就労不能給付を廃止し，障害者と非障害者の失業手当を統合する。次に，個人の機能障害査定よりも，障害を生み出す障壁のために障害者が負担しなければならない費用の給付を制度化

することを優先する。障害のカテゴリーを廃止し，社会的包摂に関わるすべての政治分野を変革することによってこそ，普遍的なアクセスが促進させられるとみる。さらに，福祉国家は，障害者排除に対する私的な責任（たとえば，障害者を理由なく差別する雇用主やケア供給者などの）を，法的にも経済的にも義務づけることを規定した差別禁止法を制定すべきだと主張する。現在の障害者政策は，従来の社会政策や福祉の境界線を越えて，すべての人の社会的包摂，平等，市民権というより広大なパラダイムに発展しつつあるといえる。

## 4　欧州共同体の障害者政策促進戦略

障害者政策のみならず，現代の福祉・雇用レジームが収斂化・近接化してきたことの要因の１つにあげられるのが，欧州共同体の集団的政策戦略である。

### ■1　2000～10年戦略とその結果

1990年代の障害者政策は３つの挑戦を経験してきたといえる（Ooschot & Hvinden, 2001）。１つは，多くの先進国が障害関連給付の増大による所得保障制度の財源的維持の困難さに直面させられたことである。障害関連給付は受給条件が寛大すぎると批判され，高年労働者の労働市場からの退出を増加させてきたことが懸念された。したがって，多くの国が給付条件の厳格化と給付額の引き下げを試みると同時に，障害者の雇用促進を重視する戦略をとった。

２つ目は，障害者政策における障害の概念定義に対する批判の高揚であった。すなわち，個人の機能制限や欠損を重視する個人・医学モデルに基づく社会から切り離したサービス供給が批判され，取り巻く環境の役割を重視し，社会的容認と一般社会への包摂（メインストリーミング），平等な機会，非差別という概念を根底に据える社会モデルへの転換を迫られたことである。

３つ目は，２つ目と密接に関連するが，公的な場への障害者運動の進出と影響力の拡大であった。これらの運動組織は，障害者の関心や障害に対する見方の是正を要求する有力な圧力団体として行動した。その結果，これらの運動は社会的容認を獲得し，当事者不在による障害問題の議論のやり方を変える成果は得たが，政治的次元（政治的改革）にまでは到達できず，イデオロギー的あ

るいは修辞学的次元での影響を与えることにとどまった。

　自由，民主主義，人権の尊重，法の下での平等と非差別を原理とし，経済的・社会的発展を目的として創設された欧州共同体（EU）は，創設当時から障害者差別問題を重視し，障害者に対する公正な機会保障の促進に取り組んできた。1997年，市民権や個人の権利の尊重の強化を目的とするアムステルダム条約の調印に際して（1997年調印，1999年発効），第13条を導入し，性，人種，民族，宗教，障害，年齢，性的指向を事由とした差別と闘う権限をEUに付与し，障害者に対するあらゆる差別禁止の実現を宣言した。1999年には，雇用，教育，社会的保護（社会保障や保健医療サービスなど），社会的便宜，財・サービスへのアクセス（住宅を含む）における民族と人種による差別の禁止，宗教・信念，障害，年齢，性的指向を理由とした労働生活における差別禁止の指令と活動計画が採択された。

　これらの3つの挑戦は相互に関連し合うものであったが，出現次元が異なるために相互補完が難しいことが指摘されてきた。1つ目は財政運営的なトップダウン式の性格をもつものの，収入が得られる雇用に就くことは障害者の社会包摂を確実にし，社会的地位を改善し，社会貢献を可能にするという観点から最善であるといえる。しかし，リハビリテーションの選択や職場復帰をすることによって，障害給付が打ち切られるのであれば，就労の強制を意味することになる。したがって，障害関連給付の縮小と雇用促進改革は，個人の選択，自己決定の範囲や可能性の増大と縮小の両方を生み出した。拡張されたサービスや手段によって利益が得られると信じた人々にとっては，就労や職場復帰の可能性が改善され，拡大された。しかし，要求が高すぎ，ニーズや能力が考慮されていない条件のもとで改革に参加することには意味がないと考える人々にとっては，選択の余地はむしろ制限・縮小されることになった。

　2つ目と3つ目は，障害者組織と支援する人々の運動によって底辺から生起したもので，障害者のための平等と有意義な人生実現という広範囲で一般的な目標によって高揚していった。就労の可能性も含めて，他者との交流による私的な生活を実現し，社会的，文化的活動に参加し，安定した所得が得られる労働市場への参加は，障害者の経済的，社会的自立にとってきわめて重要な意味をもつ。したがって，雇用保障は，適切な住宅，ホームヘルプサービス，個人

専用支援（パーソナルアシスタンス），送迎サービスなどの他のサービス供給とともに保障されるべきであるという考え方を発展させることになった。

欧州委員会はこれらの3つの挑戦（課題）を統合した形ではないにしろ，会員国のための指針として，2000年に障害者雇用戦略と対等な機会，社会的容認・包摂（メインストリーミング），非差別などの障害戦略プログラムを打ち出した。6カ国（イギリス，スペイン，オランダ，デンマーク，アイルランド，スウェーデン）の経験をまとめた報告書によると，すべての国が障害者雇用の活性化に取り組んでいる（van Oorschot & Hvinden, 2001）。しかし，雇用主などの関係者の抵抗感が強かった国では，政府や行政機関の実施・強制力が弱かったために，十分な効果はもたらされなかった。オランダ，スペイン，イギリスは割当雇用制度を導入しており，雇用主に一定の障害者雇用を義務づけるとともに，雇用のための財政的援助も行う。しかし，割当雇用が実際どのくらいの雇用効果を生み出したのかは疑わしく，手段としての妥当性が問われる。

政治的な介入手段としては，強制的（法や規制による），経済誘因的，規範的（象徴的な賞罰付与）方法の3種類があるが，相互に排他的ではなく，多様な組み合わせが可能である。しかし，強制的な手段が現実には象徴的なものとして終わってしまったことが明らかである。政府から雇用主に対して支払われた障害者雇用のための賃金助成は，政府の事業の単なる象徴的指標としてしか受け取められず，雇用促進効果は生み出せなかった。この経験が示唆するのは，雇用主を強制できる財政援助基準の設定の難しさである。

雇用割当による法的強制手段よりも，協働や交渉文化の方が達成効果は高いと考えるところから，北欧諸国が選択するのが情報の効率化や説得・啓蒙戦略である。しかし，この種類の戦略効果を客観的に評価することも難しい。雇用割当制度では，雇用主は罰金（納付金）を支払うことによって義務を回避できる。しかも，割当雇用は割当によるスティグマ化や厳格な採用スクリーニングという否定的な影響をもたらす。平等な機会均等と非差別という新しい観点からの雇用活性化の試みではあったが，結果的にはもたらされた政治効果は限られたものであった。

政治状況が異なる国々の間で同じような問題を生み出した理由として，報告書は3つの要因を指摘する。1つは，西洋の政治経済文化では，雇用主の特権，

特に雇用，解雇，内部の人事，労働力保有に関して侵害しすぎることは国家の役割として適切ではないと考えることである。また，雇用主が求める優秀な雇用主像とは，若者，男性，白人，健康，学歴の高い雇用主であり，このような雇用主は女性，民族少数グループ，長期的失業者などに対するのと同じように，障害者に対して強い偏見をもちやすい傾向が指摘される。2つ目の理由は，障害者としてみる人と，そうでない人たちの考え方や関心には隔たりや不一致があることを認識し，意思疎通を図る政治的過程が十分ではなかったことである。これらの対立的関係を解決する方法が見出されない限り，依然として障害者は社会の隅に追いやられ，国会という重要な決定の場においても無視されやすい少数グループでしかありえない。3つ目は，法的強制手段の失敗は政治と行政の仕事の進め方を反映することである。すなわち，政治家の最大の関心は新しい政策の策定に向けられ，影響や結果の評価には向けられない。それに対して，行政職は新政策の遂行に追われがちとなり，政策効果の評価は軽視されがちになる。このような背景から報告書が指摘したことは，EUが各会員国に対して，各国の目標の達成度の評価と監視を要求する重要性であった。

## ❷ 新たな2010〜20年戦略「障壁のないヨーロッパ」構築

欧州委員会は過去10年間の総括に基づいて，2010年「障壁のないヨーロッパ」構築のための新たな10年戦略を発表した（European Commission, 2010）。現在ヨーロッパでは6人に1人が障害をもち，障害者総数は8000万人に上る。多くの障害者が，雇用を取り巻く障壁や周りの偏見によって社会と経済への完全参加ができないでいる。また，75歳以上の高齢者の3分の1以上が障害をもち，生活上の制約がもたらされている。EUは，基本的人権に関する欧州共同体憲章，欧州共同体機能条約（TFUE），国連の障害者権利条約に基づいて，障害者の社会的，経済的状況を改善する義務を負うと宣言する。新戦略の目的を，障害者が完全な権利を享受し，完全な社会参加とヨーロッパ経済への参加によって利益を享受できることにおく。戦略の焦点は障壁の除去にあり，活動目標としてあげるのが，①アクセシビリティ・入手・参加の可能性（特に財・物，公共サービスを含めたサービス，補助器具へのアクセス），②参加（EU市民としての利益の享受，行政的障壁や偏見の除去と完全で平等な参加実現，個人専用支援を含めた質の

高い在宅サービスの供給），③平等（EUにおける障害を理由とした差別の根絶），④雇用（多くの障害者の一般市場での雇用による生計実現），⑤教育・訓練（障害をもつ生徒や学生の一般・包摂教育と生涯教育の促進），⑥社会的保護（障害者に対する尊厳ある生活条件形成の促進），⑦健康（障害者の医療サービスと関係諸機関への平等なアクセスの促進），⑧外部活動（障害者の権利強化活動）の8分野である。

　続いて，これらの戦略のための一連の実施手段をあげている。入手や参加（アクセス）の可能性については，障害者問題に関する社会全体の認識を高揚させるとともに，適切な資料や情報の入手によって障害者が自らの権利に対する認識を深めることを重視する。ひいては，製品，サービス，環境のためのすべての人のためのデザイン（ユニバーサル・デザイン）への認識も深められるとみる。入手・参加の可能性と非差別促進のために，会員国はEUの財政的援助を最大限に利用し，最初の評価年2013年後の戦略策定では障害関連の財政援助の可視的効果を高めることを要求する。さらに，障害者の生活条件を監視する観点から，EUの社会調査（所得・生活条件，労働力，ヨーロッパ健康面接調査など）を通して，障害者に関する情報を流線的にするために，会員国の定期的なデータ収集を支援し，補足することを要求する。

　旧戦略と同様に，新戦略も基本的人権を基礎にした欧州共同体憲章，EU機能条約さらに国連の障害者権利条約との連動を図り，2020年には障壁のない完全に使用可能なヨーロッパにすることを目標とする。戦略は，EUと会員国の努力によって，障害者が他の人たちと対等な条件で社会参加ができることを可能にする過程形成として位置づけられる。また，ヨーロッパの人口の高齢化を考慮して，これらの活動は増大する高齢者の生活の質（QOL）を向上させるうえでも重要な影響を与えると分析する。2013年には，戦略の進捗状態に関する報告書をまとめ，国連障害者人権委員会にもEU報告書として提出することを約束している。

世界の社会福祉／4 章

# 高齢者福祉

　福祉国家は過去に何度も危機に直面してきたが，先進国が現在共通して直面する危機が人口の高齢化である。何よりも危惧されるのが，少子高齢化は社会的支出を増大させるために福祉国家の財政維持を困難にし，財政負担をめぐる世代間対立や不平等を生み出すことである。出生率のわずかな違いが異なる影響と結果をもたらす。合計特殊出生率が1.3を下回る南ヨーロッパ諸国の人口は，今世紀末には現在の人口の4分の1に減少するが，平均合計出生率が1.8である北欧諸国では人口減少を15%にくい止めることができる（Esping-Andersen, 2009）。また今世紀半ばには，急速な高齢化によって大半の先進国の高齢者人口は倍増することが予測される。同時に，高齢者の健康状態が改善され，平均寿命も長くなるため，80歳以上の高齢者の割合は10%に達する。したがって，人々が年金を消費する期間も今より長くなり，女性就労が増大すれば非公式，インフォーマルなケア資源が大幅に減ることによってケア・ニーズも高揚する。また，高齢者の医療サービス消費は高齢者ではないグループと比較すると3.2倍高く，75歳以上になれば4.1倍とさらに高くなる（Esping-Andersen, 2009）。スウェーデンやデンマークの経験からみると，家庭外における要介護高齢者のケアにかかる費用はGDPの3%にあたり，2030～40年には6%を超えることが予測される。

　高齢者になることによって生じる大きな問題は，扶養，住宅，そして介護である。高齢者の扶養や介護の供給責任は伝統的に家族に求められてきたが，身寄りがなく扶養や介護を必要とする高齢者の救済は，前工業社会の時代には救貧事業によって行われてきた。西欧諸国で高齢者問題が政治課題として議論され始めたのは，産業化によって賃金労働者が増加し始めた1800年代末であっ

た (Broomé & Jonsson, 1994)。たとえばスウェーデンでは，1884年国会で初めて老齢・障害年金が提議され，1913年に国民年金法が制定されている。また，スウェーデンで最初の公立老人ホームが開所されたのは1896年であった。救貧法の管轄におかれた老人ホームによる施設ケアは扶養，住宅，介護問題の解決を一挙に図ったが，老人ホームでケアを受ける高齢者は救貧事業によって扶養されるグループの中心的な存在であり，残余・選別主義的性格を有する高齢者対策であったといえる。

今日大半の先進国では，高齢者の福祉に対する第一次的な責任は国家に求められる。近代的な高齢者政策は第二次世界大戦後急速に発展してきたが，障害者政策と同様に社会政策分野では比較的新しい領域である。ただし，人口学的変化（高齢化が始まった時期や速度）や社会政策（福祉レジーム）などの伝統的相違によって，各国の高齢者政策の発展速度や内容は異なる。歴史的な発展過程は異なるものの，1990年代の各国の一連の高齢者ケア改革によって，ケア供給への家族の部分的再参加（再家族化）や市場化の拡大が図られ，ヨーロッパ諸国の収斂化・近接化も指摘される（Keck, 2008）。

高齢者政策の中でも老齢年金は相対的に早く制度化されたが，現物給付である高齢者のための（長期）ケア（long-term care）は，ここ30年の間に発展してきた後発的な分野である。概念「ケア」は，必要とする人々に対する多様なケア・サービス供給を意味し，看護・介護サービス，個人的支援，ホームヘルプ・サービス，社会的支援，スーパービジョンやケア・マネジメントなどを広範囲に包括する用語として使用されることが多い（Österle & Rothgang, 2012）。

労働力（人間・生命）の再生産において重要な機能を果たすのが，子どもや高齢者のケア（養育や介護）である（Anttonen, 2005）。長い間，高齢者のケアは女性（妻，嫁，娘など）を中心とした家族の無報酬労働によって提供されてきた。しかし，高齢化の進行，女性就労の増大，世帯構造の変化，共働き世帯の増大・一般化に伴う消費パターンの変化，社会の価値観や規範の変化によって家族ケアが困難となり，介護の社会化・公共化（公的責任化・公式化）（going public）が要求され，促進させられてきた。しかし，かといって介護の社会化・公共化によって，家庭において提供されるケアに対する家族責任が完全に解消されたわけではない。また，ケアに対する家族責任の重要性は国によって異なる。例外

的に，ケアの公的責任化が早かったのは，社会政策の普遍主義原則を1900年代初期に打ち立てた北欧諸国であった。教育，医療サービスや社会サービスなどの無償あるいは無償に近い普遍主義的なサービス供給の原則は，1930年代半ばスウェーデン社会民主主義によって導入された。

　実際のケア・サービスの生産・供給の組織化は複雑であり，また他のどの政策分野よりも国家，家族，市場による「福祉ミックス」責任によるサービス供給が顕著であり，私的責任と公的責任間に明確な境界線が存在しないのが特徴である。ケア・サービスの組織化や運営方法は基本的に福祉レジーム類型に依存するために，高齢者のためのケア・サービス自体が類型化の重要な要因になってきており，ケア・サービス供給に関する多様な国際比較やケア・システムの類型化が近年盛んである（Keck, 2008; Sipilä, 1997）。利用者の選択の自由，ひいてはサービスの質向上や効率化を目的として導入されたのが，ケア・サービス供給の市場化や民営化である。その効果とともに，すべての人の対等な権利に基づく供給の平等性や公平性の保障が疑問視される。また，高齢者ケア・サービス支出の高い国では家族間の絆や連帯が弱体化したという否定的な見方もあれば（Scheepers et al, 2002），ケア・サービスの社会化・公共化によって家族関係が改善されたという肯定的な指摘もある（Daatland & Herlofson, 2001）。

　公的責任によって供給されるケア・サービスに関しては社会ケア・サービスという用語を使用し，私的責任（市場や家族などの民間部門）によって供給されるサービスに関しては市場サービスあるいは家族・近親者サービスという用語を文脈に沿って使い分ける。

# 1 老齢年金制度と高齢者の経済的条件

　1960年代に多くの国で老齢年金制度が整備されるまでは，高齢者は実質的に貧困者であったように，老齢年金は高齢者の所得保障の重要な柱をなす。社会保険制度の組織化の伝統が異なるために，老齢年金の構造や給付条件も国々によって大きく異なる。少子高齢化や経済・財政危機などによって世代間連帯や賦課方式に基づいた年金システムの維持が難しくなったことを理由として，多くの国で公的年金から民間年金（企業年金や個人年金など）への移行が奨励さ

れ，私的年金化が促進させられてきた。福祉の民営化・市場化の一環として私的年金化の奨励政策を早期に導入したのは，1970年代末のイギリスの保守政権であった（Ginn, Fachinger & Schmähl, 2009）。私的年金給付の割合を年金給付総額の40％から60％に増大するという保守政権の年金政策目標は，1997年に政権の座に就いた新しい労働党によっても引き継がれた。支配的な社会の価値観や政治的可能性は異なるとはいえ，多くのEU諸国もイギリスに続いて私的年金給付の拡大を図ってきた。高齢者の貧困化や所得の不平等の拡大など，私的年金化によって生み出された問題は少なくない。

### ■1 2つの系譜：ビスマルク型とベヴァリッジ型

　労働者災害補償保険や失業保険とは異なり，老齢年金は医療保険と同様にすべての人の基本的生存権に大きく関わる社会保険であり，ゆえにすべての国民にとって重要な意味をもつ。ヨーロッパの年金制度は，1800年代末から1900年代初めにかけて，産業化によって創出された賃金労働者の社会的リスクに対する国家の政治責任として発展してきた。当初の老齢年金給付対象者は一部の高齢者に限られ，大半の人は死ぬまで，あるいは障害者になるまで働かざるをえなかった。

　今日の老齢年金制度は国によって異なるが，初期の構築期（1889年から第二次世界大戦まで）を振り返ると，ビスマルク型とベヴァリッジ型の2つの系譜が指摘される（図表4-1）。ビスマルク型は，公的財源と労使双方によって拠出される保険料を財源基盤とし，就労経験と職業別給付条件を原則とし，最低所得保障の給付水準を超える標準的な消費力の保障を重視した。一方ベヴァリッジ型は，税金などの公的財源に基礎をおき，普遍的な定額・均一給付によって貧困の緩和を図ることを重視した。導入された時点では，資力調査が給付条件とされた。当初，ヨーロッパの大半の国がビスマルク型を選択し，アメリカは社会保障法の制定によってビスマルク型の部分的導入を図った。

　アメリカを除いたアングロ-サクソン諸国と北欧諸国は，ベヴァリッジ報告書が提出される以前にベヴァリッジ型を導入したが，その後ベヴァリッジ型は補填され2つの異なった方向に発展させられた。スウェーデン（1959年），フィンランド（1961年），カナダ（1965年），ノルウェー（1966年）の北欧諸国は，普

図表 4-1　年金制度の類型

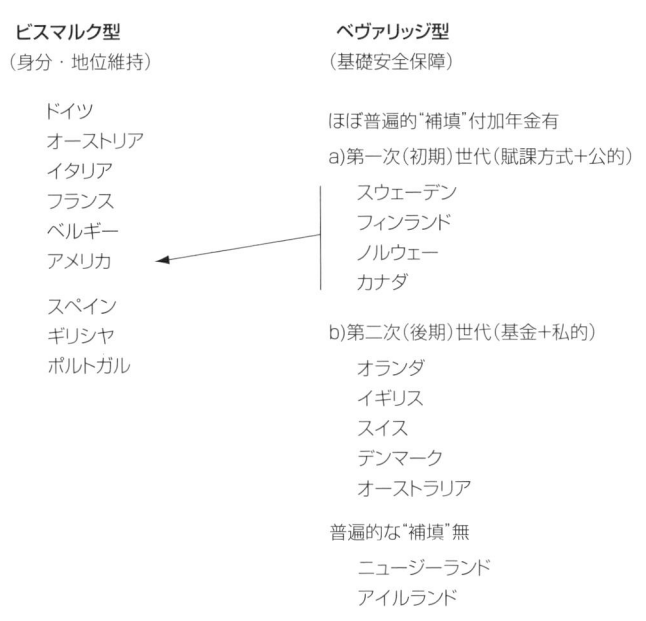

| ビスマルク型<br>(身分・地位維持) | ベヴァリッジ型<br>(基礎安全保障) |
|---|---|
| ドイツ<br>オーストリア<br>イタリア<br>フランス<br>ベルギー<br>アメリカ<br><br>スペイン<br>ギリシヤ<br>ポルトガル | ほぼ普遍的"補填"付加年金有<br>a)第一次(初期)世代(賦課方式+公的)<br>　スウェーデン<br>　フィンランド<br>　ノルウェー<br>　カナダ<br><br>b)第二次(後期)世代(基金+私的)<br>　オランダ<br>　イギリス<br>　スイス<br>　デンマーク<br>　オーストラリア<br><br>普遍的な"補填"無<br>　ニュージーランド<br>　アイルランド |

出所：(Hinrichs & Lynchn 2010, p. 356)

遍的な老齢年金（基礎年金）に所得比例給付（ビスマルク型）という2本目の柱を加え，基礎保障からスタンダード保障への移行を実現した。ベヴァリッジ型を導入したスイス，オーストラリア，オランダ，デンマークやイギリスなどは，企業年金などによってすべての国民を包括する制度を拡充した。その結果，純粋なベヴァリッジ型を保持するのは，現在アイルランドとニュージーランドのみとなった。

## ❷年金制度と高齢者の貧困・所得の不平等との相関関係

多様な年金制度は異なった社会経済的結果をもたらし，65歳以上の高齢者の世帯所得の不平等が高いのは，伝統的なベヴァリッジ型の国であることが明らかである（図表4-2）。高齢者間の所得の不平等が小さいのはスウェーデンなどの北欧諸国である。ベヴァリッジ型の基礎保障ではなく，スタンダード保障を目的とするスウェーデンなどの北欧諸国が代表するように，公的年金の充

図表 4 - 2　65歳以上の世帯所得の不平等（ジニ係数）（2000年代中頃）

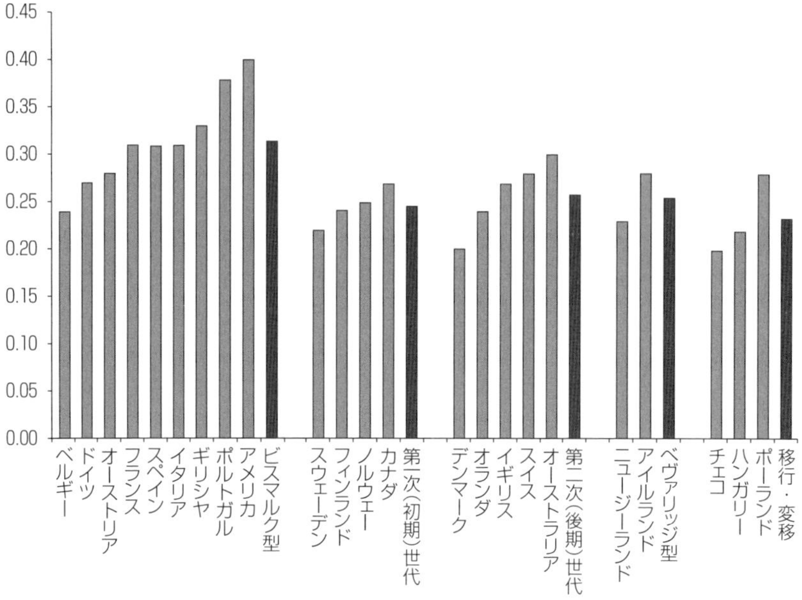

出所：（Hinrichs & Lynch, 2010, p. 361）

実した国ほど高齢者の貧困率や総合所得における不平等の低いことが先行研究によって指摘されてきた（Korpi & Palme, 1999）。

伝統的なビスマルク型制度では、垂直型の所得再分配よりも従来の就労所得に比例した年金所得水準を維持することを重視するために、当然ながら高齢者間の所得の不平等は大きくなる。ベヴァリッジ型を代表するイギリス、アイルランド、ニュージーランドなどの国では、定額・一律給付の基礎年金は従来の高所得就労者よりも、大半を占める低所得就労者に対する基礎的な所得保障に重点をおく。

さらに、ビスマルク型を代表するドイツとベヴァリッジ型を代表するイギリスの高齢者の所得を比較すると、イギリスの高齢者の方が貧困であり、所得の不平等が深刻なことが明らかである（図表 4 - 3）。

イギリスでは高齢者の5人に1人が貧困者であり、資力調査を前提とする補填給付に依存する高齢者は受給者の約半分を占める。なかでも年金による妥当

図表4-3 婚姻関係・職業階層・年齢グループと男女別65歳以上の個人総合所得（1週間）

(単位：ユーロ)

| 要因 | イギリス（中間値） | | | ドイツ（平均値） | | |
|---|---|---|---|---|---|---|
| | 男性 | 女性 | 女性／男性（％） | 男性 | 女性 | 女性／男性（％） |
| 婚姻関係 | | | | | | |
| 　結婚・事実婚 | 246 | 81 | 43 | 414 | 143 | 34 |
| 　単身 | 187 | 157 | 85 | 338 | 307 | 91 |
| 　寡夫・寡婦 | 207 | 161 | 78 | 932 | 307 | 78 |
| 　離婚・離別 | 180 | 132 | 74 | 405 | 246 | 61 |
| 職業階層*：イギリス | | | | | | |
| 　専門職・管理職 | 287 | 148 | 52 | | | |
| 　熟練中間職 | 142 | 99 | 70 | | | |
| 　単純・非熟練職 | 136 | 89 | 65 | | | |
| 職業階層*：ドイツ | | | | | | |
| 　ブルーカラー・労働者 | | | | 319 | 212 | 66 |
| 　俸給者 | | | | 458 | 285 | 62 |
| 　公務員 | | | | 674 | 655 | 97 |
| 　自営業者（非農業従事者） | | | | 388 | 364 | 94 |
| 　共同事業者 | | | | 252 | 183 | 73 |
| 年齢グループ | | | | | | |
| 　65-69歳（ドイツ65-75歳） | 255 | 130 | 51 | 356 | 210 | 59 |
| 　70-74歳 | 242 | 132 | 55 | | | |
| 　75-79歳（ドイツ75-85歳） | 213 | 132 | 62 | 374 | 243 | 65 |
| 　80-84歳 | 206 | 134 | 65 | | | |
| 　85歳以上 | 177 | 132 | 75 | 323 | 245 | 76 |
| 合計 | 232 | 132 | 57 | 408 | 245 | 60 |
| 総数 | 1 474 | 1 882 | | 13 807 | 15 142 | |

注：*は以前の職業

出所：(Walker. & Naegele, 2009, p. 38)（第一次出所：Britain: General Household Survey, 2001; Germany: Bundesministerium fur Arbeit und Sozialordnung, 2001s)

な所得水準を確保できないグループが高齢女性であり，資力調査給付に依存する高齢者の大半を占める。ドイツの所得比例給付年金受給者は妥当な所得水準を得ているが，男女間の所得格差が指摘される。現在ドイツでは高齢者の10％が貧困者として定義されるが，総賃金が年間1.3倍上昇すれば年金給付額

を引き上げるという近年の年金給付条件改革によって，今後貧困率が上昇することが予測される。また，企業年金のための保険料を納入できる労働者の割合はわずか全体の50%である。

　ドイツ，イギリスともに女性の総合所得は男性の60%前後であり，なかでも既婚女性の所得が最も低い（Ginn, Fachinger & Schmähl, 2009）。近年増えつつある離婚女性の総合所得額は既婚女性よりも高いが，将来寡婦年金を受給できる期待はもてないために不安定な状況におかれているといえる。また，年金の私的化（私的年金の導入）によって，所得の不平等がさらに拡大したことも指摘される。イギリスにおける高齢者間の所得分配は私的年金保有の有無に大きく左右され，公的年金に依存する女性は公的年金の縮小と私的年金の拡大化によって創出された犠牲者であり，2007年度のイギリスの公的基礎年金額は最低所得保障給付額を下回る水準であった。2000年初めにおいて女性の私的年金受給率は40％強であったのに対して，男性の受給率は70%と不平等が大きい。また，階級格差も指摘される。ドイツにおいても私的年金（企業年金と個人年金）所得の有無が高齢者の所得力の不平等をもたらす重要な要因をなす。ドイツの男性で私的年金の受給資格をもつ割合は，女性の３倍であることが明らかであり，公的年金受給額の高い人は企業年金受給額も高いのが普通である。私的年金が高齢者の所得力を大きく左右するのは，私的年金加入者は富裕層の一部に限られ，低所得層は加入すること自体が不可能なことによる。

　社会支出を縮小するために市場による解決が進められてきたが，公的か私的運用（市場）かという財政運用手段が異なるだけで，将来の支出を抑制するための選択肢として市場的解決が優れているとは言い難いことが指摘される（Esping-Andersen, 2009）。市場的解決は取引などの処理費用が高くなり，金融危機による損失リスクも高い。企業年金などによる私的な資産形成は，公的年金を重視する大半のヨーロッパの国では限られた現象でしかないが，アングロ・サクソン諸国やオランダでは高齢者の所得源として重要な機能を果たしている。市場依存度と高齢者の貧困率の相関関係をみると，国によって公的年金制度が異なることや，カナダやデンマークのように貧困を最小限に抑える基礎年金保障の充実度が異なるために解釈が難しい点もあるが，貧困率が高いのはアメリカ，オーストラリア，アイルランドなどの自由主義福祉レジームである（図

図表 4-4　65歳以上の貧困率（2000年）

| 5％以下 | 5-9％ | 10-14％ | 15-19％ | 20％以上 |
|---|---|---|---|---|
| スウェーデン | カナダ | | | |
| オランダ | デンマーク | | | アイルランド |
| | フィンランド | オーストリア | | オーストラリア |
| | フランス | ベルギー | | アメリカ |
| | ドイツ | | | |
| | ルクセンブルク | イタリー | | |
| | | ノルウェー | | |
| | スイス | スペイン | | |
| | | イギリス | | |

出所：(Esping-Andersen, 2009, p. 154)

表4-4）。イギリスは，ヨーロッパでは最も貧困率が高いことが明らかである。

## 2　公的年金改革議論と高齢者の所得階層の二極化

### ❶多様な年金改革の試み

　先進国では少子高齢化や労働市場の変容によって，年金制度の改革や見直しが求められてきた。少子高齢化によって，年金財政の安定維持や財源負担に関する世代間格差などの問題を生み出すことが危惧されてきた。失業率の高揚や低い経済成長に対応するためにとられた労働市場の自由化政策によって，臨時雇い，一時雇用や非正規雇用が増大した。その結果，年金受給資格を欠くグループを増大させ，低額受給による生活困窮や貧困などの社会的リスクをもたらした。また，離婚や家族解消の増加などによる世帯構造の変化や女性就労の増大によっても，受給条件の改善や拡大化が必要となり，既存の年金制度の構造的改革が要求されてきた。年金支給開始年齢の引き上げなどによる受給条件の柔軟・弾力化，経済状況に対応できるスライド制，給付と拠出関係の適正化，年金給付額の引き下げ，育児・介護手当や学業手当などの給付を年金算定所得に包括するなどの改革は，すでに多くの国において実施されている。先述したように，公的年金の縮小と私的年金拡大の促進も多くの国で実施されてきた。しかし，残された問題も多い。

年金支給開始年齢の遅延化は，最も効果的な政策として注目される。たとえば，年金支給開始年齢を10カ月引き延ばすことによって，年金給付支出を10％削減することができる（Esping-Andersen, 2009）。デンマーク政府の算定によれば，1年にひと月30年間にわたって退職年齢を遅らせることによって，現在の水準による財政維持が可能である。しかし，支給開始年齢の引き上げは，65歳以上の就労が可能な高齢者とそうでない高齢者間の所得の不平等をもたらす。所得力，不健康，平均寿命，労働市場からの強制的退出などの要因を考慮すると，否定的な相関関係が指摘されるからである。所得力が高く，長生きする高齢者が年金，医療サービス，ケア・サービスを最も多く（高く）消費するのであれば，平均寿命によって課税率の累進性を図る必要が出てくるが，平均寿命の予測はほぼ不可能に近い。

　ドイツは，平均寿命の高揚に対応するために，新年金制度では従前所得に対する年金補填率を徐々に下げることによって年金受給額の引き下げを図ることを決定した（Ginn, Fachinger & Schmähl, 2009）。現行制度では平均賃金の約70％が給付されるが，新制度では補填率の目標が制定されていない。政府の算定によれば，2030年には補填率は52％になり，しかも受給条件として保険料拠出期間が45年要求されれば，多くの人が条件を完全に満たすことが難しくなり，年金受給額はさらに低くなることが予想される。その結果，貧困線に近づく高齢者の割合が増加する危険が生じる（ドイツの貧困線は平均実質賃金の40％）。また，受給年齢引き上げなどの他の受給条件との相乗効果によって，年金受給額が貧困線を下回る危険性もありうる。

## ❷年金制度の市場化と所得の不平等

　公的年金の縮小とは対照的に，保険料に対する課税軽減などによる私的年金への国の助成が問題視される。たとえば，イギリスなどでは課税軽減の恩恵に被る対象が私的年金に加入できる富裕層であり，富裕層に対する軽減分の税収入があれば公的年金の大幅な改善ができるはずだという批判の声が聞かれる（Ginn, Fachinger & Schmähl, 2009）。ドイツでも，課税軽減や国の助成対策は，私的年金貯蓄率を高めるための誘因として重要だとみなされてきた。しかし，このような課税政策が，民間年金保険会社の顧客獲得に利用されているという指

摘もある。また，イギリスやドイツでの企業年金に対する雇用主負担の軽減も労働組合側から批判され，雇用主の負担強化が要求されてきた。しかし，これらの要求が人件費の削減によって経済成長と雇用の拡大を図る政府の経済政策の目標と相いれないことが，批判側にとっては反論が難しい点である。

多くの先進国において，賦課方式による公的年金制度の維持を困難にする理由として指摘されてきたのが，将来深刻化することが予測される少子高齢化である。しかし，イギリスなどでは25年間の賃金スライド制による保険料拠出による収入は，物価スライド制に基づく年金給付の支出を上回ることが指摘される (Ginn, Fachinger & Schmähl, 2009)。また，年金基金制度において導入された民間の金融機関への運用委託によって生じる損失リスクの増大はすでに生じており，賦課方式よりも私的運用の方が財政維持の可能性が高いという主張には根拠がないことも指摘される。実際，2007年秋の金融危機によって生じたOECD諸国の年金基金の収益損失は22%に達している (Hinrichs & Lynch, 2012)。財政的な持続可能性を理由にした私的運用を重視する主張は，社会権に基づいた高齢期における安定した生活水準保障というパラダイムを放棄し，保険料拠出率の引き上げを可能な限り図るという新たなパラダイム導入のための正当化にすぎないという見方もある (Ginn, Fachinger & Schmähl, 2009)。また，高齢者に対する資力調査を前提とした給付は，給付を打ち切られないために貯蓄意欲を損ない，貧困を固定化する危険性を生み出す。さらに，ドイツのように従来の所得補填率が切り下げられ，妥当な生活水準を維持するために私的年金加入による貯蓄が必須条件となれば，私的年金に加入できないグループの貧困が深刻化するといえる。

すべての先進国の経済・財政政策において重要視されるのが，公的年金支出を抑制し，課税基盤を広げ，完全雇用を達成することである。また，年金退職後の年金受給によって所得価値が低下するとともに，高齢化が進めば病気治療のための医療費や介護費が増大する。私的年金の導入による貯蓄の強化は，公的年金の縮小によって生み出された所得の不平等を埋める機能を果たしえていないことが指摘される (Ginn, Fachinger & Schmähl, 2009)。たとえ安定した雇用であったとしても，平均的な所得階層が市場の失敗によるリスクの高い私的年金に加入して，現在の所得水準を上回る貯蓄を図ることは不可能に近い。イギリ

スのように多くの高齢者が資力調査給付に依存する国では，高齢者を資力調査から解放し，高齢期における貧困や所得の不平等の縮小を図る必要が説かれる。

　公的年金の危機は，経済的必要性としての新自由主義的政治的選択を可能にするために意図的に創出されたと分析する社会政策者も多い（Walker, 1990; Vincent, 1999）。年金の民営化・市場化は公的福祉に対するイデオロギー的批判を動機としており，反福祉政策を正当化するために人口の高齢化が生み出す結果が都合のいいように解釈され，誇張されてきたことが指摘される。中流階級における私的年金の拡大化は，公的年金支出のさらなる削減を要求し，高齢者の貧困と所得の不平等を拡大させる結果を招くことが危惧される。公的年金によってその社会の妥当な生活水準が保障されるべき高齢者の貧困の増大は，先進国における深刻な社会問題であり，社会権保障の形骸化を招くことが問題視される。

## ❸ ライフスタイルの変容による所得階層の二極化

　さらに，女性就労の増大や脱家族化の発展によるライフコースやライフスタイルの変容が老後の所得力・経済的条件を決定することが指摘される（Esping-Andersen, 2009）。以前は，年金内容を決定したのは一個人（単独稼得者）が働いた時間や年数であったが，今や決定するのは共働き家族の一般化によって増加した家族の就労時間や年数である。すでに，ここに稼得者が1人であるか，2人であるかによって世帯の年金所得には不平等が生じる。

　さらに，エスピン-アンデルセン（2009）のいう「同類結合」（marital homogamy）が二極化や新たな不平等をもたらす。すなわち，高学歴者は高学歴者と結婚し，高所得による家族形成を可能にし，安定した雇用により失業リスクは少ない。それに対して，低学歴者同士が形成する世帯は当然低所得世帯であり，失業リスクも高い。さらに，低学歴女性は雇用を得ることも難しく，離婚や母親世帯は低学歴世帯に多い。その結果，就労所得のみならず，年金所得の階層格差の拡大と不平等を生み出す。アメリカの最近の算定によれば，上層グループの5分の1の年金者の所得は下層グループの5分の1の年金者の所得の8倍である。高校を中退した年金者の年金所得は，同じ世代の年金者所得の68％にすぎない。

すなわち，今日雇用が安定し，共働きで，高学歴のカップルは，公的年金制度に何が起ころうとも2040年に相対的に豊かな年金者生活を送ることができる。特に，子どものいない高学歴のカップルが最も恵まれることになる。低学歴者の老後が厳しくなるのは，何よりも失業や低賃金労働のリスクが高いことによる。二極化によって生じる2つのパラドックスが指摘される。まず，最も生産的な労働者が長く働き続ければ，最大の経済的効果がもたらされる。高稼得者は年金退職後のための相当な蓄えをもち，年金支給年齢の遅延化政策による大きな影響を受けることはない。次に，高学歴の年金受給者の平均寿命が長いために多様な生活上のニーズが高揚し，このグループに対して支払う費用（年金給付，医療・ケア・サービス）が最も嵩むことになる。子どもがいなければ，すべての支援を外から必要とするためにさらに費用が増える。平均寿命の短いグループから平均寿命の長いグループへの所得移転が必要となり，世代間分配の公平性を考えるうえで重要な意味をもつ。

　老後の形成条件が個人が生きた人生の結果だとすれば，低学歴，低賃金，不安定な雇用は，老後の貧困を確実にする。ゆえに，リスクの高いグループは今日低学歴あるいは学業の中断によって労働市場への参入や安定した雇用を得ることが難しい若者たちである。EUの統計によれば，現在の若者の5人に1人が貧困高齢者になることが予測される（Esping-Andersen, 2009）。子どもの所得力は親の所得力に依存すると同時に，兄弟の数にも左右されるが，富裕な親はもうける子どもの数も少ないために子どもへの経済投資も十分にでき，資産もたくさん残すことができる。

　すべての人の生活の安全の実現を長期的な観点からみると，高齢者政策はすべての子どもが親に依存することなく，人生の基礎を平等に築くことができるように，就学前教育や学校教育を通して，子どもの時期から始めなければならないことになる（社会投資国家論）。さらに，公的年金の制度化は，親・子どもの両方の世代にとって，自らの高齢期のリスクのみならず，親の介護リスクに対する防壁として重要な意味をもつ。年金費用が高くなれば若い現役世代の税負担が重くなると世代間の負担の不平等が叫ばれるが，同時に高齢の親の支援にかかる経済的負担を軽減することになることも忘れてはならない。すなわち，高齢者の生活安全保障は，同時に若い世代に対する福祉政策でもあるといえる。

# 3 高齢者ケア・サービス

　家族や近親者の私的責任によって提供されるインフォーマル・ケア（非公式なケア）と区別するために，公的責任（公共政策）によって供給されるフォーマル・ケア（公式なケア）をさして「社会ケア・サービス」（social care service）という用語がしばしば使用される（Anttonen, 2005）。しかし，インフォーマル・ケア・サービスとフォーマル・ケア・サービスとの境界線は必ずしも明確ではない。ケアという概念の定義も一義的ではなく広範囲にわたり，医療分野（看護など）と社会福祉分野（介護や対人サービス）の両方を包括する場合が多い。

## ■1 ケア・サービス供給国際モデル

　高齢者ケアが社会的リスクとしてみなされ，重要な政治課題として認識され，取り組まれるようになったのはそれほど昔ではなく，1980年代以降である（Österle & Rothgang, 2012）。1900年代初期から，公的責任によって高齢者に対する普遍的なサービスを供給してきた北欧諸国を除いては，多くのOECD諸国では家族介護に依存し，公的扶助を中心にした断片的で残余的なサービスが提供されてきた。高齢化の進展によって高齢者のケア・ニーズが高まったが，世帯構造の変化や女性就労の増大によって家族介護資源は大幅に減少した。また，伝統的な長期療養病棟や老人ホームにおけるケアの質や効率性が社会的に問題視されるようになり，高齢者のケア・ニーズを充足させることが国家の重要な責務として位置づけられていった。ケアの公的責任化が早かったのは，社会政策の普遍主義原則を1900年代初期に打ち立てた北欧諸国であった。すべての人を対象とし，無償あるいは無償に近い普遍的なサービス（教育，医療サービスや社会サービスなど）供給の原則は，1930年代半ばスウェーデン社会民主主義によって導入された。

　しかし，今日の高齢者ケアの組織化（財政運営，サービスの生産・供給者，家族・市場・国家の負担分担など）はきわめて多様である。ケア資源，供給者，利用者，ケア実施者などの要因から整理をすると，5種類のケア・サービス供給モデルに分類することができる（図表4-5）。

　この供給モデルに基づいて5カ国（フィンランド，ドイツ，日本，イギリス，ア

図表4-5 ケア・サービスの供給モデル

| 供給モデル | 資源 | ケア供給者 | 利用者 | ケア実施者 |
|---|---|---|---|---|
| インフォーマル・ケア | 相互関係，愛，責任 | 一番近い共同体世帯，家族 | 共同体の構成員 | （女性）家族構成員，無償友人 |
| 任意的・慈善事業ボランティア | 寄付，労働提供相互扶助責任 | 慈善組織など | 援助が必要と認められた人 | 無償ボランティア |
| 福祉組織，NGO | 寄付，会員費，国庫助成金 | 非営利・営利福祉組織 | 消費者，顧客 | 有償・半有償（専門職者・半専門職者） |
| 商業サービス生産者 | サービス料金，国庫助成金 | 会社，営利福祉組織 | 消費者，顧客 | 有償専門職者・半専門職者 |
| 公共部門（国家や地方自治体） | 租税収入，所得移転，サービス料金 | 地方自治体などの公共機関，運営委託事業者 | 市民（居住者），消費者，顧客 | 有償専門職者・半専門職者 |

出所：(Sipilä, Annttonen & Badrock, 2003)

メリカ）を比較すると，①国家主導型社会ケアモデル（フィンランド），②補完的・保険モデル（ドイツ），③延長家族（成人した子ども家族との同居）責任モデル（日本），④家族責任モデル（イギリス），⑤市場主導型社会ケアモデル（アメリカ）の5類型に分類することができる（Anttonen, 2005）。

供給に対する公的責任の度合いから分類すると，公的責任によるケア供給を基本原則とする①スカンジナビア・モデル（北欧諸国）と，②家族ケア・モデル（南ヨーロッパ諸国）の2モデル，そしてこれらの中間的位置を占める③補完原則モデル（中央ヨーロッパ諸国）と，④資力調査モデル（イギリス）の4類型に分かれる（Österle & Rothgang, 2012）。子どもと高齢者に対するケア・サービスの比重は国によって異なる。北欧諸国では，両分野が対等に重視されてきた（Anttonen & Sipilä, 1996）。ギリシャ，イタリア，ポルトガル，スペインなどの南ヨーロッパ諸国では，家族・近親者がケア・サービスの供給主体であるために，公的責任によるサービス供給は両分野において少ない。保守主義国では，伝統的にフランスが子どもに対するケア・サービスを重視してきたのに対して，オランダやドイツなどは高齢者ケアに力を入れてきた。

しかし，ドイツにおける介護保険制度（1995年）の導入をはじめとした1990年代の一連の改革によって，社会政策全体における高齢者ケア・サービスが占

める比重が大きく変容した（Keck, 2008）。その結果，オーストリア，フランス，ドイツを従来のケア・レジーム類型に基づいて分類することが難しくなり（Kautto, 2002），ヨーロッパにおける在宅ケアの発展と家族介護の公的責任化・公式化（フォーマル化）を意味する収斂化・近接化が指摘される。また，公的財源によるケア・サービスに力を入れてきた国では公共供給がピークに達し，ケア供給者としての家族の部分的参加（再家族化）と民間・市場部門参入の拡大を導く傾向を生み出した。

家族主義を特徴とするアジア諸国においても，高齢者ケアに対する社会的責任の必要性が認識され，ケアの組織化に新たなパラダイムが生成されつつある。アジアで初めて介護保険制度を導入した最初の国が日本であり，韓国がそれに続いた。導入の背景的要因は，家族介護資源の減少であった。

高齢者福祉分野の近年の改革では，成人した子どもなどによる家族責任と国家責任の再定義化や，公共部門と民間部門の役割分担が重視されてきた（Österle & Rothgang, 2012）。たとえば，ドイツ，日本，フランスの高齢者ケア改革をみると，公的責任を拡大したものの，重要なケア提供者としての家族の役割は廃止することなく残している。また，医療サービスと社会サービスの境界線が明確な国（たとえばイギリス）もあれば，そうでない国も多い。

## ❷ 高齢者ケア・サービスの財政運営と組織化

高齢者ケア・サービスに対する公的負担の割合は，スウェーデンの対GDP支出は2.9％であるのに対して，韓国，ハンガリー，メキシコでは0.3％というように，社会政策の他のどの分野よりも格差が大きい（OECD, 2005）。高齢者ケアがそれほど発展していない国では，生活保護費が主な財源として高齢者ケアに使用されている（0.5％以下）。また，2000年の高齢者ケア・サービスにおける対GNP私的・公的支出の割合を比較すると，公的支出の割合はスウェーデンで最も大きく，ノルウェーやオランダとともに私的支出がきわめて小さい（図表4-6）。それに対して，私的支出の割合が相対的に大きいのがスイスやアメリカ，スペインである。

次に，在宅ケア・サービスと施設ケアに関する支出の配分をみると，総支出と在宅ケア・サービスの支出ともにスウェーデンにおいて高く，次に高い国が

図表4-6 対GDP（%）公的および私的高齢者ケア支出（2000年）

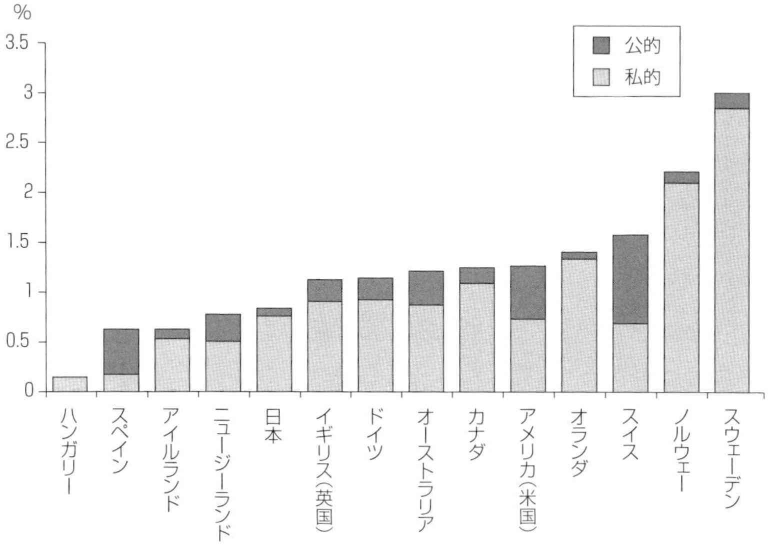

出所：(Glendinning & Igl, 2009. p. 228)

オランダである（**図表4-7**）。ドイツの在宅ケア・サービス支出が比較的高いのは，家族によるインフォーマル・ケアに対する支出（介護保険による介護手当）も含まれるためである。それ以外の国では施設ケアの比重が高い。イギリスとドイツの支出はほぼ同じであるが，財源の出所をみると，イギリスでは国，地方自治体，社会保障財源と分散されており，ドイツは介護保険財源が中心であるように国によって異なる。日本は介護保険制度導入年のデータであるが，高齢者福祉に対する支出は低いグループに所属する。

高齢者ケアの財政運営方法として大半の国が税方式を使用しており，介護保険制度による社会保険方式を導入しているのはドイツ，ルクセンブルク，オランダ，日本，韓国と数少ない。現在，介護保険制度の導入を検討している国が東ヨーロッパ，アジア，地中海諸国などである（Österle & Rothgang, 2012）。

ドイツが介護保険制度を導入した主な理由は，ドイツの医療保険には介護が含まれず，高齢者ケア・サービスの財源確保が難しかったことと，家族に介護責任が求められる補完原則によってケア・サービスが質量ともにきわめて制限

図表4-7　対GDP（％）高齢者ケア支出（2000年）

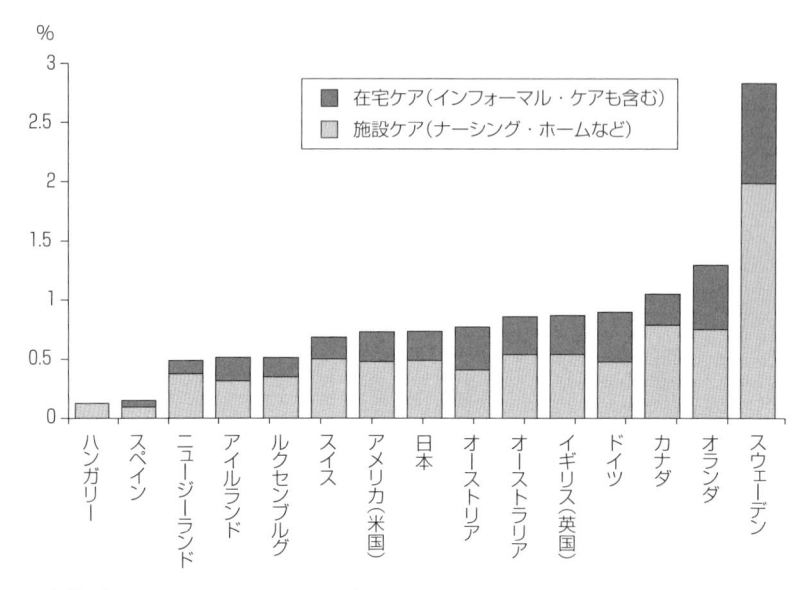

■ 在宅ケア（インフォーマル・ケアも含む）
□ 施設ケア（ナーシング・ホームなど）

（横軸：ハンガリー、スペイン、ニュージーランド、アイルランド、ルクセンブルグ、スイス、アメリカ（米国）、日本、オーストリア、オーストラリア、イギリス（英国）、ドイツ、カナダ、オランダ、スウェーデン）

出所：(Glendinning & Igl, 2009, p. 229)

されていたことによる（Glendinning & Igl, 2009）。さらに、要介護高齢者の医療機関への集中現象（社会的入院）に加えて、介護費を公的扶助によって負担することは市民権と相いれないことも、導入に踏み切った重要な背景であった。介護保険は医療保険から制度的には独立するが、事務管理は医療保険の傘下で行われる。要介護認定後、現金給付（家族手当）、専門職によるケア・サービス、あるいは両方の混合使用を選択できる。混合型が近年増加しているとはいえ、現金給付の選択が利用者側からは好まれてきた。家族手当の給付額は介護依存度によって異なり、月額215〜675ユーロであるが、大半が世帯内の家族介護者に支払われる。ドイツの高齢者ケア・サービスの総支出額の70％が公的な資金調達によって賄われ、労使双方が拠出する保険料はこのうち80％を占める。源泉課税主義により保険料拠出は所得比例方式をとるが、給付は所得比例ではないために、富裕層から低所得層（および世帯）への所得再分配が行われることになる。

介護保険の目的の1つであったケア・サービス供給事業組織は増加したが，国（保険基金）が公的機関よりも非営利事業者や営利事業者の優先を保険基金が要求したことによって，民間・営利企業部門が最も増えた（Glendinning & Igl, 2009）。また，介護保険法はケア・サービスの質よりも経済的効果の優先を目的とするために，質よりも価格が重視される傾向を生み出してきたことが指摘される。財政運営上の問題点としては，高失業率の継続によって，介護保険料は失業保険や公的扶助から支払われるとはいえ，失業者の拠出額は現役労働者の拠出額よりは低くなることである。また，複雑なサービス供給を必要とする高齢者，あるいは多様なケア・サービス・ニーズをもつ高齢者に対する総合的な対応が難しいことや，供給者の選択の自由が十分に機能しないことなどがあげられる。ケアの質保証を目的として，2002年にケアの質改善法が導入されたが，現金給付の増大，認知症高齢者への給付増大，地域におけるケア供給構造の改善，個別のケア・マネジメントの導入が必要とされるなど課題も多い。

　普遍主義的な高齢者政策を原則とする北ヨーロッパ諸国では，公的責任によるケア供給が中心である。主な財源は租税収入（基本的に地方所得税と国交付金）や利用料金であるが，国と地方自治体間の財源分担やサービス料金の大きさは国によって異なる。イギリスは資力調査による選別主義的給付を一部に導入している（Glendinning & Igl, 2009）。たとえば，公共運営によるケア・ホームやナーシング・ホームなどの施設ケアの利用には資力調査を前提とし，在宅サービスやデイケア・サービスの利用には利用料金の設定にあたって資力調査が実施される。逆に，重病人の付添手当や家族介護者が介護手当を請求することができる。公的なケア・サービスは，地方自治体による現物給付が基本的な形態であるが，イギリスなどのように現金給付（直接払い）や金券（バウチャー）によって公的・私的なケア・サービスを自由に購入できる制度を導入する国もある。

　介護保険制度を適用するドイツや日本でも一応普遍主義を掲げているが，保険によって保証される枠が制限されており，枠を超える場合は家族や民間事業者によるケア・サービス利用，すなわち私的責任による解決が必要となる。実際，北欧諸国を除いてはケア全体量の70～80％が依然として家族によって提供されており，家族ケア提供者の80％を女性が占める（Österle & Rothgang, 2012）。

歴史的な発展をみると，多くの国において非営利組織や任意組織はケア・サービスの供給者として重要な役割を果たしてきた。介護保険を導入したドイツや日本においても，ケア・サービス資源・供給量の増大や利用者の選択の自由の拡大を図るために，民間事業者の参入を優先してきた。営利事業組織のみならず，非営利組織も委託供給者としての役割を増大してきた。ケア供給者としての営利事業組織は，アメリカでは伝統的にナーシング・ホーム分野で支配的であり，近年ではニュージーランドやイギリスでもその傾向が指摘される。ケア・サービス購入のための金券（バウチャー）・システム導入や市場重視は，消費者の選択の自由，サービスの質向上と供給者間の競争による効率化という観点から多くの国で取り入れられてきた。ケア供給者としての民間事業者の参入機会が拡大され，従来公的責任の強かった国（たとえばスウェーデンなどの北欧諸国）においても供給者間の競争を図ることを目的に，部分的にケア供給の市場化や疑似市場化が導入されてきた（Meagher & Szebehely, 2013）。すべての国にとって現在の共通課題は，高齢者に対する質の高いケア・サービスの供給と維持可能な財政運営である。

## 3 ケア・サービス供給とニーズ査定

### (1) 在宅ケア・サービスの拡充

　一言で高齢者ケアといっても，ケア・サービスの生産・供給システムの組織化や財政運営方法は国によって異なる。また，大半の先進国において施設ケアから在宅ケアへの移行が進められてきたが，社会ケア・サービスの供給責任は基本的に地方自治体に課せられる。たとえばスウェーデンの社会サービス法（1980年制定）は，すべての基礎自治体（コミューン）に高齢者の尊厳ある生活・人生（私的な生活の尊重，道徳的・人格的信頼，自己決定権，個別ニーズの尊重と社会参加，質の良いサービス提供，尊厳ある対応）と安寧・ウェルビーイング（安心感の伴う有意義な生活・人生）の保障を義務づける。また，良い住宅（特別住宅も含めた）と必要な支援と援助の提供が義務づけられる。コミューンは法の理念を実現し，可能な限り住み慣れた環境（自宅）において自立した生活を可能にする形で，ケア・サービスを提供しなければならない。2000年代半ばの統計によると，スウェーデンでは65歳以上の高齢者の大半（93%）が自宅で生活を営み，

介護住宅や認知症高齢者のためのグループ住宅などの特別住宅に暮らす高齢者はわずか7％（85歳以上，17％）にすぎない（Ministry of Health and Social Affairs, 2005）。24時間安心して暮らせる自宅での生活を可能にするために，利用しやすい社会環境の整備，良い住宅，ホームヘルプ・サービス，デイケア，ショートステイ・サービス，緊急通報サービス，送迎サービス，付き添いサービス，代替サービスなどの多様なサービスの供給が重要となる。高齢者ケアの総支出の61％が特別住宅におけるケア・サービスに，38％が在宅ケア・サービスに，1％がオープンケア・サービスに使用されている（Sveriges kommuner och landsting, 2008）。

　在宅ケア・サービスの拡充は先進国に共通の現象であり，たとえばイギリスでは，1993年より施設ケアの選択肢としてホームヘルプ・サービスの拡張政策がとられてきた（Glendinnning & Igl, 2009）。施設ケアは最も介護を必要とする機能低下の深刻な高齢者に制限し，介護などの在宅での対人サービスへの切り替えを図ってきた。ドイツでは介護手当（現金給付）の利用に人気があるため，在宅ケア・サービスやデイケアなどの現物給付資源が欠乏し，ケア・サービスを包括的・総合的に供給できないことが問題視される。すなわち，家族介護あるいは施設ケアのどちらかの二択にならざるをえず，施設ケア費の増大を生み出してきたために，在宅ケア・サービスの拡充による施設ケア費の削減が大きな課題とされる。それに対して，イギリスの付添手当は同じ家族支援のための現金給付であっても，施設ケアの選択肢という条件のもとに給付されるところがドイツと異なる。

### (2)ニーズ査定

　ケア・サービスのニーズ査定は，基本的に専門家あるいは多数専門職チームによって実施されるが，当事者や家族などの参加を重視する国もあるように査定の方法や過程は多様である。さらに，年齢（若い障害者や要介護高齢者など），世帯構造，経済的要因（資力調査）を追加的な受給条件として重視する国もあれば，しない国もある。受給条件の設定の多様性は当然のことながら利用率に影響を及ぼし，たとえば，年齢制限や資力調査を適用しない場合でも，オーストラリアの利用率は人口の5％，ドイツの利用率は2.5％と異なる（Österle &

Rothgang, 2012)。

　公的責任によるケア・サービス供給を原則とするスウェーデンのニーズ査定では，全国一律のニーズ測定手段は導入されていない。その主な理由は，日常生活動作（activity daily life=ADL）や手段的日常生活動作（instrumental activity daily life=IADL）の測定には標準化されたスケールが使用できるとしても，生活全体にわたる多様なニーズを標準化された一律の測定手段によって総合的に査定することは難しいと考えるためである。したがって，社会サービス法に基づき高齢者の身体的機能低下だけではなく，世帯構造，住環境や社会的交流などを考慮した包括的・総合的なニーズ査定が自治体に義務づけられる。具体的には，基礎自治体のニーズ査定主事（特定の専門教育は要求されず，多くがソーシャルワーカーや地域看護師など）が家庭訪問を行い，個別の査定を実施する。必要であれば，査定主事は関係者（主治医や地域看護師，家族など）によるニーズ査定会議を開き協議する。決定に不服であれば高齢者は不服申し立てを行うことができる。

　介護保険を導入するドイツや日本では，全国一律の要介護認定調査が実施される。経済的条件や社会的状況（世帯構造やインフォーマル・ケアへのアクセスなど）は考慮されないために，その是非は別として，同じ水準の状態像や介護依存度をもつ高齢者間の水平的な公平性は高い（Glendinnning & Igl, 2009）。

　イギリスのニーズ査定は，地域間，国の医療サービスや地方自治体などの部門間，ケア現場（施設あるいは在宅）によって受給資格査定の基準が異なる。付添手当や介護手当を除いては公的ケア・サービスに対する受給権は存在しないために，ニーズ査定ではなく資力調査による法的強制力の有無が問われることになる。その他の分野では，個別化されたニーズ査定が実施され，社会的状況の考慮やケア・サービス内容の決定に関する自由裁量権は，スウェーデンと同様に大きい。ゆえに，査定者などによる査定結果の格差が生じやすい。ドイツや日本で使用される標準化された査定基準とニーズ査定過程は，透明性や公平性が高く，しかも家族介護が可能なことを理由に受給資格が制限される危険性は少ないといえる。反面，本人の状態像や介護依存度のみに焦点をあてるニーズ査定方法は，ニーズの定義が難しいように，生活全般にわたる総合的・包括的なニーズ査定を困難とすることが批判されてきた。特に，認知症高齢者のニー

ズを身体的な障害度のみによって査定することが問題視される。

(3)医療サービスと社会サービスの連携・統合

　脱施設化が進んだことによって，慢性疾患や機能低下の深刻化による看護・医療ニーズの高い在宅高齢者や障害者が増大した。24時間の安心かつ自立した生活を保障するには，社会サービスのみでは対応することは難しく，訪問看護や在宅医療サービスが必要となる。スウェーデンでは初期医療段階の医療サービスと社会サービスの統合を図るエーデル改革が1992年に実施され，総合的・包括的なケア・サービスの提供が可能となった。従来のナーシング・ホームや老人ホームは，住まいの機能をもつ介護住宅などの特別住宅に改築され，24時間体制の訪問看護や在宅医療サービスと社会サービスによる総合的・包括的な在宅サービスが全国すべての自治体で提供されるようになった。

　イギリスの地方自治体においても，医療サービスと社会サービス組織による中間的なケア・サービスの供給が一般化してきている（Glendinnning & Igl, 2009）。2000年代初め，イギリス政府は短期の急性期医療や救急医療への資源強化を図り，救急入院の予防と早期退院を促進させるために社会ケア・サービスの改善を図った。その結果，看護・介護，理学療法，言語・作業療法，多様な短期集中支援，回復期ケアやリハビリテーションに関しては6週間という制限付き給付の無料化が図られた。

　ドイツでは，行政管轄の違いによる非効率性を改善するために，医療保険と介護保険の統合の必要性が指摘されている（Glendinnning & Igl, 2009）。医学的治療の一部であり，しかも高齢者が介護保険の受給資格を欠き，家族や親族によるインフォーマル・ケアが得られない場合には，4週間に限り在宅ケア・サービスが医療保険によって給付される。また重度の障害者に対しても，医学的治療に加えて，入院期間を短縮するために，あるいは入院待機中であれば，4週間の在宅看護サービスやホームヘルプ・サービスが給付される。ナーシング・ホームの入居者に対する医療サービスの財源負担は，2005年から医療保険に移行した。

　ケア資源調達を疑似市場的運営によって行うイギリスでは，多様なサービス資源の組み合わせを必要とする個別ケア計画には，ケア・マネジメントが必要

となる。ケアマネジャーの役割は従来ソーシャルワーカーが担ってきたが，近年の傾向として，ケア・マネジメントに関わる作業療法士や地域看護師が増加している。ドイツでは，介護保険制度の導入によって公的扶助財源による財政運営が大幅に縮小されたために，ケア計画やケア・サービス供給に関する地方自治体の役割も減少した。したがって，利用者のニーズに適応したケア資源の調達や，包括的なケア計画の実施を改善するためにケア・マネジメントの導入が試みられるが，利用者やケア・システム全体に与える影響に関心がもたれる。

## 4　高齢者ケアへの家族参加

　高齢者ケアに対する最大の責任は国家に課せられるというものの，市場や家族は高齢者福祉の提供に大きな役割を担っていることも事実である。成人の子どもとの同居は，家族主義を示す重要な指標とされるが，同居率は国によって異なる。イタリアやスペインでは約30%の高齢者が子どもと同居しているが，デンマークやスウェーデンでは同居はきわめて稀であり，フランスでは約18%の高齢者が子どもとの同居生活を営んでいる（Esping-Andersen, 2009）。

　従来家族内で行われてきた養育や介護の社会化は，低出生率，ジェンダー不平等，報酬労働と無報酬労働の両立問題などの解決と脱家族化の促進にとって重要な意味をもつ。広範かつ質の高い普遍的な社会サービスを保障してきた北欧諸国は，他の国からは福祉国家発展の目標規準として捉えられてきた。同時に，家族連帯を公的連帯に置き換えた公的責任の拡大化は，家族間の絆や連帯の形成を困難にしたという否定的な見方（crowding-out hypothesis）もある（Keck, 2008）。先述したように，ケア・サービスの供給の組織化は国によって異なり，その様相は複雑である。公式あるいは非公式，フォーマルあるいはインフォーマル・ケア供給の境界線は，家族によるケアが多様な形態の公的支援によって実施される場合もあり，必ずしも明瞭ではない。たとえば，フランス，ドイツ，オーストラリア，スウェーデンでは介護手当給付を受ける，あるいは自治体のホームヘルパーとして雇用されることができる（ただし，スウェーデンのみ）。家族内支援は，道徳的な観点からだけではなく，男女の役割義務の分担や個人的な関心などに左右され，家族構成員間の交渉によって合意形成がなされる。し

図表 4-8　ヨーロッパにおけるケア提供編成

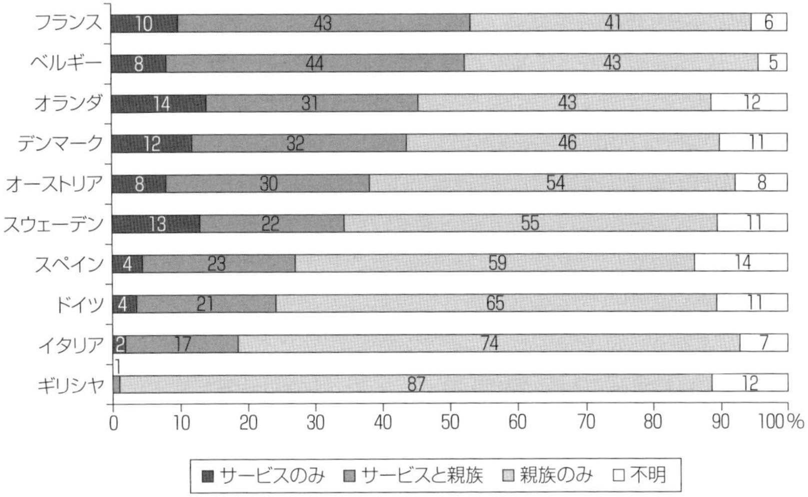

| 国 | サービスのみ | サービスと親族 | 親族のみ | 不明 |
|---|---|---|---|---|
| フランス | 10 | 43 | 41 | 6 |
| ベルギー | 8 | 44 | 43 | 5 |
| オランダ | 14 | 31 | 43 | 12 |
| デンマーク | 12 | 32 | 46 | 11 |
| オーストリア | 8 | 30 | 54 | 8 |
| スウェーデン | 13 | 22 | 55 | 11 |
| スペイン | 4 | 23 | 59 | 14 |
| ドイツ | 4 | 21 | 65 | 11 |
| イタリア | 2 | 17 | 74 | 7 |
| ギリシャ | 1 |  | 87 | 12 |

出所：(Keck, 2008, p. 155)

たがって，公的なケア・サービスを得る可能性はケア参与に関する家族間の合意形成を容易にする点で重要な意味をもつ。

　1990年代の一連の高齢者ケア分野の改革によるヨーロッパ諸国の収斂化・近接化（家族の部分的ケア再参与と供給の市場化拡大）が指摘されるが，国際比較データ（Survey of Health, Ageing and Retirement in Europe=SHARE，オーストリア，ベルギー，デンマーク，ドイツ，ギリシャ，フランンス，イタリア，オランダ，スペイン，スウェーデン）によると，高齢ケア政策の与えた影響と結果が，ケア供給主体の組み合わせに反映されている（図表4-8）。

　従来から高齢者ケアよりも子どもに対するケア・サービスに力を入れてきたフランスとベルギーでは，2人に1人の要介護高齢者が専門職によるサービス（社会ケア・サービスと社会ケア・サービス＋家族ケアの組み合わせ）を利用している。フランスの場合は，社会ケア・サービス受給条件を軽くした改革効果によって利用率が高くなったことが考えられる。伝統的に家族介護中心であったイタリアとスペインでも，5人に1人が家族以外の人によるケア・サービスを利用しているが，大半が公的助成のない民間ケア・サービスである。

補完原則モデルの代表国ドイツでは,要介護高齢者の70%が,高齢の在宅要介護者の66%が非公式なケアに頼っている。介護保険を導入したにもかかわらず,ドイツのケア・サービス利用率が低いのは,社会サービスよりも家族介護手当などの財源的誘因による家族介護の奨励が理由として考えられる。デンマークとスウェーデンの在宅ケア・サービス利用がフランスやベルギーより低い主な理由は,北欧諸国では特別住宅におけるケア・サービスの供給割合が相対的に高いことと,家族ケアを含まない純粋に公的なケア・サービスの受給率が高いためである。また,高齢者が利用するサービス総量は,フランスやベルギーよりもデンマークやスウェーデンの方が多い。公的なケア・サービスへの依存度が高く,ケア・ニーズが公的サービスによって十分満たされることも家族ケアの利用を少なくしている理由である(図表4-9)。

在宅ケアにおいて家族は重要な役割を果たしており,社会ケア・サービスが利用されている場合でも,多くの場合が少なくとも1人の家族構成員がケアの大半あるいは一部を負担している。別の先行研究でも,イングランドとウェールズでは,50歳以上の16%が家族構成員,友人,近隣者のために無報酬のケア・

図表4-9 成人の子どもによるケア提供・負担の国際比較

| 次元 | 世帯内 | 世帯外 | |
|---|---|---|---|
| 指標 | 親の世帯で同居し,日々の大半のケアを提供 | 親とは世帯を別にし,ケアを提供 | 親と同居しない子どもが提供するケア頻度 |
| ユニット | 要介護親をもつすべての子どもの負担割合 | 要介護親をもつすべての子どもの負担割合 | 月平均ケア提供日数 |
| デンマーク | 0.8 | 15.3 | 3.8 |
| スウェーデン | 0.1 | 20.6 | 4.3 |
| ベルギー | 1.3 | 15.8 | 8.6 |
| フランス | 2.9 | 15.2 | 12.4 |
| オーストリア | 3.5 | 19.0 | 8.4 |
| ドイツ | 2.5 | 20.2 | 10.7 |
| オランダ | 1.0 | 6.9 | 7.9 |
| ギリシャ | 1.4 | 20.7 | 12.1 |
| イタリア | 6.8 | 9.5 | 12.1 |
| スペイン | 6.8 | 11.5 | 13.0 |

出所:(Keck, 2008, p. 157)

サービスを提供している（Glendinnning & Igl, 2009）。4人に1人が1週間に50時間以上のケアを提供しており，85歳以上の介護者の50％が少なくとも週に50時間をケアのために割いている。すなわち，男性の平均寿命が長くなったことによって，高齢の夫婦間の介護も一般化してきている。要介護高齢者が家族以外によるケア・サービスを利用する場合は，大半が子どもやパートナーがいない場合である。全体的にいえることは，ケア供給主体の混合によるサービス利用が普通であることである。

　図表4-8と図表4-9から指摘できることは，社会ケア・サービスの供給率が高い国では，供給率の低い国よりも親のケアに対する子どもの参与度が低いことである。親と同居する子どものケア参与と同居しない子どものケア頻度を合わせてみると，スペインやイタリアの子どもが最も密度の濃いケア・サービスを提供している。対照的なのが，デンマークやスウェーデンである。ただし，フランスは社会ケア・サービスの利用率が高いにもかかわらず，家族中心のケア・サービスを特徴とするギリシャと同じぐらい子どものケア参与度が高い。子どものケア参与におけるジェンダー間の不平等や参与密度に重要な影響をもたらすのが脱家族化の進展度である。親と同居しない子どものケア参与において，ジェンダー間の不平等や参与密度の相違が一番少ないのは脱家族化の進んだデンマークとスウェーデンである。逆に高いのがイタリアとスペインである。しかし，社会ケア・サービスの利用がしやすい国ほど，親のためのケアに参与する子ども数が少ないという相関関係はみられない。

　さらに，社会ケア・サービスによる介護の社会化・公共化によって親のケアに参与しない子どもの親との交流頻度は，家族・親族ケア・サービス供給が中心であるが，ケアに参与しない子どもより低いことも実証されなかった。すなわち，社会ケア・サービス自体が親子関係を希薄化させてはおらず，むしろ社会ケア・サービスによって親子関係の均衡が維持されていることが明らかである。家族関係の希薄化は，社会ケア・サービスによってではなく，ケア参与に関する家族構成員間の不均衡によって生じるといえる。また，ケア・レジーム類型にかかわらず，ケア責任が多様なケア供給者で分担されていることも明らかである。

## 第Ⅱ部　引用・参考文献

Adema, W., Gray, D. & Kahl, S. (2003) *Social Assistance in Germany*. OECD Labour Market and Social Policy Occasional Papers No. 58. OECD.
Anttonen, A. (2005) Empowering Social Policy: The Role of Social Care Services in Modern Welfare States, in Kangas, O. & Palme, J. (eds) *Social Policy and Economic Development in the Nordic Countries*. UNRISD. New York: Palgrave Macmillan.
Anttonen, A. & Sipilä, J. (1996) European social care services: is it possible to identify models?, *Journal of European Social Policy*, 2(6): 87-100.
Bahle, T., Pfeifer, M. & Wendt, C. (2012) Social Assistance, in Castles, F.G., Leibfried, S., Lewis, J., Obinger, H. & Pierson, C. (eds) *The Oxford Handbook of the Welfare State*. Oxford: Oxford University Press.
Bambra, C. (2004) The worlds of welfare: Illusory and gender-blind?, *Social Policy and Society*, 3: 201-212.
Bambra, C. (2007) Defamilisation and welfare state regimes: a cluster analysis, *International Social Welfare*, 16: 326-338.
Berrick, J.D. (2011) Trends and issues in the U.S. Child Welfare System, in Gilbert, N., Parton, N. & Skivenes, M. (eds) *Child Protection Systems*. New York: Oxford University Press.
Beveridge, W. (1942) *Social Insurance and Allied Services*. London: HMSO.
Bonoli, G. (1997) Classifying welfare states: a two-dimension approach, *Journal of Social Policy*, 26: 351-372.
Bourdieu, P. (1977) *Reproduction in Education, Society and Culture*. Beverly Hills: Sage.
Bradshaw, J. & Finch, N. (2012) Family benefits and services, in Castles, F.G., Leibfried, S., Lewis, J., Obinger, H. & Pierson, C. (eds) *The Oxford Handbook of the Welfare State*. Oxford: Oxford University Press.
Broomé, P. & Jonsson, P. (1994) *Äldreomsrogen i Sverige: historia och framtid i ett befolkningsekonomiskt perspektiv*. Stockholm: SNS.
Cauthen, N.K. & Amenta, E. (1996) Not for Widows Only: Institutional Politics and the Formative Years of Aid to Dependent Children, *American Sociological Review*, 61(3): 427-448.
Daatland, S. & Herlofson, K. (2003) *Ageing, intergenerational relations, care systems and quality of life-an introduction of the OASIS project*. NOVA report no.14/01, Oslo.

Drake, R. (1999) *Understanding disability policies*. Basingstoke: Macmillan.
Elmér, Å., Blomberg, S., Harrysson, L. & Petersson, J. (2000) *Svensk socialpolitik*. Lund: Studentlitteratur.
Esping-Andersen, G. (1990) *The Three Worlds of Welfare Capitalism*. Cambridge: Polity Press.
Esping-Andersen, G. (1996) *Welfare States in Transition. National Adaptations in Global Economies*. London: Sage Publication.
Esping-Andersen, G. (1999) *Social Foundations of Postindustrial Economies*. Cambridge: Oxford University Press.
Esping-Andersen, G. (2009) *The Incomplete Revolution: Adapting to Women's New Roles*. Cambridge: Polity Press.
European Commission (2010) *Communication from the commission to the European parliament, the council, the European economic and social committee and the committee of the regions. The European Disability Strategy* 2010-2020: *A renewed commitment to a Barrier-Free Europe*. Brussels.
Ferrera, M. (1996) The Southern Model of Welfare in Social Europe, *Journal of European Social Policy*, 6: 17-37.
Forssen, K. & Ritakallio, V-M. (2006) First births: A comparative study of transition to parenthood in Europe, in Bradshaw, J.R. & Hatland, A. (eds) *Social Policy, Family Change and Employment in Comparative Perspective*. Cheltenham: Edward Elgar.
Foucault, M. (2001) *Madness and civilization*. London: Routledge.
布川日佐史 (2004)「ドイツにおけるワークフェアの展開―稼働能力活用条件の検討を中心にして―」『海外社会保障研究』Summer, 147: 41-55.
Giddens, A. (1998) *The Third Way: The Renewal of Social Democracy*. Cambridge: Polity Press.
Gilbert, N. (ed) (1997) *Combating Child Abuse: International Perspectives and Trends*. New York: Oxford University Press.
Gilbert, N., Parton, N. & Skivenes, M. (2011a) Introduction, in Gilbert, N., Parton, N. & Skivenes, M. (eds) *Child Protection Systems*. New York: Oxford University Press.
Gilbert, N., Parton, N. & Skivenes, M. (2011b) Changing Patterns of Response and Emerging Orientations, in Gilbert, N., Parton, N. & Skivenes, M. (eds) *Child Protection Systems*. New York: Oxford University Press.
Ginn, J., Fachinger, U. & Schmähl, W. (2009) Pension Reform and the Socio-economic Status of Older People, in Walker, A. & Naegele, G. (eds) *Social Policy in Ageing Societies. Britain and Germany Compared*. New York: Palgrave Macmillan.
Glendinning, C. & Igl, G. (2009) Long-term Care in Germany and the UK, in Walker, A. & Naegele, G. (eds) *Social Policy in Ageing Societies. Britain and Germany*

*Compared.* New York: Palgrave Macmillan.
Goss, D., Goss, F. & Adam-Snith, D. (2000) Disability and employment: A comparative critique of UK legislation, *International Journal of Human Resource Management,* 11, 4: 807-821.
Guo, J. & Gilbert, N. (2007) Welfare state regimes and family policy: a longitudinal analysis, *International Social Welfare,* 16: 307-313.
Habermas, J. (1987) *The Theory of Communicative Competence. Vol.2: Lifeword and System.* Boston: Beacon Press.
Hantrais, L. (2004) *Family Policy Matters: Responding to Family Change in Europe.* Bristol: Policy Press.
Harding, L.F. (1996) *Family, state and social policy.* New York: Palgrave Macmillan.
Harris, J. & Roulstone, A. (2011) *Disability, Policy and Professiobal Practice.* London: Sage.
Hinrichs, K. & Lynch, J.F. (2010) Old-Age Pensions, in Castles, F.G., Leibfried, S., Lewis, J., Obinger, H. & Pierson, C. (eds) *The Oxford Handbook of the Welfare State.* Oxford: Oxford University Press.
Hoem, B. (1995) The gender-segregated Swedish labor market, in V. Oppenheimer & A. Jensen (eds) *Gender and Family Change in Industrialized Countries.* Oxford: Clarendon Press.
Holgersson, L. (1998) *Socialvård. En fråga om människosyn. Med* 1982 *års socialtjänstlagar.* Jönköping: Tidens förlag.
Kamerman, S. B. & Kahn, J. (eds) (1978) (International Working Party on Family Policy) *Family Policy: Governemnt and Families in Fourteen Countries.* New York: Columbia Uniberisty Press.
Kangas, O. (1994) The Politics of Social Security: on Regressions, Qualitative Comparisons and Cluster Analysis, in T. Janoski, A. Hicks (eds) *The Comparative Political Economy of the Welfare State.* Cambridge: Cambridge University Press.
Karger, H.J. & Stoesz, D. (2010) *American Social Welfare Policy: A Pluralist Approach.* Boston: Allyn & Bacon.
Kautto, M. (2002) Investing in services in Western European welfare states, *Journal of European Social Policy,* 1 (1): 53-65.
Keck, W. (2008) The relationship between children and frail elderly parents in different care regimes, in Saraceno, A. (ed) *Families, Ageing and Social Policy. International Solidarity in European Welfare States.* Cheltenham: Edward Elgar.
Kuivalainen, S. & Nelson, K. (2010) Eroding minimum income protection in the Nordic countries? Reassessing the Nordic model of social assistance, in Kvist, J., Fritzell, J. Hvinden, B. & Kangas, O. (eds) *Changing social security. The Nordic welfare model in the 21$^{st}$ century.* Bristol: Polity Press.

Korpi, W. (1983) *The democratic straggle*. London: Routledge & Kegan Paul.
Korpi, W. (2000) Faces of inequality: Gender, class and patterns of inequalities in different types of welfare states, *Social Politics*, 7: 127-191.
Korpi, W. & Palme, J. (1998) The paradox of redistribution and the strategy of equality: welfare state institutions, inequality and poverty in the Western countries, *American Sociological Review*, 63: 662-687.
Korpi, W. & Palme, J. (1999) Robin Hood, Matteus eller strikt likhet?, *Sociologisk Forskning*, 1: 53-91.
訓覇法子(2001)「第二次世界大戦後におけるスウェーデン高齢者対策の歴史的発展」『高齢者ケアシステムの発展の歴史―日本とスウェーデン―』エイジング総合研究センター。
訓覇法子(2010)「スウェーデンの"EDUCARE"モデルの形成過程と政策視座」『海外社会保障研究』173:41-48.
厚生労働省(2012)平成24年度版『厚生労働白書』。
Leibfried, S. (1992) Towards a European Welfare State, in Z. Ferge & JE. Kolberg (eds) *Social Policy in a Changing Europe*. Frankfurt: Campus-Verlag.
Leisering, L. & Leibfried, S. (1999) *Time and Poverty in Western Welfare State: United Germany in Perspective*. Cambridge: University Press.
Lo-Johansson, I. (1952/1987) *Ålderdoms - Sverige*. Stockholm: Carlsson.
Marklund, S. (1982) *Klass, stat och socialpolitik*. Lund: Arkiv.
Marshall, T.H. (1950/92) *Citizenship and Social Class*. Cambridge: Cambridge University Press.
Meagher, G. & Szebehely, M. (eds) (2013) *Marketization in Nordic eldercare: a research report on legislation, oversight, extent and consequences*. Stockholm Studies in Social Work 30. Stockholm University.
Ministry of Health and Social Affairs (2005) *Policy for the elderly*. Fact sheet No.14.
Mishra, R. (1990) *The welfare state in capitalist society: Policies of retrenchement and maintenance in Europe, North America and Australia*. New York, NY] Harvester Wheatsheaf
Morel, N., Palier, B. & Palme, J. (2012) *Towards a Social Investment Welfare State? Ideas, Policies and Challenges*. Bristol: Policy Press.
Murdock, G.P. (1949) *Social structure*. New York: Macmillan.
Myrdal, G. & Myrdal, A. (1934) *Kris i befolkningsfråga*. Stockholm: Bonnier.
Nelson, K. (2003) *Fighting poverty, comparative studies on social insurance, means-tested benefits and income distribution*. Stockholm: Swedish Institute for Social Research.
Nelson, K. (2007) Universalism versus targeting: The vulnerability of social insurance and means-tested minimum income protection in 18 countries, 1990-2002,

*International Social Policy Review*, 60（1）: 33-58.
日本特殊学会編（2012）『障害百科事典』丸善出版。原著：Albrecht, G.L.（ed）（2006） Encycloperdia of Disability. New York: Sage.
O'Connor, J.S.（1996）From women in the welfare state to gendering welfare state regimes, *Current Sociology*, 44: 1-130.
OECD（2001）*Starting strong: Early Childhood Education and Care*. Paris: OECD.
OECD（2005）*The OECD Health Project. Long-term Care for Older People*. Paris: OECD.
OECD（2007）*Babies and Bosses: Reconciling Work and Family Life: A Synthesis of Findings for OECD countries*. Paris: OECD.
Ohrlander, K.（1992）*I barnen och nationens intresse: Socialliberal lagstiftning 1903-1930*. Studies of psychology and education nr 30. Stockholm.
Orloff, A.（1993）Gender and the Social Rights of Citizenship: The Comparative Analysis of Gender Relation and Welfare States, *American Sociological Review*, 58: 303-328.
Österle, A. & Rothgang, H.（2012）Long-Term Care, in Castles, F. G., Leibfried, S., Lewis, J., Obinger, H. & Pierson, C.（eds）*The Oxford Handbook of the Welfare State*. Oxford: Oxford University Press.
Palme, J. & Wennemo, I.（1998）*Swedish Social Security in the 1990s. Reform and Retrenchment*. Stockholm: The Printing Works of the Cabinet Office and Ministries.
Parsons, T. & Bales, R.F.（1956）*Family: socialization and interaction process*. London: Routledge and Kegan Paul.
Parton, N. & Berridge, D.（2011）Child Protection in England, in Gilbert, N., Parton, N. & Skivenes, M.（eds）*Child Protection Systems*. New York: Oxford University Press.
Pettersson, U,（2011）*Från fattidvård till socialtjänst. Om socialt arbete och utomparlamentarisk aktivitet*. Lund: Studentlitteratur.
Pierson, C.（1994）*Dismantling the Welfare State? Reagan, Thatcher, and the Politics of Retrenchemnt*. Cambridge: Cambridge University Press.
Pierson, C.（eds）（2012）*The Oxford Handbook of the Welfare State*. Oxford: Oxford University Press.
Pierson, P.（2000）Path Dependence, Increasing Returns, and the Study of Politics, *American Political Science Review*, 94, 2: 251-267.
Pitruzzello, S.（1999）*Decommodification and the Worlds of Welfare Capitalism: a Cluster Analysis*. Florence: European University Institute.
Priestley, M.（2012）Disability, in Castles, F.G., Leibfried, S., Lewis, J., Obinger, H. & Pierson, C.（eds）*The Oxford Handbook of the Welfare State*. Oxford: Oxford

University Press.
Pösö, T. (2011) Combatting Child Abuse in Finland: From Family to Child-Centered Orientation, in Gilbert, N., Parton, N. & Skivenes, M. (ed) *Child Protection Systems*. New York: Oxford University Press.
Rauhut, D. (2002) *Fattigvård, socialbidrag och synen på fattigdom i Sverige 1918-1997*. Lund Studies in Economic History 18. Lund University.
Rauhut, D. (2006) *Den besvärliga fattigdomen*. Stockholm: Almqvist & Wiksell International.
Regeringen (1998) Propositionen 1997/1998: 113 *Nationell handlingsplan för äldrepolitiken*.
Regreingen (2000) Propositionen 1999/2000:79. *Från patient till medborgare - en nationell handlingsplan för handikappolitiken*.
Rodgers, H.R. Jr. (2000) *American Poverty in a New Era of Reform*. Armonk, NY: M.E. Sharpe.
Rothstein, B. (1994) *Vad bör staten göra? Om välfärdsstatens moraliska och politiska logik*. Stockholm: SNS Förlag.
Roulstone, A. & Prideaux, S. (2012) *Understanding Disability Policy*. Bristol: Polity Press.
Rowntree, B. S. (1902) *Poverty and Progress*. Bristol: Longman's Green & Co.
Samhall (2013) *Om Samhall*.
http://www.samhall.se/Om-Samhall/Valkommen-till-Samhall/
Scheepers, P., de Grotenhuis, M. & Gelissen, J. (2002) Welfare states and dimensions of social capital, *European Societies*, 2 (4) : 185-207.
Sen, A. (1999) *Development as Freedom*. Midsomer Norton: Oxford University Press.
Sipiliä, J. (ed)(1997) *Social Care Services: The Key to the Scandinavian Welfare Model*. Avebury: Aldershot.
Sipilä, J. , Anttonen, A. & Badrock, J. (2003) The Importance of Social Care, in Anttonen, A. Badrock, J. & Sipilä, S. (eds) *The Young, the Old and the State: Social Care Systems in Five Industrial Societies*. Cheltenhamn: Edward Elgar.
SCB (2011) *Undersökningarna av levnadsförhållanden*.
http://www.scb.se/Pages/Product_12199.aspx (2011-11-20)
Skolverket (2008) *Tio år efter förskolereformen*. Rapport 318. Stockholm: Skolverket.
Socialstyrelsen (2004) *Ekonomiskt bistånd. Stöd för rättstillämpning och handläggning av ärenden i den kommunaka socialtjänsten*. Stockholm: Socialstyrelsen.
SOU 1972:26, 27 *Förskolan*.
SOU 1975:39 *Statsbidrag till kommuner*.
SOU 1976:20 *Kultur åt alla*.
SOU 2008:77 *Möjlighet att leva som andra. Ny lag om stöd coh service till vissa*

*personer med funktionshinder*. Slut betänaknde av LSS-kommitén.
Statistiska centralbyrån (2012) *Sveriges framtida befolkning 2012-2060*. Demografiska rapporter 2012:2.
Statistiska centralbyrån (2013) *Befolkningsframskrivningar*. http://www.scb.se/pages/tableandchart___273434.aspx
Sveriges kommuner och landsting (2008) *Kostnader och finansiering av äldreomsorgen*. https://www.skl.se/Site/CMS/Templates/skl/CachedPage.aspx?url
Sveriges kommuner och landsting (2008) *Svensk sjukvård i internationell jämförelse*.
Swift, K.J. (2011) Canadian Child Welfare: Child Protection and the Status Quo, in Gilbert, N., Parton, N. & Skivenes, M. (ed) *Child Protection Systems*. New York: Oxford University Press.
Thomas, C. (1999) *Female Forms: Experiencing and Understanding Disability*. Buckingham: Open University Press.
Thomas, C. (2007) *Sociologies of Disability and Illness: Contested Ideas in Disability Studies and Medical Sociologies*. Basingstoke: Palgrave.
Trost, J. (1988) Conceptualising the family, *International Sociology*, 3 (3) : 301-308.
UNDP (2000)『人間開発報告書 人権と人間開発』UNDP 東京事務所。
UNICEF (2007) *Child Poverty in perspective: An overview of child well-being in rich countries*. Innocenti Research Center, Report Card 7. Florence: UNICEF.
UNICEF (2012) *Mesureing Child Poverty: New league tables of child poverty in the world's rich countries*. Innocenti Research Center, Report Card 10. Florence: UNICEF.
van Oorschot, W. & Hvinden, B. (2001) Introduction: towards Convergence? Disability Policies in Europe, in van Oorschot & Hivinen, B. (eds) *Disability Policies in European Countries*. Hague: Kluwer Law International
Vincent, J. (1999) *Politics, Power and Old Age*. Buckingham: Open University Press.
Walker, A. (1990) The Economic "Burden" of Ageing and the Prospect of Intergenerational conflict, *Ageing and Society*, 10: 377-396.
Wennemo, I. (1996) Svensk familjepolitik - mot avsedda mål med oavsedda medel, in palme, J. & Wennemo, I. (ed) *Generell välfärd. Hot och möjlighet?* Välfärdsprojektet Skriftseserien: Fakta/kunskap Nr 3. Stockholm: Norstedt.
Wilensky, H. (1975) *The welfare state and equality: structural and ideological roots of public expenditure*. Berkeley, CA: University of California Press.

# 第Ⅲ部
# 日本の社会福祉

日本の社会福祉／1 章

# 所 得 保 障

## 1 社会保障政策と所得保障政策

### ■1 所得保障制度とは

　日本の所得保障政策検討の前提として，そもそも，所得保障政策とは何かをみておこう。

　一般に所得保障の概念は，福祉国家や社会保障との関連が深い。現在，「福祉国家」概念は多義的に使用されているが，そもそもは，戦中のイギリスで，ナチスのような権力国家，軍事国家との対比で，社会主義とも一線を画する戦後の国家政策の目標として使用され始めたとされる。具体的には，ベヴァリッジ報告に基づく政策づくりが実施された時期と関連させて理解されている（ピアソン，1996, p.197）。

　最近のいくつかの論調をみよう。ジグムント・バウマン（Zygmunt Bauman, 1924-）によれば，「福祉国家」概念は全員の「福祉」を保障するのが国家の義務であるとする考え方を表しており，それは個々人の支払う保険料に応じた給付ではなく，個々人のニーズに応じた給付を約束するものと捉える。つまり，バウマンのいう「厚生（public welfare）」の原則は，本来，ニーズの平等であって，それは支払い能力の不平等に優先するものであり，「福祉国家」の考え方は，国家機関に対して，このような厚生原則の実施責任を課するものとされる（バウマン，2008, p.88）。アンソニーギデンズ（Anthony Giddens, 1938-）は，「福祉国家」は，所得の再分配システムとしてだけではなく，リスク管理システム，あるいは本質的に社会的・集合的な保険システムとみる（ギデンズ＆ピアソン，2001, p.254）。

社会保障制度については，通常，イギリス救貧法のような救貧制度をその源流とする「社会的扶助制度」と，労働者とその家族を対象とした「社会保険制度」とが結合したものと考えられている。後者の社会保険制度は，19世紀までにヨーロッパの多くの国・地域でみられた，成員が予測される事故（リスク）に備えてあらかじめ財貨等をプールして援助の責任を共有したことが源で，個人責任よりも広く社会の責任と捉えた，相互扶助の原理を系譜とする，労働者の共済組合や労働組合から発展したとされる（スピッカー，2001, p.75）。

日本の社会保障制度もこれらの系譜をうけ，社会保険，社会扶助手当，公的扶助，社会福祉サービス，公衆衛生および医療・老人保健の5部門に分類されており，広義ではこれらに恩給，戦争犠牲者援護が加わる。日本社会保障法学

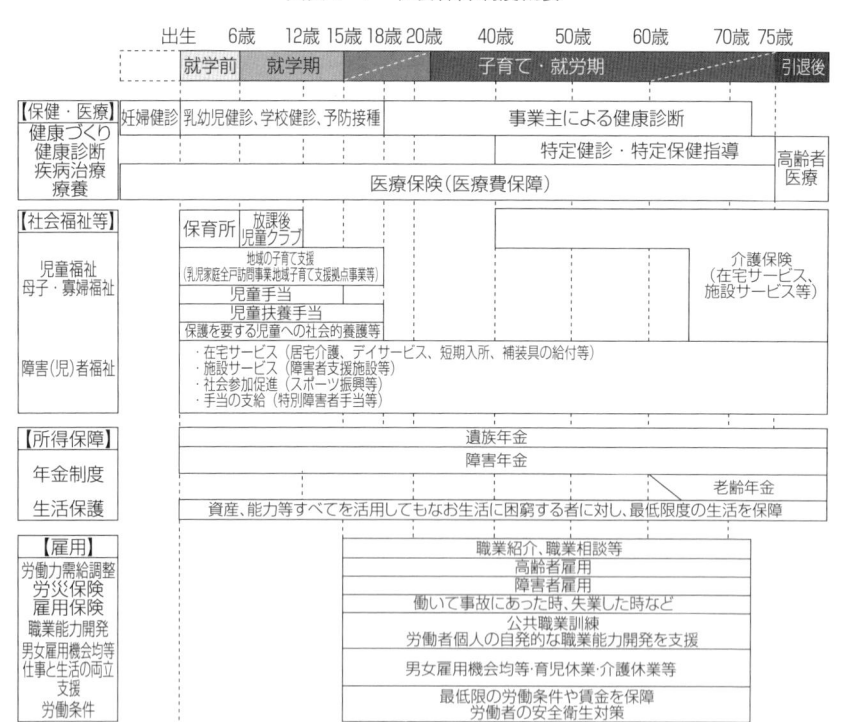

図表1-1　社会保障制度概要

| 年齢 | 出生 | 6歳 | 12歳 | 15歳 18歳 20歳 | 40歳 | 50歳 | 60歳 | 70歳 75歳 |
|---|---|---|---|---|---|---|---|---|
| ライフステージ | | 就学前 | 就学期 | | 子育て・就労期 | | | 引退後 |

【保健・医療】
健康づくり
健康診断
疾病治療
療養

- 妊婦健診
- 乳幼児健診，学校健診，予防接種
- 事業主による健康診断
- 特定健診・特定保健指導
- 高齢者医療
- 医療保険（医療費保障）

【社会福祉等】
児童福祉
母子・寡婦福祉

- 保育所
- 放課後児童クラブ
- 地域の子育て支援（乳児家庭全戸訪問事業地域子育て支援拠点事業等）
- 児童手当
- 児童扶養手当
- 保護を要する児童への社会的養護等
- 介護保険（在宅サービス、施設サービス等）

障害(児)者福祉

- 在宅サービス（居宅介護、デイサービス、短期入所、補装具の給付等）
- 施設サービス（障害者支援施設等）
- 社会参加促進（スポーツ振興等）
- 手当の支給（特別障害者手当等）

【所得保障】
年金制度
生活保護

- 遺族年金
- 障害年金
- 老齢年金
- 資産、能力等すべてを活用してもなお生活に困窮する者に対し、最低限度の生活を保障

【雇用】
労働力需給調整
労災保険
雇用保険
職業能力開発
男女雇用機会均等
仕事と生活の両立支援
労働条件

- 職業紹介、職業相談等
- 高齢者雇用
- 障害者雇用
- 働いて事故にあった時、失業した時など
- 公共職業訓練
- 労働者個人の自発的な職業能力開発を支援
- 男女雇用機会均等・育児休業・介護休業等
- 最低限の労働条件や賃金を保障
- 労働者の安全衛生対策

出所：(厚労省編，2012)

会は，社会保障法を社会保険法，公的扶助法，児童手当関係法，社会福祉サービス法から構成される法体系と捉えている(河野，2001，p.18)。社会福祉学系における所得保障の理解は，「失業・疾病・災害によって収入が中断した時，あるいは，老齢による退職や扶養者の死亡によって収入を喪失した時，また，出生・死亡等に伴い異常な支出が発生した時，一定の生活水準を維持できるような所得を保障すること」とし，公的扶助，社会手当（または社会扶助），社会保険の3つが含まれるとしている(仲村ほか編，1990)（図表1-1）。

　サブタイトルに「社会保障を考える」とした2012（平成24）年度版『厚生労働白書』は社会保障の機能として，①生活安定・向上機能，②所得再分配機能，③経済安定機能の3つをあげている。「生活安定・向上機能」は，人生のリスクに対応し国民生活の安定を実現するものである。「所得再分配機能」は，社会全体で低所得者の生活を支えるもので，公的年金制度や生活保護制度などをあげるとともに，所得再分配の方法について，現金給付だけではなく，医療や保育などの現物給付による方法もあるとした。最後の「経済安定機能」は，失業中の失業保険に加え，マクロ経済的には個人消費の減少による景気の落ち込みを抑制する効果も付加している(厚労省，2012，pp.30-31)。

　日本では，公的扶助の中心施策は生活保護法であるが，所得保障を構成する公的扶助や社会扶助（社会手当）は国によって異なり多様であるものの，多くの場合，社会保険の補助機能を有している。社会保険はすべてが本質的に所得保障制度に関わるが，なかでもとりわけ大きな関わりをもつのが年金保険や雇用（失業）保険制度である。これらは予測されるリスクに対して給付される受給者の部分的拠出を伴う強制加入（社会保険方式）による制度である。

　社会手当は，ある一定の事由に対して支給される。社会保険とは異なり，受給者の拠出を伴わず，公的扶助制度のような資産調査をも前提とはしない手当である。性格的には，社会保険と公的扶助の中間形態もしくは両者の折衷的給付であり(加藤，2001，p.32)，日本では，児童手当・児童扶養手当・特別児童扶養手当・障害者手当などがそれに該当する。

　これら社会手当は拠出に依らない現金給付であり，社会保険と公的扶助を適用しにくい保障事由に対して，あるいは両者の欠陥を補足する第3の社会保険給付的性格をももっているといわれる(都留，1997，p.203)。児童手当制度以外

の日本における社会手当は，国民皆保険制度をめざした1959年の国民年金制度によって構築された。

## 2 家族制度との「相克」からの脱皮

日本の所得保障政策は，その主たる狙いや比重は各ライフステージにおいて異なっている。ある一定の条件のもと，すべての国民を対象とした憲法にいうナショナルミニマムを保障する普遍的制度としては，1951年に制定された現行生活保護法がある。また，現代社会において退職後の人々を広くカバーしている所得保障制度としては，社会保険制度としての各種年金が存在する。年金制度が不十分か，もしくは制度の狭間等により受給資格が得られない無年金者にとっては，生活保護制度がセーフティネットを果たすことになる。

日本においては，長らく家族や職域を中心とした「うち意識」に支えられた親族・同族扶養や相互扶助が，人々の扶養に関する価値意識としても実態としても先行もしくは前提視されてきた。そのため，1960年代以降に一応の法整備が実現した国民皆保険制度についても，制度そのものの実態は未熟で低水準状況が続いてきた。

一方，セーフティネットである公的扶助制度については，申請すれば受給できる人々がどれだけ受給しているかに関する生活保護の「捕捉率」は，諸外国と比較してもきわめて低位にあるといわれてきた。公式にその実態は明らかにされないままであり，一説では，収入だけでみると，実際には生活保護基準を下回る人たちの約4分の1が生活保護を受給していないという推測すらみられる（『生活保護50年の軌跡』刊行委員会編，2000，p.208）。このようなことから，低所得や貧困状態が必ずしも公的扶助制度に結びつかず，わが国のナショナルミニマムとしての所得保障制度の問題の1つともなっている。

加えて，社会保険としての年金制度については，高齢者人口の急増，定年制度の一般化，平均寿命の延び，親族ネットワークの崩壊や欠如の時代を迎え，2000年代に入りいわゆる「消えた年金」問題等，国家のマネジメントの失敗や制度欠陥が次々と明らかになり，制度の混乱や国民不信も拡大した。根本には，制度創設期の制度設計の甘さとその後の時代・社会背景や人々のライフスタイル・意識の変化やズレ，マネジメント能力問題の発生に応じた新たな制度

再編の問題が存在している。

　総括的にいうなら，日本においては人々の価値観としても実態としても「権利性」よりは，長らく家族主義的扶養（自助）が前提視され，社会的扶養の性質をもつ所得保障制度への信頼度や期待度は希薄であったと考えられる。加えて，第二次世界大戦後の社会福祉制度・政策（福祉三法や六法）の実質的な意図は，救貧対策としての生活保護制度の比重がきわめて重く，他はそれを補完するものとしての性格が強い傾向が続いてきた。そのため社会福祉制度利用には，権利性よりは，「身寄りなし」「労働不能」「窮乏」の3要素がすべてセットになって，少なからず「スティグマ」と引き換えでの制度受給であった。しかし，70年代以降本格的な人口構造の高齢化と少子化社会，その後の人口減少社会に突入したことが明らかとなるなかで，実質的機能としても従来の家族主義からの完全な「離陸」が急務となった。企業・近隣・家族ネットワークの希薄もしくは欠如，グローバリゼーション，雇用環境の流動化・変化の時代を迎え，公的年金保険やセーフティネットとしての公的扶助制度の意義や立て直しが急がれている。

　それは，生活保護制度についてもいえることである。ワーキング・プアの発生や年金など社会保険制度の枠から排除される人々については，制度の成熟過程でそれらの存在そのものが想定されてこなかった。セーフティネットも，それらの層に対する抑止力やカバー機能については希薄であった。今こそ，これまでの所得保障政策と実態とのミスマッチへの対策や，現代社会における所得保障の考え方自体が問い直されねばならない。

## 2　貧困政策と社会福祉政策の特色

### ◼︎ 公的扶助の歴史と特質

　古くは幕末の「人足寄場」以来，長い間，日本の貧困対策は治安維持・防衛を中心とした救済の系譜を引きずってきた。石川島人足寄場をはじめとしたそれらの人足寄場の目的は，無宿（一定の住家を持たない者，戸籍から除外された者，自ら欠落していった者，犯罪を犯し人別帳から外された者，犯罪を犯すおそれがあり親族の申し出により無宿にされた者）を人足に使用し，「改心」後，故郷に帰すこと

にあったという (吉田, 1984, p.143)。すなわち「無宿者」や「浮浪者」対策は, 司法（罰）を基本に福祉（保護・更生）を組み合わせた二面性（更生＝保護）をもって始まった。現に浮浪者は, 1870年の「浮浪一掃指令」以降, 明治末期まで「浮浪罪」で罰せられ,「乞食」は追い払われるだけであった (山内, 1983, p.58)。

明治以降の日本の主要な救貧制度の歴史は, 1874年の恤救規則に始まり, 明治末の産業革命期以降の社会問題の深刻化に対しても, そのまま維持された。そしてようやく昭和初期の経済不況期に至り初めて, 国家の救貧義務を入れた救護法（1929年制定, 32年施行）に改められ, 戦後の旧生活保護法へと引き継がれた。

恤救規則は, 明治維新の廃藩置県に伴い, 滋賀県・旧彦根藩等がそれまで救済していた要救恤者への救助米の支給伺いを中央政府に申し出たことに端を発し, 太政官達により恤救規則ができた。その前書きには, 救済は「人民相互ノ情誼」を前提とし, 対象は「無告ノ窮民」と限定した, わずか5カ条からなる制度であった。ちなみに, 旧彦根藩が問いあわせた当時の124人の要救恤者の具体的像は「鰥寡孤独或ハ廃疾等ニテ自ラ営業スル能ハス窮状飢寒ニ迫ル者」と総括されていた (日本社会事業大学救貧制度研究会編, 1960, p.57)。すなわち, 身寄りがない独身者で, 餓死直前の絶対的困窮者で, かつ地域共同体での救済も限界にある者と理解できる。以後, 日本の救貧制度の対象カテゴリーの特徴は, 時代を超えて基本的原型としてこれを踏襲してきたといえる。これらの延長線上に導入された恤救規則は, 無戸籍者は対象外とするなど, 封建的性格と幕藩体制的救済理念（共同体内救済）に基づく絶対的封建性や家族扶養を原則とする, いわば, 貧民を排除するマルサス的救貧立法としての特徴をもっていた (日本社会事業大学救貧制度研究会編, 1960, p.57)。

その後恤救規則は,「美風としての家制度や隣保相扶精神」の侵食や, それ以上に貧困者の救済政策自体が「惰民養成」の助長につながりかねないという政権思想から, 半世紀以上も続行された。大正半ばの米騒動後に各地に拡大した, 方面委員を中心とする民間社会事業家たちの全国的な救護法制定を求める動きにより, 1929年, 帝国議会に救護法案が提出され, 同年成立した（予算措置を講じなかったために実施は1932年）。

救護法の対象者は, 貧困のため生活することのできない①65歳以上の老衰

者，②13歳以下の幼者，③妊産婦，④（現在にいう）障害者，⑤幼児哺育の母，であった。救護機関は，市町村長，補助機関として方面委員があてられた。扶助の種類は生活扶助，医療扶助，助産扶助，生業扶助に区分され，埋葬費の支給も認められた。

　救護法に至り体裁は相対的には整備されたが，性格は依然として家族制度と隣保相扶を前提とし，労働能力を喪失，もしくは労働を行うのに著しい支障のある者に限って救助するというものであり，本来的近代的社会事業や公的扶助概念とは程遠いものであった。また，体裁上は総合的救済制度をうたっていたにもかかわらず，その後ほどなくして軍事扶助法，母子保護法，医療保護法等が相ついで制定され，戦時下において戦時目的遂行のために公的扶助制度は多元化した。

　このような歴史性も含めて日本の社会福祉制度の特徴をめぐる外側から寄せられた，いくつかの概括的特徴についてみてみよう。ロジャー・グッドマン（Roger Goodman, 1960-）は，日本の社会福祉制度の特色について，相対的に公的支出の低位性，家族・コミュニティ・企業への依存と信頼の大きさをあげている。そして社会福祉施策は，セーフティネットとしてではなく，「投資（investment）」としての意味をもつ社会福祉・社会保障制度と理解できるという。その背景要因には，「民生委員制度」と「措置制度」の2つが「権利」や「シティズンシップ」，そして社会福祉サービス供給の「専門性」についての規範を提供してきたことがあるとしている（Goodman, 2008, p.96）。

　また，マルコム・パイン（Malcolm Payne）は，日本は国家権力と仏教哲学において西欧とは異なる文化的バックグラウンドがあるとしたうえで，1874年の恤救規則導入は，ドイツ・ビスマルク保険と同様に，社会不安の統制に主要な関心があったからとみている。そして，日本の公的施策はマルサス的救貧法の考え方を採用し，制限的給付であり，権利ではなく道徳的なもの，憐憫の情によるものであるとする。したがって，そこでの社会福祉政策理論は社会的対立を緩和する方策であるとの考えに立つために，産業化の過程における社会政策は，もっぱら労働者保護を主眼におくものであった，と分析している（Payne, 2005, pp.43-44）。これらの特徴を反映して日本における社会福祉実践（ソーシャルワーク）の特徴については，イギリスやドイツの近代ソーシャルワークが19

世紀半ばからの労働者や新興都市問題への「恐れ＝予防」統制として発展してきたのに比して，日本は20世紀初めの「社会暴動」への対応として発展したことに特色があると解釈する（Payne, 2005, p.162)。「社会暴動」とは米騒動をさしており，確かに方面委員制度にしても「窮民・細民」に対する地域内（方面）による監視という，共同体内の相互扶助の国家的管理と治安維持のための方策という側面が強調されていたという歴史的特色があることは否めない。

## ❷第二次世界大戦後の所得保障政策とその周辺

戦後の社会福祉・社会保障制度は，国民の疲弊した生活を立て直すことを急務として，まずは公的扶助制度の分野から着手された。その際の社会福祉政策は占領軍の強い指導のもとで進められ，その政策の重点は戦後復旧と戦争被害者の救済におかれた。

具体的には，政府は1946年，GHQ（連合国軍総司令部）の「連合国最高司令部SCAPIN775覚書」の趣旨を入れて，1945年の「生活困窮者緊急生活援護要綱」を手直しして，生活保護法案を準備した。総司令部の提示した公的扶助法規の基本原則は，「国家責任」「無差別平等」「最低基準の保障」であった。しかし，実態としては，請求権のない反射権としての保障など，多くの課題を含む過渡的立法として（日本社会事業大学救貧制度研究会編, 1960, pp.309-310)，1946年9月に旧生活保護法が成立した。さらにその後，日本国憲法の制定に伴って憲法第25条の理念を反映させて1950年5月，現行生活保護法となった。

生活保護法を中心に設計された戦後日本の社会福祉政策・制度は福祉三法（生活保護法・児童福祉法・身体障害者福祉法)，社会福祉事業法に実現された。これらを貫く理念の原型とは，①実態としては，救貧的選別的性格を脱皮しきれなかったこと，②「国家責任原則」を建前とする，生活保護制度に収斂された堅固な中央集権型社会福祉政策であったこと，③行政主導型の社会福祉政策やサービスであったこと，などがあげられる（三浦, 2002, p.7)。これらの特徴は，1970〜80年代の一連のいわゆる「福祉見直し」や，20世紀末から21世紀にかけての「福祉改革」に至るまで引きずってきたといえよう。

言い換えれば，当時の日本の社会福祉政策は，戦前までの労働政策を中心とする社会政策概念のなかで，社会福祉事業やサービスはその周辺的・副次的な

位置づけにあった。そして「社会的扶養」概念は曖昧なまま，可能な限り家族制度（私的扶養）に暗黙裡に依存しながらの補足的「社会的扶養」の実現であり，企業的福利や社会保険，民間社会事業などがその中間的役割を担っていた。そうした実態の一方では，「近代化」をめざして「西欧型福祉国家」へのキャッチ・アップ政策が同時に進行していたことも大きな特色であった（佐藤，1985，p.8）。

その後，1960年代の高度経済成長期に入って，社会福祉政策が福祉六法体制（三法および老人福祉法・知的障害者福祉法・母子及び寡婦福祉法）に拡大し，六法は生活保護法の補完と本体からの独立・細分化としての性格をもちながらも，このような「日本的」特徴や原型の大枠は，公式的には次の時代までほとんどそのまま踏襲された。

ただ，内在的には，家族制度やジェンダー役割区分の変化や動揺，経済社会の産業構造の変化・グローバル化の進展が新たな政策課題となっていた。わが国にとっては何よりも，人口構造の少子高齢化が契機となって，第2次オイルショック以降の国際的な「小さな政府」指向は，国内的には「新経済社会7か年計画」にみる「日本型福祉社会」論や第2次臨時行政調査会路線等となって具体化された。社会福祉政策は，まずは，高齢者保健福祉領域の再編を主眼として，社会福祉関係三審議会合同企画分科会などを経て，行政主導による福祉見直しに着手された。

それは，戦後の生活保護法の原理を中心とし，それを補完もしくは補強するための社会福祉・社会保障政策や措置行政からの脱構造化をめざした。代わりに，「自由競争」「自己責任」「自立」原理などの経済市場原理を積極的に採用する社会福祉政策の方向に転換した。ターム（専門語）においても「社会福祉」から「福祉」とぼかし表現することで，長年，社会福祉に付きまとってきた「スティグマ」や「パターナリズム」からの解放をめざすという意図と引き換えに，「自己責任」や「契約」に帰すという巧妙な政策意図をも包含していた。

その路線のひとまずの集大成が，1997年から2000年に具体化された「社会福祉基礎構造改革」である。児童福祉（保育所の利用）と高齢者保健福祉領域（介護）から着手され，その後障害者福祉領域に及んだ。そして2012年の民主党から再度の自民党への復権を機に，アベノミクスを掲げることでより一層個人責任を強化する方向で，生活保護法自体への見直しなどがなされた。

所得保障政策についての方向性としては，これまでの公的扶助制度単独型の考えから，「人的資源」として「労働」や「教育」奨励型プログラムや住宅政策等を積極的に導入することで，複眼的な政策や最低賃金制度・年金制度などとの制度的整合性も課題とされている。それらは，自己責任強化（公的関与の縮小目的）の方向に収斂されるだけではなく，これまでの歴史を踏まえた，21世紀における公的扶助制度の意味やセーフティネットの意味・あり方などの本質に関する科学的知見をも含めた議論が前提とされた再編とならなければならない。

## 3 　生活保護制度の現状

　所得保障制度のなかでも，すべての国民にとってのセーフティネットとしての公的扶助制度は，すでに述べてきたとおり1950年制定の現行生活保護法である。制度運用にあたっての原則として，「無差別平等」（第2条），「最低生活の保障」（第3条），「保護の補足性」（第4条）をあげている。近年では，この保護の補足性の1つである民法の扶養義務が優先する規定に関して，扶養義務親族への説明の義務化（支払い要求の強化等）を徹底する一方で，家制度の実質的崩壊，家族機能の縮小等に伴い，この規定が時代や実態にそぐわない価値観である等の見方も出されている（『朝日新聞』2012年6月12日，9月29日）。

　また，現行生活保護法では「申請保護」（第7条），「世帯単位」（第10条）などいくつかの保護原則が規定されており，旧保護法までの規定とは大きく異なり，本人またはその関係者から申請の意思が表明されない限り，生活保護は開始されない。この「申請保護」については，権利主体の尊重として重視されるべき原則であると同時に，一面では情報不足や捕捉率の低い日本においては，適切に運用されていないのではないかなど，問題となることもしばしばである。保護の決定や実施については「不服申し立て」規定やいわゆるアベノミクスによる見直し後には民法上の扶養義務者からの費用徴収の強化や，不正受給等に関する返還命令も包含されている。

　生活保護の受給者の実態に関しては，日本における格差社会問題のクローズアップや相対的貧困率の上昇，リーマンショック等を契機にして，1995（平成7）

1章 所得保障　237

図表1-2　生活保護受給世帯数，生活保護受給者数，保護率の推移

[グラフ：1951年から2011年11月までの生活保護受給世帯数、受給者数、保護率の推移。主な数値：2010年度(速報値) 1,952,022人、15.2‰、1,409,067世帯。2011年度11月(速報値) 2,079,761人、16.3‰、1,507,940世帯。景気区分：神武景気54〜57、岩戸景気58〜60、景気オリンピック62〜64、景気イザナギ65〜70、石油1次危機73〜74、石油2次危機79〜83、平成景気86〜91、世界金融危機2008]

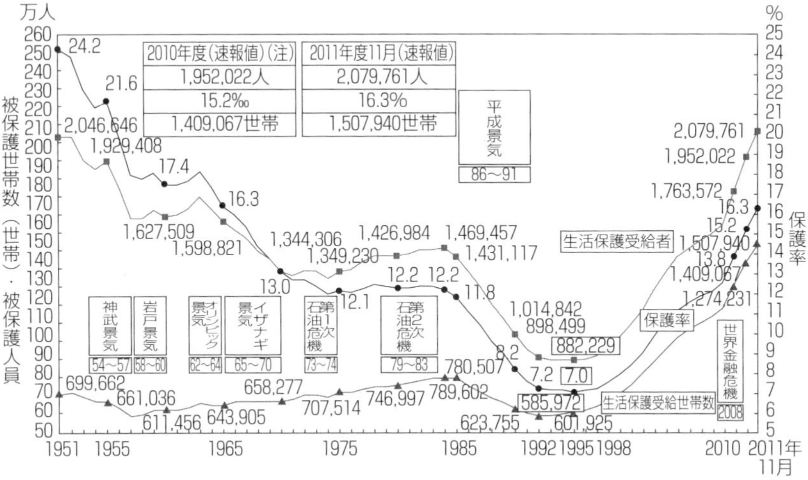

資料：厚生労働省大臣官房統計情報部「福祉行政報告例」より厚生労働省社会・援護局保護課作成。

図表1-3　世帯類型別生活保護受給世帯数の推移

(世帯数，( )は構成割合%)

| | 生活保護受給世帯総数 | 高齢者世帯 | 母子世帯 | 傷病・障害者世帯 | その他の世帯 |
|---|---|---|---|---|---|
| 10年前<br>(2000年度) | 750,181<br>(100) | 341,196<br>(45.5) | 63,126<br>(8.4) | 290,620<br>(38.7) | 55,240<br>(7.4) |
| 現在<br>(2010年度) | 1,405,281<br>(100) | 603,540<br>(42.9) | 108,794<br>(7.7) | 465,540<br>(33.1) | 227,407<br>(16.2) |

その他の世帯は4倍強の増加

注：稼働年齢層と考えられる「その他の世帯」の割合が大きく増加している。
資料出所：福祉行政報告例。

年を底に増加に転じている。厚生労働省は，生活保護受給者が2012年6月時点で210万人を超え，現行生活保護法開始の戦後の混乱期の受給者数をすでに上回ったとした（図表1-2，1-3）。さらに2013年7月の速報値では215万8946人（厚労省）と発表した。

さらにその特色をみると，従来から半数近くを占める「高齢者世帯」，ついで多い「傷病・障害者世帯」および「母子世帯」の絶対的優位性に変化はない

ものの,「その他世帯」の保護率が, 2000年度の7.4%から2010年には16. 2%と, この10年間で顕著に増加している。ここにはいわゆるワーキング・プアやニート, 就労形態の不安定な労働に携わる世帯や人々の存在の増加が想定される。ここからは, これまで想定された社会保険制度や他の制度によって補完ないしは排除されている層など, 生活保護制度という前提からは外れる層が存在することとこれらの問題が明らかとなる。不正受給や生活保護法の引き締めの議論とは別に, これまでの制度の貧困問題予防・緩和の政策的有効性や仕組みの根本についての議論が必要になっている。

　加えてわが国では, 公的扶助制度の「捕捉率(生活保護基準にいう貧困層全体に対して実際に生活保護を受給している世帯の割合)」の低位性がたびたび指摘されてきた。公式には不明であるため, さまざまに試算されている。推定結果は1995年が19.7%, 2001年が16.3%と, 年によっても研究者によっても幅はあるが, 緩く見積もっても20%は超えるであろうといわれている。ドイツの37%, イギリスの80%と諸外国と比較してもきわめて低い値にとどまることは, さまざまに示されている数値からも推察できる(橘木・浦川, 2006, pp.124-126)。

　捕捉率のみならず, 生活保護制度の周辺には「貧困の罠」が存在する。現実には生活保護を受給していないボーダーライン近辺の低所得世帯は, 課税や控除適用がなされないために可処分所得や実質的生活が受給世帯に比して下回る水準となり, なかなか貧困から抜け出せない。こうした世帯の存在も, 所得保障制度に関わる問題の1つといえる。

　このような問題が存在する一方で, 国は2011年5月, 厚生労働省政務三役と地方自治体首長をメンバーとする「生活保護制度に関する国と地方の協議」を開催し, 生活保護制度見直しに着手した。また,「社会保障・税一体改革大綱」(2012年2月17日閣議決定)においても, 就労支援や不正受給の罰則強化を含む「引き締め」「自立・自助」の強調の方向にある(厚労省, 2012, p.519)。そのために, 生活保護法の改正と自立を促進するために生活困窮者自立支援法の導入が計画されることになった。

## 4 貧困の捉え方

### 1 捉え方をめぐる諸課題

　国際的には20世紀に入る前後には，ソーシャルセツルメント運動や社会学の発達を通して貧困概念や貧困測定についても社会科学的関心が向けられるようになった。爾来，さまざまに貧困の定義づけが試みられ，公的扶助制度の確立・普及とともに，貧困政策は社会福祉管理（ソーシャル・アドミニストレーション）や行政的マネジメントとしても重要な意味と位置を占めるようになった。生活保護基準などの貧困の政策的規定とは別に，貧困の本質的な定義づけに関しては，そもそも妥当な総合的な定義づけは可能なのか，地域・文化・民族・宗教による生活や生命への価値観の相違を如何に規定するか，という問題がある。それだけではなく，貧困概念は，社会的公正や社会的秩序等の客観性と同時に，きわめて多義的で流動的・主観的要素をも包含する概念である。政策概念を含め傾向としては，経済力の不足という狭義の捉え方から，具体的現実的生活における権利概念をより拡大させる方向にある。

　より生活実態に即して，所得についての静態的結果を表す狭義の貧困概念を超えるため，「社会的排除」等多元的で健康・居住，余暇と働き方，人的・社会的ネットワーク，チャンス等々社会生活全般にわたる動態的過程に着眼する捉え方（小沢，2002，p.143）がある。また貧困政策は，貧困が単に物理的・物質的困窮にとどまらず，生きることに関するあらゆる欠如や剥奪にとって代わるため，人々と社会的諸関係や協働を発展させなければならないことをも意味している（ネグリ，2008，p.224）。このように，従来の経済的・法的要因を優位とした理解だけではなく，より社会的・文化的・精神的要因をも取り入れる異質の要因を統合させる複雑な試みもみられる。しかし，それ以上に貧困概念や低所得等の理論的定義はまた，その時々の政策定義や政治的方針から自由であることはきわめて困難で，その意味では理論的定義と現実の政策定義とは相互に依存・影響し合っている。

### 2 貧困の定義

　貧困の定義は大まかにいって3つに区分できるとされる（ペック，2007；ボー

ドイン,2009)。1つは「絶対的貧困」の考え方で,古くはシーボム・ラウントリー(Benjamin Seebohm Rowntree, 1871-1954)らの調査にみられるような,人間の生存に必要な基本的水準から考えた捉え方である。つまり,貧困は収入の不足や欠如により生理的生存のための基本的欲求を充足できない状態とみる。したがって,単純にいえば,すべての人をその貧困線よりも上に持ち上げることで貧困は解消できると考えられる。

2つ目には,ピーター・タウンゼント(Peter Townsend, 1928-2009)らが1960年代に提唱した「相対的貧困」もしくは「社会的剥奪」の考え方である。生存を超えて社会的習慣やその時代その地域・文化の通常のライフスタイルに照らして,生活の諸権利が剥奪された状態か否かという,貧困を相対的に測定する見方である。

3つ目の概念は,「主観的貧困」(ベック,2007, p.190)や「人間の潜在能力アプローチ」(ボードイン,2009, p.20)等と表現される捉え方である。「絶対的貧困」の視点に立つ貧困の捉え方は,貧困の尺度を栄養重点にするなど,あまりにも定義が狭すぎてグローバルな貧困状態が除外されてしまうこと,あるいは「相対的貧困」は,貧困は所得という尺度から解明されるよりもはるかに複雑な側面があるとして,所得と消費に過度に依存していることを疑問視して提唱された(ボードイン,2009, pp.14-20)。「主観的貧困」とは,社会的排除や社会的統合概念は一部貧困の主観的測定に由来する概念であり,人々が自分自身に必要な資源をもっているかどうかという心理的状況を勘案する考え方である。

「人間の潜在能力アプローチ」は,アマルティア・セン(Amartya Sen, 1933-)によって提唱された概念でもある(セン,1999)。貧困とは選択の欠如,すなわち人が福祉を実現する自由度の表現である。スティーヴン・ボードイン(Steven M. Beaudoin, 1965-)によれば,この捉え方は,ある面では「絶対的貧困」と「相対的貧困」を合体させたもので,最低の生活水準ではなく,最適の生活水準という理解であるとする。

### 3 貧困の度合い

貧困概念の多元化は貧困状態の現代社会における表出や審美眼的要因にも影響する。その意味で貧困の度合いの見方もまた,貧困概念の一要素である。生

活保護法の対象となっている被保護層は，いわば結果として「制度によって内側にとり込められた貧困層」であり，それ以外の貧困者は，生活保護を必要としている人々の生活保護制度への流入を抑止するために，制度から排除された（切り出された）周辺層といえる。生活実態としては，生活保護制度適用層よりもむしろ保護水準以下にならざるをえないと考えられる可能性が高い層でもあり，被保護層の周辺を取り囲んでいる問題の存在を却下することはできない。このような問題の所在を含めてボードインは，貧困程度などの特定の意味よりもその現実の状況に焦点をあて，貧困のもつ不安定性や脆弱性（貧困への陥りやすさ）をみることで，貧困の変化と多様性が理解できるとして，貧困の性格や原因によって通史的に貧困者を3つのカテゴリーに分類して捉えようとした（ボードイン，2009，pp.27-29）。

そこにいう第1のカテゴリーは，「極貧（destitute）」層である。支援なしに生きる力をもたず，非常に不安定な立場にある人々が該当する。歴史的には日本の社会事業や時々の貧困救済活動政策の対象とされてきた集団である。

第2は「構造的（structural）」貧困層で，生存もしくは社会への積極的関与において自らの欲求を要求する能力はあっても，その手段を持ち合わせていない人々である。すなわち身体的に健康な男女で，雇用されていない人や資源を欠いている人，現代では適切な教育を受けていない人々などが該当する。そして「構造的貧困」は，不安定さは経済社会構造の産物であり，社会の資源配分システムに起因すると考える。

第3は「情況的（conjunctural）」貧困層であり，資源へのアクセスも可能であるが，不運に見舞われる可能性を免れないために，貧困に陥りやすい状態にある層をさす。それは，経済不況・疾病・ライフサイクルの変化等によって一時的に貧困に陥る。「絶対的貧困」尺度でいうなら飢餓のおそれであり，「相対的貧困」尺度を適用するなら，他の人々が享受できているものを享受できないおそれをもつ層である。また，研究者によっては，この第3のサブカテゴリーとして，紛争・テロ，自然災害による被災等による貧困を加える。日本でも相次ぐ地震，台風，津波などによる生活の不安定化はこの範ちゅうでも捉えられよう。

第3のカテゴリーは，ウルリッヒ・ベック（Ulrich Beck, 1944- ）らのいう「新

しい社会的リスク」といわれる現代社会における特徴とも重層する。現代社会は常に，ワーキング・プア，ひとり親，ニート，非正規労働者，教育の機会からの排除などの社会問題に起因する「新たな貧困」が，すべての個人や集団にとっての潜在的可能性を免れないおそれがある。

## 4 日本の相対的貧困率

　貧困の捉え方は，1960年代までの低所得層という経済のみに焦点をあてた組み立てから，より総合化をめざす方向に変化してきたことは既述のとおりである。静的な生活状態から生活変動への対応能力に着眼するようになったこと，所得指標だけではなく社会関係を含む多様な指標を採用したこと，貧困の多元化ともいうべき貧困のもつ個別的性格へも関心が払われるようになった（中川, 2007, p.98）。

　世界銀行は，1日1ドル未満（1993年の購買力平均加算）で生活する人々を「絶対的貧困」とした。一方，OECD（経済協力開発機構）は「相対的貧困率」として，その地域の国民を所得順に並べて真中の順位（中位数）の半分以下しかない人々の比率を，その国や地域の「貧困率」と定義して数値を公表している。この貧困率に関して，日本は，所得再分配の前後ともに，近年一貫して上層傾向を示している。すなわち，国民のなかに貧困状況が拡大しているのである。日本は，2000年代中頃からOECD平均（6％前後）を上回り，直近では15.7％（税や社会保障による所得再分配後の数値）であった。OECD加盟国の2007年の国民生活基礎調査をみると，1990年代中頃以降は，一貫してアメリカが最も高く，デンマークが最も低い傾向にある。同じ年で比較すると，日本の15.7％はアメリカについで高い数値となっている（厚労省, 2012, pp.104-105および2000年代半ばの国際比較）（図表1-3）。それは，先に述べた生活保護者数の戦後の混乱期を超える増加となっても表れていることとも関連する。

図表1-3　貧困率の国際比較（2000年代半ば）　　　（単位：%）

| | 相対的貧困率 | | 子どもの貧困率 | | 子どもがいる現役世帯（世帯主が18歳以上65歳未満の世帯）の貧困率 | | | | | |
| --- | --- | --- | --- | --- | --- | --- | --- | --- | --- | --- |
| | | | | | 合計 | | 大人が1人 | | 大人が2人以上 | |
| | 割合 | 順位 | 割合 | 順位 | 割合 | 順位 | 割合 | 順位 | 割合 | 順位 |
| オーストラリア | 12.4 | 20 | 11.8 | 16 | 10.1 | 16 | 38.3 | 19 | 6.5 | 12 |
| オーストリア | 6.6 | 4 | 6.2 | 5 | 5.5 | 5 | 21.2 | 8 | 4.5 | 5 |
| ベルギー | 8.8 | 15 | 10.0 | 10 | 9.0 | 12 | 25.1 | 10 | 7.3 | 14 |
| カナダ | 12.0 | 19 | 15.1 | 21 | 12.6 | 21 | 44.7 | 27 | 9.3 | 18 |
| チェコ | 5.8 | 3 | 10.3 | 13 | 7.7 | 9 | 32.0 | 15 | 5.5 | 7 |
| デンマーク | 5.3 | 1 | 2.7 | 1 | 2.2 | 1 | 6.8 | 1 | 2.0 | 1 |
| フィンランド | 7.3 | 9 | 4.2 | 3 | 3.8 | 4 | 13.7 | 4 | 2.7 | 3 |
| フランス | 7.1 | 6 | 7.6 | 6 | 6.9 | 7 | 19.3 | 7 | 5.8 | 8 |
| ドイツ | 11.0 | 17 | 16.3 | 23 | 13.2 | 22 | 41.5 | 25 | 8.6 | 16 |
| ギリシャ | 12.6 | 21 | 13.2 | 18 | 12.1 | 18 | 26.5 | 13 | 11.7 | 23 |
| ハンガリー | 7.1 | 6 | 8.7 | 8 | 7.7 | 9 | 25.2 | 11 | 6.8 | 13 |
| アイスランド | 7.1 | 6 | 8.3 | 7 | 7.3 | 8 | 17.9 | 5 | 6.2 | 10 |
| アイルランド | 14.8 | 26 | 16.3 | 23 | 13.9 | 23 | 47.0 | 28 | 10.1 | 21 |
| イタリア | 11.4 | 18 | 15.5 | 22 | 14.3 | 25 | 25.6 | 12 | 14.0 | 27 |
| 日本（2004年） | 14.9 | 27 | 13.7 | 19 | 12.5 | 19 | 58.7 | 30 | 10.5 | 22 |
| 韓国 | 14.6 | 24 | 10.2 | 12 | 9.2 | 13 | 26.7 | 14 | 8.1 | 15 |
| ルクセンブルク | 8.1 | 11 | 12.4 | 17 | 11.0 | 17 | 41.2 | 24 | 9.7 | 20 |
| メキシコ | 18.4 | 30 | 22.2 | 29 | 19.5 | 29 | 32.6 | 16 | 18.7 | 29 |
| オランダ | 7.7 | 10 | 11.5 | 15 | 9.3 | 14 | 39.0 | 20 | 6.3 | 11 |
| ニュージーランド | 10.8 | 16 | 15.0 | 20 | 12.5 | 19 | 39.1 | 21 | 9.4 | 19 |
| ノルウェー | 6.8 | 5 | 4.6 | 4 | 3.7 | 3 | 13.3 | 3 | 2.1 | 2 |
| ポーランド | 14.6 | 24 | 21.5 | 28 | 19.2 | 28 | 43.5 | 26 | 18.4 | 28 |
| ポルトガル | 12.9 | 22 | 16.6 | 25 | 14.0 | 24 | 33.4 | 17 | 13.3 | 24 |
| スロヴァキア | 8.1 | 11 | 10.9 | 14 | 10.0 | 15 | 33.5 | 18 | 9.2 | 17 |
| スペイン | 14.1 | 23 | 17.3 | 26 | 14.7 | 26 | 40.5 | 23 | 13.9 | 26 |
| スウェーデン | 5.3 | 1 | 4.0 | 2 | 3.6 | 2 | 7.9 | 2 | 2.8 | 4 |
| スイス | 8.7 | 14 | 9.4 | 9 | 5.8 | 6 | 18.5 | 6 | 4.9 | 6 |
| トルコ | 17.5 | 29 | 24.6 | 30 | 20.3 | 30 | 39.4 | 22 | 20.0 | 30 |
| イギリス | 8.3 | 13 | 10.1 | 11 | 8.9 | 11 | 23.7 | 9 | 6.1 | 9 |
| アメリカ | 17.1 | 28 | 20.6 | 27 | 17.6 | 27 | 47.5 | 29 | 13.6 | 25 |
| OECD平均 | 10.6 | | 12.4 | | 10.6 | | 30.8 | | 5.4 | |

資料：OECD "Growing Unequal?" 等
出所：『平成23年版 子ども・若者白書』

日本の社会福祉／2 章

# 児童福祉

## 1　戦前にみる児童福祉政策の系譜と特色

　近代日本における慈善救済の開拓は,明治初期の貧困児童の救済対策を核に,「育児」「感化」「盲教育」という3つの代表的な児童領域から着手された（吉田,1984, p.380）。具体的には，児童福祉政策は，1871（明治4）年「棄児養育米給与方」（15歳——のちに13歳に改められる——まで，棄児等を養育する者に毎年，7斗の養育米を支給する。1929年救護法まで続行）や，1873年「三子出生ノ貧困者ヘ養育料ノ給与方」（同じく29年まで続行），1874年「恤救規則」などによる貧困児童の救済から始まった。日本では，西欧の個を中心とする人道主義的思想とは異なって，儒教思想の影響を受けて，児童は基本的には，家（制度）そして家を前提とした村落共同体に帰属すると理解されてきた。

　歴史的に育児施設は，棄児・貧児・孤児等の救済施設を意味した。1874年の長崎浦上養育院の設立や，1879年には仏教思想に基づく貧児救済施設として東京に福田会育児院が設立されたのをはじめ，明治に入り，各地にこのような貧児救済施設の設立が相ついだ。1875（明治8）年には，盲教育の場も開設された。貧困者への慈善救済政策や活動は，他のクライエントに先駆けて児童領域から手が差し伸べられ,その数も含め戦前期においては最多を占めていた。

　戦前期における貧児救済を中心とするいわゆる育児院的活動が，「雑多で総合的な貧困児童問題」対応であったとするなら，児童領域でいち早くより明確な政策や制度体系を伴ったのが，感化事業であった。感化とはもともと，留岡幸助（1864-1934）などによる欧米に範を求めた監獄改良思想が母体となって発達した概念で，とりわけ少年犯罪には懲罰ではなく感化こそが目的にされなけ

ればならないという考えであった。このような考え方に基づき，1900年，わが国で初めての児童を単独領域とした非行少年の感化を目的に，「感化法」が成立した。そして，そのための拠点として，全国に感化院を設立することが入れられた。感化法は，欧米の感化事業の成果を参考に，刑罰主義よりはより訓育主義の方向を採用することを意図した（一番ケ瀬，1990，p.4）。

　この感化法成立を受けて，近代日本における社会福祉政策の萌芽的象徴ともいえる感化救済事業は，1908（明治41）年に開催された内務省主導の感化救済講習会を機に呼称されるようになった。その性格は，内務大臣以下あげて参加した，いわば国家による，現在にいう社会福祉政策の国における初の組織的・系統的取り組みの端緒であった。感化救済講習会は，留岡幸助のようなその領域の先駆的な実践理論家や，当時の内務官僚を講師に迎えて始められた，戦前日本の社会事業の性格を象徴するものでもあった。その目的は，①天皇制的慈恵制度の再編と確立，②擬似的自発性としての中間団体の編成と活用（たとえば中央慈善協会），③篤志善行としての救済イメージづくり，などにあったとされる（吉田，1984，p.434）。

　総括的にいうならば，窮民救済（政策）は，天皇制的家父長制による治安維持や民生安定が目的であり，感化救済政策は，同じく社会防衛と官僚統制を目的にした近代国家づくりに向けた管理や組織化の過程としての意味をもつものであったといえる。その後の大正期や昭和戦前期においても時どきの強弱の差はあっても，趣旨そのものの基本に大きな変化はなかった。

　近代社会事業の成立期といわれる大正半ば以降の児童保護は，かつての総合的・雑多な育児施設にそれぞれの専門種別ごとの分化が見え始めた。そして保育事業が急増し，あわせて障害児や乳児，母子，虚弱児などを対象とした新たな施設や活動も少しずつ生まれた。この頃には，生江孝之（1867-1957）らにより，西洋のパレンス・パトリエ（国親思想）等の近代的児童観が紹介されていた。

　これらの民間を中心とする活発な動向を受けて，1926年には，「児童扶助法案要綱」の策定もみられた（寺脇・石原，2005，p.17）。しかし，法の実現までには至らなかった。1933年には，感化法が「少年教護法」に改定され，同年，新たにわが国初の「児童虐待防止法」が成立した。また，「婦人運動」の影響もあって，1937年には軍事化での救護法の拡張的性質を帯びた「母子保護法」

も成立した。母子保護法は,「13歳以下ノ子ヲ擁スル母貧困ノ為生活スルコト能ハズ又ハ其ノ子ヲ扶養スルコト能ハザルトキハ本法ニ依リ之ヲ扶助ス。但シ母配偶者アル場合ハ此ノ限ニ在ラズ」(第1条)とした(児童福祉法研究会編,1988)。当事のこれら一連の児童保護政策は,児童の権利や児童のパーソナリティに着眼することよりは,軍国主義的人的資源・人口政策にその主眼がおかれていた。

## 2 児童福祉法と現代児童福祉政策

### ■1 日本国憲法と児童福祉法

1947年12月成立の児童福祉法は,日本では初めての児童に関する単一の総合立法であった。それは,敗戦からの復興と新制日本をめざす,日本国憲法のもとで召集された第1回特別国会で審議されて一部修正のうえ,同年12月12日に公布された。

当時の国家にとっては,戦後処理が焦眉の急であり,児童福祉法の実現も「未来への展望」の象徴の意と同時に,戦災孤児・浮浪児等の対策に主眼があった。GHQは,政府の戦災孤児・浮浪児等の対策に関して,1946年10月16日,公衆衛生福祉局覚書「監督を要する児童の件」により,「政府は,貧窮児童のために有する計画を効果的行動に移すのに成功しなかった」と戦災孤児・浮浪児等の特別の対策の必要性に言及した。「多数の家なき子達は,依然,大都市の街路を彷徨し,乞食をしたり,盗みをしたりして独力で暮らしてゐる。……終戦以来,少年犯罪事件は概算500%増加した」ことをあげた。そして国は,「児童福祉に関する全事項に於て,……指導をし責任を取る必要がある。厚生省中の一局が,この目的のために必要である」(児童福祉法研究会編,1988,pp.668-669)とされ,児童局の設置と児童保護法(当時)の制定が厚生省の課題となった。その結果,アメリカの連邦児童局を範に,1947年3月,その後の児童福祉政策をつかさどる中枢機関として厚生省の一局として児童局が新設された。早速,この新設児童局のもとで,当初は児童保護法案として,児童の単独総合立法化の法案提出準備に取りかかった。

1948年2月の「全国孤児一斉調査」によれば,孤児は当時の厚生省児童局

の予想推計値（1万2700人，1947年6月時点）を上回る，総計12万3504人に達していた（児童福祉法研究会編，1988，p.45）。児童福祉法制定の趣旨は，法案審議に際して作成された当時の「予想質問答弁資料　第1輯（1947年7月30日児童局）」等によれば，「敗戦後の社会状況をみますのに，戦災孤児，浮浪（児）等多数発生，青少年の不良化，道義の頽廃等誠に憂ふべきことであり，又乳幼児の保健状況も極めて不良で，国民保健の根底を脅かす重大問題と申さねばなりません。従ひましてこれ等要保護児童の保護を強化し，妊産婦及び乳幼児の保健指導に努力すると共に児童全般の福祉の増進を図ることは焦眉の急務と存じます」（児童福祉法研究会編，1988，p.863）ということであった。

　児童福祉法制定30周年を機に，策定・制定に関わった当時の厚生官僚の座談会「児童福祉法制定時を回顧して」（1977年8月17日開催）によれば，児童福祉法の骨格に関する趣旨に関し，1つの柱は児童憲章的なものを入れること，もう1つの柱は，児童問題は一厚生省内の問題に限ったものではなく，全行政，全国民の問題であるという理念を明確に打ち出すことをあげている。このような経緯を経て，「健全育成」概念を柱とする18歳未満の全児童を対象とする現行児童福祉法は成立した。児童福祉の理念等は，具体的には法「第1章　総則」の「児童福祉の理念」や「育成責任」「原理の尊重」として実現された。しかし，その後現在に至るまで，数次の改定を経ているが，この法では「児童の権利」や「権利擁護」というタームはどこにも使用されていない。

### ■1 児童福祉と「家庭」

　児童福祉の起源が棄児や貧児，浮浪児の救済に始まったことは，すでに述べたとおりである。棄児や貧児などのことばの由縁は，家族・親族・共同体コミュニティなどの扶養・保護の限界やそこからの排除を意味するものである。そのことからもわかるように，そもそも児童福祉の考え自体が，家族概念との対概念として理解され，構築されてきた歴史的特質がある。

　20世紀に入り，本格的な児童福祉概念や児童福祉政策が成立・発展する過程では，さまざまな児童福祉の理論が展開されてきた。その代表的なものに，20世紀初頭にアメリカ児童福祉連盟などを中心に支持された「スリーS」（Sで始まる3つのタームで表現される概念）といわれる児童福祉理解は，児童福祉その

ものの特徴について家族機能との関係で捉えた典型的なアプローチである。

「スリーS」概念は、児童は、父親の養育能力（経済力）と母親の育児能力（ケア力）を基盤とした「健全な家庭」での育成こそが、ノーマルな家庭でありノーマルな児童育成概念との前提に立っている。つまり、それぞれのジェンダー役割区分に基づく、ノーマルな家庭でのノーマルな児童育成能力＝「両親の自助的養育義務」を期待できない場合に出動するのが、中心的児童福祉政策であると考えられた。養育能力と育児能力の欠如もしくは不足、不適切に対応するソーシャルワーク実践が児童福祉サービスである。その際の該当するサービスの種別や度合いに応じて、家族機能を支援（support）、補完（supplement）、代替（substitute）することが児童福祉であるとした（Kadushin, 1967, pp.4-5）。つまりは、児童福祉の核は児童福祉サービスであって、そのサービスは、児童中心概念というよりは、家族機能の子育て・養育の欠損性に対する機能補強や代替にあった。

児童福祉法成立以降の日本の児童福祉の考え方も少なからず、日本的解釈も含めてこの見方の影響を受けてきた。特に戦後の児童福祉政策が敗戦に伴う戦後処理（すなわち孤児救済）が急務であったことや戦前までの家制度や救貧思想の遺産などもあって、実質的には、長らく、児童福祉は貧困問題と強く関連した児童の帰属家族からの分離による施設収容中心の展開がなされてきた。1970年代頃までは、支援や補完政策よりは、児童養護施設などの施設収容による代替政策が児童福祉の中心とならざるをえなかった。代替家族のモデルは、施設長を親とし、入所児をきょうだいとする疑似家族システムの中での生活体験を通した男女の役割り獲得であった。

しかし、わが国の児童福祉政策も、家族の変化に伴って、貧困問題と一体化した代替政策中心から、次第により多様で一般的家族・家庭の強化、すなわち補完や支援に目を転じ始めることになった。その背景には、2つの文脈があげられよう。

1つは、1960年代以降、高度経済成長に伴う遊び場問題、親の出稼ぎ、保育所ニーズの相対的高揚、障害児問題など、産業構造や家族・地域社会の急激な変貌によって児童福祉問題が多様化し、貧困問題としてだけの児童福祉政策を超える状況を迎えたことである。そのきっかけの1つに、1958年に東京で国

際児童福祉研究会議が，国際児童福祉連合（IUCW）と厚生省の共催で「家庭における児童」をテーマに開催された。席上，国際的状況として，児童福祉問題は治療的な要保護や児童保護から，全児童の健全育成（予防的）へと比重が移行しつつあると，「健全育成」概念の中軸を「家庭」に着眼することにおいた（厚生省児童家庭局編，1988，p.139）。さらに，1960年8月，中央児童福祉審議会答申は「児童福祉行政の刷新強化に関する意見」で，年少人口の将来的減少の予測結果を踏まえて，その1項目に「家庭対策及び児童手当制の検討」をあげた。そこでは，「戦後の家族制度の崩壊とともに，夫婦と子供を中心とする家庭の健全化についてまで社会の関心が薄れた感がある。……健全な家庭を守るための総合的対策を実施するとともに……」（厚生省児童家庭局編，1988，p.556）と，「健全な家庭を守る」ための児童福祉政策の必要性に言及している。

そして，1963年8月，中央児童福祉審議会家庭対策特別部会は「家庭対策に関する中間報告」を出し，本格的に「家庭対策」に着眼した。これらを受け，1964年4月，厚生省は「家庭児童相談室設置運営要綱」により，各福祉事務所に新たな組織として「家庭児童相談室」を創設して，これを地域の家庭問題と関連する児童福祉問題を取り扱う部局の拠点と位置づけた。あわせて7月には，「児童問題における家庭のあり方を重視する考えを背景」に，それまでの厚生省児童局を児童家庭局に改称して児童福祉と家庭機能の一体化および強化を前面に掲げた（厚生省児童家庭局編，1988,〈資料Ⅲ〉年表）。この頃から，母子家庭の構造も死別から離別の増加傾向がみて取れるように変化し始めた。

児童福祉政策が家族，家庭に注目したもう1つの系譜は，「日本型福祉社会論」から始まり社会福祉基礎構造改革もしくは1997年の保育所の措置制度の廃止に至る一連の流れにみることができる。そこでの目的は，生活の自己責任，自助の鼓舞を政策的に強調・重視する，いわば小さな政府指向にみられる家庭への回帰であった。しかしながら，21世紀に入り結果的には，生活の自己責任，自助の鼓舞の矛先は，家庭そのものよりも，家庭を取り巻く周辺要因，すなわち，働き方（産業界）や地域力（新型相互扶助の構築）に向けられたといえよう。むしろ，もはや家庭に子育て（子どものケア）の全方位的要素を求めること自体が困難になってきたことを意味しているともいえる。

この背景には，工業社会型のジェンダー役割に基づく産業（公）と家庭（私）

の区分の見直しや実質的崩壊，フェミニズム運動の影響，ワークライフバランス政策，少子高齢化の進展，人口減少見通しなどが促進要因になったと考えられる。この傾向が加速度的な勢いで明確になり始めたのは，「1.57ショック」以降のエンゼルプランや，実質的には保育に欠ける乳幼児を対象とする保育所政策の再定義化（周辺問題への拡大・包摂）を含めた，一連の少子化対策からであった。児童福祉政策の中心には，子育て支援政策が据えられた。

そこでは，たぶんにかつての道徳論的ニュアンスの強い家庭の強化や修復に比重をおくことよりは，もはや喫緊の少子化問題対応として，産業界をも巻き込んだ新たな社会や地域の自立性や独自性に期待する子育てに主眼を移行せざるをえなくなってきたことがあった。保育所は，保育に欠ける児童にとっての家族代替的母親役割の保育施設から，より周辺の新たな社会問題をも網羅する，保育の必要な児童を対象とする地域社会子育て支援の中核と再定義づけることで，それまでの対象家族層は，「排除の原理」から「包摂の原理」へという軌道修正がみられた。

### ❸ 少子化「対策」と児童福祉改革

すでに早い時期から，日本の将来の年少人口の減少傾向は予測されていた。特に1989／90年の合計特殊出生率は「1.57ショック」と表現されるように，出生率低下は国にとって消極的要因と受け止められた。高齢化のますますの促進と，加えて2000年代半ば頃からの総人口の減少化傾向から，わが国の人口構造上の特徴は少子高齢社会と人口減少社会の傾向にあることが明らかとなっている。

国立社会保障・人口問題研究所の将来人口推計によれば，年少人口（14歳以下人口）の割合は，2010年の13.1％から50年後の2060年には9.1％に，生産年齢人口（15～64歳人口）は63.8％から50.9％に減少することが見込まれている。これに対して老年人口（65歳以上人口）は23.0％から39.9％に増加するとされ，少子高齢化は今後も加速が予測される（図表2-1）。

少子化を危機と捉えた国は，1992年10月，当時の児童家庭局長の私的諮問機関として「子供の未来21プラン研究会」を発足させて，93年7月「たくましい子供・明るい家庭・活力とやさしさに満ちた地域社会をめざす21プラン

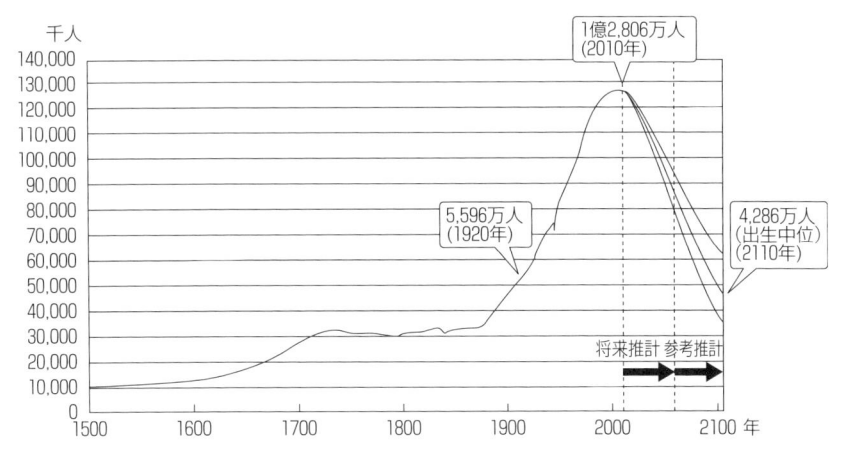

図表2-1 日本の人口の推移（長期）

1億2,806万人（2010年）
5,596万人（1920年）
4,286万人（出生中位）（2110年）
将来推計 参考推計

出所：1920年より前：鬼頭宏『人口から読む日本の歴史』，1920〜2010年：総務省「国勢調査」，2011年以降：「日本の将来推計人口（2012年1月推計）」出生3仮定・死亡中位仮定。一定の地域を含まないことがある。

研究会」報告書（厚生省児童家庭局）を発表した。そしてこの具体的施策の1つとして，一連の子育て支援等が矢継ぎ早に発表・実施された（図表2-2）。

　先鞭を切ったのは，1994年12月，「エンゼルプラン：今後の子育て支援のための基本的方向について」（文部・厚生・労働・建設省4大臣合意），同年の「緊急保育対策等5か年事業：当面の緊急保育対策等を推進するための基本的考え方」（大蔵・厚生・自治省3大臣合意）であった。これ以降，日本の児童福祉政策は，それまでの救貧的政策の遺産である貧困多子政策中心から明確に少子化政策へと転換された。加えて，児童福祉サービスの包含する範囲が当該児童のみから，家族（親）や地域社会の問題にまで視野が拡大された。それまでの児童福祉制度は，児童福祉という名においてその児童福祉問題の対象児童だけを抽出して（家族や地域社会等から分離），施設か在宅かのような二者択一でサービスの対象としてきた。それが，少子化対策への転換を背景に，結果的には家族全体，地域社会や産業界まで巻き込むことでより普遍的な考え方の施策へと変わった。

　その1つの帰結が，1996年12月3日，中央児童福祉審議会基本問題部会（以降，中児審という）の中間報告を受けた，1997年6月「児童福祉法等の一部を

図表 2-2　主たる「少子化対策」の経緯

| 年　次 | 施　策　等 |
|---|---|
| 1993年7月 | 子供の未来21プラン研究会「たくましい子供・明るい家庭・活力とやさしさに満ちた地域社会をめざす21プラン研究会」報告書 |
| 1994年1月 | 保育問題検討会「保育問題検討会報告書」 |
| 1989年 | 1・57ショック |
| 1994年12月 | 「エンゼルプラン」＋「緊急保育対策等5か年事業」策定 |
| 1997年6月 | 児童福祉法等の一部を改正する法律制定・公布 |
| 1999年12月 | 「新エンゼルプラン」策定 |
| 2001年7月 | 保育所待機児童ゼロ作戦開始 |
| 2002年9月 | 「少子化対策プラスワン」策定 |
| 2003年7月 | 少子化社会対策基本法制定，次世代育成支援対策推進法制定 |
| 2004年6月 | 「少子化社会対策大綱」策定 |
| 　　　12月 | 「子ども・子育て応援プラン」策定，第1回『少子化社会白書』刊行 |
| 2006年6月 | 就学前の子どもに関する教育，保育等の総合的な提供の推進に関する法律制定 |
| 2007年12月 | 「子どもと家族を応援する日本」策定 |

改正する法律」の制定・公布であった。児童福祉法制定50年目にしての大きな改正となった。中間報告では，次の3点が提起された。それは，①少子化社会にふさわしい保育システムについて，②少子化社会にふさわしい児童自立支援システムについて，③母子家庭の実態と施策の方向について，であった。これはそのまま保育所の措置制度の削除，教護院・母子寮等の名称と目的の改定（保護のみならず自立規定の明確化）となって実現した。

　保育所の措置制度の削除は，実質的には，日本の社会福祉施設として最多数を占める保育所から手をつけた「社会福祉基礎構造改革」の早どりであったといえる。また，新たな児童家庭支援センターの創設も，地域における児童福祉問題について，地域福祉として強化しようとする「社会福祉基礎構造改革」路線であった。

　同種の動向は，中児審だけではなく，1996年11月19日，社会保障関係審議会会長会議は「少子高齢化社会の進展，経済基調の変化，財政状況の悪化等にともなう社会保障制度のあり方の見直し」をするための「社会保障構造改革の方向（中間まとめ）」を発表した。このまとめでは，生活の自己責任を強調し，①国民経済との調和と社会保障需要への対応，②利用者本位の仕組みの重視，

③公私の役割分担と民間活力の導入，をあげた。この方向性は，97年の児童福祉法一部改正での，保育所の措置制度から利用制度への改定で一体化された。

このような少子化対策を機にわが国においても，人生早期の社会保障の意義についても言及されるようになった。1970年代末頃からの，年金制度改定や介護保険創設に象徴されるような，高齢者（人生後半）に主軸をおかれていた社会福祉・社会保障政策の比重にも変化がみられた。少子化政策の中心は，子育て支援政策である。子育て支援政策の意図は，より普遍的な保育政策を通して児童期への投資比重を高めること，より普遍的な子育て支援政策によって，労働力の確保という労働力の維持・保全への投資の意図も含まれている。人生早期の社会保障は，ベヴァリッジ型福祉の中心概念であった労働者のリスクに対応し，かつ労働の償い・褒賞としての仕組みをもつ社会保険制度などの発想とは異なり，「予防」や「投資」の要素に着眼している。

## 3 現代における児童の権利侵害―特に児童虐待防止―をめぐる動向

日本での児童虐待への政策的取り組みは，貧児・浮浪児に対する救貧政策や治安政策と混在し，明確に児童虐待として認識されるのは1933年の児童虐待防止法まで待たなければならなかった。このときにも法の目的は，児童の人権擁護や救済よりも，農村疲弊による親子心中・母子心中の増加を背景要因とする昭和初期の人口政策としての要素が強かった。この法の対象は14歳未満で，その児童を保護すべき責任のある者が児童を虐待したり監護を怠ったり，刑罰法令に触れる行為をした場合には処分を行うという，わずか11条よりなる法であった。工場法，工業労働者最低年齢法などから除外された児童労働の保護規定の意味ももっていた（児童福祉法研究会編，1988，p.37）。

これは，1947年児童福祉法の成立に伴い，その一条文に統合された。その後わが国において児童虐待が大きな児童福祉問題となるのは，1990年頃からである。背景要因は単一ではなく，家族機能・形態，地域社会の変化，グローバリゼーションの進展，男女・親子・大人と子どもの役割りや区分・関係性の変化，ライフスタイル，価値観，経済状況等々多様な問題や要素が絡み合う，急激な社会の変貌と複雑性が重層化したことにあると考えられる。児童虐待が

起きた家族は，貧困，失業，住宅問題，社会的孤立，夫婦不和や家庭内暴力，若すぎる妊娠・出産，望まない妊娠，ひとり親，子の発達状況，親の心身状況等の問題を抱えていることが多いことは，これまでの内外の研究結果から明らかにされている。虐待の様相はケースによって個々別々であるが，予防につながる要因が明確なのは，親の失業や家族貧困の予防，多様な社会的支援網による親・子の孤立防止資源の存在，家族の密室化防止等がいわれている。

厚生省児童家庭局は，1997年「わが国では，これまで子ども虐待への関心は一部の関係者に限られていたが，1994年，児童の権利に関する条約が批准・発効したことを契機に多くの人が関心を向けるようになってきた」として，『子ども虐待防止の手引き』を作成して頒布した。その冒頭では，近年の虐待増加には，「核家族化や都市化の進行などにより，子育てを支援する身内や近隣が少なくなっている中で，親の孤立を原因とした児童虐待が増えている。児童虐待は，子どもへの最大の権利侵害であり，その心身にはかりしれない傷跡を残す」(厚生省児童家庭局企画課・監修，1997，p.7)として，その予防に乗り出した。同様の動きは，すでに国に先だって東京都（1995年）等の自治体レベルでもみられた。また，これらとは別に，国は，1990年度から児童相談所における児童虐待に関する相談件数について，別個に公表し始めていた。それによれば，

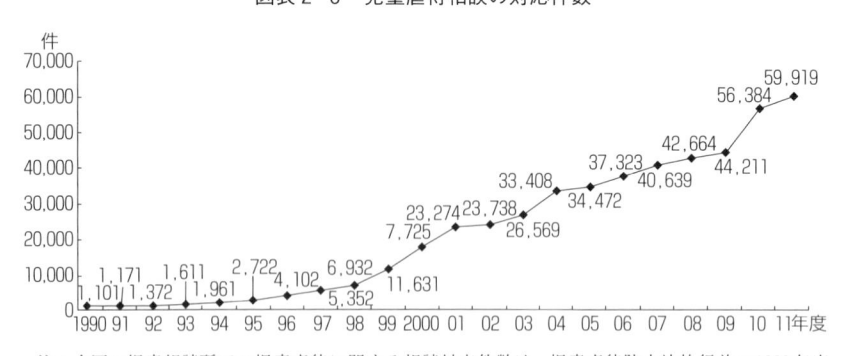

図表2-3 児童虐待相談の対応件数

| 年度 | 件数 |
|---|---|
| 1990 | 1,101 |
| 91 | 1,171 |
| 92 | 1,372 |
| 93 | 1,611 |
| 94 | 1,961 |
| 95 | 2,722 |
| 96 | 4,102 |
| 97 | 5,352 |
| 98 | 6,932 |
| 99 | 11,631 |
| 2000 | 17,725 |
| 01 | 23,274 |
| 02 | 23,738 |
| 03 | 26,569 |
| 04 | 33,408 |
| 05 | 34,472 |
| 06 | 37,323 |
| 07 | 40,639 |
| 08 | 42,664 |
| 09 | 44,211 |
| 10 | 56,384 |
| 11 | 59,919 |

注：全国の児童相談所での児童虐待に関する相談対応件数は，児童虐待防止法施行前の1999年度に比べ，2011年度は5.2倍に増加。2010年度は，東日本大震災の影響により，福島県を除いて集計した数値。

資料：厚生労働省社会福祉行政業務報告

1990年度の1101件から2010年度には5万6384件と，その件数は年度を追うごとに増加の一途をたどっている（図表2-3）。

2000年には，児童福祉法とは別に「児童虐待の防止等に関する法律」が成立し，日本の児童虐待防止政策と児童虐待問題は新たな段階へと移行した。この法で初めて児童福祉制度上の虐待の定義が提示された。それによれば，児童虐待とは，保護者（児童を現に監護する者）がその監護する18歳未満の者に対して行う，「暴力を加えること」「わいせつな行為をすること，させること」「放置，その他の保護者としての監護を著しく怠ること」「著しい心理的外傷を与える言動」（第2条）とした。そして，「何人も，児童に対し虐待をしてはならない」と法によって虐待を禁止した。さらにその後も生命に関わるような児童虐待ケースが絶えないことから，児童の生命優先のために親子分離の迅速化・強化や居宅立ち入り調査権，親権の短期的剥奪の合法化など，数次の改定を重ねて被虐待児の権利擁護のために，関連諸機関の連携強化と権限付与を重ねている。

## 4 これからの児童福祉——制度の連続性と連携に向けて

### ■1 人生「前半」の社会保障と「児童期の延長」「若者支援」

戦後日本の児童福祉は，アリエス言説の児童期概念で理解され，大人とは異なる，「保護」「発達」「依存」「教育」「家族」等で組み立てられた各種の法や制度として拡充されてきた。しかし，20世紀末頃からはこのような児童期理解は，少年犯罪や非行の領域，若者期の自立の困難な社会の到来などを受けて，再構成に直面している。児童期のなかでも，まずは発達の節目や集団生活への入り口に該当する幼少期の介入の重要性から着眼された。その後，1960年代には少年非行への関心が，10代の問題や支援的介入の必要性に気づかせた。さらに今，児童期と大人期の間の若者期の児童福祉（もしくは社会福祉）ニーズの存在が，自立支援として新たに追加されつつある。

それは，「ニート」や「引きこもり」，「フリーター」等と呼ばれるカテゴリーを構成するようになって明らかとなった。また，すでに児童福祉サービス体系においては，リービング・ケア（leaving care。自立支援）の重要性に着眼して実践されてもいる。

特にわが国では，思春期・若者期からの「引きこもり」が深刻であるといわれている。内閣府（2010年2月調査）によれば，「引きこもり」は全国推計で69.6万人と推定され，そのきっかけは「職場になじめなかった」「病気」「就職活動がうまくいかなかった」等の，就職や仕事に関することと，「不登校」「学校になじめない」等の就学に関することが多くみられた。かつての家族・親族同士や地域社会の交流が相対的に活発だった時代にはそれほど問題にならなかった教育から就職への移行を橋渡しする自立が，今やもはや自然なことではなくなり，何らかの目的的な社会的支援を要するカテゴリーに入りつつある。

　この調査での引きこもりの定義は，15～39歳の者で，「ふだんは家にいるか近所のコンビニなどには出かける」「自室からは出るが家からは出ない」「自室からほとんど出ない」に該当する者を「狭義の引きこもり」，そして，「ふだんは家にいるが，自分の趣味に関する用事のときだけ外出する」に該当する者を「準引きこもり」と定義した。このような引きこもりは，小学校上級，中学・高校そして大学生や就職期に至るまで存在していた。従来の個別家族問題や児童相談所支援の枠を超えて，単一の専門機関や専門職の介入の範囲にとどまらない複合的で重層的で，2次・3次の新たな問題へと継続しかねない新たな若者期の社会問題になっている。

　児童福祉政策の中心が少子化政策に向けられる一方で，2000年代初めから児童貧困の深刻化が，OECD諸国における日本の相対的貧困率の高さとして関心がもたれるようになった。その対策の1つに，2013年，子どもの貧困対策の推進に関する法律が成立した。2021年までに子どもの貧困率を10％未満（2009年に15.7％）に，ひとり親世帯の貧困率を35％未満（2009年に50.8％）にすることなどを目標値に掲げている。

　従来の救貧政策や家族崩壊を主要因に組み立てられてきた児童養護政策や児童福祉制度，人生前半における社会保障制度の軽視などからの脱皮と新たな仕組みづくりが必要となっている。あるいは，これまでの公的扶助政策や家族単位の自助原則とも，それ単一の政策だけではなじまない，児童期とその周辺をめぐる新たな社会の変化が起こっていることが認識できる。

## ❷児童福祉政策と地域指向

2000年の社会福祉法以降,明確に社会福祉のあり方や考え方全体が生活圏としての地域ベースにシフトした。もともと地域型の典型として存在した児童厚生施設などは別として,わが国の児童福祉領域における最大の地域ベースの福祉サービスは保育所や保育サービスである。従来,保育サービスの中心は,救貧政策に系譜をたどることのできる「保育に欠ける」*規定にあった。

  * 児童の保護者のいずれもが,①昼間労働することを常態としていること,②妊娠中であるかまたは出産間がないこと,③疾病,負傷,障害を有していること,④同居の親族を常時介護していること,⑤災害の復旧にあたっていること,などにより児童を保育することができないと認められる場合,と規定されている(「児童福祉法施行令」第27条(保育の実施基準))。

現在の保育所は,親の就労の拡大や少子化傾向などを受け,より普遍的な子育て支援政策として,保育に欠ける原則はすっかり救貧的な文脈が薄れ,一般家庭のワークライフバランス実現のための近隣資源の1つになった。そして現代社会における保育所の機能規程自体が,子どもの保育だけではなく,「家庭や地域の様々な社会資源との連携を図りながら入所する子どもの保護者に対する支援,及び地域の子育て家庭に対する支援等を行う役割を担う」(「保育所保育指針2 保育所の役割」)と,地域ベースでのより拡大した機能,多様な保育ニーズを充足する機能へと変化している。

明治末の産業革命期以降,都市貧困問題が発生するなかで多様な展開をみせた,隣保館等でのいわゆる隣保活動が,わが国におけるその時代の地域改良を目的とする地域密着型の地域福祉の原点の1つとするなら,その隣保活動の中心メニューの保育や親の啓蒙という親子をともに支えるという発想は,現代の子育て支援に連なる1つの源流をなしていたといえる。家族機能・関係性,ライフスタイル,価値観の変貌や流動化の著しい現代社会において,現代の保育所はかつての隣保館的役割の焼き直し現代版として,児童福祉・家族福祉領域における地域住民すべてに開かれた最大の地域福祉活動の拠点として注目される。それにはさらに,児童ソーシャルワークやファミリーソーシャルワーク,コミュニティワークのより専門性の上乗せがなされることが期待される。

あわせて,政策的観点においては,いわゆる「幼保統一」という古くて新しい問題についても,保育所を就学前児童の社会的・発達的・教育的拠点として,

地域の子育て支援的要素，そして現代の児童にとっての早期の社会経験や教育機会，地域文化の継承を兼ね備えた地域資源として捉え，行政の枠を超えて再考される必要のある問題であろう。

## ❸ 専門職の連携

　日本では，その必要性がいわれ，ニーズ中心主義から専門職間の連携が真っ先に取り入れられたのは児童福祉領域で，1970年代以降の障害児の療育における実践からであったといえる。そこでは，乳幼児健診の普及を突破口として，母子保健，小児保健，障害児福祉関連施設での実践，就学期以降の教育，そして修業後の雇用等，障害へのニーズ充足を中心に児童の発達や年齢の進展と歩を合わせた連携や共働の試みなど領域・分野が拡大していった。背景には，親たちの社会運動や関連諸科学・技術の発達，情報社会の到来があった。

　国際的には，児童福祉領域におけるコラボレーションや多機関間共働（インターエイジェンシー・ワーク）の重要性や必要性を先導したのは，イギリスやアメリカなどにおける児童虐待防止活動であった。これらの国々では，児童虐待防止の制度化の過程で多職種・多機関間共働が認められていった。わが国では，専門職間・機関間の連携の実現には遅れがみられるが，理念や原理としてはすでに広く受容されている。すなわち，児童福祉領域を中心に，保健・医療，教育，司法の関連領域にわたる介入方法の構築の必要性である。

　近年の新たな動向としては，いじめ防止法の制定などとも関連して教育と福祉の連携であるスクールソーシャルワークの領域がある。スクールソーシャルワークは日本ではまだ確立された領域ではない。しかし，児童の生活場面・関係性，時間の多くが教育現場に帰属する一方で，たとえば，格差や児童貧困問題（近年の日本の児童の相対的貧困率の高さ）の深刻化など児童を取り巻く現実の環境は，教育現場と地域・社会・経済問題，家族と密接な関連があることから，2000年以降，文部科学省を中心に全国でモデル的にスクールソーシャルワークの導入が試みられている。まだスクールソーシャルワークについてのコンセンサスを得た一定の定義はなく，実践方法や考え方も研究者個人，自治体や学校によっても多様であり，さらなる明確化が期待されている領域である（山下，2006，p.93）。

スクールソーシャルワークの歴史は古く，産業革命期の都市問題や移民児童問題を主眼としてイギリス・アメリカを中心に発達した概念や実践であるとされる（山下，2006，p.95）。もともとアメリカでより発達したとされ，1960年代の「貧困の再発見」以降に導入が積極化した。その後，障害児教育立法の中での法定位置づけの確立やエコロジカル・アプローチソーシャルワーク理論の推進者カレル・ジャーメイン（Carel B. Germain, 1917-95）などによって，学校は児童と家庭，地域が交差する最もエコロジカル・アプローチが適用できる場であるとして，その重要性が指摘された。また，イギリスではそのルーツは，1870年の初等教育法に基づく学校出席取締官（School Attendance Visitor）*に遡るといわれる。この制度は，当時発足したばかりの民間の全国児童虐待防止協会（NSPCC）の児童虐待止運動の一環としてのNSPCCのソーシャルワーカーと連携して，児童問題を発見・予防するために地域をパトロールした。児童労働等による長期欠席児童への法的取締を行うものとして導入された。すなわち，近代児童の生活の中心として，教育を普及させるための個別支援活動としての役割を担っていた。

　　＊　学校に出席させることは親の義務とされ，欠席児童の家庭を訪問し出席を促し，させない場合には児童虐待ケースとされることもある。

日本の社会福祉／3 章

# 障害者福祉

## 1 障害者福祉の歴史

### ■1 家族・親族扶養の伝統

　日本における社会政策としての障害者福祉政策の始まりは，他の社会福祉領域同様に救貧制度の一要素として始まった。障害者問題としてではなく，治安維持政策をあわせもった貧困問題として着手された。

　その1つは，1874年の恤救規則であった。「済貧恤窮ハ人民相互ノ情誼」を前提としつつ，「極貧ノ者，独身ニテ廃疾ニ罹リ産業ヲ営ム能ハサル者ニハ，1ケ年米壱石八斗ノ積ヲ持テ給与スヘシ」（日本社会事業大学救貧制度研究会編，1960，p.59）と，老衰者，児童，重病人と並んで「廃疾」として含まれていた。廃疾の概念は必ずしも明確ではないため，障害者と同等ではないが，現在にいう障害者もしくは障害の一部は包含されていたと考えられる。あと1つのカテゴリーは，産業化の進展とともに，家族制度や隣保相扶から排除され浮浪化した自立不能の障害者であった。1871年の「行旅病人取扱規則」による取り扱い対象にも，障害者は混然としていたと想定される。これは1882年「行旅死亡人取扱規則」，そして1899年には「行旅病人及行旅死亡人取扱法」として引き継がれた。

　これらの障害者一般に対する取締的施策や発想とは別に，障害種別ごとの特性に応じた動向として，障害者の中でも視覚・聴覚障害児者については，比較的早期の明治初期に，教育や救済活動が始まった。たとえば，1875年，盲人救済のための楽善会が設立され，京都の待賢小学校には「盲唖教場」が開設された（池田・土井編，2000）。その後，知的障害領域では，1891年，石井亮一（1867

-1937)は，その年に起きた濃尾大地震による震災孤児20名を引き取って，東京に「孤女学院」（1906年，滝乃川学園に改称）を開設した。1900年の感化法成立後は，知的障害児は非行少年を対象にした感化院にも混在していた。1921年には，東京に肢体不自由児施設・柏学園が開設され，肢体不自由児の教育・訓練等が始められた。

一方，精神障害者福祉の領域は，わが国では長らく，精神病等の病理や防衛治安政策としての対策一辺倒であった。古くは1875（明治8）年，東京市養育院に癲狂者の収容を始め，1879年には，東京府病院付属癲狂院（1889年府立巣鴨病院，1919年府立松沢病院に改称）として独立した。1900年の精神病者監護法（1950年廃止）は，精神障害者のいわゆる座敷牢から病院施設への収容原則を採用した。それまでの懲冶場留置の犯罪精神障害者も巣鴨病院等に送致されるようになった。この法は，社会福祉的視点とは程遠い，家制度を土台とした治安維持目的そのものであった。精神病者の私宅監護を警察による許可制として取り締まること，および監護義務者を設けて監護責任を障害者家族に負わせることが目的であった。「監護」とは「監禁」の「監」と「保護」の「護」を合体した行政用語であったとされる（秋元，2000，p.39）。

戦前期においても，身体障害者である傷痍軍人だけは，1932年「傷痍軍人特別扶助令」等により，例外的特別に保護の対象とされていた。

このような障害者福祉政策の系譜は，社会経済的視点から鳥瞰しても，資本主義や産業化によって大きな影響を受けてきたことがわかる。農業を中心とする時代においては，多くの障害者は地域共同体的な生産過程に部分的に組み込まれて，障害者問題としてはそれほど鮮明にはなっていなかった。しかし，産業化の進展とともに，障害者の大半は生産過程から排除されるようになり，次第に労働力の範疇には加えられなくなった。そして，市場の底辺へと追いやられ，専用の施設へと隔離され，社会生活の主流からも隔絶された。この原則は，ノーマライゼーション運動が本格化する20世紀の終わり頃まで続いた（オリバー，2006，pp.62-63）。

そして，産業化の進展とともにこれら障害者のケア責任は，男女のジェンダー役割区分に埋め込まれ，女性は家族の再生産プロセスを担う受け皿とされてきたことは，特に先進工業国では共通していた。なかでもわが国はとりわけ，障

害者の扶養や世話は，親族・家族内の問題として家制度と一体となって家族責任原則に強く支配されてきた。

## 2 戦争と障害者

　先に述べたように，障害者福祉政策は救貧政策や治安維持政策の一端として始まり，中心は家族主義原則を伝統としてきた。しかし，例外として軍人障害者やその家族に対しては，他の制度の整備に先駆けて扶助法や恩給等の特別対応がなされてきた。わが国のみならず障害者政策一般に共通する点でもあるが，障害者福祉政策や処遇で忘れてはならないのは，戦争との関係である。日本における障害者福祉の初期的導入は，労働者（力）の保護というよりも，ある意味，軍人の保護政策から始まったといえる。リハビリテーション原理そのものが，傷痍軍人の社会復帰を契機に発達した概念である。障害者の保護雇用政策の出発点も，そもそもは傷痍軍人の職業リハビリテーションの発想にあったと考えられる。

　第二次世界大戦前には，高木憲次（1889-1963）などにより，整形外科学を取り入れた身体障害者（肢体不自由児）のための新たな取り組みがみられた。これは，障害について統制・管理一辺倒の理解から，西洋医学を取り入れたリハビリテーションや治療・保護・教育を一体的にアプローチしようとする療育概念を入れた実践がなされるきっかけとなった。

　高木は，障害者に対する療育概念について「救貧的又は養護を主とするだけの事業ならば我国にも無くはない。寧ろ其歴史は古い。然し肢体不自由児の療育事業なるものは，整形外科学の進歩によって，初めて登場したる一新社会事業なのである」と捉えた。そして「療育事業」は，「治療・教育・保護・職業授与」が統合されることとした（日本肢体不自由児協会，1967，pp.220-221）。

　戦争と障害者との関係のあと１点は，戦争による犠牲という「後の問題」アプローチだけではなく，「予防的（もしくは予防という根絶）」アプローチの問題も，特に戦時体制下ではより大きく強調されてきた。それは，科学主義と結びつき，もう１つの障害者の人権・権利，差別，スティグマの構造化にも大きく影響を与えてきた。その中心は19世紀末頃から登場してきた優生学や優生思想であり，根底には不良な子孫を排除するという考えをもっていた。個人の生殖や存

在する権利が，軍国的人口政策として国家管理のもとにおかれた。障害者は軍国的全体主義にも利さないとして排除された。

障害そのものについては，諸科学の発達とともに，原因やそのメカニズムに対する自然科学としての解明は前進した。しかし一方では，障害者をめぐる近代社会政策史的には，わが国に限らず，産業革命後の産業化の過程では労働力から除外され，軍事政策の強化の時代には戦力からも排除されてきた差別や排除の構造化の歴史がある。

## 2　身体障害者福祉法，知的障害者福祉法と障害者福祉制度の成立

### ■1 日本国憲法と身体障害者福祉制度──「更生」と「保護」の間

第二次世界大戦後の障害者福祉制度に関する政策決定や実施は，GHQの指導のもとで実施されたことは，公的扶助制度や児童福祉制度と同様であった。

戦争直後の障害者福祉のとりあえずの焦点は，戦災からの復興のための戦争被害者の救済と保護におかれた。戦災孤児対策・浮浪児対策を喫緊の課題として，1947年12月児童福祉法が制定された際に，療育施設や知的障害児施設などが戦前の流れを汲み入れて児童福祉施設の1つの種類として初めて包含された。これを除けば，わが国において本格的な障害者福祉政策の端緒は，1949年12月身体障害者福祉法の制定であった。

この法の当面の大きな目的の1つは，戦後の傷痍軍人のリハビリテーションへの道を開くことにあった。したがって，法の目的には，「この法律は，身体障害者の更生を援助し，その更生のために必要な保護を行い」（法第1条）とうたわれ\*，リハビリテーションを表す表現として更生というタームが充てられた。法が目的とした更生は，身体障害者のなかでも更生の見込まれる人に対する保護と解釈された。したがって，更生の見込みのない身体障害者は対象外であり，身体障害者の総合立法としては，公的扶助制度との区分は曖昧な領域を残しての制度化であった。また，更生（自立）と保護はセットで存在し，その相矛盾する関係性についての問題も包含していた。

　　＊　法第1条はその後，「この法律は，障害者自立支援法と相まって，身体障害者の自立と社会経済活動得への参加を促進するため，身体障害者を援助し，及び必要に応じて保護し，もって身

体障害者の福祉の増進を図ることを目的とする」と改定された。「更生」という表現は削除されている。

　その後，更生という用語に関しては，かなり経過して1984年の身体障害者福祉法改定時に障害者団体から疑義が出された。というのも，そもそも更生という言葉は，歴史的には，中世ヨーロッパに源流があるとされ，キリスト教から破門されたものが復権した場合に充てられたという。その系譜から発展して，その後は「無実の罪の取り消し」や「犯罪者の社会復帰」等をも意味するようになったとされる（田中，1975，p.21）。このように，犯罪者の更生を含意していることから，障害者団体は廃止すべきと強く主張した（大谷，2001，p.214）。それを契機にして，更生という語句は削除された。

　このような文脈から，たとえば，アメリカの障害者福祉政策の伝統が障害者の所得保障政策的性格が優位で，リハビリテーション政策が副次的であったといわれるような特徴（杉野，2007，p.174）と比べて，戦後の日本の障害者政策の特色は，可能性のある身体障害者のリハビリテーションにおかれていた。しかし，それも，家族依存の伝統は維持したまま，加えて他の社会保障制度や社会福祉政策も未整備であるために，わずかに存在したのが公的扶助制度のみという現状であったといえる。そのようなこともあって，身体障害者福祉法が初めて成立しても，障害者福祉政策の目的としては，現代の障害者問題という視点からみれば中途半端なものでしかなかった。

　その曖昧性や中途半端さは，社会保険制度における障害者の位置づけからみても同様であった。相互扶助的発想に基づく拠出制を基盤とする社会保険方式という社会保険制度の仕組み自体が，労働力の再生産・維持を目的として，労働力政策としての産業への参加(経歴)を前提として構築されている。いわば「自助」原則を根幹とした再編である。しかし近代における「障害者」概念は，もともと産業から排除された労働力に起因する「仕分け」であるために，一部の労働災害などを除いては，社会福祉政策が主対象とした多くの「障害者」は，社会保険制度のメインストリームからも等閑視されていた。そのために，戦後もしばらくは，制度の中核部分は相互に排他的であったにもかかわらず，「周辺」障害者については，社会保険制度，公的扶助制度と障害者福祉制度の境界は，きわめて曖昧であり，その「曖昧さ」は家族主義によって補完されてきたのが

特色であったといえよう。

## ❷障害者福祉制度の拡大と障害者の権利

　児童福祉法，身体障害者福祉法，そして1960年の精神薄弱者福祉法（1998年知的障害者福祉法に改称）の成立によって，障害児を含めて障害者福祉制度は一応，制度としては全障害者を網羅することとなった。これらが，戦後日本の障害者福祉制度の確立や認知にとってのいわば「公式的な顔」とするなら，裏の部分が優生保護法などに象徴される人口政策や家族政策としての障害者政策もしくは障害者思想の残存である。

　戦争直後の一時期，日本は食糧や他の生活物資，産業の復興との対比で，人口過剰問題を危惧した。そこで導入されたのが優生保護法（1948年）であった。優生学的理由や母体への深刻な健康被害を理由として，さらに，成立直後にはそれに経済的理由が加えられて，中絶が合法化された。中絶の合法化は，戦時下での優生学的性格を継承し，「身体的・精神的な遺伝性疾患を持つ人々」をも中絶の対象に入れられた。優生保護法が存続した1996年までは，暗に障害者の基本的生存権を合法的に否定しかねない法が存在していたといえる。それは，1994年のカイロでの国際人権開発会議の席における障害当事者の女性によって，日本の優生保護法のもつ問題性が国際的な場で提起されたのが契機になって（荻野，1996，p.302），1996年，障害者と遺伝性疾患に関する条項がすべて削除された。そして新たに母体保護法に改められた。

　類似の点は，1970年成立の心身障害者対策基本法の障害認識に関しても指摘できる。「障害者対策」という名称もさることながら，当初，本法はその目的に，「心身障害の発生を予防し……」と規定されていた。しかし，1993年の障害者基本法への題名改称後は「発生予防」という表現は削除された。その背景には，90年代に入って後，各国において次々に，障害児を生まないための強制不妊手術をめぐる実態の存在が明るみに出たことがあったとされる（大谷，2001，p.214）。

## 3 日本における障害者運動とノーマライゼーション

### ■1 親の会と当事者運動

　国際的な障害者の権利拡張や差別撤廃を求めるノーマライゼーションの発端は，知的発達遅滞の子をもつ親たちの要求が実った1959年デンマーク法にあるといわれるように，日本での障害者の権利擁護につながる芽もまた，親たちの動向からみられた。

　その１つには，1952年東京都内の小学校に在籍する知的障害児の親たちが中心となって結成した「精神薄弱児育成会」（その後，全日本手をつなぐ育成会に改称）があった（杉本，2008, p.49）。その後，育成会は国への精神薄弱者福祉法の制定働きかけの中心となって活動し（菊池，1999, p.213），1960年法制化は実現した。

　日本における直接的な障害当事者たちによる動向は，1960〜70年代のアメリカを中心とした自立生活運動が，重度身体障害者たちによって取り組まれたのと類似している。「日本脳性マヒ者協会　青い芝の会」は，1957年，東京都大田区の脳性マヒ者たちを中心とする呼びかけに始まった。そして当事者の組織としては，初めて，自らの存在と要求や考え方を社会的に発信し，さまざまなアクションを起こして課題や権利を主張した。1967年には，より広い領域が参集した全国障害者問題研究会（以降，全障研という）が結成され，発達保障概念をいれた研究や実践を展開した。また，障害当事者が主体となって障害者の自立と解放をめざす全国障害者解放運動連絡会議等も組織された（杉本，2008, p.97）。

　障害者運動の２つ目の類型としては，障害者の社会保障の権利を求める，いわばもう１つの障害者運動も起きていた。それは，1972年９月の堀木訴訟にみられる司法権を通した権利獲得である。全盲の母・堀木が，障害者年金の受給を理由にして児童扶養手当との併給が却下されたことに対して，兵庫県知事を相手に起こした訴えである。一審では，原告・堀木が勝訴したが，その後，大阪高等裁判所（1975年11月判決）では敗訴し，原告はさらに上告したが，最高裁判所は上告を却下した（1982年７月判決）。この訴訟は，社会保障における障害者の権利拡張を訴えた運動としての性格をももつものであったといえる。

さらに3つ目には，障害者運動として盛り上がりをみせた，障害児の養護学校の義務化を求める運動の系譜がある。

　これは，日本における障害者の権利運動としては，最も長期にわたり，かつ幅広い運動であり，障害者福祉の考えや政策に与えた影響も大きかったといえよう。加えて最初にあげた親の会の運動とも深く連動した独立したメニューの1つでもあった。全障研等の発達保障論などを軸に展開され，1979年の障害児の養護学校義務教育制度化の実現に至る，障害児の教育権や生活権を求める中核的な運動である。そして障害児教育領域のみならず母子保健，小児保健，障害者施設の位置づけ，障害をもつ人々の就労保障を含め，わが国の障害者のノーマライゼーション実現の一翼を担った大きな動きでもあった。結果的には，それまでの障害者の福祉施設中心主義や施設の専門機能のあり方・考え方を転換させることにつながった。その意味で，わが国における地域福祉の考え方や実践における1つの先駆者的役割りを果たしたともいえる。

### ❷日本のノーマライゼーションと障害者の権利

　1960年前後に主に知的障害者の社会的あり方をめぐって北欧で発展し，日本を含む多くの国や地域に拡大したノーマライゼーション概念は，1981年の国際障害者年を実現させた。ノーマライゼーション概念は，すべての人の権利の尊重，尊厳の重視の実現過程のなかで顕在化してきた一矛盾としての，特に障害者に焦点化されて権利拡張を求めた社会運動の成果である。

　国際障害者年以降，障害者理解にもそれまでとの違いが顕著に出てきた。その1つは，障害概念を3つのレベル（インペアメント，ディスアビリティ，ハンディキャップ）で区分することで，明確に障害と障害者とは別概念としたことがある。それまでの強固な医療モデル的障害（者）解釈に少しずつ揺さぶりがかけられた。そしてさらに，2001年国際生活機能分類（ICF）により拍車がかかった。これらの過程において障害者福祉政策やサービスにとって何より重要な変化は，障害（者）を個人や家族の病理としての惨事とみる病因論的見方から，障害の由縁は社会環境との関係性から発生していると理解する「社会（環境）モデル」への変化であった。

　ひと言に社会モデルといっても，イギリス版とアメリカ版とでは社会・歴史・

文化性によって理解の違いがあるとされる（杉野，2007, p.113）。イギリス社会モデルは，マイケル・オリバー（Michael Oliver, グリニッジ大学名誉教授）などに代表され，障害を制度的障壁と捉える。そして，障害者問題は「機会と結果の不平等」問題として取り上げる。イギリスの現代の貧困問題へのアプローチが，社会的排除問題とみるのとオーバーラップしている。それに対して，アーヴィング・ゴッフマン（Erving Goffman, 1922-82）らに代表されるアメリカ社会モデルは，障害（者）を社会の偏見的態度に起因するとする。障害者問題を，「（結果を問題とするのでなく）機会の不平等」問題と捉え，それをもって社会における障害者「差別」問題として理解する。

　ノーマライゼーション運動がめざす真髄は，従来型の社会運動に特徴的にみられたような，直接的に富や権力そのものの分配だけを争点に繰り広げられてきた社会運動とは，少し質的に違う要素が含まれていた。ユルゲン・ハーバーマス（Jürgen Habarmas, 1929-　）等による新しい社会運動の火種は，「分配問題」から「生活形式のあり方」や「モノへの権利」主張から「存在への権利」主張へと転換される特色をもつと解釈した社会運動の時代的特徴とも符合する（今田，1998, p.420）。障害者のノーマライゼーションの考え方は多義的ではあっても，運動の関心事や主張の中心やゴールは，「持つこと（having）」から当事者・関係者等の「生き方（being）」の実現という，新たな要素を提示した。

　翻って，日本における障害者のノーマライゼーション原理の特徴や展開の特色についてみるなら，直接的には，各種の障害児者の親の会の運動や障害者自身の運動のなかから形成されてきた。日本の当事者運動としては，長年にわたるハンセン病罹患者等の，いわゆる患者運動の与えた影響も大きかった。特にハンセン病患者運動は，障害者運動にみられる「親の会」のような性格とは異なって，日本の社会福祉の通史的特色である強固な家族制度（主義）の障壁ゆえに，そのぶんかえって家族主義を強く意識しながら，家族主義そのものの呪縛からは強制的に排除された桎梏のなかで，現代的語りを先取りしつつ，芽を出し力をつけた当事者の声と運動でもある。

## 3 障害者・障害理解と法

　わが国の障害者・障害理解についての社会モデル（理念）の特徴について，

ひとつの考察として，障害者基本法などの捉え方を通してみてみる。

　日本の障害児者関係法や制度が障害種別・部位別または年齢別であったりと，分断されている現状に統一を図ろうとしたのが，1970年に制定された心身障害者対策基本法である（1993年に障害者基本法に改称）。障害者の定義は，「身体障害，知的障害，発達障害を含む精神障害があるもの」とされている。しかし，制定当初は，心身障害者の対策のための基本法とされ，障害を部位や種別カテゴリーで列挙していた。

　現行法においては，「地域における共生等」や「差別の禁止」等が，法の目的を達成するための基本原則とされている。そして，「全ての障害者が，障害者でない者と等しく，基本的人権を享有する個人としてその尊厳が重んぜられ，その尊厳にふさわしい生活を保障される権利を有することを前提」（第3条）とすると明記した。日本の立法府では権利という用語は憲法以外には使用しないとさえいわれるなかで，「尊厳にふさわしい生活を保障される権利を有することを前提」とするとしたことは，貴重で重要な条文であるとされる（大谷，2001，p.219）。また，日本は障害者の差別禁止法が未整備ななかで，差別の禁止をより明確にして条項として新たに立てた。第4条には，「何人も，障害者に対して，障害を理由として，差別することその他の権利利益を侵害する行為をしてはならない」とうたっている。

　戦後の，精神障害者福祉については，1950年制定の精神衛生法に源流のひとつをもっている。精神衛生法は，「医療及びその保護を行い，その発生の予防に努める」ことを目的にした法であって，精神障害は，もっぱら精神疾患という病理に基づく医療の対象としてしか考慮されてこなかった。そのために，本人の意向や意思決定は不可能という解釈のもとで，本人の意思を考慮しない治療目的という，強制入院制度はたびたび問題とされてきた。そして，生活や自立・社会参加等を促進するための福祉政策からは，完全に除外された別領域を形成してきていた。その意味では，障害者福祉領域のなかでは，長らく，最もノーマライゼーション理念には遠い距離にあった領域でもある。

　1987年の「精神保健及び精神障害者福祉に関する法律」への法改正により，「……社会復帰の促進及び……精神障害者の福祉の増進及び国民の精神保健の向上」を図ることが目的として，「福祉」政策としての枠組みに組み入れられた。

ここにいう精神障害者とは,「統合失調症,精神作用物質による急性中毒やその依存症,知的障害,精神病質その他の精神疾患」とされている。

このように日本では国際障害者年以降,国際動向を受けて理念的・原理的には,障害者福祉の考え方や政策に進展がみられた。この時代のノーマライゼーション運動の特色は,当事者が表に登場してきたことにある。当事者の語りに着眼し始めたのである。障害者の権利運動の興隆やノーマライゼーション原理の普及の背景には,ピープルズ・ファースト運動など当事者主義が受け入れやすい時代性もあった。

ソーシャルワーク界のみならず,多様な思考方法や科学界の動向とも共通して,それまでの社会科学や人間科学における,客観主義・演繹的思考・絶対至上主義に対するアンチテーゼがあった。いわゆるジャン゠フランソワ・リオタール (Jean-François Lyotard, 1924-98) のいう「大きな物語の終焉」に代わって,主観や帰納的思考,多元性などを強調する社会構成主義的指向の席巻である。それは,障害学等からの刺激を受けつつ始まり,障害者福祉領域にも多大な影響を与え,障害の医療モデル主義からの転換の背景要因ともなった。

個々人の多様な生活問題は,単なる個別主観的マターとの理解を超えて,伝統的な客観主義や大理論,抽象性へのアンチテーゼとして受容されるようになった。それまでの実証主義自体を疑い,あらゆる事象が意味をもつ多様なストリーとして語られることとなった。障害者を援助の対象としてのみ焦点化してきた障害者福祉は,ナラティブを伴う主体・当事者主義へと,運動や実践の主体や発想は転換させられた。障害者問題は,当事者の思い,希望等の主観的な固有のストリーを重視し,問題解決のヒントや方法を新たに見出そうというソーシャルワーク理論の新思潮が,ノーマライゼーション原理の一要素や方向性と価値を分かち合うこととなった。それは,障害の医療モデルから社会モデルへの転換とも共有した。

## 4 「市場型福祉」と障害者福祉のあり方

### ■1 「社会福祉基礎構造改革」後の障害者自立政策

障害者福祉領域も高齢者福祉領域同様に,障害者福祉という用語から障害者

保健福祉という表現が多く散見されるようになった。1996年（平成8）年10月，身体障害者福祉審議会，中央児童福祉審議会障害福祉部会，公衆衛生審議会精神保健福祉部会に，合同企画分科会が設けられ，98年「社会福祉基礎構造改革について」の発表後の99年1月「今後の障害保健福祉施策の在り方について」（意見具申）が出された。これには，障害者福祉の新しい利用制度への移行などが含まれていた。そして，翌2000年6月身体障害者福祉法，知的障害者福祉法，児童福祉法などが改定されて，2003年4月から障害児者福祉サービス利用にあたっては，それまでの措置制度から支援費制度に変わった。

　支援費制度導入にあたって，厚生労働省は次のような趣旨説明をしている。「支援費制度はノーマライゼーションの理念を実現するため，これまで行政が『行政処分』として障害者サービスを決定してきた『措置制度』を改め，障害者がサービスを選択し，サービスの利用とサービスを提供する施設・事業者とが対等の関係に立って契約に基づきサービスを利用するという新たな制度（『支援費制度』）とするものである」（厚労省社会・援護局保健福祉部，2001）。国によれば，支援費制度は，日本におけるノーマライゼーション原理の政策的実現の1つであるとの説明である。

　さらに，2005年10月には，それまでそれぞれ独立していた身体障害者福祉，知的障害者福祉，精神障害者福祉の3施策を一元化し，新たに「障害者自立支援法」が成立し，2006年から施行された。障害者自立支援法の大きな特色は，①障害者福祉サービス給付を市町村に一元化，②3障害サービス体系の一元化，③就労移行強化，介護サービス体系の再編により，「介護給付」「訓練等給付」「地域生活支援事業」の3サービスに区分化，などであった（厚生統計協会，2008）。

　「市町村に一元化」については，サービス実施主体が各サービスごとに異なり，統一性を欠くとして，地方分権化の方針を受けて，基本的には市町村に一元化した。「3障害サービス体系の一元化」については，精神障害者は2003年からの支援費制度の対象には加えられていなかったことを改めて，障害者自立支援法では，障害の種別をなくして一元化した。

　さらに障害者自立支援法では，介護給付に際しては，介護保険法と同様に障害程度区分（1～6まで分類）制度を導入した。市町村の訪問調査結果を基に，コンピュータによる第1次判定，そして市町村ごとの障害保健福祉の学識経験

者からなる審議会において審査・判定による仕組みを採用した (厚生統計協会, 2008 ; 2009)。あわせて, 2004年には, 自閉症・広汎性発達障害, 注意欠陥・多動性障害, 学習障害などの支援を目的とする「発達障害者支援法」が成立し, 翌年より実施された。

障害者自立支援法では, 各自治体の審査会において支給が認定された障害者は, 都道府県知事が認可した事業者とサービス内容に関して直接契約を結び, サービスを利用する, という仕組みとなる。サービス利用にあたっては, サービス利用者は原則1割のサービス料を負担する。

その後障害者自立支援法は, サービスの考え方や利用にあたってのさまざまな問題が明らかとなって見直しや検討がなされた。そして, 当事者が参加する障がい者制度改革推進会議を経て, 2012年6月,「地域における共生の実現に向けた新たな障害保健福祉施策を講ずるための関係法律の整備に関する法律」の成立によって, 原則, 2013年4月から実施の「障害者の日常生活及び社会生活を総合的に支援するための法律」(仮称, 障害者総合支援法) に移行した (図表3-1)(厚労省, 2012, p.73)。

## ❷「施設福祉」から「就労支援」へ

20世紀末, 新自由主義的施策傾向が強調されて以降, アメリカ, イギリスをはじめとして「welfareからworkfareへ」, や人的投資社会の実現などが政策目標として掲げられた。それは日本の障害自立支援法の理念も例外ではなかった。

---

**図表3-1 障害者総合支援法の主要な特色**

(平成24年6月20日成立, 同6月27日公布)

1. 趣 旨
 障がい者制度改革推進本部等における検討を踏まえて, 地域社会における共生の実現に向けて, 障害福祉サービスの充実等障害者の日常生活及び社会生活を総合的に支援するため, 新たな障害保健福祉政策を講ずるものとする。
2. 概 要
 1 題 名
  「障害者自立支援法」を「障害者の日常生活及び社会生活を総合的に支援するための法律 (障害者総合支援法)」とする。
 2 基本理念

法に基づく日常生活・社会生活の支援が，共生社会を実現するため，社会参加の機会の確保及び地域社会における共生，社会的障壁の除去に資するよう，総合的かつ計画的に行われることを法律の基本理念として新たに掲げる。
3　障害者の範囲（障害児の範囲も同様に対応。）
　「制度の谷間」を埋めるべく，障害者の範囲に難病等を加える。
4　障害支援区分の創設
　「障害程度区分」について，障害の多様な特性その他の心身の状態に応じて必要とされる標準的な支援の度合いを総合的に示す「障害支援区分」に改める。
　※障害支援区分の認定が知的障害者・精神障害者の特性に応じて行われるよう，区分の制定に当たっては適切な配慮等を行う。

　障害自立支援法は，障害者の「直接契約」「地域生活支援（脱施設入所）」や「一般就労」を強化した。各自治体ごとの障害福祉計画においても，福祉施設利用者や特別支援学校修了者の一般就労を大幅に拡大することをめざした。国の2007年の「重点施策実施5か年計画」では，「雇用，就労の基本方針」の中で，「……就労を通じた社会参加を実現するとともに，職業的自立を図るため，雇用政策に加え，福祉政策や教育政策と連携した支援策を通じて障害者の就労支援のさらなる充実・強化を図る」とした。そして一般就労への年間移行者数の目標値を「0.2万人（平成17年度）から0.9万人（平成23年度）」を掲げた。あわせて，「障害者の雇用の促進に関する法律」では，最新の法定雇用率を図表3-2のように定めた。
　この法定雇用率の一般企業1.8％は，ドイツの5％，フランスの6％と比較しても低位である。欧州では，障害者雇用が第一次世界大戦後の戦傷者の雇用

図表3-2　障害者の法定雇用率と実雇用率（2011年度6月1日）（単位：％）

| | | 法定雇用率 | 実雇用率 |
|---|---|---|---|
| 民間企業 | 一般の民間企業（常用労働者56人以上） | 1.8 | 1.65 |
| | 独立行政法人等 | 2.1 | 2.08 |
| 国，地方公共団体 | 国の機関 | 2.1 | 2.24 |
| | 都道府県の機関 | | 2.39 |
| | 市町村の機関 | | 2.23 |
| | 教育委員会 | 2.0 | 1.77 |

注：2010年7月に制度改正あり。

政策から出発したために，伝統的に日本よりも高いとされる（『朝日新聞』2009年6月21日）。加えて，障害者の雇用は，経済不況や技術革新等の外部環境の影響を真っ先に受けやすい脆弱性や不安定性，不確実性をあわせもっている。

　近年では，ヨーロッパから広まったソーシャルエンタープライズ（社会的企業）などの起業動向が障害者雇用に与える新たな動向もみられる。それらは，従来の企業営利追求原理よりも地域社会や環境への貢献を優先する。利益はそのための社会投資として，障害者や高齢者，失業中の若者等従来の雇用市場や障害者雇用政策とは異質の視点・手法での雇用をも特色としている。

### 3 障害者福祉の新潮流

　2006年12月，国連総会で「障害者の権利に関する条約」が，初めて採択された。

　権利条約では，前文で，障害について，「締約国は障害が発展する概念であり，並びに障害者と障害者に対する態度及び環境による障壁との間の相互作用であって，障害者が他の者と平等に社会に完全にかつ効果的に参加することを妨げるものによって生ずることを認め」（外務省による仮訳，2012）と明確に環境要因との相互関係性に立つ捉え方を示した。わが国では，この権利条約の締結に必要な国内法整備の趣旨も込めて，2012年6月，障害者自立支援法に代わる地域生活支援体系を中心とする新法（前掲）が成立した。また，先だって，2011年6月，障害者虐待の禁止を目的に，「障害者虐待の防止，障害者の養護者に対する支援等に関する法律」が成立し，翌年から実施された。

　「障害者の権利条約」は，障害者に対する「合理的配慮（reasonable accommodation）」という新たなタームを提示した。条約がいう合理的配慮とは，「特定の場合において必要とされる，障害のある人に対して他の者との平等を基盤としてすべての人権及び基本的自由を享有し，または行使することを確保するための必要かつ適当な変更，及び調整であって，不釣合いな又は過度な負担を課さないものをいう」（外務省による仮訳，2012）と定義されている。

　「配慮」と「差別」に関する新しい概念といえる。「合理的配慮」の欠如は，「差別」をも意味する。

## 4 新たな障害者福祉問題―更生保護と障害者の犯罪・累犯問題

　わが国では近年，人口の高齢化や自己責任・市場原理を優先させる新自由主義的福祉傾向に伴い，刑務所内のいわゆる福祉施設化が問題とされるようになってきた。1つは，発達障害者や知的障害者が関係する犯罪が，明るみに出たり，事件として報道される機会が増えたことによる。あるいは，犯罪受刑者のなか（いわゆる刑務所の内）に占める障害者や高齢者等の要介護問題の存在が顕著になってきた，という指摘である。加えて，障害受刑者の再犯率の統計的高さについての問題が提示されている。

　2012年の『犯罪白書』によれば，2007年の全受刑者の約15％は，入所2回以上の知的障害者であった。このような累犯障害者は出所から1年以内に再犯傾向がみられるという。このような傾向に対して，2009年，厚生労働省は，司法制度と連携した累犯障害者の福祉政策をめざして新たに，地域生活定着支援センターを知的障害者施設と協働で設置し始めた。

　長崎県はいち早く，障害者福祉施設で出所者を受け入れ，地検と連携して「再犯防止と社会復帰」に取り組み始めた（長崎新聞社「累犯障害者問題取材班」，2012）。また同様の動きは他の地域でもみられ，このような障害者をめぐる現代における司法と福祉の連携の必要性は，「東京地検に福祉専門家」（『朝日新聞』2013年1月21日）として新聞報道もなされた。

　福祉施設と異なって刑務所は罪に対する服役（刑期）・更生が目的であるために，障害者の個別的障害特性への特別の配慮は優先されない。そのために出所後の雇用・居住・人的ネットワークづくり等に支障をきたす可能性が高いといわれ，かねてよりそれが再犯以上にも結びついている可能性が指摘されてきた。出所後の更生，社会復帰の一環として，専門家が介在した社会システムとしての福祉施策との連携は，障害犯罪者の再犯防止や社会復帰，自立にとって必要な社会資源である。特に，服役後の自立自助は前提とされても，障害者のなかには，雇用市場からはすでに排除され多重的差別をうけている人たちも含まれている可能性がある。更生福祉として，これら累犯障害者の自立の壁に本格的・専門的に取り組む必要性が高くなっている。

　その，1つの取り組みが，図表3-3の事例である。

## 図表3-3 地域生活支援センターの取り組み概要

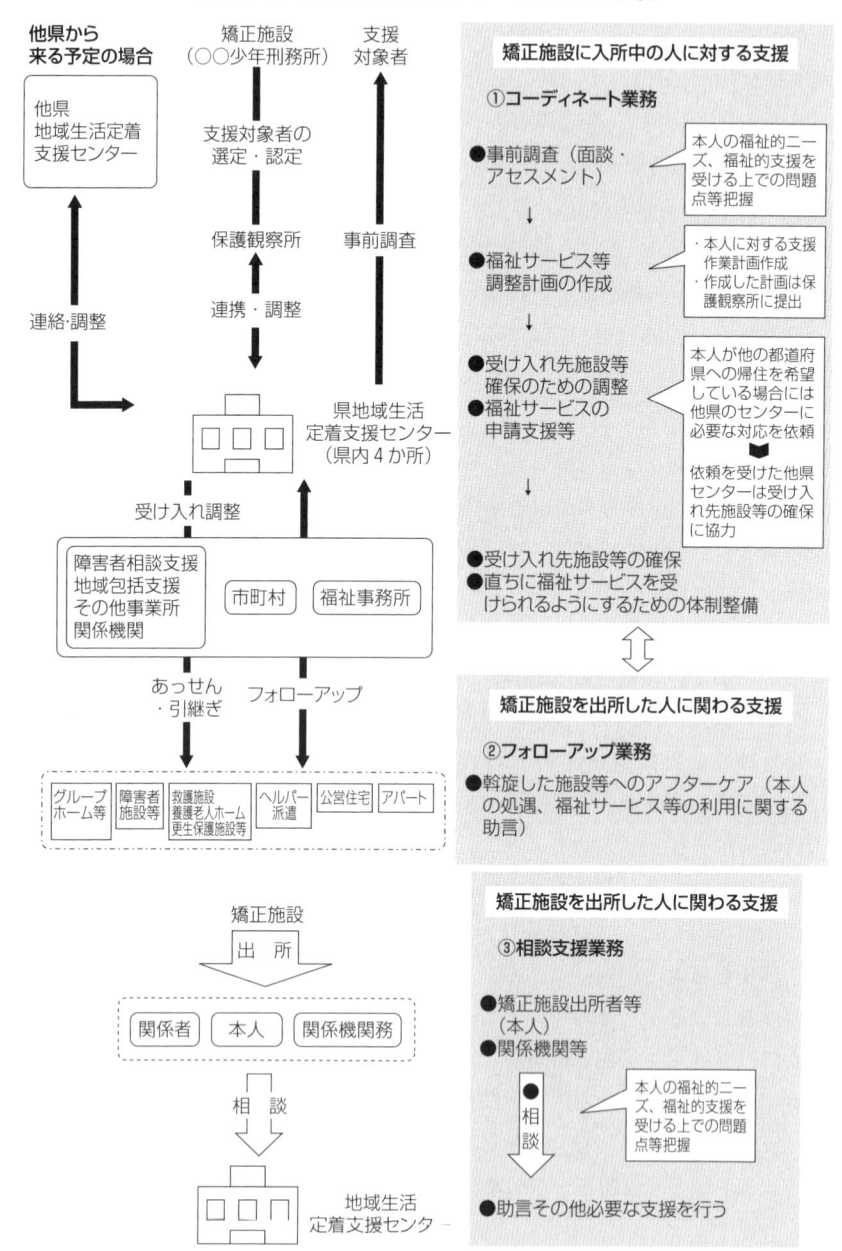

**他県から来る予定の場合**
- 他県 地域生活定着支援センター
- 連絡・調整

**矯正施設（○○少年刑務所）**
- 支援対象者の選定・認定
- 保護観察所
- 連携・調整

**支援対象者**
- 事前調査

↓

**県地域生活定着支援センター（県内4か所）**

受け入れ調整
- 障害者相談支援、地域包括支援、その他事業所、関係機関
- 市町村
- 福祉事務所

あっせん・引継ぎ／フォローアップ
- グループホーム等
- 障害者施設等
- 救護施設、養護老人ホーム、更生保護施設等
- ヘルパー派遣
- 公営住宅
- アパート

---

矯正施設 → 出所
- 関係者／本人／関係機関
- 相談 → 地域生活定着支援センター

---

### 矯正施設に入所中の人に対する支援

**①コーディネート業務**

● 事前調査（面談・アセスメント）
　・本人の福祉的ニーズ、福祉的支援を受ける上での問題点等把握

↓

● 福祉サービス等調整計画の作成
　・本人に対する支援作業計画作成
　・作成した計画は保護観察所に提出

● 受け入れ先施設等確保のための調整
● 福祉サービスの申請支援等
　・本人が他の都道府県への帰住を希望している場合には他県のセンターに必要な対応を依頼
　・依頼を受けた他県センターは受け入れ先施設等の確保に協力

↓

● 受け入れ先施設等の確保
● 直ちに福祉サービスを受けられるようにするための体制整備

⇕

### 矯正施設を出所した人に関わる支援

**②フォローアップ業務**

● 斡旋した施設等へのアフターケア（本人の処遇、福祉サービス等の利用に関する助言）

### 矯正施設を出所した人に関わる支援

**③相談支援業務**

● 矯正施設出所者等（本人）
● 関係機関等

● 相談
　・本人の福祉的ニーズ、福祉的支援を受ける上での問題点等把握

● 助言その他必要な支援を行う

《主な支援対象者》
○ 高齢(おおむね65歳以上)、または障害を有すると認められること。
○ 矯正施設出所後の適当な住居がないこと。
○ 矯正施設出所後に福祉サービスを受けることが必要と認められること。
○ 円滑な社会復帰のために、支援の対象とすることが相当と認められること。
○ 支援の対象となることを希望していること。
○ 支援の実施に必要な範囲内で個人情報を公共の保健福祉に関する機関等への提供に同意していること。

資料:(埼玉県地域生活定着支援センター発行「埼玉県地域生活定着支援センター」2012.6)

# 高齢者福祉

## 1 高齢者福祉を取り巻く状況

### ■1 暮らし・ライフコースの変化・流動化

現在の日本の高齢者を取り巻く社会的状況は,とりわけ高度経済成長期以前と以後とでは大きく様変わりした。

それまでの「老人福祉政策」が実質的に標的としてきたのは,あくまでも家族制度に同化できない「鰥寡孤独」で「貧窮」な「老衰者」の延長戦上の「老人」であって,「老人一般」ではなかった。平均寿命も相対的には短く,通常は家族制度や地域社会と一体となって,「老人」は家族内等での一定の役割を担い,あるいは「秩序の象徴」としての「隠居」生活をおくってきた。1968年,老人福祉法が成立し,老人問題は個人や個々の家族の個別的問題から社会問題へと質や認識が変わった。その背景には,工業社会の進展に伴って急激な産業構造の変化に付随した家族や地域社会の変貌,個人のライフスタイルや価値観の変化などがあった。加えてその変化は,個人的対処レベルを超えて加速度的に進み拡大した。そのドラスティックな変化の1つが,人口構造の高齢化という問題であった。

人口の高齢化は,一般的には,その社会の産業(工業)化と関連があるといわれ,産業社会化に付随する1つの側面とも捉えられる。それと歩みを一にするかのように,日本の人口の高齢化は,1950年代半ばから現れ始め,60年代にはそのピッチが上がり,70年には高齢化率(総人口に占める65歳以上人口比)は高齢化社会の目安とされる7%を超え,7.1%となった。1980年に9.0%,90年に11.6%,2000年15.6%,10年23.0%であった。そして2035年には33.4%で,

図表 4-1　日本の人口の推移

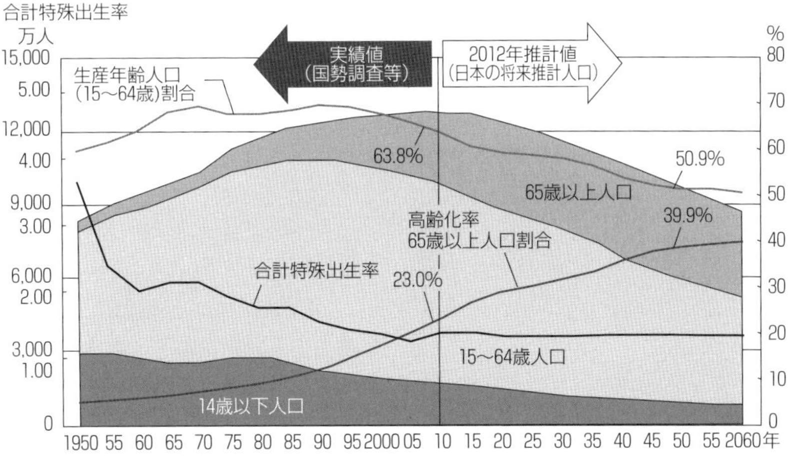

注：1950〜1970年は沖縄県を除く。
資料：総務省「国勢調査（年齢不詳の人口を各歳にあん分して含めた。）」，国立社会保障・人口問題研究所「日本の将来推計人口（2012年1月推計）」（出生中位・死亡中位推計）（各年10月1日現在人口），厚生労働省大臣官房統計情報部「人口動態統計」

　国民の3人に1人が65歳以上となり，その傾向はさらに加速して2060年には39.9%と2.5人に1人が65歳以上になると推定されている（図表4-1）。
　日本の人口構造の高齢化の特徴や傾向をみると，まず第1に，長寿化を伴っているという特徴がある。OECD諸国に限定してみれば，日本は1970年代後半から一貫して最も長寿で，2009年の男女の平均寿命は83.0歳であった。国の将来人口推計では，2060年には，男性84.19歳，女性90.93歳とさらに伸びることが見込まれている（平成24年度版『厚生労働白書』）。ただし，2012年7月27日付の各新聞は，東日本大震災や20代の自殺の増加等の影響により，2011年度の日本人の平均寿命は27年ぶりに女性の長寿世界一の座を明け渡したと報じている。それによれば，2011年女性は85.9歳，男性は79.44歳で，女性は香港の86.7歳についで2位，男性は世界で8番目の長寿であった（『朝日新聞』2012年7月27日朝刊）。
　第2には，今後の高齢化の進展のなかで，高齢者人口分布には，これまでと異なる著しい地域差が予測されることである。これまで以上に，地域もしくは

自治体別の個別的要因を加味した施策立案が要求されることになる。高度経済成長期の高齢化現象は、急速な産業構造の変化を伴っていたため農山村部、特に過疎地域から広がった。しかし、今後の見通しでは、年少人口との関係が大きな要因となると見込まれる。将来的には、非大都市圏の少子化と東京都・神奈川県・大阪府・埼玉県・愛知県等の大都市圏の高齢化率がより一層顕著になることが予測され、2005年から35年までの30年間で、埼玉県・千葉県・神奈川県などでは65歳以上人口が75％以上増加するとみられている。同様に東京都・愛知県・滋賀県でも50％以上の増加が予測されている（厚労省，2012，p.156）。

第3に、これらを世帯類型の特徴でみると、高齢者単独の世帯数は一貫して増加していることである。2050年には、世帯類型としては最多（約982万世帯）になると予測されている（厚労省，2012，p.159）。2013年1月、国立社会保障・人口問題研究所の日本の人口等動態予測によれば、2035年には「単身世帯」が全世帯類型の4割に達するという推計結果であった（『朝日新聞』2013年1月19日朝刊）。その内訳をみると、引き続き65歳以上の高齢者世帯の増加は大きく、2010年の1620万世帯（総世帯5184万）から、2035年には2021万世帯（予測総世帯4956万）に増加し、その割合は31％から41％に達すると見込まれている。高齢者世帯の中でもひとり暮らし世帯がさらに増加し、2035年で762万世帯と見込まれている。

第4の特徴として、わが国の生涯未婚率（50歳以上で一度も結婚したことのない人の比率）の上昇傾向が及ぼす、高齢期のライフスタイルへの影響があげられる。日本の平均初婚年齢は上昇傾向をたどっている。そのため平均子ども数は、1961年と2009年を比較すると、3人から2人に減少している。このようなこれまでの晩婚化の傾向に加え、新たに生涯未婚率の高さが予測されている。具体的には、1985年以降、男女とも生涯未婚率の上昇がみられ、2010年には男性20.1％、女性10.6％、2030年には、男性の約10人のうち3人が、女性の約10人に2人が生涯未婚であると推計された（厚労省，2012，p.144）。

このような日本の高齢化の特徴は、日本人全体のライフスタイル、ライフコースが個々人によって一様ではなくなり、いわゆる「老後」時間の長期化とともに、これらは「履歴効果」として、いわば人生の積み重ねである個々人の高齢期のライフスタイルの選択に大きな影響を与えることになる。「老後」期間の

長期化は，人生「おまけ」の「老後」問題として片づけられない，時間的問題を超えて長寿化社会における社会的な意味をもつ1つの社会的領域になっている。

このような非婚化，子ども数の減少など家族像やライフコースの多様化は，工業社会の時代の典型としてこれまで想定されてきた「一本道」(男女のジェンダー役割区分による役割の遂行) だけではない，多様な高齢期のライフスタイルをも想定した高齢者福祉の考えや政策が必要となることを意味している。経済・雇用においても，老後の隠居生活や年金生活だけではなく，定年制度の引き上げや継続雇用政策の導入，もしくはともするとエイジズム (年齢による差別) にもつながりかねない定年制度自体の見直しと若者雇用との共存策等の新たな模索が期待される。このように「老後」が家族の「老人問題」に，「定年」が個人の定年後の「高齢者問題」に転化していく契機には，「貧困問題」や加齢に伴う生理・生活機能に起因する問題以外に，社会・経済・文化・雇用等きわめて社会的文脈と密接に絡んで発生・拡大・展開・変化するという複雑な特質をもっていることが明らかとなる。

### ❷ 日本的「家族主義」からの離陸──高齢者と年金

公的扶助原理同様に日本は，近代国家の歩みを始めて以降，社会政策の基盤を国家主義的家族主義におき，むしろそれを積極的に強化・推奨し特質ともしてきた。特に高齢者の「老後」生活保障については，西欧的「個」の概念ではなく，家や家族制度と一体化した扶養概念を中心とし，高齢期の生活保障という社会的概念自体が未熟なままであった。したがって，年金に関しても消極的で，戦前からの一部の特権階級への恩給を除けば，1960年代の国民皆保険制度の一応の確立までは，老後の主たる生活は家制度と個別産業側の配慮に任されてきた。

しかし，現代日本においても顕著になりつつある男性労働者の産業・雇用における「個人化」傾向や女性の家族からの「脱統合化＝個人化」という社会・経済構造やライフスタイルの変化は，家族や世帯の個人化や，家族扶養にみられたような家族内での世代間扶養 (相互扶助) を破綻させ不可能なものにしつつある。そして次第に個々の高齢者の生活保障に占める公的扶助制度やセーフ

図表 4-2　高齢者世帯の平均所得内訳

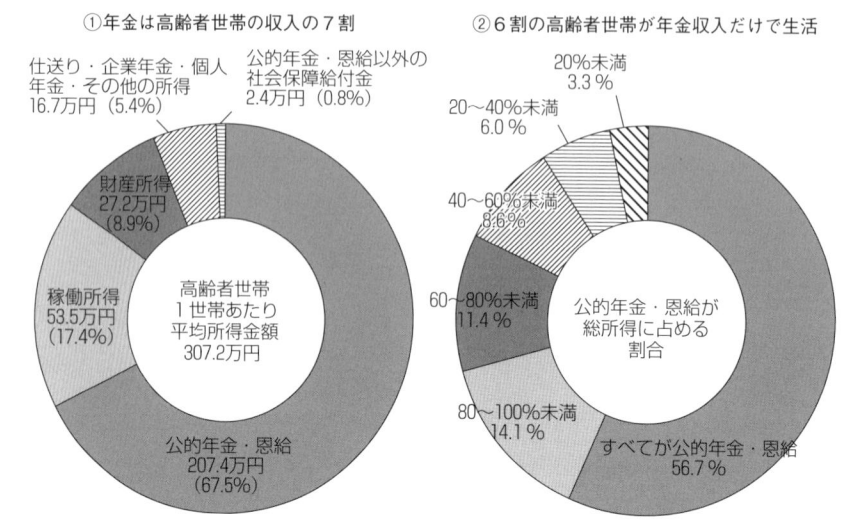

①年金は高齢者世帯の収入の7割

- 仕送り・企業年金・個人年金・その他の所得　16.7万円（5.4％）
- 公的年金・恩給以外の社会保障給付金　2.4万円（0.8％）
- 財産所得　27.2万円（8.9％）
- 稼働所得　53.5万円（17.4％）
- 公的年金・恩給　207.4万円（67.5％）
- 高齢者世帯1世帯あたり平均所得金額　307.2万円

②6割の高齢者世帯が年金収入だけで生活

- 20％未満　3.3％
- 20〜40％未満　6.0％
- 40〜60％未満　8.6％
- 60〜80％未満　11.4％
- 80〜100％未満　14.1％
- すべてが公的年金・恩給　56.7％
- 公的年金・恩給が総所得に占める割合

注：1　①・②とも，数値は岩手県，宮城県及び福島県を除いたものである。
　　2　公的年金は，高齢者世帯の所得の約7割を占めており，公的年金を受給している65歳以上の高齢者世帯の約6割が，公的年金だけで生活している。このように，年金は老後生活の主要な柱として，なくてはならない存在となっている。

資料：2011年国民生活基礎調査（厚生労働省）

ティネットのもつ意味や比重を現実のものにしつつある。2011年厚生労働省調査において，65歳以上の高齢者世帯の所得をみると，すでに公的年金は受給者の約7割を占め，老後生活保障の中心になっていることがうかがえる。しかも高齢者世帯の約6割は，公的年金のみにて生計を立てている実態も明らかになり，脱家族主義が明確にみてとれる（図表4-2）。

　日本の公的年金制度はその成立の歴史的特色から，加入基準が職域別に異なる制度を採用し，仕組みは複雑で制度間の違いがある。大きくは，いわゆる「2階建て」方式をとり，全国民に共通の国民年金（基礎年金）と被用者等のそれに加算される2階部分（厚生年金や共済年金等）より構成されている（図表4-3）。

　このように制度は存在しても，制度そのものが未成熟なままであったり，過去長年の社会政策における救貧思想や家族主義のもつ歴史的特色の残像もあって，その実態をみると，高齢者（世帯）や単身世帯，児童等伝統的社会福祉対

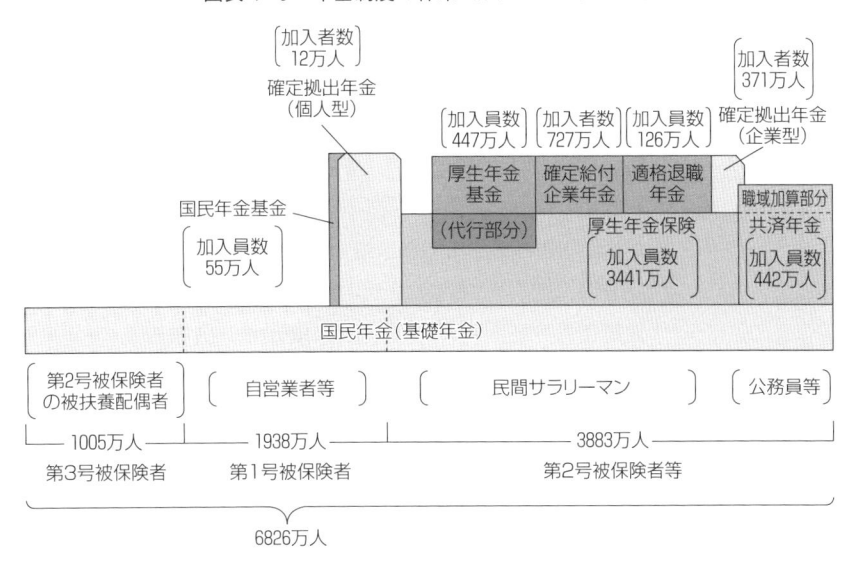

図表4-3　年金制度の体系（数値は2011年3月末）

| | | 確定拠出年金<br>（個人型）<br>[加入者数 12万人] | | | | | 確定拠出年金<br>（企業型）<br>[加入者数 371万人] |
|---|---|---|---|---|---|---|---|
| | 国民年金基金<br>[加入員数 55万人] | | 厚生年金基金<br>（代行部分）<br>[加入員数 447万人] | 確定給付企業年金<br>[加入者数 727万人] | 適格退職年金<br>[加入員数 126万人] | 厚生年金保険<br>[加入員数 3441万人] | 職域加算部分<br>共済年金<br>[加入員数 442万人] |
| | | | 国民年金（基礎年金） | | | | |
| 第2号被保険者の被扶養配偶者 | 自営業者等 | | | 民間サラリーマン | | | 公務員等 |
| 1005万人 | 1938万人 | | | 3883万人 | | | |
| 第3号被保険者 | 第1号被保険者 | | | 第2号被保険者等 | | | |

6826万人

注：1　厚生年金基金，確定給付企業年金および私学共済年金の加入者は，確定拠出年金（企業型）にも加入できる。
　　2　国民年金基金の加入員は，確定拠出年金（個人型）にも加入できる。
　　3　適格退職年金については，2011年度末までに他の企業年金等に移行する。
　　4　第2号被保険者等は，被用者年金被保険者のことをいう（第2号被保険者のほか，65歳以上で老齢または退職を支給事由とする年金給付の受給権を有する者を含む）。
資料：『厚生労働白書』2012年版。

象集団は，依然として貧困リスクの脅威から完全に払拭されているとはいい難い状況にある。

## 2　老人福祉制度から高齢者保健福祉制度へ

### ■1　高齢者福祉の歴史

　日本の老人福祉問題は，基本的には，多くの貧困老人は親族扶養に吸収されて，長らく社会問題化することは稀であった。例外的に，村落共同体や親族扶養のネットワークをもたないか排除された，「鰥寡孤独」で「労働不能」で「貧窮な老衰者」は，公的扶助制度の前身の「恤救規則」（1874年）や「行旅病人

取扱規則」(1871年), 1873年設立の東京府(市)養育院等の救貧施設による貧困者救済の範疇でわずかに救済対象とされていた。養育院設立時の収容者313人を例にすれば, その内, 老人（61歳以上）はわずか10人（3.2%）であった。収容の背景要因は,「疾病に罹患した老衰者」と「貧窮の老衰者」がその救済理由のほとんどであった (東京市養育院, 1933, p.55)。

　その後, 産業革命を迎える明治中頃から末頃には, 労働不能で身寄りのない窮乏老人の存在が問題化し始めた。このような貧窮老人を対象に救済収容する施設が, 聖ヒルダ養老院（1895年, 東京）をはじめとして, 各地に創設されるようになった。恤救規則は, 1929年救護法に引き継がれ, 65歳以上の「身寄りのない」「労働不能」の「貧窮老衰者」の救済は公的扶助制度の一環とされた。

　社会保険に関しては, 1939年に船員保険, 1941年に労働者年金保険（44年に厚生年金保険に改定）が創設された。しかし, その動機や目的は,「老後及び不慮の災害に因る廃疾の場合の不安を一掃し, 労働者をして後顧の憂いなく専心職域に奉公させる」ことだけではなく,「労働者年金保険が国民貯蓄を招来するという」ことにあった。いずれにせよ, 日本の老人福祉政策は, 伝統的に身寄りのない貧窮な老衰者に限定して慈善的救済を行うことを柱に, わずかに存在した社会保険制度は, 高齢そのことを標的としたものではなく, 労使関係の円滑化, 戦時体制下での生産力増強と強制貯蓄効果を狙って導入された制度であったと考えられる (三浦・忍編, 1983, pp.40-41)。

　このような戦前までにみられた, 老人問題としての認識よりは, 救貧制度の一環としての老衰者の救済政策という考え方は, 戦後の日本国憲法制定後に至っても基本的には大きくは変わらなかった。形式としては, 1963年の老人福祉法制定まで続いたことになる。というのは, それは, 旧生活保護法および老人福祉法ができるまでの新生活保護法のもとでは, 老人問題は, それら保護法に定める養老院や養老施設の問題と位置づけられてきた。そして,「老衰のため独立して日常生活を営むことのできない要保護者を収容して生活扶助を行うことを目的」とする施設が受け皿として機能してきた。

　第二次世界大戦後の社会福祉制度は憲法第25条の理念に基づいたが, 現実的には, 緊急対処的な生存権保障の域を出るものではなかった。基本的原理は, 公的扶助中心に展開された。在宅サービスの目玉となっているホームヘルパー

の派遣事業も，当初は，生活保護法の被保護世帯を対象としていたことをも含め，老人福祉は生活保護政策の性質を強く帯びて実施されてきた。その意味でも老人福祉法の制定は，生活保護概念から老人福祉政策を独立させ，身寄りのない困窮老衰者に限定せずに，新たな理念で老人福祉施策を展開しようとしたものであった。

　高度経済成長期以降，老人福祉法導入後の高齢者人口の増大と家族機能弱体の顕在化，産業構造・ライフスタイルの変化に伴い，より積極的でスティグマティックではない高齢期の生活問題対応としての高齢者福祉政策への要求が高まった。老人福祉法制定後しばらくの間はまだ，実質的には「施設への入所措置」を主眼として，相対的には親族ネットワークの希薄な低所得高齢者層が先行措置されてきたのが実態であった。しかし，それらも高齢者人口の増加や長寿化の進展によって，老人福祉施設へのニーズは，貧困問題から次第に介護ニーズへとその比重が移行してきた。

　この間の高齢者福祉政策の行財政構造の特徴については，おおよそ次のようにまとめることができる。①社会保険制度は社会階層（職域）別に分断され，加えて大企業中心に企業内福利が代替していた，②制度的分断構造に起因する受給水準の均一化のために，税による補完がなされてきた，③相対的には，まだ高齢者福祉制度が弱体であったために社会保険や生活保護制度が機能の一部を担わざるをえなかった（木村，1999）。

## 2 「社会福祉基礎構造改革」と「老人福祉」から「高齢者保健福祉」へ

　1970年代の第2次オイルショック以降，福祉は聖域ではなくなり，福祉見直しとして小さな政府への志向が始まった。主に70年代頃までの日本の社会福祉システムについては，国際的にも以下のような評価が散見される。

　ロジャー・グッドマン（Roger Goodman）は，日本の制度における相対的な公的支出の低さ，インフォーマルネットワークと企業への依存度の大きさから，セーフティネットとしてのソーシャルポリシーというよりは投資動機が強いとした（Goodman, 2008, p.96）。同様に，アーサー・グールド（Arthur Gould）は福祉政策の見方として，福祉と統制は相互関係にあるが，日本では統制の力が上位を占め続け，譲歩は統制の増大の対価であったので，高齢者や貧困者は放置さ

れてきたと日本福祉システムを総括している（グールド，1997, pp.81-82）。

このような指摘もなされる特徴（あるい矛盾）をはらみながら，高齢者福祉領域の施策は，それまでの生活保護領域中心の政策に代わって，いわば1970年代以降の日本型システムの舵取り役を担わされてきた。その中心概念は，措置費（もしくは措置制度）の縮減と受益者負担原理の導入，施設収容から在宅（地域）福祉への誘導・移行政策，中央集権行政システムから地方分権行政システムへの転換，福祉マネジメント手法の導入（福祉計画化）であったといえる。

これらの一連の具体的政策転換の初期の兆しの1つは，1979年11月の中央社会福祉審議会老人福祉分科会「養護老人ホーム及び特別養護老人ホームに係る費用徴収基準の当面の改善について」（意見具申）や老人福祉法から老人保健法の分離独立（1982年）などとして表れた。1979年8月には，家族主義・企業主義を日本型福祉社会構想として推奨しようとした「経済社会7か年計画」も提示された。

1980年代に入ると加速度的にそれまでの社会福祉行財政政策からの転換が本格化した。第2次臨時行政調査会（1981年設置，83年最終答申）は，その後具体化する，社会福祉・社会保障行財政の見直しと自助自立の強調の基本路線を敷いた。折りしもOECDによる「福祉国家の危機」がいわれ始めた時期に合致し，国際的にもその路線は共有された。

20世紀末の「福祉国家の危機」論争の主たる論点は，おおよそ次の3要因に集約されよう。①福祉国家は自由な経済市場の働きを抑制し，労働や貯蓄・投資のインセンティブを蝕むという主張，②人口構造の高齢化がもたらす社会的影響，そして③新しいグローバル・エコノミーが人々の日常生活にもたらす影響，として出現する傾向がみられるとする（エスピン-アンデルセン編，2003, p.2）。日本の場合には，差し迫って②の要因が他の国々以上に大きいと予測され，それに対応する矢継ぎ早の政策展開がなされてきた（図表4-4）。

大枠としての原則や基本理念は，1989年の社会福祉関係三審議会合同企画分科会「今後の社会福祉のあり方について」（意見具申）で示された。1989年のゴールドプラン，90年の老人福祉法等福祉八法改正，そして97年の介護保険法の成立，98年の中央社会福祉審議会社会福祉構造改革委員会「社会福祉基礎構造改革について」（中間まとめ），2000年の「社会福祉の増進のための社会

図表4-4 「社会福祉基礎構造改革」と主要な高齢者政策の動向

| 年次 | 政策動向 |
|---|---|
| 1981年 | 第二次臨時行政調査会設置（83年最終答申） |
| 1982年 | 「老人保健法」成立 |
| 1986年 | 地方公共団体の執行機関が国の機関として行う事務の整理及び合理化に関する法律 |
| 1987年 | 社会福祉士及び介護福祉士法 |
| 1989年 | 社会福祉関係三審議会合同企画分科会「今後の社会福祉のあり方について」（意見具申） |
|  | 「高齢者保健福祉推進十か年戦略」（ゴールドプラン） |
| 1990年 | 老人福祉法等福祉八法改正 |
| 1994年 | 「今後の子育て支援のための基本的方向について」（エンゼルプラン） |
|  | 「緊急保育対策等五か年事業」 |
|  | 新ゴールドプラン |
| 1995年 | 精神保健及び精神障害者福祉に関する法律 |
|  | 障害者プラン |
| 1997年 | 児童福祉法改正（保育所の利用制度化等），介護保険法成立 |
|  | 精神保健福祉士法 |
|  | 社会福祉事業の在り方に関する検討会「社会福祉の基礎構造改革について」（主要な論点） |
| 1998年 | 中央社会福祉審議会社会福祉構造改革委員会「社会福祉の基礎構造改革について」（中間まとめ） |
| 2000年 | 社会福祉の増進のための社会福祉事業法等の一部を改正する等法律 |
|  | 社会福祉法に改称，介護保険法施行 |
| 2002年 | 障害者基本計画 |
| 2005年 | 障害者自立支援法 |
|  | 高齢者虐待の防止，高齢者の養護者に対する支援等に関する法律 |
| 2006年 | 高齢者の医療の確保に関する法律（題名改正） |

福祉事業法等の一部を改正する等の法律」と介護保険法の実施に至った。そして，その路線はその後，障害者福祉領域にも拡大した。

同時にタームにおいても公的扶助制度との相互補完的なニュアンスの「老人福祉」から，「高齢者保健福祉推進十か年戦略（ゴールドプラン）」以降には，「高齢者保健福祉」として，狭義の福祉施策と狭義の医療保健施策は高齢期の社会的施策の特徴を表すものとして合体されて使われることが多くなった。さらにその傾向は，介護保険法施行以降において強まり，老人福祉施設や施策は「鰥寡孤独・貧窮老衰者」観から脱皮した。代わって，心身機能の虚弱さを前面に出した「介護」施策としての性格を強化する方向に再編された。

288　第Ⅲ部　日本の社会福祉

> **図表 4-5　「社会福祉基礎構造改革について」**（中間まとめ）
>
> 改革の基本的方向
> ・サービスの利用者と提供者の対等な関係の確立
> ・個人の多様な需要への地域での総合的な支援
> ・幅広い需要に応える多様な主体の参入促進
> ・信頼と納得が得られるサービスの質と効率性の向上
> ・情報公開による事業運営の透明性の確保
> ・増大する費用の公平かつ公正な負担
> ・住民の積極的な参加による福祉の文化の創造
> 社会福祉の理念
> ・国民が自らの生活を自らの責任で営むことが基本
> ・自らの努力だけでは自立した生活を維持できない場合に社会連帯の考え方に立った支援
> ・個人が人としての尊厳をもって，家庭や地域の中で，その人らしい自立した生活が送れるよう支える。

出所：(厚生省社会援護局企画課監修，1999, p.3)

　しかし，一方，介護の強調の陰では，"たまゆら"の火災事故で表面化したような*，旧来型の貧困・鰥寡孤独的要素と無縁ではない現代の「老人問題」が等閑視される危険性や高齢者貧困の実態にも十分な配慮がなされることが必要である。

　　＊　2009年3月，群馬県内の無届高齢者の施設「静養ホームたまゆら」における火災で10名の高齢者等が死亡した事件を契機に，都内の生活保護受給者等の低所得者高齢者を中心にして，福祉事務所行政の仲介で入所していることが表面化した。このような施設や方式が他にも存在し，野放し状態になっていることが問題とされた。(『朝日新聞』2013年1月6日)

## 3　社会福祉制度と医療保健制度の再編——介護保険と介護問題

### ■1　介護保険法制定の背景とその概要

　社会福祉基礎構造改革の具体化の標的の1つは，1997年成立，2000年実施の介護保険法にあった。そもそも介護が，社会保険方式による，すべての人に予測される社会的リスクとして馴染むものとして捉えられるのかという問題も抱えながら，西ドイツ（当時，1995年導入）についでスタートした。それはそれまで社会福祉で使用されてきた老人福祉としての伝統的「社会福祉処遇」概念から，「高齢者保健福祉」における介護概念へと代わった（浅野，1999, p.244）。

介護保険導入に先立って，国の「21世紀福祉ビジョン」の提言を受けて1995年老人保健福祉審議会は，「新たな高齢者介護システムの確立について」（中間報告）で，「福祉サービスの社会保険化」を提言していた。まさに，介護保険は初めて社会福祉サービスにそれまでとは異質の保険方式をとり入れた制度で，検討の過程で慎重な意見を含め多くの課題も出された（真田，2002，p.35）。

　介護保険の導入により従来の介護にかかわる社会福祉サービスにおける措置制度は廃止され，社会保険制度に代わった。それはサービス内容も高齢者の生活自立維持を目的として狭義の医療保健と社会福祉を統合する，「介護」という新たな概念や仕組みの構築であった。介護保険は，社会福祉（高齢者福祉）の側からの何らかの具体的な内在的・直接的要求に基づき導入された制度ではなかった。むしろ国家財政の側面からの強い圧力によって，医療費問題が表面化してから比較的短期間のうちにでき上がった制度であった。

　というのは，高齢者の医療費問題，国民総医療費など医療保険制度問題，老人保健制度の費用負担問題，医療機関で問題化していたいわゆる高齢者の社会的入院への対応の必要性という，当時の喫緊の医療（費膨張）問題という課題解決があった。さらには，高齢者人口や虚弱人口の急速な伸びのなかで，「救貧制度」に源流をもつことなどに起因する高齢者施設の質的転換を図るための条件整備などが，とり急いだ導入の背景要因であったとされる（栃本，2002，p.130）。来たるべく超高齢社会に向けて財政要因を主因として，従来の「老人福祉」体系，「老人医療」体系の双方からの脱体系化・新制度化をめざした選択肢の1つの結実とみることができる。

　介護保険法は，その第1条で「加齢に伴って生ずる……入浴，排せつ，食事等の介護，機能訓練並びに看護及び療養上の管理その他の医療を要する者等」を対象に，「必要な保健医療サービス及び福祉サービスに係る給付を行うため，国民の共同連帯の理念に基づき介護保険制度」を設けたと規定している。保険者は市町村および特別区で，被保険者は65歳以上の者（第1号被保険者）と40歳以上65歳未満の医療保険加入者（第2号被保険者）である。サービス利用者は費用の一定（施設サービスの場合には食費，居住費が加算される）を負担する。サービスの種類は居宅サービスと施設サービスに加え，2005年の改定により地域密着型サービスや介護予防サービスが新たに導入され，地域包括ケアシステム

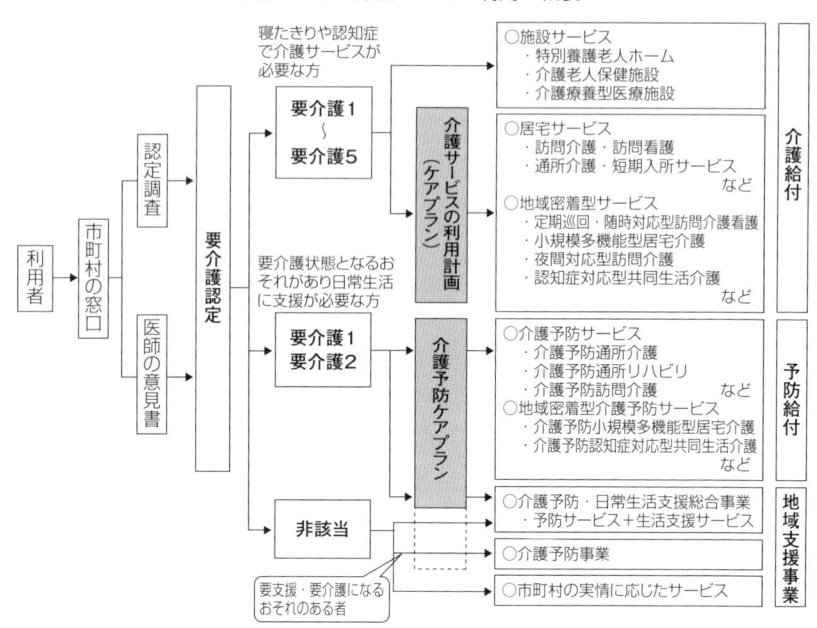

図表 4-6　介護サービス利用の概要

```
利用者 → 市町村の窓口 → 認定調査／医師の意見書 → 要介護認定
```

寝たきりや認知症で介護サービスが必要な方
　要介護1〜要介護5 → 介護サービスの利用計画（ケアプラン）
　　○施設サービス
　　　・特別養護老人ホーム
　　　・介護老人保健施設
　　　・介護療養型医療施設
　　○居宅サービス
　　　・訪問介護・訪問看護
　　　・通所介護・短期入所サービス　など
　　○地域密着型サービス
　　　・定期巡回・随時対応型訪問介護看護
　　　・小規模多機能型居宅介護
　　　・夜間対応型訪問介護
　　　・認知症対応型共同生活介護　など
　　　【介護給付】

要介護状態となるおそれがあり日常生活に支援が必要な方
　要支援1・要支援2 → 介護予防ケアプラン
　　○介護予防サービス
　　　・介護予防通所介護
　　　・介護予防通所リハビリ
　　　・介護予防訪問介護　など
　　○地域密着型介護予防サービス
　　　・介護予防小規模多機能型居宅介護
　　　・介護予防認知症対応型共同生活介護　など
　　　【予防給付】

非該当
　○介護予防・日常生活支援総合事業
　　・予防サービス＋生活支援サービス
　○介護予防事業
要支援・要介護になるおそれのある者
　○市町村の実情に応じたサービス
　【地域支援事業】

図表 4-7　介護サービス受給者数の推移

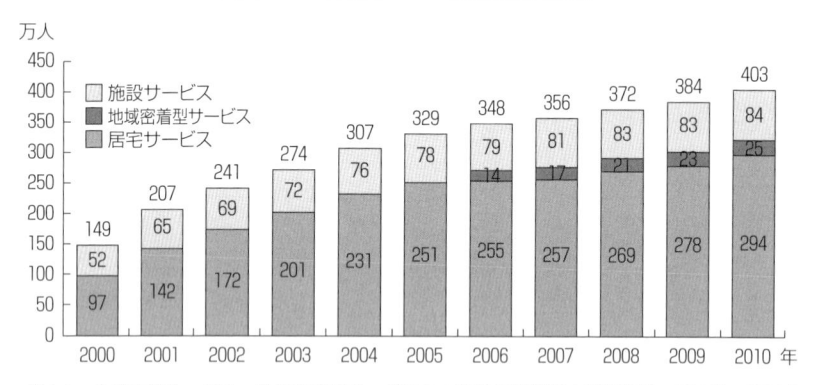

| 年 | 居宅サービス | 地域密着型サービス | 施設サービス | 合計 |
|---|---|---|---|---|
| 2000 | 97 | | 52 | 149 |
| 2001 | 142 | | 65 | 207 |
| 2002 | 172 | | 69 | 241 |
| 2003 | 201 | | 72 | 274 |
| 2004 | 231 | | 76 | 307 |
| 2005 | 251 | | 78 | 329 |
| 2006 | 255 | 14 | 79 | 348 |
| 2007 | 257 | 17 | 81 | 356 |
| 2008 | 269 | 21 | 83 | 372 |
| 2009 | 278 | 23 | 83 | 384 |
| 2010 | 294 | 25 | 84 | 403 |

（単位：万人）

注：1　介護予防サービス，地域密着型サービスおよび地域密着型介護予防サービスは，2005年の介護保険制度改正に伴って創設された。
　　2　各サービス受給者の合計とサービス受給者数は端数調整のため一致しない。
　　3　サービス受給者数は，10年で約254万人（170％）増加。特に，居宅サービスの伸びが大きい（10年で203％増）。

資料：厚生労働省老健局「介護保険事業状況報告」（各年4月サービス分）

の実現をめざすとした。地域密着型サービスとは，定期巡回，随時対応型訪問介護看護，夜間対応型訪問介護，認知症対応型共同生活介護等をいう（図表4‐6）。

　制度創設後，介護保険の受給者数は増加し続けている（図表4‐7）。厚生労働省によれば，2000年の149万人から2010年には403万人増加し，特に居宅サービスの利用が，この10年間で203％増加と顕著である。制度創設10年を経て，国が掲げた介護保険制度の課題は以下の点であった。①財政上，サービス利用者の伸びに伴う介護費用の急速な増大による給付と負担のバランスについての長期的議論の必要性，②介護ニーズの充足，認知症・単独世帯の増加，首都圏での高齢化の促進への対応，であった（厚労省，2012，p.386）。

　今後も高齢者人口の増加と伝統的家族機能のより一層の弱体化が見込まれることから，さらなる利用者の増加は加速化されると考えられる。介護保険制度は，介護事業者や専門員の量と質や低所得高齢者の費用負担の問題，地域によっては施設入所サービス希望者の待機問題（施設不足），自治体ごとに異なる介護保険料，認知症等のより専門的個別的問題対応，要介護要支援認定や利用者の権利擁護サービスのさらなる充実の必要性等々の課題を抱えながらも，身近な存在になりつつある。

## ❷介護の社会化をめぐって

　20世紀の工業社会，ベヴァリッジ型福祉国家モデルは，男性稼ぎ手と家族員のケア役割を担う主婦を前提とした社会政策で成り立ってきた。先進国の多くでは，歴史的にもその意味での家族のケア役割主義が維持されるように政策的補強もなされた。日本では，家族主義の実質的破綻や弥縫性（失敗や欠点を一時的にとりつくろうこと）が顕著となり始めた1980年前後には，むしろそれを道徳や精神主義で再補強するがごとくの「良き伝統」として日本型福祉社会論を鼓舞する動きもみられた。日本では家制度の伝統の一環で，高齢者や老親の世話や介護は，長男の嫁の役割りの1つと捉えられる傾向が長く続いてきた。

　しかし，女性の社会進出や脱家族化，人口構造の変化，人口減少に伴って，介護が画一的に家制度によって支えられてきた長男の嫁の守備範囲を越境し始めた。広く，現代社会，現代家族の問題となった。政策的には，新たな介護シ

ステム構築に向けた1つの施策として,1987年「社会福祉士及び介護福祉士法」の制定により,社会福祉士と介護福祉士が高齢社会における新たな専門職制として創設された。これらはともに国家資格とし,監督官庁の強い関与を前提にして,社会福祉士は,相談援助を,介護福祉士は,介護,介護に関する指導を行うことを主たる任務としている。また,1997年には同様の国家資格として,精神障害者の保健福祉に関する相談援助等を主たる任務とする精神保健福祉士も導入された。

日本の社会福祉／5 章

# 日本の社会福祉と方向性

## ■1 「社会福祉基礎構造改革」その後の検証

　従来，日本の社会福祉対象者は「身寄りなし」「貧困」「労働不能」の3要素がセットとなって政策対象とされてきた。しかし，いわゆる無縁社会現象や2035年には「単身世帯4割に」等とする国立社会保障・人口問題研究所の推計などからも，社会福祉の対象の拡大と一般化は潜在的に進行しているといえよう。一方で，社会福祉政策の牙城である生活保護法についてアベノミクス政策は，自立支援強化と給付引き締め，すなわち自助の強調・徹底化で，1950年制定以来最大の制度改訂を実現した。これはとりもなおさず，市場化・生活の自己責任原則を強調した「社会福祉基礎構造改革」後の，社会福祉哲学や政策のさらなる推進といえる。

　1990年代末から2000年にかけての「社会福祉基礎構造改革」は，高齢社会政策を強く意識した，いわゆる1980年代からの新自由主義政策路線のひとまずの集大成の意味をもっていた。その大きな特色は，利用者や社会福祉実践者からの要求を反映して積み重ねられた改革でなく，戦後社会福祉政策・サービスについての「上」からのいわば「自己反省」「自己総括」に基づく改革であった。

　それは，また，それまでの措置制度から契約制度へという市場化原理の積極的適用だけではなく，社会福祉サービス（処遇サービス）への社会保険の導入，あるいは社会保険（金銭給付）と対人社会サービスの合体でもあり，社会保険制度という形の自助・共助の拡大でもある。所得保障と対人社会サービスの併存については，生活保護法の「最低限度の生活を保障する」ことと「自立を助長する」と併記したことと相通じる特徴でもある。

保育所と介護福祉サービスを先鞭として，それまでのわが国の封建的家族制度や強い官制を帯びた社会福祉の伝統であった救貧的性格の色濃い措置制度は一部を除いて公式的・制度的には廃止された。しかし，現実の実践現場においての利用者の立場は，理念どおりには進行していないのではという危惧も残る。特にケアニーズの高い利用者・当事者については必ずしもいまだ「知」と「権力」のパラダイム転換の構図には至らず，行政指導や地方分権に伴う首長等の時々の政策意向からは自由にはなり切れてはいない。加えて，「社会福祉基礎構造改革」では，従来の社会福祉の専門行政機関である児童相談所と福祉事務所の役割りや位置づけ・機構などの根本には手が付けられず，今後に先送りされた。

## 2 社会福祉の専門職・専門教育

　1987年の「社会福祉士及び介護福祉士法」の成立を境に，わが国の社会福祉専門職をめぐるマップは大きく変わった。それは，特に現場における実践や実践理論等の質的向上にいかに直線的に結びついたかどうかという問題よりも，いわゆる福祉系大学の大学数とカリキュラム内容に大きな影響を与えたという意味においてである。

　福祉六法で創設された社会福祉主事・児童福祉司等の任用資格は残存したまま，新たに社会福祉士，介護福祉士（そして10年後の1997年には精神保健福祉士）が行政主導のもと国家資格として誕生した。これを機に高齢社会の本格的到来を先取りして，いわば福祉バブルともいうべきこの傘下に入る福祉系大学・学部が全国津々浦々に創られ，その数は一気に膨張した。社会福祉教育に関する国際組織の下部組織である日本社会福祉教育学校連盟加盟校（かつては日本社会事業学校連盟と称した）は1955年の14校から1990年代に入ると増加し続け97年には104校と100校を突破し（一番ケ瀬ほか編，1998，p.382），その後も増加し続けた。それは，日本における社会福祉専門職の拡大と普及という量的増産に大きく貢献し，時には，地方の傾きかけた大学経営のとっての生き残り策ともなった。

　しかし，国家主導のもとに導入された国家資格制度であることから，それまでの宗教的基盤や強い社会科学志向等，それなりの理念・独自性・創造性・パイオニア性・在野性をもってソーシャルワーク教育・研究を行ってきた多様な

歴史的背景をもつ福祉系4年生学部のカリキュラムと教育方針は少なからず影響を受けた。結果的には，厚生省のガイダンスや国家試験科目を中心に，教育内容はおしなべてステレオタイプ化された。それまでの独自性や地方性は申し訳程度となった。新しく便乗した学部はそのガイダンスだけを忠実に遵守した。国家試験に少しでも多くの合格者を出すために，大学では受験講座テキストブックが教科書としてあたり前に広く流布した。このことは，古くからソーシャルワークの特性をめぐって，「アート（art）」か「過程」か，とまで議論されてきたソーシャルワークのアートのクリエイティブな要素を大きく削ぐ結果につながっている。専門職のめざすべき質については，行政基準を充足することが「最高基準化」「規格化」とされ，そのことが専門性の劣化や存在意義そのものにも結びつきかねない懸念すら抱かせている。

　高等専門教育と専門職養成資格取得の併存は，大学運営にとっては有益で確実な策であった。しかし，それぞれのあるべき論や中心的価値に照らせば，それぞれに独立した目的と方法をもち，時に緊張関係を保持しつつ，コラボレーションするように当初から制度設計されることが望ましかったに違いない。

　これら外形的本質論以外にも，専門性・専門職の内部での課題もある。それは，「社会福祉基礎構造改革」路線の行政機構やサービス，専門性や専門職養成の考え方は，日本の高齢化を強く意識した，高齢者と障害者に向けた制度の再編であったといえよう。社会福祉士，介護福祉士，精神保健福祉士が規定する業務内容がそうである。しかし，昨今の児童福祉領域の養護・非行問題は，かつての貧困や家族扶養を核にする物質機能的問題とは大きく様変わりしている。児童貧困の様相も変化し，かつての「親無し」「困窮家庭」という古典的養護問題を超えている。児童福祉領域は，「家族に替わる学齢期の児童の養育的育成」中心から，児童本人，家族，学校，司法機関，環境，地域社会をも包含する，今や社会福祉領域のなかでも最も複雑で流動的で高度な専門性が要求される問題領域ともなっている。

　21世紀に入り，保育士は国家資格になったとはいえ，そのカリキュラム実態は就学前乳幼児の保育に重点がおかれている。保育士は今，保育所待機児問題に対応することで手一杯である。一方で児童福祉領域では，児童虐待，いじめ，引きこもり，現代の児童貧困，児童の保健衛生問題，児童から成人への移

行期の福祉問題などに対応できる,高度専門性を要する資質の養成や人材育成が急務となっている。児童福祉問題は第一義的には家族・親族の問題として一任する楽観主義はもはや機能しなくなっている。

　今後の方向性を考えた場合には,このように1987年以降の国家資格化は,専門家の量的充足に多大な貢献はしても,その先の専門職としての有用性や専門機能・専門的資質の進路・進化にとっては大きな曖昧性と矛盾やミスマッチを内在しているといえる。グローバル化のなかにあって,日本の社会福祉の専門性・職・研究教育は,今こそ,自律性をもって強い行政主導から自由になれるもしくはそれを超える潜在力が問われている。しかし,専門職の実態は,研究や養成教育まで含めて,量から質へのシフト問題や政策計画性等について不確実性や曖昧性・矛盾を残存したままである。

## ❸ 社会福祉サービスの特質とコラボレーション

　1980年代以降,社会福祉サービス運用にあたっては,OECDの「福祉国家の危機」報告やそれまでの保護的福祉国家の非効率性,複雑多岐化した官僚的福祉行政サービスの硬直化,そして各種の権利運動の成果を受けて,その打開策の戦略の一環として,多(他)領域との共働,コラボレーションがしきりに強調されるようになった。特に市場化・小さな政府・説明責任政策志向は,かつてなく経営主義的パフォーマンスのための有効で効率的な武器とされている。加えて,マネジメント主義は膨張した官僚的手法の是正を解決するか如きの理解すらみられる。

　わが国では,共働,コラボレーションはもともと,戦略的経済的動機からではなく,まったくの内省的理由から,古くは高木憲次,糸賀一雄らの障害児の療育にみられ,1970年代以降は養護学校義務化を求める運動とも合体して拡大してきた。

　欧米では,1970年代半ば以降から,児童虐待の発覚件数の増加に伴う虐待防止や支援介入の有効な政策戦略的方途として専門職・専門機関間の共働,コラボレーションがインターエイジェンシーワークとして認められ,公式的行政マニュアル化によって遵守の徹底化がなされてきた。また,1980年代には,イギリスを中心に障害者・高齢者の長期ケアにおいて,コミュニティ内のニー

ズ充足のためのケアパッケージなどという用語を充てたコミュニティケア政策に入れられた。そこでの共働，コラボレーションは，資源配分にとっての有効で効率的手法として定式化された。これらは，わが国の児童虐待マニュアル作りや介護保険サービス実施にあたっても参考にされた。

具体的には，高齢者・障害者の介護領域における保険・医療・看護・司法・建築・家政，児童福祉（虐待）領域における教育・法律・医療・心理，ホームレス問題や更生保護等の領域における介護・司法・労働・医療・住宅等々，共働，コラボレーションの例は多岐にわたる。

共働，コラボレーションの強調は，社会福祉領域にとってはまた新たな側面もつきつけた。それは，歴史的には長らく，介護問題，児童虐待問題や児童養護問題は社会福祉問題としてソーシャルワークの主要な守備範囲と考えられ，その問題の責任を任されてきた。しかし，今ではソーシャルワーカーに代わって，時には法律家・医者・心理士等がオピニオンリーダーとして権威ある語りを求められている。こうした状況のなかで共働，コラボレーションは，縦割り行政や自己完結型専門性を是正するうえからも利用者主体のニーズ充足にとってはきわめて意義深い方向性である半面，伝統的社会福祉専門職の言説が相対的に弱体化している実態をも浮き彫りにしている。

このような傾向は，共働やコラボレーションの概念が強く内在する新自由主義政策指向以外の要素として，社会福祉領域そのものが抱える現代社会における認知度の相対的低さの反映ともいえる。社会福祉理論・実践そのものが内包する社会福祉実践理論もしくはソーシャルワークの機能や理論の一層の明確化と高度化が要求されている証しとも受け取ることができる。それは，わが国が独自に抱える問題に加えて，イギリス等で深刻な問題提起がなされているソーシャルークの「アイデンティティ・クライシス」とも問題を共有していることである。

## 4 グローバル社会における国際社会福祉への役割

アジアの一国としての社会福祉推進に果たす日本の役割や位置づけのみならず，国際社会の一員としての日本の意味づけについてはこれまで以上に積極的な認識の必要性がある。

かつて日本に対する国際社会の関心は，戦前期は軍事，戦後においては一貫して経済的側面におかれてきた。一方，日本の側からの国際社会に対する関心は，「黒船」以来のトラウマから，ライフスタイル，制度を含め脱封建としての近代化＝西欧化の模倣やキャッチアップに主眼がおかれてきた。社会福祉領域においても日本の儒教的慈善主義への西欧社会の個人主義，キリスト教，資本主義的価値のにわかな刷り込みと上塗りが目標となった。そして次第に表面的にはそれなりの社会福祉の西欧的近代化は達成された。

　しかし，20世紀末から21世紀初めにかけベヴァリッジ型福祉国家の行きづまりやさらなるグローバル化の勢いは，画一的方向ではない，より多元的でローカルな特徴や要素を含む福祉のあり方の発現可能性を模索する必要を生じさせている。エスピン-アンデルセンモデルに限らず，日本的特色を再考し発現できる日本の今後の社会福祉政策概念が求められる。それは，過去の貧困問題とは構造的には異なるにせよ，国家や地域の経済力や20世紀福祉国家をしても相対的には解決困難な貧困問題の存在が，今新たにそこここに表面化しつつあることをみても，西欧的福祉国家一辺倒ではない，多様な軸での福祉政策概念が模索される必要性がかつて以上に強まっていることを示唆している。ある意味で日本モデルは，西洋的なるものと東洋的なるものの折衷として，すでに1つのモデルを形成している可能性をも認識し国際社会福祉における今後の方向性を選択する役割が課せられているかもしれないのである。

　日本においては，ライフスタイルやモノについての柔軟な受け入れの伝統とは逆に，「ウチ」意識や島国の伝統からか，国（地域）の外部からの特にヒト（民族）の受け入れについては寛容さに欠けていた。国際社会の一員として，難民・移民や国境を超えた福祉問題や暮らしの問題への取り組みはこれからである。社会福祉の領域においても「資金を拠出」するだけに終わらない国際社会におけるメンバーとしての日本の意義をより組織的・系統的に再考し共働する時代に入っているといえる。

## 第Ⅲ部　引用・参考文献 (50音順)

秋元波留夫 (2000)「精神障害者と人権と20世紀」『障害者問題研究』第27巻第4号, 全国障害者問題研究会。
浅野仁 (1999)「高齢者福祉」一番ケ瀬康子ほか編『講座 戦後社会福祉の総括と二一世紀への展望Ⅰ　総括と展望』ドメス出版。
池田敬正・土井洋一郎編 (2000)『日本社会福祉綜合年表』法律文化社。
一番ケ瀬康子 (1990)「解説　児童保護の成立・展開と調査・活動」社会福祉調査研究会編『戦前日本社会事業調査資料集成 第5巻　児童保護』勁草書房。
一番ケ瀬康子・大友信勝・日本社会事業学校連盟編 (1998)『戦後社会福祉教育の五十年』ミネルヴァ書房。
今田高俊 (1998)「社会階層の新次元——ポスト物質社会における地位変数」『社会学評論』第48巻第4号, 日本社会学会。
エスピン-アンデルセン・G編, 埋橋孝文監訳 (2003)『転換期の福祉国家』早稲田大学出版会。
大谷強 (2001)「障害者福祉における平等保障」日本社会保障法学会編『講座 社会保障法3巻　社会福祉サービス法』法律文化社。
荻野美穂 (1996)「日本における優生学・生殖技術とフェミニズムのディレンマ」ラフルーラ,W., ベーメ,G., 島薗進編著『悪夢の医療史』勁草書房。
小沢修司 (2002)『福祉社会と社会保障改革——ベイシック・インカム構想の地平線』高菅出版。
オリバー, マイケル著, 三島亜紀子ほか訳 (2006)『障害の政治』明石書房。
加藤智章 (2001)「社会保障制度における生活保障と所得保障」日本社会保障学会編『講座 社会保障法2巻　所得保障法』法律文化社。
河野正輝 (2001)「社会保障法の目的概念と法体系」日本社会保障法学会編『講座 社会保障法1巻　21世紀の社会保障法』法律文化社。
菊池義昭 (1999)「障害者福祉」一番ケ瀬康子ほか編『講座 戦後社会福祉の総括と二一世紀への展望Ⅰ　総括と展望』ドメス出版。
ギデンズ,アンソニー, ピアソン,クリストファー著, 松尾精文訳 (2001)『ギデンズとの対話——いまの時代を読み解く』而立書房。
木村武司 (1999)「高齢化と日本型社会保障財政システムの転換」社会政策学会編『高齢社会と社会政策』ミネルヴァ書房。
グールド, アーサー著, 髙島進・二文字理明・山根祥男訳 (1997)『福祉国家はどこへいくのか　日本・イギリス・スウェーデン』ミネルヴァ書房。
厚生省児童家庭局編 (1988)『児童福祉四十年の歩み』日本児童問題調査会。
厚生省児童家庭局企画課監修・子ども虐待防止の手引き編集委員会編 (1997)『子ども

虐待防止の手引き』
厚生統計協会（2008）（2009）『国民の福祉の動向』
厚生労働省（2012）『平成24年度版　厚生労働白書——社会保障を考える』
厚生労働省社会・援護局保健福祉部（2001）『支援費制度Q&A集』
佐藤進（1985）「社会保障政策と立法」石本忠義ほか編『社会保障の変容と展望』勁草書房。
真田是（2002）「戦後社会福祉の政策展開と展望（一）」三浦文夫ほか編『講座　戦後社会福祉の総括と二一世紀への展望Ⅲ　政策と制度』ドメス出版。
児童福祉法研究会編（1988）『児童福祉法成立資料集成　上巻』ドメス出版。
杉野昭博（2007）『障害学』東京大学出版会。
杉本章（2008）『障害者はどう生きてきたか』現代書館。
スピッカー, ポール著, 武川正吾・上村泰裕・森川美絵訳（2001）『社会政策講義——福祉のテーマとアプローチ』有斐閣。
「生活保護50年の軌跡」刊行委員会編（2001）「座談会　生活保護法施行50年　生活保障における役割」『生活保護50年の軌跡』みずのわ出版。
セン, アマルティア著, 鈴村興太郎訳（1988）『福祉の経済学——財と潜在能力』岩波書店。
橘木俊詔・浦川邦夫（2006）『日本の貧困研究』東京大学出版会。
田中昌人編（1975）『児童問題講座7　障害児問題』ミネルヴァ書房。
都留民子（1997）「社会手当と生活保障」庄司洋子・杉村宏・藤村正之編『貧困・不平等と社会福祉』有斐閣。
寺脇隆夫・石原剛史（2005）「解説」『児童保護』日本図書センター。
東京市養育院（1933）『養育院六十年史』。
栃本一三郎（2002）「社会福祉計画と政府間関係」三浦文夫ほか編『講座　戦後社会福祉の総括と二一世紀への展望Ⅲ　政策と制度』ドメス出版。
中川清（2007）『現代の生活問題』放送大学教育振興会。
長崎新聞社「累犯障害者問題取材班」（2012）『居場所を探して——累犯障害者たち』長崎新聞社。
仲村優一ほか編（1990）『現代社会福祉事典』全国社会福祉協議会。
日本肢体不自由児協会（1967）『高木憲次——人と業績』。
日本社会事業大学救貧制度研究会編（1960）『日本の救貧制度』勁草書房。
ネグリ, アントニオ著, 杉村昌明訳（2008）『さらば近代民主主義』作品社。
バウマン, ジグムント著, 伊藤茂訳（2008）『新しい貧困』青土社。
ピアソン, クリストファー著, 田中浩・神谷直樹訳（1996）『曲がり角にきた福祉国家』未来社。
ペック, ローラ（2007）「意識：ステレオタイプと統計——世論と貧困測定」青木紀・杉村宏編著『現代の貧困と不平等』明石書店。
ボードイン, スティーヴン・M著, 伊藤茂訳（2009）『貧困の救いかた——貧しさと救済をめぐる世界史』青土社。

三浦文夫(2002)「戦後社会福祉の総括に関連して」三浦文夫ほか編『講座 戦後社会福祉の総括と二一世紀への展望Ⅲ　政策と制度』ドメス出版。

三浦文夫・忍博次編(1983)『講座 社会福祉　高齢化社会と社会福祉』有斐閣。

ミネルヴァ書房編集部(2012)『社会福祉小六法　平成24年度版』ミネルヴァ書房。

山内悦(1983)「浮浪者調査」社会福祉調査研究会編『戦前日本の社会事業調査』勁草書房。

山下英三郎(2006)「スクールソーシャルワーク」ソーシャルワーク研究所編『ソーシャルワーク研究』第32巻第2号，相川書店。

吉田久一(1984)『日本社会福祉思想』川島書店。

Goodman, R. (2008) The State of Japanese Welfare ,Welfare and the Japanese State, in Martin Sleeleib-Kaiser (ed.) *Welfare State Transformations Comparative Perspectives*, Palgrave Macmillan.

Kadushin, A. (1967) *Child Welfare Services*, Macmillan.

Payne, M. (2005) *The Origins of Social Work, Continuity and Change*, Palgrave Macmillan.

# 索　引

## あ　行

ILO ……………………………………… 13
アイデンティティ ………………………… 8
　——・クライシス ……………………… 297
アクセシビリティ ……………………… 189
アサイラム（収容施設）……………… 49, 54
アダムス, ジェーン ……………………… 17
アノミー ………………………………… 63, 66
アベノミクス …………………………… 235
アムステルダム条約 …………………… 187
安寧・ウェルビーイング …… 10, 139, 140, 156,
　159, 210
暗黙知 …………………………………… 73
EBP（科学的な根拠に基づく実践）…… 94, 96
　——運動 ………………………………… 95
育児休暇制度 …………………………… 147
偉大なUターン ………………………… 153
逸脱社会学理論 ………………………… 69
1.57ショック …………………………… 250
一般扶助プログラム(米)……………… 122
医療保険 ………………………………… 113
医療保護法 ……………………………… 233
インフォーマル・ケア ………………… 40
ヴィレンスキー, ハロルド …………… 32
ヴェーバー, マックス ………………… 47, 76
エイジズム ……………………………… 281
エーデル改革 …………………………… 213
エスピン-アンデルセン, ヨスタ … 32, 127, 150,
　157, 202
EDUCARE-モデル ……………………… 165
エンゼルプラン ………………………… 250, 251
エンパワーメント ……………………… 16, 29
横断的調査 ……………………………… 89
応用社会学 ……………………………… 46, 53
OECD（経済協力開発機構）…… 111, 181, 242,
　286, 296
オリバー, マイケル …………………… 178
温情主義 ………………………………… 173

## か　行

階級格差 ………………………………… 198
介　護 …………………………………… 285
　——の公的責任化・公式化 ………… 192
　——の社会化・公共化 ……………… 192
介護手当 ………………………………… 211
介護保険制度 ………………… 41, 205, 289, 291
介護保険法 ……………………………… 286, 288
階層化 …………………………………… 34
ガイドライン・モデル ………………… 96
介入・治療者効果 ……………………… 99
介入プログラム ………………………… 94
科学認識論・知識論 …………………… 45
科学の階層化・細分化 ………………… 45, 46
学際的科学 ……………………………… 5
学習文化資本 …………………………… 163
隔離に反対する身体障害者連盟 ……… 172
家計調査 ………………………………… 87
過去依存説 ……………………………… 6, 107
家族ケア・モデル ……………………… 205
家族控除（英）………………………… 121
家族サービス重視モデル ……………… 140
家族主義 …… 36, 146, 149, 206, 262, 268, 281, 291
　——的扶養 …………………………… 231
家族所得補助（英）…………………… 121
家族政策支出 …………………………… 156, 157
家族の部分的参加（再家族化）……… 206
「価値ある貧困者」…………………… 18
「価値なき貧困者」…………………… 18
稼働能力活性化政策 …………………… 137
稼働能力者 ……………………………… 123
下部階層（アンダークラス）………… 64
感　化 …………………………………… 244
　——事業 ……………………………… 244, 255
感化法 …………………………………… 245, 261
観察法 …………………………………… 90
　自然的・実験的—— ………………… 90
　非参与・参与—— …………………… 90
　非統制的・統制的—— ……………… 90

間接指標 ……………………………… 111
還付可能な税額控除（米）…………… 123
「消えた年金」問題 …………………… 230
機会の平等 …………………………… 163
企業年金 ……………………………… 195
疑似市場化 …………………………… 210
疑似実験法 ……………………………… 98
基礎保障 ……………………………… 195
ギデンズ，アンソニー ……………… 227
機能主義 ………………………………… 47
機能障害 ……………………………… 168
機能障害者援助サービス法 ………… 167
機能障害の社会学 …………………… 181
救護法 ………………………………… 232
救貧院（ワークハウス）……………… 120
救貧事業 ………………………………… 4
救貧法 …………………………… 18, 228
　　エリザベス―― …………… 109, 120
　　マルサス的―― …………… 232, 233
均一給付 ……………………………… 112
均一拠出・均一給付原則 …………… 121
金券（バウチャー）…………………… 209
クーン，トーマス ………………… 47, 48
グランデッド・セオリー・アプローチ … 93
グループ・ワーク ……………………… 19, 20
クレーム申し立て理論 ………………… 66
軍事扶助法 …………………………… 233
ケア（長期）…………………………… 192
ケア・サービス供給モデル ………… 204
　　――延長家族責任モデル（日本）… 205
　　――家族責任モデル（英）……… 205
　　――国家主導型社会ケアモデル（フィンランド）………………………… 205
　　――市場主導型社会ケアモデル（米）… 205
　　――補完的・保険ケアモデル（独）… 205
経験データ ……………………………… 89
経済社会7か年計画 ………………… 286
ケースワーク …………………………… 17
ゲゼルシャフト ………………………… 22
結果の平等 …………………………… 163
決定論 …………………………………… 61
ゲマインシャフト ……………………… 22
現金給付 ……………………………… 153
現実主義 ………………………………… 61

現物給付 ……………………………… 153
権利擁護 ………………………………… 29
合計特殊出生率 ………………… 147, 250
構造化面接（指示的面接）…………… 91
構造機能主義 ……………………… 66, 67
構造的視野 ……………………………… 60
肯定的差別処遇 ……………………… 183
肯定的な福祉 ………………………… 114
公的年金改革議論 …………………… 199
公的扶助 ………… 13, 110, 118, 128, 229, 230
公的扶助レジーム ………………… 125-127
　　――残余・選別的福祉システム … 126
　　――市民権に基づくが，残余的システム ……………………………… 127
　　――統合的安全網システム …… 126
　　――分権化された自由裁量システム … 127
　　――未発達の公的扶助システム … 127
合理的配慮 …………………………… 274
行旅病人取扱規則 ……………… 260, 283
高齢者（福祉）政策 …… 191, 192, 278, 285
高齢化率 ……………………………… 278
高齢者保健福祉 ………………… 283, 288
コーポラティズム ……………………… 34
ゴールドプラン ………………… 286, 287
国際社会事業学校連盟 ………………… 16
国際障害分類（ICIDH）………… 168, 177
国際生活機能分類（ICF）… 168, 179, 180, 267
国際ソーシャルワーカー連盟 ………… 16
国際連合開発計画 …………………… 111
国民最低限（ナショナル・ミニマム）… 114, 131
国民最低生活 …………………………… 13
国民の家 ………………………………… 5
国民扶助（英）………………………… 121
国連国際家族年 ……………………… 139
国連障害者年 ………………………… 167
個人主義社会モデル …………………… 22
個人的要因重視理論 …………………… 66
古典・伝統科学 ………………………… 46
子ども中心モデル …………………… 140
子どもの権利条約 ………… 38, 156, 167
子どもの最善 …………………… 140, 160
子どもの貧困率 ………………… 154, 259
子ども保護モデル …………………… 140
コミュニティワーク …………………… 20

米騒動 …………………………………… 232, 234
雇用の平等 ………………………………………… 183
コント，オーギュスト …………………………… 63

## さ　行

再構成家族 ………………………………………… 147
再生産問題 ………………………………………… 113
最低所得給付 ……………………………………… 134
最低所得保障 ……………………… 110, 118, 128
最低生活保障原則 ………………………………… 121
雑種・混種科学 …………………………………… 48
サッチャリズム …………………………………… 115
差別禁止法 ………………………………………… 167
サルトル，ジャン＝ポール ……………………… 75
残余・選別的給付 ………………………………… 119
参与的観察研究・調査方法 ……………………… 85
残余的福祉・自由主義モデル …………………… 40
ジェンダー ………………………………………… 146
　——の役割区分 ……………………… 248, 261, 281
自己決定権 ………………………………………… 175
資産調査 …………………………………………… 229
事実婚 ……………………………………………… 146
市場化 ……………………………………… 193, 200
慈善事業 …………………………………………… 18
慈善組織協会"COS" ……………………………… 17
失業保険 ……………………………………… 113, 229
実践的・実用的知識 ……………………………… 74
実践と科学の乖離 ………………………………… 37
質的調査 ……………………………………… 51, 88
質問法 ……………………………………………… 90
シティズンシップ ………………………………… 233
私的年金化 ………………………………………… 194
児童虐待 ……… 143, 156, 157, 253-255, 258, 297
児童虐待の防止等に関する法律 ……………… 255
児童虐待防止法 …………………………… 245, 253
児童手当 …………………………………… 144, 229
児童年金 …………………………………………… 144
児童の権利に関する条約 ………………………… 254
児童福祉政策 ……………………… 139, 244, 246-249
児童福祉法 …… 143, 156, 234, 246, 247, 251, 256,
　　263, 265, 271
児童保護 …………………………………… 139, 143
市民権 ……………………………………… 38, 171
社会科学 …………………………………… 43, 53

社会ケア・サービス ……………………………… 204
社会経済的要因重視福祉国家モデル ………… 33
社会権 ……………………………………………… 13
社会工学 …………………………………… 57, 75
社会工場（サムハル） …………………………… 174
社会構造の依存 …………………………………… 185
社会構造と逸脱の生成過程 ……………………… 66
社会構築主義 ……………………………… 24, 25
社会サービス ……………………………………… 23
社会サービス国家 ………………………………… 41
社会サービス法 …………………………………… 210
社会事業 …………………………………………… 19
社会主義 …………………………………………… 16
社会進化論 ………………………………………… 169
社会政策 …………………………………… 3, 14
　——モデル ………………………………… 31, 32
　残余的・選別主義的—— ……………… 33, 34
　生産的—— ………………………………… 36, 160
　普遍主義的—— …………………………… 34
社会生物学理論 …………………………………… 66
社会調査 ……………………………… 81, 86, 88
社会的危険（社会的事故） ……………………… 86
社会的狂気 ………………………………………… 50
社会的支出 ………………………………………… 136
社会的障壁 ………………………………………… 178
社会的統合 ………………………………………… 240
社会的排除 ……………………… 49, 68, 138, 239, 240
社会的剥奪 ………………………………………… 240
社会的包摂 ………………………………………… 137
社会的容認・包摂（メインストリーミング）
　…………………………………………………… 188
社会的リスク ……………………………… 152, 194
社会踏査 ……………………………………… 81, 87
社会投資国家 ……………………………… 36, 160
社会病理学 ………………………………………… 57
社会福祉援助技術 ………………………………… 13
社会福祉学 ………………………………… 5, 43
社会福祉基礎構造改革 …… 235, 249, 252, 270,
　　285-288, 293, 295
社会福祉行政 ……………………………………… 3
社会福祉士及び介護福祉士法 ………… 292, 294
社会福祉政策 ……………………………………… 9
社会福祉専門教育 ………………………………… 9
社会福祉調査 ……………………………………… 86

社会扶助（社会手当）……………… 119, 229
　──レジーム ……………………… 32
社会平和主義的政策 ……………… 18, 113
社会保険 …………………… 13, 110, 229, 293
　──国家 ……………………………… 41
　──方式 …………………… 207, 229, 288
社会保険制度 ……………………………… 228
　──基礎安全保障型・ベヴァリッジ型 … 117
　──コーポラティズム型・ビスマルク型
　　　………………………………………… 117
　──資力・所得調査型 ………………… 116
　──普遍的スタンダード保障型 ……… 118
社会保障法 ……………………………… 115, 229
社会民主主義 ……………………………… 34
社会問題 ……………………… 7, 25, 55, 58
主意主義・任意論 ………………………… 61
従属的科学 ………………………………… 46
住宅手当 …………………………………… 119
縦断的調査 ………………………………… 89
集団面接法（グループ・インタビュー）…… 91
集団モデル ………………………………… 178
就労義務要請福祉政策（米） ……………… 123
就労世帯税額控除（英） …………………… 122
「就労不能」関連給付 ……………………… 184
就労ライン ………………………………… 123
主観的定義過程重視論 …………………… 66
恤救規則 ………………… 232, 244, 260, 283
障害関連現金給付 ………………………… 182
障害者インターナショナル ……………… 177
障害者運動 …………………………… 266-268
障害者基本法 ……………………… 265, 269
障害者虐待の防止、障害者の養護者に対する
　支援等に関する法律 …………………… 274
障害者権利条約 …………………………… 167
障害者雇用 ………………………………… 182
障害者自立支援法 ………………… 271-273
障害者（福祉）政策 …… 166, 185, 186, 260
　──個人・医学モデル ………………… 167
　──社会モデル ………………………… 167
　──人権・公民権モデル ……………… 167
　──補償モデル ………………………… 167
障害者総合支援法 ………………………… 272
障害者中央委員会 ………………………… 173
障害者の権利に関する条約 ……………… 274

障害者福祉 ………………………… 166, 260
障害者法 …………………………………… 167
障害と貧困の相関関係 …………………… 170
障害の相対的定義 ………………………… 173
障害モデルの二元化 ……………………… 180
少年教護法 ………………………………… 245
「障壁のないヨーロッパ」 ………………… 189
所得移転 …………………………………… 148
所得階層の二極化 ………………………… 199
所得再分配 ………………………… 227, 229
　──のパラドックス …………………… 113
　　垂直的── …………………………… 112
　　水平的── …………………………… 112
所得再分配政策 …………………………… 110
　残余・選別主義の再分配 ……………… 110
　普遍主義の再分配 ……………………… 110
所得喪失原則 ……………………………… 114
所得調査 …………………………………… 119
所得の不平等 ……………………… 195, 201
所得比例給付 ……………………………… 112
所得補助（英） ……………………………… 121
所得保障 …………………………… 109, 227
自立生活運動 ……………………… 174, 266
資力調査 …………………………………… 119
　──給付 ………………………………… 130
　──モデル ……………………………… 205
新経済社会7か年計画 …………………… 235
人口学的変化 ……………………………… 192
人口政策 …………………………………… 141
人口問題委員会 …………………………… 144
深層面接 …………………………………… 91
身体障害者福祉法 ………… 234, 263, 265, 271
スカンジナビア・モデル ………… 24, 39, 205
スクールソーシャルワーク ……………… 258
スタンダード保障 ………………………… 195
スティグマ ………… 166, 188, 231, 235, 262
ストラスブール決議 ……………………… 175
スリーS …………………………… 247, 248
税額控除 …………………………………… 119
生活安全保障制度 ………………………… 23
生活困窮者自立支援法 …………………… 238
生活保護 …………………… 119, 230, 236
生活保護制度見直し ……………………… 238
生活保護法（現行） ………………… 230, 234, 236

生活保護法（旧）·················· 232, 234
精神障害者福祉·························· 269
税方式································ 207
セーフティネット······················ 230
世界保健機構（WHO）················ 177
積極的差別是正措置···················· 183
セツルメント・ハウス·················· 17
セン，アマルティア················ 12, 240
潜在能力アプローチ···················· 240
全数調査································ 90
選択の自由·························· 175, 193
相対的貧困率·········· 109, 236, 242, 259
ソーシャルアクション·················· 20
ソーシャルエンタープライズ（社会的企業）
 ······································· 274
ソーシャルワーク······ 3, 4, 20, 29, 30, 47, 51,
 233, 295
 ——の調査・研究方法················ 51
 ——の定義·························· 29
 ——のパラダイム···················· 47
 ——の方法·························· 20
 ——の役割と機能···················· 30
 開発的——·························· 41
 科学としての——···················· 45
 救済的——·························· 41
 急進的・構造的——·················· 42
ソーシャルワーク・アドミニストレーション
 ······················· 20, 79, 82, 239
ソーシャルワーク・モデル·········· 38, 39
ソーシャルワーク・リサーチ············ 20
ソーシャルワーク国際類型·············· 32
ソーシャルワークに関する理論······ 26, 27
 ——個人的・改良的理解·············· 26
 ——社会主義的・集団主義的（解放的）理解
  26
 ——内省的・療法の理解·············· 26
措置から契約へ···················· 41, 293
措置制度·························· 233, 271

## た　行

第3の道······················ 36, 114, 161
体系的レビュー·························· 97
タウンゼント，ピーター·········· 82, 170, 240
高野岩三郎······························ 87
多元的（複合的）調査方法使用論········ 51
多職種・多機関間共働·················· 258
脱家族化·························· 34, 140
 ——のパラドックス·············· 140, 149
脱工業化································ 7
脱コミュニズム・モデル················ 35
脱施設化······························ 172
脱商品化································ 34
男女平等政策······················ 141, 164
地域包括ケアシステム·················· 289
小さな政府······················ 115, 235, 249
知的障害者福祉法················· 235, 271
直接指標······························ 111
直接的三分法···························· 20
賃金助成雇用·························· 184
賃金スライド制························ 129
ティトムス，リチャード················ 11
テキスト分析···························· 92
デュルケーム，エミール················ 47
等価可処分所得························ 111
統合的調査委員会······················ 174
投　資································ 233
同類結合······························ 202
特定集団プログラム···················· 125
共働き家族···························· 145
留岡幸助·························· 244, 245

## な　行

ナジのモデル·························· 176
ナラティブ分析・アプローチ········ 91, 92
ニーズ査定···························· 211
ニート·························· 238, 242, 255
ニィリエ，ベンクト···················· 174
偽薬（プラシーボ）効果················ 99
日本型福祉社会·············· 235, 249, 286, 291
日本社会保障制度審議会················ 13
『日本之下層社会』······················ 87
ニュー・ディール················· 115, 138
人間開発報告書························ 111
人足寄場······························ 231
認知行動療法···························· 99
年金改革······························ 199
年金支給開始年齢の遅延化············· 200
年金保険·························· 113, 229

——改革 199
——支給開始年齢 199, 200
能力障害 168
ノーマライゼーション 170, 174, 266-268, 270, 271

## は　行

パーソナル・アシスタンス 174, 175
パーソンズ, タルコット 47, 63, 141
ハーバーマス, ユルゲン 178, 268
ハイフン家族 141
バウマン, ジグムント 227
博愛主義 16, 65
働くための福祉 114
発達障害者支援法 272
バレンス・パトリエ（国親思想） 245
半構造化面接 91
東アジア福祉モデル 36
引きこもり 255, 256
非構造化面接（非指示的面接） 91
ビスマルク, オットー 18, 35, 114
ひとり親 137, 153, 242, 254
ヒューマン・サービス 32
標本調査 90
貧困 8
「——の罠」 238
　新たな—— 242
　主観的—— 240
　絶対的—— 110, 240-242
　相対的—— 240-242
　第一次—— 87, 111
　第二次—— 87
貧困研究 81
貧困削減・緩和 110
「貧困との戦い」 115
「貧困との戦いのためのヨーロッパ・プログラム」 137
貧困レジーム 32, 41
フーコー, ミシェル 24, 50, 64, 92, 169
ブース, チャールズ 81
フード・スタンプ 122
フェビアン協会 18
フェミニズム 16, 27, 34
フォーカス・グループ 91

フォーマル・ケア 40
賦課方式 193, 201
複合家族 147
複合的調査・研究方法論（トライアンギュレーション） 45
福祉（国家）レジーム 6, 32, 34-41
　社会民主主義—— 34
　自由主義—— 34
　儒教的—— 36
　南欧—— 34, 35
　保守主義・コーポラティズム—— 34
福祉欠乏問題 69
福祉構成要素 11
福祉国家 5, 227
——拡散説 5
——収斂説 5, 33
「——の危機」 286, 296
　西欧型—— 235
　ベヴァリッジ型—— 291, 298
　北欧—— 113
福祉三法 231, 234
福祉資本主義の3つの世界 34
福祉扶助 119
福祉ミックス 41, 193
福祉モデル 31
福祉六法 14, 231, 235, 294
普遍主義原則 193
普遍主義的給付 119
フリーター 255
フロイト, ジークムント 75
プログラム評価 93
プロセス評価 94
文化的接触理論 66
ベヴァリッジ報告 121, 227
保育・就学前学校サービス 151
包括的プログラム（一般扶助） 125
報酬労働 214
法定雇用率 274
方面委員 232
ボーダレス社会 4, 8
補完原則モデル 205
補完性の原則 40
補完的福祉モデル 40
北欧モデル 113

保護雇用 …………………………………… 184
保護の補足性 ……………………………… 236
母子及び寡婦福祉法 ……………………… 235
母子保護法 …………………………… 233, 246
補足給付（英）…………………………… 121
補足的栄養支援プログラム（米）……… 122
捕捉率 …………………………… 127, 230, 238
母体保護法 ………………………………… 265

## ま 行

マーケット・バスケット方式 …………… 87
マーシャル, トーマス ……………… 171, 172
マルクス, カール …………………………… 47
マルクス主義 ………………… 24, 47, 68, 69
ミード, ジョージ.H ……………………… 75
ミジレー, ジェームズ …………………… 41
ミュルダール夫妻 ………………………… 75
民営化 ……………………………………… 193
無拠出給付 ………………………………… 125
無作為化（ランダム化）比較試験 ……… 97
無作為抽出法 ……………………………… 90
無報酬労働 …………………… 4, 192, 214
メタ分析 ………………………………… 51, 98
面接法（インタビュー法）……………… 90

## や 行

友愛組合 …………………………………… 114
有意抽出法 ………………………………… 90
優　生 ………………………………… 262, 265
優生保護法 ………………………………… 265
有能力・無能力 …………………………… 169
養育里親ケア ……………………………… 159
養育怠慢・放棄 …………………………… 156
要保護児童家族扶助（米）……… 115, 122, 123

幼保統一 …………………………………… 257
ヨーロッパ自立生活ネットワーク ……… 175
横山源之助 ………………………………… 87

## ら 行

ライフ・(ヒ) ストリー面接 …………… 93
ラウントリー, シーボム …………… 87, 240
ラウントリー, ベンジャミン …………… 240
ラベリング理論 …………………………… 66
リービング・ケア ………………………… 255
リーマンショック ………………………… 236
リッチモンド, メアリー ……………… 17, 83
理念型社会保険モデル ……………… 32, 115
リハビリテーション ………… 170, 176, 262-264
療育事業 …………………………………… 262
量的調査 ………………………………… 51, 88
臨時行政調査会 …………………………… 286
ル・プレー, ピエール …………………… 87
累犯障害者 …………………………… 275, 276
レーガニズム ……………………………… 115
連合国最高司令部SCAPIN775覚書 …… 234
連帯社会モデル …………………………… 23
老人福祉法 ………………… 235, 278, 284, 285
労働市場政策 ………………………… 141, 184
労働者災害補償保険 ……………………… 113
労働力再生産 ……………………………… 147
老齢年金 ……………………………… 113, 193

## わ 行

ワーキング・プア ………… 136, 231, 238, 242
ワークフェア ……………………………… 123
ワークライフバランス ……………… 250, 257
割当雇用制度 ……………………………… 183

《著者紹介》

**訓覇　法子**（くるべ　のりこ）　はじめに・第Ⅰ部・第Ⅱ部
　　日本福祉大学大学院医療・福祉マネジメント研究科，福祉経営学部 教授
　　専門：社会福祉学，比較福祉論
　　主要著書：
　　『ケア その思想と実践 第5巻 ケアを支えるしくみ』（共著）岩波書店，2008年
　　『アプローチとしての福祉社会システム論』（単著）法律文化社，2002年
　　『世界の社会福祉―スウェーデン，フィンランド』（共著）旬報社，1999年ほか

**田澤　あけみ**（たざわ　あけみ）　第Ⅲ部
　　立正大学社会福祉学部 教授
　　専門：社会福祉学
　　主要著書：
　　『一番ヶ瀬社会福祉論の再検討―生活権保障の視点とその広がり』（共著）ミネルヴァ書房，2013年
　　『社会福祉学の理論と実践』（共著）法律文化社，2007年
　　『20世紀児童福祉の展開―イギリス児童虐待防止の動向から探る』（単著）ドメス出版，2006年ほか

Horitsu Bunka Sha

## 実践としての・科学としての社会福祉
――現代比較社会福祉論――

2014年3月5日　初版第1刷発行

著　者　訓覇法子・田澤あけみ
発行者　田靡　純　子
発行所　株式会社　法律文化社

〒603-8053
京都市北区上賀茂岩ヶ垣内町71
電話 075(791)7131　FAX 075(721)8400
http://www.hou-bun.com/

＊乱丁など不良本がありましたら，ご連絡ください。
　お取り替えいたします。

印刷：西濃印刷㈱／製本：㈱藤沢製本
装幀：奥野　章
ISBN 978-4-589-03567-7

Ⓒ 2014 N. kurube, A. Tazawa Printed in Japan

**JCOPY** 〈(社)出版者著作権管理機構 委託出版物〉

本書の無断複写は著作権法上での例外を除き禁じられています。複写される場合は，そのつど事前に，(社)出版者著作権管理機構（電話03-3513-6969，FAX03-3513-6979，e-mail: info@jcopy.or.jp）の許諾を得てください。

河合克義編著
## 福祉論研究の地平
―論点と再構築―
A5判・246頁・3000円

現実の生活問題を解決できる福祉政策とは？70年代後半から今日までの研究・政策動向における重要論点を分野横断的に考察。貧困とその実態を見すえて制度再構築を構想し，実践と研究の展望を示す。

真田 是編
## 戦後日本社会福祉論争
四六判・328頁・2900円

戦後から1970年代までの社会福祉の本質をめぐる論争を，実践的なかかわりのなかで整理。現実の課題解決のために必要な理論の重要性を説き，現実と理論の間に乖離がみられる現在の状況に，今なお多くの視点を与える。

訓覇法子著
## アプローチとしての福祉社会システム論
A5判・320頁・2800円

社会システムに立脚した福祉社会システムと福祉生産・供給システムをひとつの枠組みとして，国際的視点から先進諸国の社会政策とその効果，福祉の組織化，現代のポスト福祉国家議論を体系的に展開。

田澤あけみ・髙橋五江・髙橋流里子著
## 社会福祉学の理論と実践
A5判・234頁・2700円

思想，理論，国際類型，制度・政策，各領域，実践と援助技術を簡潔にまとめた社会福祉原論の教科書。研究と政策・実践上の課題や争点を盛りこみ，社会福祉を考え，知識・理論を体系化できる力をつけることをめざす。

圷 洋一著
## 福 祉 国 家
A5判・228頁・2500円

福祉国家のあり方を原理的・批判的に考えるための知見を，編成・構造・目的という3つのレベルに区別して整理。福祉国家の〈いま〉を理解し〈これから〉を展望するうえで重要な論点にも言及。人文社会科学に必携の書。

畑本裕介著
## 社 会 福 祉 行 政
―行財政と福祉計画―
A5判・250頁・2800円

社会政策論を中心に，政治学・行政学，社会学などの成果を用いながら，社会福祉行政について，わかりやすく解説した体系書。社会福祉士国家試験科目「福祉行財政と福祉計画」に対応。公務員など各種試験対策にも最適。

―法律文化社―

表示価格は本体(税別)価格です